▶▶▶

金融中介社会网络
与场外资本市场并购研究

基于新三板公司股权交易的视角

JINRONG ZHONGJIE SHEHUI WANGLUO
YU CHANGWAI ZIBEN SHICHANG BINGGOU YANJIU

雷 卫◎著

Wuhan University Press
武汉大学出版社

图书在版编目（CIP）数据

金融中介社会网络与场外资本市场并购研究：基于新三板公司股权交易的视角 ／ 雷卫著．—武汉：武汉大学出版社，2022.10

ISBN 978-7-307-22950-1

Ⅰ．金… Ⅱ．雷… Ⅲ．上市公司–企业兼并–研究–中国 Ⅳ．F279.246

中国版本图书馆CIP数据核字（2022）第036975号

责任编辑：黄朝昉　　　　责任校对：孟令玲　　　　版式设计：星辰创意

出版发行：**武汉大学出版社**　　（430072　武昌　珞珈山）

（电子邮箱：cbs22@whu.edu.cn 网址：www.wdp.com.cn）

印刷：湖北星艺彩数字出版印刷技术有限公司

开本：787×1092　1/16　　　印张：18.125　　　字数：377千字

版次：2022年10月第1版　　　2022年10月第1次印刷

ISBN 978-7-307-22950-1　　　定价：68.00元

致　　谢

　　这里要感谢的是我攻读西南财经大学博士学位期间的一些老师，我的导师何杰教授，学院的冯俭教授、朱楠教授的积极建议，以及许多同学和师门的帮助，正是大家的集思广益和建言才能使本书内容更加丰满。同时，也要感谢华迅航空（香港）服务有限公司的董事长郑东先生的鼎力支持，以及我的妻子贾莉莎女士的默默支持。本书属于学术性的研究专著，是在集合众多学术研究和文献资料基础上，作者自身观点的研究思考和探索，可能会有不足之处，敬请读者指正。

前　言

　　20 世纪 70 年代末我国开启了计划经济向中国特色社会主义市场经济体制的转型，在转型过程中，伴随着改革的逐步深化和经济的持续发展，需要与之相适应的金融制度，资本市场应运而生，成为推动所有制改革和改进资源配置方式的重要力量。随着中国特色社会主义市场经济体制在我国的逐步建立，对市场化资源配置的需求日益增加，中国资本市场逐步成长壮大。中小企业是我国国民经济发展的重要组成部分，如何突破融资与发展的困境，成长为资本市场的中流砥柱，是国家、业界和学术界一直关注的焦点。在沪深证券市场不断壮大的同时，我国为完善、发展资本市场，2001 年在政府主导下，建立和试点"场外"资本市场，始称"代办股份转让系统"，到 2006 年逐步发展成型，称为"新三板"。新三板的建立，为解决中小企业融资与发展的困境创造了契机，截至 2020 年底，持续挂牌公司 8000 余家，总市值超过 2.7 万亿元。随着在新三板挂牌的公司数量不断增加，2015 年至 2020 年新三板市场并购交易日益活跃，业界称新三板是上市公司的并购"标的池"。

　　沪深市场的上市公司（以下简称"上市公司"）缘何青睐并购新三板市场的挂牌公司（以下简称"挂牌公司"），原因有两点：①新三板挂牌公司 90% 来源于中小型企业，而由于沪深证券市场准入条件的限制，绝大部分企业目前无法进入我国场内市场融资，希望借助新三板实现融资和获取发展资源。②上市公司在面对全国海量非上市企业进行投资选择时，缺乏获得潜在信息渠道，寻找相匹配的目标公司比较困难。由于中国场外资本市场的运行对金融中介的依赖性较大，而中小企业作为并购融资中的弱势方，借助挂牌场外资本市场和金融中介资源，实现融资或控制权转让需求。因此，场外资本市场不仅为金融中介参与并购提供宏观环境，还为并购双方提供交易平台，有效节约并购成本。同时，在新三板市场，一些企业由于具有高成长、高收益性的潜力和专利技术等优势，急需突破发展的资本或资源约束。新三板恰好为双方提供并购平台，节约双方交易的时间、成本和精力。可能有些读者在这里便会产生问题，沪深证券市场（场内市场）与新三板（场外市场）有怎样的区别和联系？而新三板又有着怎样的特点？

　　我国的多层资本市场由场内资本市场和场外资本市场构成，其结构可以看作一个金字塔。场内资本市场目前包含了主板、中小板、科创板和创业板四个板块。主板：是成交量最大的交易所，主要为权重和市值较大的企业服务（沪深交易所）——打造蓝筹，属于金字塔的顶端。中小板：相对主板而言，企业规模较小，主要为传统行业中小企业提供服务，仅次于金字塔的顶端。创业板：上市标准较低，主要为高科技高成长的企业服务（深交所）——创业创新、高成长型中小企业，在金字塔中次于中小板。科创板：主要服务于符合国家战略、突破关键核心技术、市场认可度高的科技创新企业，在金字塔中次于创业板，属于中间层。场外资本市场目前包含了新三板和区域性股权交易市场。

相对场内资本市场而言，新三板尚存在着制度不健全、信息供给不足、信息不对称等问题，导致投资者对市场的信赖和认可度不足，致使信息和资本流动对金融中介的依赖性增大。目前，新三板实行主办券商和做市商交易制度，加之券商作为金融中介担任多种角色活跃在资本市场（如上市公司 IPO 主承销商与保荐商、并购财务顾问、机构投资者及证券公司等），拥有丰富的信息和金融资源，使得券商在新三板中作用更加凸显。因此，如果能够申请挂牌新三板，使得中小企业在并购融资中作为弱势方，可以借助新三板平台和券商的中介优势，提升并购融资能力，拓展融资渠道。新三板不仅为券商参与并购提供宏观环境，而且迎合了挂牌公司融资和控制权转让的需求。

文献梳理发现，国内外以并购方来研究的文献很多，而从被并购方来思考和探讨、研究金融中介对并购影响的文献较少。以往的研究为我们的思考和探索提供了空间以及丰富可靠的观点和方法。在上述背景下，券商凭借信息、并购经验、资源和中介服务，满足挂牌公司股权或资产转让融资和上市公司并购投资的需求，运用网络搭建双方联结渠道，对挂牌公司的被并购效率及财富效应有影响。基于文献、相关理论和案例，发现券商介入对挂牌公司被上市公司并购有支持作用，聚焦被并购方的利益问题，思考券商网络如何影响被并购新三板公司的财富效应，探索并购效率（并购溢价、支付方式和交易效率）的中介作用等。本书的研究思路如下：

首先，问题提出、文献综述与理论分析。

（1）对挂牌公司被上市公司并购背景、新三板主办券商的职能和特点分析以及相关文献梳理，提出主办券商介入挂牌公司被上市公司并购的交易，券商网络是否对并购效率（并购溢价、支付方式和交易效率）产生影响，进而如何作用到被并购方财富效应变化，这种本质又是什么等问题。

（2）以信息不对称、资源依赖、组织学习、金融中介和博弈等理论为基础，分析券商网络影响并购的本质，构建思考逻辑：①券商网络可降低信息不对称，建立一种非正式制度的保障和约束机制，降低并购交易成本和风险。②挂牌公司与其主办券商有直接利益关系，有动机和能力为并购提供支持，提高挂牌公司被并购的效率及财富效应。

（3）以主办券商与资本市场公司的业务关系为研究基础，分析券商网络形成的方式、途径与机理，进而对本书研究的关键概念界定。在此基础上，探讨券商网络中心度对并购信息、资源和经验的支持，分析其对交易双方博弈、挂牌公司被并购效率及其财富效应的影响。

其次，券商网络影响挂牌公司被并购的机理分析。

（1）回顾新三板发展历程。①归纳分析新三板市场的现状和特征以及与沪深证券市场的差异。探索挂牌公司寻求融资和控制权转移的内在驱动因素以及上市公司青睐挂牌公司的动因。②分析券商与挂牌公司关系，解释券商参与并购的动机。主办券商和做市商交易制度，致使挂牌公司对券商形成一定的资源依赖关系。券商运用网络为挂牌公司筛选符合需求的上市公司并购方，搭建双方利益需求的交易桥梁。

（2）归纳券商网络影响挂牌公司被并购的能力，包括信息聚散、经验溢出、资源控制、风险控制和中介治理能力，进而提出本书的分析框架。

（3）通过案例分析和对并购双方网络联结数据观测对比，发现券商联结在新三板相比大股东联结和董事联结更具有研究可行性，为实证研究提供可靠基础。

最后，阐述和理清券商网络与挂牌公司被并购效率及财富效应关系基础上，提出相关研究假设。实证研究券商网络与被并购挂牌公司财富效应关系以及并购效率在两者之间的中介效果，解答本书提出的问题。

第一步，探讨券商网络联结的关系。以挂牌公司的主办券商同时是多家上市公司IPO主承销商的联结关系，来构建券商网络中心度测度模型。

第二步，检验券商网络与挂牌公司被并购效率的关系。从挂牌公司利益着眼，探讨券商网络中心度对并购溢价、支付方式和交易效率的影响。笔者发现：①券商网络中心度与并购溢价和现金支付概率正相关。②券商搭建并购双方沟通"渠道"，降低交易摩擦和不确定性，提高并购交易效率。

第三步，检验券商网络与挂牌公司被并购财富效应的关系。这里本书以：①以并购公告前后 [-60，45] 为窗口期，共 106 个交易日，探讨券商网络与被并购挂牌公司的短期累积超常收益率（CAR）的关系，观察挂牌公司短期股东财富值变化。券商和分析师通过网络和媒体传播有关并购信息，对被并购挂牌公司的窗口期财富造成影响。②以并购完成后第一年和第二年末的净资产收益率和资产增长率的变化值，探讨券商网络与被并购挂牌公司的长期股东财富值变化内在关联。券商在挂牌公司被并购后，仍然担任主办券商、持续督导人和做市商，出于职责、声誉和收益考虑会积极督促和帮助被并购挂牌公司业绩改进。

第四步，检验并购效率的中介作用。研究的内容：①并购溢价和支付方式公告包含有关交易双方的信息，加之券商网络及分析师也会释放有利于并购的信息，吸引投资者和市场关注，造成被并购挂牌公司窗口期的股价波动。②探讨并购效率（并购溢价、支付方式和交易效率）对被并购挂牌公司股东财富效应影响。并购效率会作用到协同效应和并购整合效果，提高资源配置效率，对挂牌公司财富效应有积极作用。研究证实并购效率有不完全的中介作用，即券商网络对挂牌公司被并购效率及其财富效应有显著影响。

研究运用 OLS 和 Logistic 模型对研究变量回归，采用自助法（Bootstrap）对原模型稳健性检验。将主办券商的声誉和分析师数量作为研究的工具变量，运用二阶段回归模型（2SLS 和 2GMM）来探讨和消除内生性问题。稳健性和内生性模型回归的结论一致，支持本书提出的研究假设。在理论分析和实证研究基础上，得出结论与启示，提出以下建议：①完善新三板并购政策，提高市场监督与风险防范意识，保障广大中小投资者利益。②应对新三板的主办券商、做市商和持续督导制度持续改进，增强挂牌公司融资能力，提升新三板市场流动性和效率。③严格企业进入和挂牌新三板的审核规则，健全退出制度，降低投资者准入门槛等。④将国家信用信息监管注入金融中介和新三板平台，保护合法交易，拒绝违法经营。

基于上述分析，本书的内容包含以下四个部分：

第一部分，有关研究的一些知识准备，从第 1 章至第 4 章。首先，主要是对现有文献、相关研究理论的回顾和梳理；其次，阐述和分析了新三板市场的现状；最后，探讨了金融中介在资本市场的作用。第一部分为我们理解本书的内容提供了基础知识和引导。

第二部分，主办券商关系网络测度，从第 5 章至第 8 章。主要讲解了社会网络的基本知识和测度方法，深入分析了新三板挂牌公司的主板券商及其关系联结而形成的网络，如何科学地界定和测度以及对工具变量的选择。

第三部分，对问题的实证研究，从第 9 章至第 12 章。运用 2010—2020 年挂牌公司被上市公司并购的样本，对其被并购的股权交易溢价、支付方式、交易效率以及被并购后的绩效，进行系统的实证检验分析。

第四部分，对目前现状和问题的一些思考，从第 13 章至第 16 章。介绍场外资本市场发展以及金融中介的作用，两者的关系探讨，以及对其未来的一些思考和见解。

本书的创新之处可归纳为四个方面：

（1）金融中介研究内容拓展。结合中国国情和资本市场制度，以券商介入探索挂牌公司被上市公司并购现象，研究券商网络影响挂牌公司被上市公司并购的本质、机理和存在问题。发现券商在新三板的金融中介作用得到加强，券商网络对挂牌公司被并购有积极作用。这对理解制度不健全且"关系型社会"影响下的中国资本市场"金融中介网络与治理职能"提供新的思路，可丰富金融中介相关领域的研究内容。

（2）对被并购方研究拓展。以被并购方（挂牌公司）为主研究脉络，并购方（上市公司）为辅助探讨的方式研究，解释券商网络影响挂牌公司被并购的逻辑和内在机理。中小型被并购公司作为弱势方，通过有效挖掘社会资源（如挂牌公司的券商网络资源），支持公司博弈争取利益，提高有利于己方的并购溢价、支付方式和交易效率，对财富效应有积极影响。

（3）初步构建券商网络测度思路和方法。对券商网络界定，认为券商拥有资本市场多种业务职能，积累业务关系，形成以券商为联结核心的关系集合。鉴于研究内容，以被并购方（挂牌公司）的主办券商同时是多家上市公司 IPO 主承销商数量为基数，借鉴现有社会网络测度模型，计算券商网络程度、紧密度和中介中心度。以券商的声誉和分析师数量为工具变量，消除内生性问题。对券商网络及效应的理解、测度起到抛砖引玉的作用。

（4）探索并购效率（并购溢价、支付方式和交易效率）中介作用。对并购效率界定：①对并购溢价和支付方式从并购定价效率视角解释。②将并购交易效率看作从交易双方对并购方案制定、标的定价、合同签订、执行过程到交易标的完成过户的单位时间交易金额。在此基础上，研究券商如何支持挂牌公司争取有利的并购效率，发现并购效率在券商网络与挂牌公司财富效应之间的中介作用，对以被并购方利益来重新审视并购博弈、进行市场资源配置，提供了新的思考内容。

目　　录

第1章 绪 论

中国场外资本市场 [全国中小企业股份转让系统（新三板）和区域性股权交易市场（新四板）] 的建立，为解决中小企业融资与发展的困境创造了契机。截至 2020 年 12 月，新三板共有 8187 家挂牌公司（全国中小企业股份转让系统）；全国 34 家区域股权交易市场挂牌的非上市股份有限公司 13329 家（区域性股权交易中心官方网站）。

前期研究发现，2010—2018 年国内公司共发生对新三板挂牌公司并购 4166 起（Wind 数据库），其中，上市公司并购新三板公司 774 起，占并购事件的 18.57%，并购交易金额为 2347.81 亿元；非上市公司并购新三板公司 3392 起，占并购事件的 81.43%，并购交易金额为 507.32 亿元，市场并购日益活跃，业界称新三板是上市公司的并购"标的池"。如果加上区域性股权交易市场（新四板）的公司并购事件，那么，针对场外资本市场挂牌公司并购的样本会更多。然而，场外资本市场以中小企业居多（据官方统计占挂牌公司总数的 90% 以上），加之，中国场外资本市场发展时间较短，前期重视不够，市场规范制度不完善，中小企业自身的诸多短板等，导致投资者对市场信赖和认可度较低，而且实行主办券商和做市商制度，致使信息和资本流动对金融中介的依赖性增大。中小企业在发展过程中因缺乏必要的渠道和资源而受到制约，因此，中小企业借助场外资本市场平台和金融中介的网络渠道资源，有可能提升并购的决策、交易能力，尽可能地减少或避免价值损耗。场外资本市场不仅为金融中介参与并购提供宏观环境，也迎合了挂牌公司并购或被并购的需求。

1.1 现实背景

并购作为公司投融资的重要手段之一，在学术界与业界受到广泛关注和运用。有效投资是公司扩张和未来现金流增长的基础。微观而言，是公司价值增长的动力源泉；宏观而言，为经济市场发展提供持续动力（李万福、林斌、宋璐，2011）。作为国内经济增长新领域，截至 2018 年底，新三板已有 10691 家挂牌公司，总市值为 34487.26 亿元，融资额超过 4547.74 亿元，高新技术企业约占 60% 以上[①]。可以说 2016 年到 2018 年之间，是新三板挂牌公司数量的峰值，2019 年和 2020 年新三板开始淘汰整合，挂牌公司数量较 2018 年明显减少。新三板与沪深证券市场有着较大区别：①市场定位不同。新三板

---

① 数据来源，全国中小企业股份转让系统 2018 年市场统计快报。本书中全国中小企业股份转让系统下文皆称为新三板（英文 NEEQ），新三板挂牌公司下文统称挂牌公司，沪深证券市场上市公司下文统称上市公司。

主要为创新型、创业型、成长型中小公司服务，以机构投资者为交易主体。②市场运行和交易制度有差别。新三板主要实行主办券商和做市商交易制度，金融中介在新三板作用更加凸显。③新三板尚存在制度不健全，信息供给不足，投资者认可度较低等短板，导致信息和股票的流动性对金融中介依赖性较大。

近年来，新三板交易额快速增长，针对挂牌公司并购事件日益增多。据 Wind 数据库和 Choice 数据库合并统计，2010—2020 年，发生针对挂牌公司并购的交易总额超过 3200 亿元。如表 1-1 所示，挂牌公司被上市公司并购 857 起，占整个并购事件的 15%，但交易总额达 2500 多亿元，占挂牌公司被并购事件总交易额的 78.5%，虽然2019 年和 2020 年有下降趋势，但 2020 年受新冠肺炎疫情影响较大。因此，业界称新三板是上市公司并购"标的池"。由于沪深证券市场准入门槛高，很多中小企业将挂牌新三板作为获取资源的有效途径，主要原因有：①新三板公司 90% 来源于中小型企业，面临不同程度的发展困境，希望借助新三板实现融资和获取资源。例如佳科能源、同鑫光电、德品医疗等为突破融资约束的高新技术型公司挂牌新三板。②完善公司制度，获取成长资源，希望从新三板转板沪深证券市场。如中旗股份、双杰电气、康斯特等。③依靠新三板平台，借助挂牌"壳"资源，提高企业形象和规范内部制度，实现公司较高估值转让，如深装总、文旅科技、华图教育等。正因为一些挂牌公司处于新兴行业或拥有较好发展前景，使其成为上市公司并购的潜在目标。

表 1-1　2010—2020 年挂牌公司被并购事件统计

年份	上市公司并购挂牌公司/家	并购金额/亿元	非上市公司并购挂牌公司/家	并购金额/亿元
2010 年	7	13.639	5	1.873
2011 年	12	16.604	18	16.261
2012 年	17	129.808	23	12.678
2013 年	24	95.062	41	5.727
2014 年	81	236.653	73	10.715
2015 年	172	367.897	305	16.052
2016 年	176	526.422	418	84.734
2017 年	149	418.154	1034	196.513
2018 年	136	543.569	1524	164.633
2019 年	58	151.051	817	101.127
2020 年	25	85.805	605	97.735
合计	857	2584.664	4863	708.048

注：数据来源 Wind 数据库和 Choice 数据库合并样本，剔除个人投资者收购样本。

一方面，为缓解中小企业一直面临的发展与融资困境的难题，我国政府出台了各种支持和激励政策，加之资本市场的多层次化需求，由此诞生了为中小企业提供融资和股权交易平台的场外资本市场。另一方面则有两点原因：第一，沪深证券市场的上市公司在面对全国海量非上市企业做投资选择时，缺乏获得潜在信息的渠道，寻找匹配目标比较困难。第二，一些传统大中型企业，因产能过剩而造成资本闲置，需要投资新的领域和行业。新三板恰为投资方提供了能够节省时间、成本和精力获取的投资对象。基于此，我们可以通过案例和市场运作的现实状况，看到新三板不仅为券商参与并购提供宏观制度环境和微观公司层面操作条件，而且迎合了挂牌公司融资和控制权转让需求。再者，券商金融中介常以并购财务顾问的身份出现，他们有动机、条件、资源和能力帮助场外资本市场的挂牌公司寻找和搭建与沪深上市公司的交易渠道，筛选与之匹配和符合利益需求的上市公司收购方，实现市场资本的有效流动。

1.2　问题思考

无论是在学术界，还是在公司的并购战略与业界实践操作中，"并购能否创造价值"一直是此研究领域的重要探讨议题，也是企业并购的最终目标。事实上，价值评估不准确、协同效应高估、战略定位不当、公司文化冲突及并购整合失效等损害并购质量的因素，主要源自并购不确定性（Palepu、Friedland 和 Singh，1986；Hansen，1987；Sirower，1997；DePamphilis，2005）。然而并购又是实现扩张和投融资的重要手段（蔡庆丰、田霖，2019），在利益驱使下，即使面对不确定性带来的风险，资本市场并购依然频繁。

如表 1-1 所示，沪深证券市场的上市公司并购新三板挂牌公司日益增多，2010—2018 年末逐年攀升，交易总额达 2347.808 亿元，2019 年和 2020 年下降趋势明显；同时，非上市公司并购挂牌公司数量增加也非常快，2018 年达到 1524 例，但我们需要认识到的情况是，我国非上市公司数量基数庞大，而 2010—2018 年末交易总额仅为 509.186 亿元，不足上市公司并购总额的四分之一，相比之下，沪深上市公司的并购交易总额更为显眼。如表 1-2 所示，通过 2010—2018 年对上市公司与挂牌公司之间并购对比来看，上市公司更青睐挂牌公司，而上市公司并购上市公司、新三板挂牌公司并购上市公司和挂牌公司并购挂牌公司事件，相对较少。加之，从国家层面和社会经济发展来看，我国民营中小企业面临的成长困境，一直是国家、市场及学术界的重点关注和政策改革领域（刘畅、刘冲、马光荣，2017；周国林、李耀尧、周建波，2018；王凤荣、慕庆宇，2019）。因此，探索场外资本市场的挂牌公司被沪深上市公司并购对我国场外资本市场及中小企业发展有较高的学术价值和现实意义。

表 1-2　2010—2018 年资本市场并购事件统计

公司类型	上市公司数量及占比	挂牌公司数量及占比	总计
上市公司	600（44%）	774（56%）	1374
挂牌公司	13（10%）	119（90%）	132
总计	613（41%）	893（59%）	1506

注：数据来源 Wind 数据库，剔除自然人收购样本。

值得思考的是，在场外资本市场，券商是如何帮助挂牌公司被沪深上市公司并购和完成交易的？显而易见，作为金融中介，券商在资本市场拥有广泛的业务关系资源，经由此积累形成券商的社会网络资源。一般认为，个体联结构成社会网络，在组织或个体决策时，经济人时常面对并不了解的成本和收益决策，此时，会发现经济人往往并不是通过研究或实验来理性决策，而更多是依赖于从熟悉个体或组织口头交流来获取决策信息（Ellison 和 Fudenberg，1995）。个体或组织会受到其他团体行为或信息影响而改变偏好，造成决策外部性。公司特有的知识和信息通过网络能相互传递和转化，嵌入经济行为之中（Granovetter，2005）。因此，如果并购受到其他组织影响，有可能会依赖于该团体行为或信息而改变偏好和决策，这意味着组织所在特定网络会影响并购的决策、执行和经济后果，正如我们在场外资本市场环境中研究的主办券商社会网络一样。

然而，现有文献尚缺乏对这些信息传递及依赖的中间渠道研究。一些文献解释了董事网络有助于提高公司间信息流动、加深对其他公司经营环境及文化了解，降低并购决策不确定性，最终提高并购绩效（Cai 和 Sevilir，2012；陈仕华等，2013）。但董事信息传递渠道有相当局限性，连锁董事不太可能共同任职在同行业内相互竞争的公司（Barkema 和 Schijven，2008）。在某些特定环境，如果董事或股东联结在并购中发挥的信息传递作用有限，就有必要辨识其他信息传递机制。因此，识别和厘清券商网络影响挂牌公司被上市公司并购的决策、交易过程和绩效[①]的机理，对研究金融中介促进资本市场流动性和影响资源配置有实践价值。

券商可能作为场外资本市场被并购公司的顾问，起到重要作用的基本事实依据有：首先，券商分析师掌握金融财务知识，长期专注资本市场，有能力获取、解读和传递有关公司发展、文化和存在问题等深度信息，有效降低并购不确定性（Barron、Byard 和 Kim，2002）。其次，券商作为金融中介，具备信息引导、风险规避、促进市场流动性、提高交易效率和资源配置功能（Becher、Cohn 和 Juergens，2015；陈辉，2017；马慧，2019）。最后，券商拥有的信息资源、关系网络、中介服务和并购经验并非一般组织和个体（董事、股东和高管等）所能相比。除此之外，在担任挂牌公司主办券商和做市商同时又与上市公司有各种联系，如担任上市公司 IPO 主承销商、保荐商、证券公司、持续督导人、并购财务顾问等（宋贺、段军山，2019），有些有着交叉持股或高管之间的任职关联（牛冬梅、刘庆岩，2015；许罡，2018），他们之间有着直接或隐蔽而复杂社会网络关系。挂牌公司借助券商搭建与上市公司交易"渠道"成为可能。

---

① Chemmanur 和 Fulghieri（1994）指出投行通过建立高声誉维持高收费标准和市场占有份额，以满足客户需求、提供咨询建议等来提供高质量客户交易服务。而且并购财务顾问会直接影响企业并购方案、效率与绩效（宋贺、段军山，2019；钟子英、邓可斌，2019）。拥有券商背景的独立董事对所在企业并购决策及绩效有显著影响（邓伟、王涛、成圆圆，2018）。文献研究表明，金融中介参与并购，对公司并购的决策、效率与经济后果有影响。我国上市公司的承销商在公司上市后仍然与公司保持着长期合作关系，挂牌公司与主办券商合作关系更加密切。金融中介作为资本市场参与者，拥有专业服务资源，也是公司重要社会资本（Shipilov，2006；Arikan 和 Capron，2010）。基于此，挂牌公司可借助券商资源实现并购融资需求。

本书研究的问题可归纳为以下四个方面：①在场外资本市场，以新三板为例，券商是否有网络资源优势，支持挂牌公司被沪深上市公司并购，满足交易双方利益需求？②主办券商社会网络影响挂牌公司被并购的机理是什么以及这种网络优势如何合理测度？③主办券商网络是否影响挂牌公司被并购的溢价、支付方式和交易效率[①]，这种现象的本质应如何解释？④券商网络对被并购挂牌公司财富效应又有怎样影响，并购的溢价、支付方式和交易效率在两者之间是否有中介作用。为探索场外资本市场挂牌公司被并购现象背后的问题，本书研究金融中介社会网络对并购的影响，揭示挂牌公司被沪深上市公司并购的动因、本质和存在问题。

1.3 研究框架

1.3.1 研究目标

本书拟以社会网络理论和金融中介理论，通过对并购金融中介网络的界定、分类以及测度为核心基础，对金融中介及其关系网络影响新三板挂牌公司被并购的理论与实证进行研究，主要对以下问题给予清晰、明确的回答。

（1）金融中介网络如何清晰地界定、分类以及测度？

（2）金融中介网络影响挂牌公司被并购的逻辑及机理是什么？

（3）金融中介网络是否影响挂牌公司被并购的决策（溢价决策和支付决策博弈）、效率（交易成功率和交易效率），这种现象的本质如何解释？

（4）金融中介网络对被并购挂牌公司财富效应又有怎样的影响，并购的溢价、支付方式和交易效率在两者之间是否有传导作用？

（5）中国场外资本市场中如何有效地减少金融中介的市场投机和违法行为，又能有效发挥功能。在此基础上，应如何完善场外资本市场企业融资与控制权交易机制？

以此，为中国场外资本市场，尤其是场外资本市场的中小公司、证券市场投资人及市场监管方提供理性决策及政策制定的具体借鉴。

1.3.2 研究方法

以并购博弈、社会网络、信息不对称和金融中介理论为基础，研究 2010—2020 年上市公司并购挂牌公司事件。采用文献、案例和实证研究结合的方法。

1. 文献研究法

阅读大量国内外相关文献和专著，主要以公司并购、社会网络及金融中介相关文献为主。在对以往文献观点、结论思考的基础上，观察资本市场并购的特点和规律，归纳整理研究选题。以信息不对称、金融中介、资源依赖、组织学习和博弈理论为基础，建

---

① 需要注意的是，本书将研究的并购溢价、支付方式和交易效率统称为并购效率，具体见第 2 章并购效率相关界定解释。并购效率与并购交易效率并非同一个概念，并购交易效率是指并购完成需要的交易时间、执行难易程度和交易复杂程度等（张亚斌、易先忠，2004；王东杰，2006；李秀娥、卢进勇，2013；Boone 和 Mulherin，2007）。

立研究框架和实证模型，提出研究假设。

2. 案例研究法

观察上市公司并购挂牌公司事件，通过公司公告、网络信息收集以及与券商和交易双方公司人员的接触咨询，筛选代表性案例。案例研究表明，券商对挂牌公司被上市公司并购的支持作用，而且通过被并购挂牌公司与沪深市场全部上市公司的董事联结、股东联结和券商联结数据对比，得到探索启发。

3. 实证研究法

借鉴文献研究，对以往社会网络衡量方法理解和分析，对券商网络中心度构建模型和测度。根据本文研究变量特征，使用 OLS 稳健回归分析，Logistic 回归对 0-1 变量解释研究。中介效应检验采用逐步检验法（Baron 和 Kenny，1986），稳健性检验采用自助法（Bootstrap）观察，Sobel 中介效应检验。内生性问题采用 2GMM 和 2SLS 检验。

1.3.3 研究框架

本书基本思路与框架如图 1-1 所示。

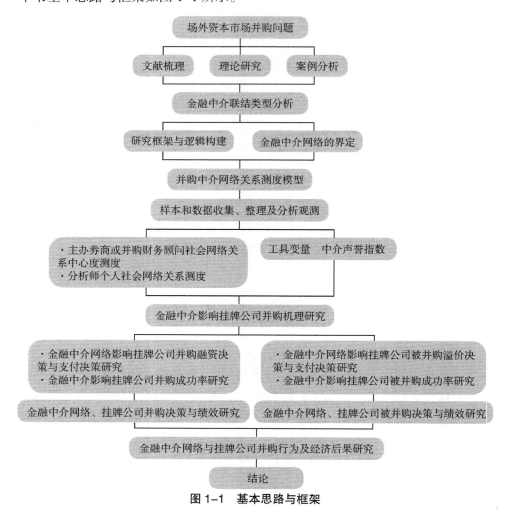

图 1-1　基本思路与框架

1.4 研究内容

1.4.1 基本内容

本书运用新三板 2010—2020 年挂牌公司被沪深证券市场的上市公司并购的样本，以社会网络理论、金融中介理论、公司金融理论以及并购理论等为出发点，进行以下三个部分的研究。

1. 问题的提出、文献综述与理论分析

（1）对中国场外资本市场公司被上市公司并购背景、金融中介的职能和特征进行分析。以文献和问题为导向，提出"金融中介关系网络是否对挂牌公司被并购的行为、决策与效率产生作用？又如何影响到被并购挂牌公司长短期财富效应的变化？这种本质是什么？"等问题。

（2）以信息不对称理论、资源依赖理论、并购重组理论、金融中介理论和博弈理论等为基础，分析金融中介关系网络影响并购的本质，构建思考逻辑：① 金融中介关系网络的信息聚散与风险控制，可建立一种非正式制度的保障和约束机制，降低并购的成本和风险。②金融中介为挂牌公司提供被并购融资或控制权转让的方案、决策咨询及筛选收购方上市公司等支持，提高被并购的收益。

（3）以金融中介与资本市场各类组织的业务关系为基础，分析金融中介关系网络形成的方式与机理，进而探讨其对并购信息、资源和经验的影响机制，对挂牌公司被并购博弈行为及财富效应的作用路径。

2. 金融中介关系网络影响挂牌公司被并购的机理分析

（1）考察中国场外资本市场的发展现状、运行制度与存在的问题，理清金融中介参与对挂牌公司被并购的影响逻辑。首先，将中国场外资本市场与美国、英国和日本的场外资本市场进行对比。其次，分析中国场外资本市场存在的问题，追溯其根源。最后，在全面认识的基础上：① 分析金融中介介入挂牌公司被并购的动机，归纳它们之间的利益类型及交易双方的并购需求特征。② 归纳金融中介在场外资本市场的作用有信息聚散、经验溢出、资源控制、风险控制和中介治理等功能。以此，深刻阐述挂牌公司寻求被并购的行为模式。

（2）对金融中介关系网络做如下思考：① 将金融中介分为机构和个人两个层面，以金融中介拥有的资本市场多种业务职能，积累形成以其为联结核心的关系集合展开分析。② 对金融中介关系网络的联结特征、类型分析，观察金融中介联结的相关数据分布状况，以传统社会网络分析和复杂网络相结合的方法测度不同金融中介关系网络的特征、关系和结构，来构建测度模型。如表 1-3 所示，对金融中介关系网络测度的相关具体指标进行思考。

表 1-3　社会关系和网络分析指标

网络指标	定义	例子
间接联结	两个行动者之间的联结路径需要通过一个或多个其他行动者	A 与 B 联结，B 与 C 联结；所以 A 与 C 通过 B 间接联结
持续时间	联结在时间上存在的连续性	A 与 B 做朋友已经 3 年了
范围	联结到其他不同行动者的数量	A 公司相比 B 公司与更多的组织有联系
规模	网络中行动者的数量	中国资本市场的上市公司数量
对称性	关系双向程度	A 与 B 互相交流，互惠帮助
度	与其他行动者的直接连接数	团体中 A 与 10 人有直接关系，B 与 5 人有直接关系
桥	同时属于两个或多个群体的成员	中介搭建沪深上市公司和场外资本市场挂牌公司联结桥
密度	网络中实际连接数与可能连接数（隐形联结）的比率	
中心度	一个行动者在网络中处于中心的程度。不同的测量（程度中心度、中介中心度、紧密中心度）曾经被用作中心度的指标。某些中心度的测量借助与该行动者联结的其他行动者的中心度或密度来测量	
复杂网络	同步性、鲁棒性和稳定性与网络结构的关系等 组织结构、层次结构、节点分类结构等 关键节点控制、主参数控制和控制的稳定性、有效性等	

（3）考察金融中介关系网络对挂牌公司被并购的实现状况和机制。① 金融中介有参与并购的利益驱动和宏观背景。② 金融中介关系网络的功能是如何具体影响被并购方的行为与交易过程，以及经济后果的。③ 通过案例研究、初期的网络联结数据分析，发现场外资本市场挂牌公司的大股东和董事与沪深证券市场的联结，相比金融中介的联结关系要微弱得多，因而金融中介关系网络更具有研究可行性。基本逻辑框架，如图 1-2 所示。

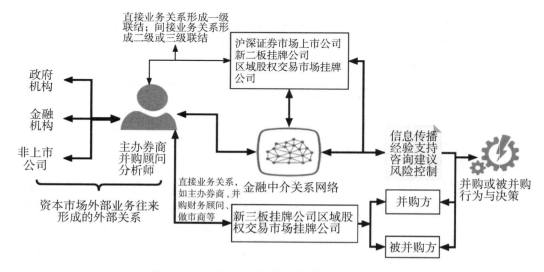

图 1-2　金融中介网络影响并购的逻辑框架

3. 金融中介关系网络对新三板被并购挂牌公司财富效应影响，以及并购决策、效率在两者之间的中介作用，展开实证研究

（1）考察金融中介网络对挂牌公司被并购的成功率、支付方式、交易溢价和交易效率的具体影响程度，以及内在传导机制和因果关系。从中国场外资本市场挂牌公司利益着眼，探讨金融中介机构（主办券商、并购财务顾问）关系网络的个体与整体评价，以及金融中介个体（会计师与分析师）关系网络的中心度，对并购的决策、溢价、支付方式、交易效率和成功率的影响。初步发现：① 金融中介为挂牌公司搭建与上市公司沟通、交易的渠道，其关系网络资源对挂牌公司被并购有促进作用。② 金融中介关系网络对挂牌公司被并购的收益有提升效果。

（2）考察金融中介网络对挂牌公司被并购财富效应的影响，以及具体影响程度、内在传导机制和因果关系。① 以并购完成后两个会计年度被并购挂牌公司的净资产收益率和资产增长率的变化值，探讨金融中介关系网络与被并购挂牌公司的长期股东财富值变化内在关联。金融中介在挂牌公司被并购后，如仍然担任主办券商、持续督导人和做市商等，可能出于职责、声誉和收益考虑，会督促和帮助被并购挂牌公司业绩改进。② 以并购公告前后 [-60，60][①] 为窗口期，共 121 个交易日，分析金融中介关系网络与新三板被并购挂牌公司的短期累积超常收益率（CAR）的关系，测度挂牌公司短期股东财富值变化。金融中介（如主办券商和分析师）可能通过各种媒体传播有关并购信息，对被并购挂牌公司的窗口期财富造成影响。

1.4.2　拟解决的关键学术问题

在前述基本研究框架下，本研究着力解决的关键学术问题在于以下六点。

（1）金融中介网络的定义、特征及分类。如何对金融中介网络进行清晰科学的认识与界定，既是研究的基础，也是文献需要探索，并予以明确的关键问题，关系后续研究的顺利推进。

可能的解决方案：以金融中介拥有资本市场多种业务职能，积累业务关系，形成以金融中介为联结中心的关系集合为研究发端，进而分析和识别的关系有——①曾经与沪深市场上市公司及其高管建立的各种中介服务关系。②与其他金融机构、政府部门和资本市场监管部门建立的业务关系等。金融中介在联结集合内，有信息聚散、流通、识别和整理的作用，以金融中介为中心建立信誉保障机制和非正式的交易制度，对实现降低交易成本、风险和资源配置的程度进行测度。

在此基础上，以被并购挂牌公司聘请的金融中介（如并购财务顾问、券商和会计师、分析师等）为研究对象，探索金融中介关系的广度与深度、结构以及联系的类型、对象。

[①] 场外资本市场，如新三板的换手率和交易频率较低，再加上市场信息供给不足，投资者数量相对有限，挂牌公司的股票波动频率很低，因此窗口期选择时间较长，才能有效反映研究的问题。

可能的解决方案：首先，以传统社会网络分析法对金融中介的关系取向和位置取向进行基本的观测分析，如网络联结的关系、密度、数量、性质与强度等；其次，以社会网络分析为基础，构建复杂网络模型，来分析整个中国市场并购金融机构网络的结构和关系，观察网络的派系、凝聚子群、波动性等，以此奠定金融中介网络测度模型的构建思路与现实基础。

（2）金融中介网络的作用与测算。正确认识金融中介网络所具备的作用，可能的解决方案有：① 以信息传递效率、质量、丰富程度及异质性和信息获取成本来解释。② 以金融中介对并购知识和经验，国家和资本市场政策、法律法规及并购程序把握程度来认识。③ 以金融中介避免和降低并购不确定性和风险，由资源控制和中介治理功能来推进。

对金融中介网络建模、测算，是本研究最为核心的关键问题。可能的解决方案有：① 识别金融中介网络直接与间接的区别与特征。② 以个体网络（以单个金融中介为中心的关系联结）和整体网络（金融中介在整个市场联结网络中比较）相结合的思路，以社会网络分析为前提，构建复杂网络模型来测算。

（3）被并购方视角的决策博弈与理解。中国场外资本市场中的中小企业，如何寻求被并购或控制权转让，以提高公司融资效率和收益，是理解中小企业寻求被并购融资的动机与行为的核心问题。我们将并购看作参与双方之间的一种不完全信息动态博弈行为，无法在沪深交易所上市的中小企业可消极等待并购公司搜寻自己，等待对方主动提出。然而，挂牌展示的中小公司会积极、主动寻找被并购机会，双方会因为各自的利益与立场博弈，双方前期掌握的信息、筹码，以及第三方介入等会对并购的决策、成功率和收益造成重要影响。缺乏资源的中小企业，通过挂牌场外资本市场来寻求融资，不仅要积极挖掘自身资源，借助金融中介的支持，或许会显著提高被并购的成功率和质量。

（4）被并购方视角的定价效率（溢价与支付方式）理解与测算。目前以效率视角来探讨并购溢价和支付方式，尚无清晰的定义，是需要研究理清的核心问题之一。

可能的解决方案：并购关键环节是对标的估算和资产定价方法，如支付价格、溢价程度和支付方式选择，以资产定价理论来解释信息不对称条件下对目标的支付价格或估值。即并购发生时双方围绕标的（股权或者资产等）所确定的价格，对被并购方来说是如何保底，争取溢价策略，选择有利的支付方式，而对收购方来说则是尽量下压价格，符合支付意愿。并购双方依据标的（金融工具、某种证券、实物或无形资产等）反映的信息和市场竞争程度，而进行支付溢价和结构的定价博弈策略，对未来并购的收益和绩效产生影响，这种情况下标的定价可看作并购定价效率。

在此基础上，对并购溢价的测度：交易金额减去交易标的净资产（前一年末被并购公司净资产 × 收购股权比例）再除以交易标的净资产（陈仕华等，2013）。并购支付方式：现金支付方式为 0，混合支付方式为 1。

（5）并购交易效率和成功率的定义、测算。如何对并购交易效率进行界定，目前尚无清晰的定义与测度方法，是需要研究理清的核心问题之一。

可能的解决方案：以交易效率的定义对并购活动进行解释，确定交易双方对并购方案制定、标的定价、合同签订、执行过程到交易标的完成过户的单位时间交易金额大小。一方面，并购交易效率会降低交易的时间成本、契约成本和管理成本等；另一方面，并购交易效率会提升优化资源配置，影响公司绩效改进。

对并购交易效率测度：交易金额除以并购完成天数（从并购公告开始日至并购完成日的时间差）的自然数对数测度并购交易效率。对并购成功率测度：将被上市公司并购成功和失败的样本区分，成功为 1，失败为 0。

（6）被并购方财富效应测度方法的选择与确立。如何理解被并购方的财富效应变化情况，是本研究拟回答的结论性问题，补充以被并购方来理解并购的理论与实践研究内容。目前有市场指标和财务指标两种基本方法，我们重点考虑财务指标法。短期财富效应：可采用市场调整法、市场模型法和资本资产定价模型（CAPM）。根据研究被并购公司的具体情况，采用对应的公告窗口期财富效应或绩效测算。长期财富效应：采用并购后 2 个会计年度的净资产增长率和净资产收益率的变化情况测度。

1.4.3 可能的贡献

中小企业面临的融资与成长难题一直是国家深化市场改革和促进民营经济的关键问题，其如何突破融资与发展困境，成长为资本市场的中流砥柱，是需要重点关注和解决的领域，对国家发展和场外资本市场建设有重大意义。

本书从公司金融的一般理论出发，结合金融中介及其网络与公司并购相关文献，发现在上述情况下，中国场外资本市场运行及其信息和金融资本的流动对金融中介的依赖性明显提高，金融中介特征及其网络资源，势必影响挂牌公司的融资行为。因而，以金融中介网络为研究着眼点，将是理解中国场外资本市场运行以及中小企业寻求被并购融资问题的核心枢纽。以此为着眼点，我们有可能真实、全面地准确认识和探悉中国场外资本市场及其挂牌公司的被并购行为和控制权转让现状、融资机制构建及运行的基本情形以及在上述机制下，中小企业的行为模式及其后果，进而探究和理清其存在问题的关键所在，从而有助于市场监管方的政策制定和投资者的理性决策。在实践意义上：①对提高场外资本市场中小企业探索被并购融资应对策略，提高融资效率，实现资源有效流动，提供有价值的参考经验。②为场外资本市场的发展、制度和法规完善以及金融中介监督规范改进，提供借鉴、参考和建议。③对挂牌公司的培育、转板，金融中介机构的选择、合作有实际指导意义。

目前国内外相关文献缺乏对场外资本市场的中小企业被并购问题，以及如何聘请中介来提高收益进行研究（文献综述部分详述），而对并购金融中介网络则存在着定义模糊、测度逻辑及作用机理无法自洽等各种问题，难以清晰测算并购金融中介网络的真实状况及分布结构，导致无法对现实机制和作用后果进行准确描述和因果分析。因此，为更好地研究并购金融中介网络问题，必须首先清晰地界定，构建对应的网络分析方法，以此为研究发端，在真正明确掌握中国场外资本市场的中小企业寻求被并购的真实、完整状况的基础上，对上述问题重新梳理和研究，则可能在发现新的事实前提下，挖掘出新的理论：①对金融中介关系网络的作用机理进行分析，考察场外资本市场的挂牌公司借助金融中介关系网络实现被上市公司并购的机理与逻辑。②以被并购公司祝角，来分析聘请中介和参与博弈，对其被并购决策、执行和绩效的影响。对我国现有金融中介和并购理论进行补充，对理解金融中介影响并购及经济后果有学术意义。③在现有的研究基础上，对进一步探讨和理解制度不健全且"关系型社会"影响下的中国场外资本市场的"金融中介网络与治理职能"提供新思路，可丰富金融中介领域研究内容。

本研究拟构建新的并购金融中介网络测度方法，进而利用中国场外资本市场自建立以来的 2010—2018 年所有被并购挂牌公司的数据及相关地域数据，利用金融中介的特征及关系数据，对中小企业被并购的真实状态与金融中介关系网络的关系以及金融中介网络对中小企业股权被并购的博弈策略、经济效率及其后果的作用和影响等现实与理论问题，展开实证研究，力求给出清晰的回答。

第2章 文献综述

2.1 基本概念

2.1.1 公司并购

并购作为公司战略投资活动，是"兼并和收购"的简称。公司并购概念较为丰富，一般包括吸收兼并、新设兼并、收购和接管等（Haleblian、Devers 和 McNamara 等，2009；Reza、Mona 和 Stuart 等，2016）。国内学者张秋生（2005）将并购界定为以控制权为交易标的的商业活动。下面从"公司兼并"和"公司收购"两部分对"公司并购"这一概念进行介绍（Hitt、Ireland 和 Harrison，2001；Wheelen 和 Hunger，2009；胡峰，2002；段志蓉、邱海鹰、朱玉杰，2008）。

1. 公司兼并

《大美百科全书》对兼并的定义为，两个或两个以上的公司组合成法律范畴内的一家公司，只有一家公司能够存续，其余的公司均丧失法律范畴的独立身份，这家存续的公司获得其他公司的资产，保留公司原有名称和组织。1989 年，我国颁布《关于公司兼并的暂行办法》将公司兼并定义为，购买对方产权，使被购买方法人资格或实体发生更改的交易行为。该定义有明显的计划经济向市场经济过渡的特色，缺陷在于未定义公司之间的未通过购买方式的合并。1996 年，财政部颁布《公司兼并有关财务问题的暂行规定》对《关于公司兼并的暂行办法》里有关公司兼并的界定进行修正，认为只要有偿交易获得产权，改变投资主体行为均为兼并。在以往研究的基础上，傅鸿源、张仕廉（2001）将兼并定义为公司接收或吸纳目标公司，目标公司消解而接纳公司存续。费一文（2003）将兼并定义为收购目标公司全部股权而获得控制权后，将目标公司消解吸收。两者均认为，兼并是获得目标公司的主体，而目标公司消失或解散。

2. 公司收购

《新帕尔格雷夫货币金融大辞典》将收购定义为，一家公司购买目标公司部分或全部资产与证券，包括被并购公司的组织、资产、股票等发生重组经营行为。布坎南（1988）将收购区分为资产和股权收购。资产收购是指购买被并购公司部分或全部资产；股权收购是指获得被并购公司部分或全部股份。Hitt、Ireland 和 Harrison（2001）认为收购是兼并的一种形式，是一家公司购买另一家公司控制权（最多为100%）的行为，购买目标公司使其成为公司投资组合部分。Wheelen 和 Hunger（2009）认为收购就是购买一个公司部分或全部资产，使其完全成为一个子公司或部门。杜厚文、初春莉（2008）将收购定义为，一家公司以现金或股权方式来购买目标公司部分或全部股份行为，目的是获得目标公司控制权。

国内对并购的界定，包含兼并、收购、资产置换、股权转让、控制权转移、托管、借壳、买壳、债务重组等广义概念。胡峰（2002）认为国内法律制度不健全，导致将兼并、合并与收购常作为同一概念，但更具有商业实践和理论研究的合理性。朱宝宪、王怡凯（2002）提倡将概念适用范围扩展到非上市公司，不应以控制权转移为评判标准，狭义并购单指上市公司收购行为。本书将上市公司收购挂牌公司部分或全部股权交易作为研究对象。

2.1.2 券商关系网络

1. 公司网络

20世纪90年代以来，将社会网络理论应用到管理经济学领域成为新的研究热点，推动了管理经济学的发展（Ahuja、Soda和Zaheer，2012；Porter和Eun，2015）。学术界认为社会网络对社会组织管理与经济活动具有重要的作用。社会网络理论从个人关系范畴，上升为团体组织、民族、国家甚至国家联盟等。微观层面包括个人关系、商业组织之间的经济活动联系；宏观层面包括民族、国家、经济体联盟之间的政治、经济、文化、科技、教育等各个领域的合作交往，这些均可从社会网络视角解释。对公司社会网络的研究主要有高管个人社会网络对公司行为及后果的影响，包括公司股东和高管等个人社会特征、连带关系嵌入社会结构中对公司资源获取、决策、市场拓展、交易等的研究（Burt，1992；Granovetter，1995；吴俊杰、盛亚、姜文杰，2014；张敏、童丽静、许浩然，2015）。一些学者以企业所在行业、产业链条、区域、市场结构等展开探讨。本书从公司关系、资源和制度视角来阐述公司社会网络。

（1）关系视角。Granovetter（1995），Payne和Frow（2005），巫景飞、何大军、林王云（2008），吴俊杰、盛亚、姜文杰（2014），张敏、童丽静、许浩然（2015）等将公司社会网络理解成股东、高管、董事等拥有对公司管理控制权人群的个人社会关系集合，这种集合可分为个人生活和工作建立的联系。

（2）资源视角。Peng和Luo（2000），Braggion（2011），Horton、Millo和Serafeim（2012），Chulluun、Prevosl和Upadhyay（2017），邓建平、曾勇（2011），陶宝山、李亚萍（2012），吴旭云、贺小刚、郝影利（2013）等将公司社会网络理解成公司股东、高管、董事等利用个人社会关系，为公司获取信息、资金、信誉、担保、投资机会和稀有资源等。

（3）制度视角。Tan和Litschert（1994），Dahl和Pedersen（2005），李新春（2000），程恩富、彭文兵（2002），庄贵军、席西民（2003），沈红波、寇宏、张川（2010），

游家兴、刘淳（2011）等认为如果缺乏完善的法律和良好市场机制的制度环境，社会网络作为非正式制度可充当正式制度的有效补充来获得配置资源。

公司需获得外部稀有或低于市场交易成本的资源，来维持发展和保持竞争优势。如公司股东、董事和高管带来的资源有稀缺性和低成本特征，为公司生存和发展提供支持。这种方式在市场机制不完善和法律不健全的环境中更有效。基于此，本书将公司网络定义为公司拥有各种社会联结的集合，如公司高管、股东和董事拥有的私有或业务关系，公司在各种业务和社会活动中与社会其他组织关系的集合。这些联结为公司提供各种资源，对公司形成外部或内部资源配置功能，影响公司的决策效率、行为及经济后果。

2. 券商关系网络

券商关系网络是指券商作为金融中介拥有资本市场多种业务职能，积累业务关系，形成以券商为联结核心的关系集合。如曾经与资本市场公司以及其高管建立的各种金融服务中介关系，与其他金融机构、政府部门和资本市场监管部门建立的业务关系等。在这个联结集合，券商有信息聚散、流通、识别、筛选和归纳的作用，以券商为中心建立信誉保障机制和非正式的交易制度，实现降低交易成本、风险和资源配置的功能。

鉴于研究内容，本书以被并购挂牌公司和上市公司的共同券商为切入点，将被并购挂牌公司主办券商曾经作为上市公司 IPO 业务主承销商关联的数量视作子网络，放在沪深证券市场整体网络中观察相对密集程度，来测度券商网络大小。如果券商作为上市公司 IPO 承销商联结数量越多，表明该券商与上市公司的联结越紧密，在沪深证券市场的网络中心度越大，接收的信息越多。从整体上观测样本的券商在网络中的相对密度，这是探索券商网络的核心基石与依据。可从以下方面解释：

（1）券商网络的结点和联系。网络结点是指券商与沪深市场上市公司和新三板挂牌公司之间直接或间接的业务关系，以及这些组织之间发生的各种其他联系，而形成的信息和社会网络集合。网络中每个结点为资本市场内公司，通过核心联结点（券商），实现信息交流、经验学习和资源交换。

本书以被并购挂牌公司主办券商曾经为 IPO 承销商的上市公司数量，形成直接联结网络，这种并购双方以共同券商关系而形成的联结关系是网络的核心。而且与券商联结的每个公司在资本市场都与其他公司有各种关系渠道，这种关系集合形成外围的直接或间接网络。如图 2-1 所示。

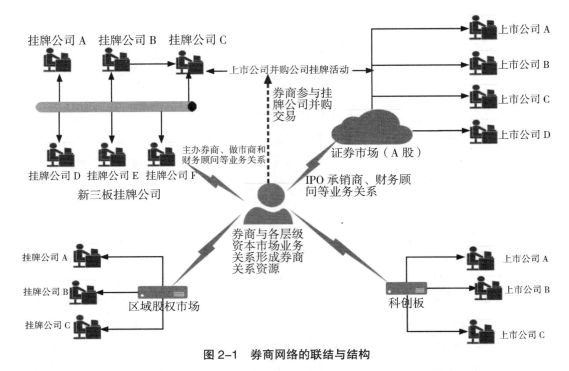

图 2-1 券商网络的联结与结构

（2）券商的网络密度。网络密度是指券商与整个资本市场公司之间的直接联结点数量（与之联结的公司数量）占整个网络结点总量（当年年末资本市场公司数量）比值。券商网络密度越接近1，表明券商与整个网络内公司直接关联的结点数量越多，信息获取与资源调动能力越强。

例如以券商 A 曾经作为 IPO 主承销商上市公司数量占当年年末沪深证券市场上市公司总数比率，来思考券商 A 在沪深证券市场相对网络密度。因为一定时期内沪深证券市场公司数量基本不变，如果券商 A 作为 IPO 主承销商的上市公司数量越多，其他券商作为 IPO 主承销商上市公司数量必然越少，说明券商 A 的网络相对密度要大于券商 B 和 C。如图 2-2 所示。

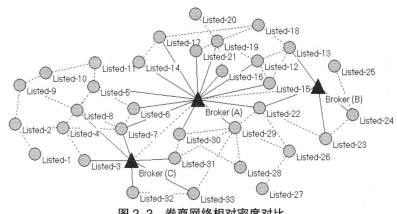

图 2-2 券商网络相对密度对比

（3）券商的网络中心性。网络中心性是指券商对资本市场公司和资源流动控制程度，反映券商网络作用和控制能力的强弱。券商网络中心性分为三个维度：① 程度中心度（Degree Centrality）是指与该券商因 IPO 和挂牌业务直接联系的上市公司和挂牌公司总量。联结公司数量越多，该券商网络相对中心性越强。程度中心性分为绝对和相对两种。相对中心性考虑到整个网络的规模变化，以便于在不同网络之间比较。本书只考虑相对程度中心度。② 中介中心度（Betweeness Centrality）是指券商所在结点多大程度上处于其他公司结点的"中间"。如果该券商处于许多交往网络的路径上，其可能有控制其他两个公司之间交往的能力。处于该位置上的券商可以通过控制或曲解信息传递而影响其他群体（Freeman，1979）。③ 紧密中心度（Closeness Centrality）是指该券商与其他结点距离，与网络内其他结点总体接近距离越小，代表该券商受其他人控制程度越小，信息传递速度与质量越高；总体接近距离越大，该券商需借助越多结点交换才能达到目的。

（4）券商联结的数量、性质与强度。券商联结数量是指与上市公司作为 IPO 主承销商业务关系的结点数量，是本书理解券商网络的主要内容。网络密度越大，意味着该券商可供选择交换的上市公司关系越多，具有丰富网络资源禀赋，但需要投入更多资源与多个上市公司发生交换关系。券商的联系性质是指网络内与其联结的主导状态，例如对立与合作就是两种关系状态。券商之间由于业务关系很可能产生冲突和竞争，券商与资本市场公司之间是业务供需关系，也是合作与互惠关系，它们之间联结性质对绩效改进有影响。券商联系的强度是指联结双方关系紧密程度和资源流动的容量和频度（Granovetter，1973），如网络结点关系强弱影响结点之间资源流动的频度和流量。

（5）券商网络的派系和凝聚子群。网络派系是指该券商直接联结的沪深市场公司，以及扩散到外围的联结关系，构成该券商派系网络。凝聚子群相对更加宽泛，将每个券商网络定义为一个行动者的子集合（刘军，2004）。券商网络派系和凝聚子群只是整体网络中的一个子网络。整体网络指所有券商和资本市场公司之间存在着各种的网络联结集合，如董事网络、股东网络、高管网络、产业链条、政府网络、银行网络、区域网络等各种联系，都可将之归纳为整体网络的子网络。

上文对券商网络初步界定和阐述，以此为基础将被并购挂牌公司（主办券商）与沪深上市公司（IPO 主承销商）的共同券商作为研究点，来解释券商网络。上述概念是本书在使用券商网络和测度中心度时，需要用到的核心概念，但社会网络理论仍是全文的基础。

2.1.3　并购效率

本书的并购效率是指以被并购方利益为考量，在并购过程中的定价效率、交易效率和信息效率所包含内容的总称。

1. 并购定价效率

资产定价理论主要解释在信息不确定条件下对目标的支付价格或估值（李志生、陈晨、林秉旋，2015；叶建华，2017）。一般指金融工具、某种证券、实物或无形资产等，未来支付价格指由市场决定的支付价格，正因为资产在未来价值产生的不确定波动，直接影响到投资者收益（廖士光，2010；Lam 和 Wei，2011；黄俊、郭照蕊，2014）而给予的风险溢价补偿（施锡铨、周侃，2000；Bayar、Chemmanur 和 Liu，2015）。在此基础上，定价效率可理解为证券价格反映信息的能力或准确性（段进东、陈海明，2004），以及与市场供给和需求状况的关联度，取决于竞争的程度（Kasa、Walker 和 Whiteman，2014）。

并购关键环节是对标的估算和资产定价方法，如支付价格、溢价程度和支付方式的选择（曹玉贵、杨忠直，2005；谢纪刚、张秋生，2013）。上述可理解为并购定价的内容，即并购发生时双方围绕标的（股权或者资产等）所确定的价格，对被并购方来说是如何保底，争取溢价策略，选择合理的支付方式，而对收购企业来说则是尽量下压价格，符合支付意愿（骆欣庆，2008）。并购双方依据标的（金融工具、某种证券、实物或无形资产等）反映的信息和市场竞争程度，而进行支付溢价和结构的定价博弈策略，对未来并购的收益和绩效产生影响，这种情况下标的定价可看作并购定价效率。

本书将并购定价效率界定为：在市场规则下，并购双方为节约成本、提高估值准确性与己方收益，针对标的支付价格和方式的博弈（谢纪刚、张秋生，2013；程凤朝、刘旭、温馨，2013；王小荣、陈慧娴，2015），最终达成的支付金额、溢价程度和支付方式，影响被并购方的经济绩效。

2. 并购交易效率

对交易效率概念的理解，目前有一定差异，相同点可概括为：市场机制的运行成本、速度快慢、经济体量大小等方面。交易效率指在特定时间和地理范围，一个国家、地区或某个行业的经济交易或商业活动进行的快慢与体量大小（高帆，2007）。著名经济学者罗纳德·哈里·科斯（Ronald Harry Coase）和奥利弗·伊顿·威廉姆森（Oliver Eaton Williamson）指出公司降低交易成本，会提高交易效率。影响交易效率的因素可概括为：制度、信息（孙林，2015；谢纪刚、张秋生，2013；李强、李克，2015）和专业化水平及交易者意愿（Schultz，1993；龚建立、金戈、王飞绒，2000；张毅、陈雪梅，2005）等。因此交易效率直接对企业绩效产生影响（张亚斌、易先忠，2004；Faccio 和 Masulis，2005；董小君，2007；王艳、李善民，2017）。公司交易的时间成本、资金成本和风险的降低，会改进公司绩效。

本书将并购交易效率界定为：交易双方对并购方案的制定、标的定价、合同签订、执行过程到交易标的（高帆，2007；温日光，2015；赵璐、李昕，2018）完成过户的单位时间交易金额大小。一方面，并购交易效率会降低交易的时间成本、契约成本和管理成本等（高帆，2007）；另一方面，并购交易效率提升会优化公司资源配置（李强、李克，2015），影响公司绩效改进（王艳、李善民，2017）。

3. 并购信息效率

本书对信息效率理解有两个层面：①交易个体信息效率。信息传递效率，是对信息传递过程中的速度、质量和内容的大小与价值进行衡量（Chung、McInish 和 Wood，1995；王咏梅、王亚平，2011；Fujiwara、Hirose 和 Shintani，2011）。本书认为并购信息效率指并购参与方关于并购信息的传播，包括信息的速度、质量、信息量和稀有性等因素对并购信息获得方产生的价值影响。②有效市场效率。信息的传播对市场交易效率和资源分配起决定性作用（孔东民、庞立让，2014；Chordia、Roll 和 Subrahmanyam，2008；Chung 和 Hrazdil，2010）。Fama（1965）依据股票价格包含信息量和程度差异，提出著名效率市场假说，将股票市场分为三类，弱型（Weakform）有效市场、半强型（Semi-strongform）有效市场和强型（Strongform）有效市场。有学者在 Fama 假说基础上，展开大量探索（Shiller，1984；Fama 和 French，1992；Jahan-Parvar 和 George，2010）。在国内方面，学者对信息传递效率与资本市场有效性及经济后果展开研究（程展兴、刽亮亮，2013；毛新述、王斌、林长泉等，2013；刘寒星、李芮，2017；杨玉龙、吴文、高永靖等，2018），认为我国股票市场的信息流动低于欧美发达国家。

值得思考的是，挂牌公司通过主动选择收购方，以及针对并购实施的包装、支持和博弈，来提高被并购的收益（李善民、朱滔、陈玉罡等，2004；王宏利，2005；何毓海、赵泽斌，2007），如争取高的并购溢价、有利的支付方式和交易效率，对公司绩效和财富效应产生影响。本书尝试从被并购方的效率来探索，可抛砖引玉，为现有研究拓展新思路来讨论并购问题。

2.2　社会网络的研究

2.2.1　起源、确立与测度方法

阿尔弗雷德·拉德克利夫-布朗（1940）首次从社会分配与支持的视角提出"社会网络"的模糊性概念。自此为发端，学者们对社会网络从不同角度解释和讨论，直到 Wellman（1988）提出较为清晰的界定。纵观研究历程可归纳为三部曲：图论、社会网络分析和复杂网络理论。20 世纪 90 年代以来，将社会网络理论应用到管理经济学领域掀起一股研究热潮，推动了管理经济学的发展（Leenders 和 Gabbay，1999；Ahuja、Gautam 和 Soda，2012；Porter 和 Eun，2015；Ross、Soda 和 Zaheer，2019；边燕杰、张文宏，2001、2004；姚小涛、席西民，2003；马光荣、杨恩艳，2011；陈运森、谢德仁，2011；张文宏，2014），其重要贡献在于：

（1）社会网络研究所确立的概念、命题、基本原理及其相关的理论，形成经由大

规模的经验研究支持的一套首尾一致的特征和原理，使管理经济学以社会网络分析经济行为和过程的研究面目一新。

（2）网络分析理论为管理经济学的探索提供有力的实证方法，为观测复杂社会经济背景下的网络个体行为、成员之间互动的真实规律，提供更好的理解和测量手段。

（3）以社会网络及其资本观分析个人、家庭和组织之间联结的研究持续推进，且将微观社会网和宏观的社会结构联结起来，拓展到对跨区域网络的组织、国家之间的政治、经济等领域的合作博弈等研究。

上述研究经历了以直观联结图形描述、静态网络分析，到闭环或开放型复杂动态网络研究的演变。但社会网络分析与复杂网络既有联系而侧重点又不同。

（1）社会网络分析是在图论基础上，以 Granovetter（1973）为发端，经过不断完善，其分析方法可归纳为两种基本视角：关系取向和位置取向（李金华，2009；张文宏，2014）。关系取向着重于行动者之间的社会黏着关系，以社会联结本身——如密度、强度、对称性、规模等，来解释行为和过程。位置取向着重于以"结构等效"来讨论行动者之间的且在结构上类似相等地位的社会关系的模式化，解释两个或两个以上行动者与第三方之间的关系。

（2）随着计算统计工具的发展，复杂网络诞生于20世纪末，以网络的小世界（Watts 和 Strongatz，1998；Newman 和 Wattst，1999）和无标度（Barabási 和 Albert，1999）提出为发端。复杂网络突破了社会网络分析的局限，克服了大型复杂网络结构的联结幂律分布问题（与时间无关的渐进分布且与系统规模无关），以及网络内极少数节点有大量的连接，而大多数节点只有很少的联结的测度难题，且实现了从规则到完全随机之间的连续演变的真实网络结构。复杂网络理论与传统社会网络分析均以图论为基础，前者属于网络动态学的研究，所折射出来的是网络结构的演化、网络结构与网络行为的互动规律（Baasi 和 Albert，2002；李金华，2009；刘建国、任卓明、郭强等，2013）；后者则属于静态社会学的研究。

2.2.2　经管领域的应用

经济管理领域运用网络分析方法的研究，根据研究的着眼点不同，可归纳为三种基本视角：资源配置、信息传递和社会资本。

1.资源配置功能

将社会网络理解为一种非正式制度（Dahl 和 Pedersen，2005），对社会资源分配有重要影响，可降低获取资源的成本（吴敬琏，2011），方便公司获取所需资源（Braggion，2011；贺小刚、张远飞等，2013；吴俊杰、盛亚等，2014）。然而，Horton、Millo 和 Serafeim（2012）以自利视角发现，如果公司高管利用异质性资源，为其利用"寻租"提供条件，则会损害公司价值。但另一些学者（El-Khatib、Fogel 和 Jandik，2015；Chuluun、Prevost 和 Upadhyay，2017；刘斌、黄坤等，2019；黄灿、李善民，2019）认为高管的异质性资源也有利公司决策，如股东、高管和董事网络有效促进公司信息和资源交换，有利于企业绩效改进。

2. 信息传递功能

社会网络建立的信任机制有效帮助网络内信息交流，增强公司间沟通和信任，带来低成本信息（Granovetter，1985，1995；Lin Nan，1990；Payne 和 Frow，2005）。而信息交易成本对公司扩张、抓住商业机会、降低投资风险等有重要作用（张敏、童丽静等，2015），降低市场信息不对称，可促进公司间合作（McEvily 和 Marcus，2005；俞鸿琳，2013）。

3. 社会资本功能

Lin Nan（1999，2001）指出社会资本根植于社会网络和社会关系，以动员或摄取社会结构中的资源来实现目的。以此为基础，学者们从各种视角进行界定，虽然探讨社会网络与社会资本之间关系的侧重点不同，但均认同社会网络是潜在的社会资本，只有动用和产生价值的社会网络资源才会上升到资本的层面（张文宏，2014）。

个人的社会资本或所处区域的社会资本环境对其行为、经济地位有影响（王春超、周先波，2013），企业家或高管的社会资本对创业和企业决策、绩效有显著影响（Cainelli、Mancinelli 和 Mazzanti，2007，蒋春燕、赵曙明，2006；张玉利、杨俊等，2008；陈爽英、井润田等，2010）。企业拥有的社会资本或所处区域的社会资本环境，对企业的决策、投融资行为及绩效有影响（Guiso、Sapienza 和 Zingales，2008；石军伟、胡立君等，2007；潘越、戴亦一等，2009）。

上述研究较好地回答了个体与网络中其他成员的关系类型和自身特征导致网络个体节点位置的差异性问题，是如何影响个体的行为与后果，以及是通过怎样的路径进行影响的问题。基于大数据的复杂网络在经济管理学领域掀起一股研究热潮，依据探讨的对象与着眼点不同，可以分为三个基本视角：①复杂网络下金融市场、机构与风险研究；②基于复杂网络的股票市场与投资者研究；③复杂网络视角的组织与企业发展研究。

（1）复杂网络下金融市场、机构与风险研究。Acemoglu、Ozdaglar 和 Tahbaz-Salehi（2015），León、Machado 和 Sarmiento（2018），陈梦根、赵雨涵（2019）等，以复杂网络理论构建动态模型来测度分析本国银行业的跨境联系，以及国际银行业网络结构的动态特征，以此观察区域性金融体系稳定性、风险传染变化。欧阳红兵、刘晓东（2008）以构建金融市场网络动态结点识别模型，来观测系统性风险的传导机制，并以银行间同业拆借市场经验实证，来证明该方法的有效性和稳健性。邓向荣、曹红（2016），胡志浩、李晓花（2017），吴念鲁、徐丽丽等（2017）以复杂网络理论来测度分析国内金融机构的风险指数与传染速度、程度和广度等。韩松、苏熊（2016）以复杂网络DEA模型来测度分析我国商业银行的整体结构效率和发展问题。

（2）复杂网络的股票市场与投资者研究。Namaki、Shirazi 和 Raei 等（2011），Stefan 和 Atman（2015），庄新田、张鼎等（2015），邵华明、马永谈等（2017），刘海飞、

柏巍等（2018），王克达、庞晓波等（2018）基于复杂网络理论对股票市场的结构、风险传染以及投资者进行测度分析。此外，陈庭强、何建敏（2014）以信用风险持有者的心理、行为视角，分析承担主体行为和风险传染因素，构建复杂网络模型来测度分析社会网络中信用风险个体之间的网络结构特征及其对风险传染的影响机制。

（3）复杂网络视角的组织与企业发展研究。Ferrary 和 Granovetter（2009），Basole 和 Bellamy（2014），马骏、唐方成、郭菊娥（2005），罗家德、张田、任兵（2014），罗家德、曾丰又（2019），丁忠明、李诗争、张小雪（2019）从企业或组织所处市场环境视角构建复杂网络模型，来测度分析企业或组织与网络成员的关系，对其决策、市场行为以及投融资的影响。Roberts（2014），宋华、卢强（2017），宋华、杨璇（2018），以复杂供应链网络金融视角，探讨中小企业融资与发展问题。张桂涛、胡劲松、孙浩等（2013，2015），以消费者为中心分析产品流通组成的闭环供应链网络模型，观测产品流通与消费者选择消费渠道的偏好，以及闭环供应链的均衡状态改变和应对策略。陈占夺、齐丽云、牟莉莉（2013），冉龙、陈劲、董富全（2013）以企业网络对其竞争优势和创新的影响，来研究企业成长问题。

2.3　并购效率的影响因素

目前券商或金融中介影响被并购方效率的相关文献较少，因此本节归纳被并购公司特征影响并购溢价、支付方式和交易效率的因素，适当讨论并购方，以便全面理解被并购方的行为和效率。相关研究包括公司的财务、高管、治理和社会网络等方面。

2.3.1　影响并购溢价的因素

1. 被并购公司财务特征对并购溢价的影响。

公司财务特征会导致并购收益和成本的差异，对溢价决策有重要影响。如被并购公司盈利和成长能力、经营业绩等有关并购估值的财务指标，均影响并购溢价大小。Varaiya（1987）发现被并购公司谈判议价能力对并购溢价有直接影响。被并购公司股东、管理层和员工只有在预期到并购后收益大于并购前，且并购方愿意支付高溢价来弥补这种利益损失时才会接受和支持并购。被并购公司谈判能力对并购溢价正向影响，而谈判能力来源于公司业绩、盈利和发展前景。

Varaiya 将并购收益来源归纳为三方面：①并购市场对被并购公司价值低估会给并购方提供折价收益。在并购时市场对被并购公司估值偏低，而并购后经过一段时间，市场价值发现功能促使被并购公司股价上升，给并购公司带来收益。②被并购公司经营不善，并购整合后带来收益。如果被并购公司经营业绩不良导致公司被接管，会提高被并购公司业绩和盈利能力，从而提升被并购公司股息水平。③并购协同收益。并购协同收益与被并购公司谈判能力、市场竞争和反收购修正案存在相关性。同年 Rhoades（1987）以银行业并购为研究对象，发现目标银行高成长率和较低的平均资本与资产比率，会提高并购方支付溢价。

Slusky 和 Caves（1991）基于 Varaiya 研究，构建协同效应代理变量，来研究并购溢价与各种协同效应之间的相关性，并对 Varaiya 研究不足之处做出补充。他们运用并购双方的杠杆比率差值来测度财务协同效应，发现财务协同效应与并购溢价显著正相关。Gondhalekar、Sant 和 Ferris（2004）从目标公司每股收益与并购溢价关系探索，发现被并购公司的每股收益与并购溢价正相关。在此基础上，Laamanen（2007）采用分类对比公司估值方法，发现技术密集型公司高收益和高净值等特征致使其有较高市场估值，在控制被并购公司的销售额、负债比率、净资产回报率、行业相关度后，研发投入及其增长率与并购溢价正相关，其市价 – 账面价值比与并购溢价负相关。以银行业并购为例，标的银行潜在价值和财务能力对并购溢价有重要影响，标的银行的权益比例、贷款比例和净资产回报率显著影响并购溢价（Diaz 和 Azofa，2009）。

在国内方面，徐妙妙、陶启智、朱翔龙（2015）认为目标公司杠杆率与被并购概率正相关，且财务比率也会影响目标公司被收购概率。被并购公司高负债，现金流很少，且财务风险较大，则对并购公司来讲投资价值下降，如果这时目标公司希望借助并购重组盘活资产，并购价格会明显下降，导致并购溢价降低（贾豪毅，2018），而且目标公司盈余管理水平与并购溢价负相关。被并购公司盈利能力及整个资本市场周期影响并购溢价（姚海鑫、于健，2010）。在此基础上，李井林（2017）认为被并购公司财务信息质量提升，直接影响其被并购溢价。

2. 被并购公司策略对并购溢价影响

公司股东和管理层衡量被并购收益，会采取抵制或支持策略来谋求最大利益。被并购公司实施抵制或支持策略，均会不同程度提高并购溢价。如被并购公司实施股权摊薄反收购措施（毒丸计划）会提高并购谈判能力，迫使并购公司提高并购溢价（Comment 和 Schwert，1995）。被并购公司拥有的异质性信息会增强实施抵制策略效果，如独立董事比例提高会增加信息交换和异质性，提升信息资源和决策能力，影响股权摊薄反收购措施实施效果，导致并购溢价提高（Cotter、Shivdasani 和 Zenner，1997）。因此，无论是单一或组合策略均可提高并购溢价（Schoenberg 和 Thornton，2006）。

支持策略提高并购溢价，如管理层补偿计划（金色降落伞）对并购成功率有明显提升作用，管理层补偿计划会提高并购溢价（Sokolyk，2011）。为保护股东利益，被并购公司也可能实施支持策略，如鼓励竞标者参与并购竞价提高溢价水平，主动提供并购方需要的并购信息，鼓励竞标者之间信息公开，以及在并购合同中约定双方违约费用等。解约费用既是对被并购方权益的一种保护措施，也是对并购方履行并购协议的一种约束。解约费用会提高并购溢价，Officer（2003）发现解约费用导致研究样本并购溢价平均提高 7%。同时双方所在行业差异性对溢价有影响，同行业并购比不同行业并购有更高溢价，要约并购相对现金并购会引发更高溢价。并购公司预先持股超过 5% 相比低于 5%

会降低收购溢价。如果解约费用占并购交易总额的 33% ~ 66% 会提高并购溢价和成功率，但解约费用超过 66% 会降低并购溢价和成功率（Chahine 和 Ismail，2009）。

3. 被并购公司高管特征

（1）高管持股对并购溢价影响。代理问题导致高管道德风险和逆向选择，管理层持股会影响并购溢价。文献对高管持股与并购溢价关系尚有争论。有些学者认为，当被并购公司管理层持股比例较高时，会倾向采取抵制策略，提高并购溢价。如并购竞标者数量较多时，被并购公司管理层持股对并购溢价有正向显著影响，管理层会在并购谈判中更加积极（Song 和 Walking，1993）。有些学者认为，当被并购公司 CEO 持股比例较高时，会倾向采取妥协策略，如在并购谈判时向并购方妥协而有损股东利益的决策，来维护个人在并购后的利益，如继续留任或高额回报等，导致抑制并购溢价（Hartzell、Ofek 和 Yermack，2004；Moeller，2005）。Qiu、Trapkov 和 Yakoub（2014）支持上述观点，发现被并购公司 CEO 可能会以压低并购支付价格为筹码与并购方交易，来获取后续留任，因此被并购方留任 CEO 与并购溢价呈现负相关。同年 Bargeron、Lehn 和 Moeller 等（2014）将并购分为友好和敌意两类，友好并购的 CEO 持股比例高低与并购溢价正相关，但管理层持股比例高，其他股东处于弱势地位会导致并购溢价降低；恶意并购的 CEO 持股比例较低公司股权结构会显著抑制并购溢价。然而，Bargeron、Schlingemann 和 Stulz 等（2008）认为被并购方管理层持股与并购溢价呈现正相关。由于其他因素也会对两者关系产生冲击，因此研究尚未形成统一观点。

（2）董事网络对并购溢价影响。文献主要是从董事网络降低并购信息不对称性、促进并购经验模仿来解释对并购溢价影响。并购双方公司董事联结，是并购决策获取信息的重要渠道之一，有联结关系董事能直接参与并购双方决策制定，提供高质量、低成本信息（Nahapiet 和 Ghoshal，1998）。由于共同董事能接触双方公司"关键信息"和"商业信息"，可获得交易对象较多私密和异质性信息，准确评估对方价值，提升并购博弈优势。因此被并购公司独立董事比例与并购溢价正相关（Cotter、Shivdasani 和 Zenner，1997）。并购可为被并购公司股东带来溢价补偿，主要根源在于信息不对称可能会导致并购方支付高溢价（陈仕华、姜广省、卢昌崇，2013）。

4. 被并购公司治理水平对并购溢价影响

Ferris、Melnik 和 Rappaport（1977）发现被并购公司股权集中度与并购溢价负相关。Ferguson（1994）支持上述观点，指出被并购公司股权集中度与谈判实力负相关，会抑制并购溢价。持相同观点的还有 Bargeron、Schlingemann 和 Stulz 等（2008），他们发现并购双方产权性质是影响并购溢价因素之一。治理水平高的公司并购较差公司能创造更多价值，股东能享受到并购收益，一定程度会支持并购溢价决策（Wang 和 Xie，2009）。

在国内方面，学者持有类似观点。被并购公司股权结构及流动性对控股权溢价水平有影响（朱峰、曾五一，2002），李维安（2006）指出公司治理水平对投资者收益产生影响，高质量公司治理会提升绩效和价值，因此投资者会依据公司治理水平来制定投资策略。如控股权与并购溢价正相关，而净资产、总股本与并购溢价负相关（于健，2010）。被并购公司治理水平影响收购公司股东信心，治理水平越高，会促使收购公司并购溢价提高（于成永、于金金，2017）。

5. 中介影响并购溢价

并购参与第三方有财务顾问、分析师、审计师、律师事务所、专业咨询机构或政府等利益相关者。第三方参与者特征、经验和参与程度均会影响并购成功率、双方博弈及支付意愿等，最终提高或抑制并购溢价。美国资本市场并购，并购公司对提供服务中介机构的雇用情况会影响并购溢价。如果收购方雇用并购服务中介而支付的溢价水平，会与以前其他雇用这家中介机构的公司并购溢价正相关。随着对被并购公司资产估值不确定性增加，并购方雇用中介机构数量会随之增加（Haunschild，1994）。因为中介机构拥有异质性信息和专业服务能力，如并购投资顾问凭借专业技能和信息获取与传递优势，可有效降低并购不确定性，使得并购方支付较低并购溢价，改善并购质量（Agrawal、Cooper 和 Lian，2013；Song、Wei 和 Zhou，2013）。

并购中介与交易双方关系及中介费用对并购支付价格有直接影响（Chemmanur 和 Fulghieri，1994）。Chahine 和 Ismail（2009）以并购咨询费用作为投资银行参与程度代理变量，研究参与并购的投资银行努力程度对并购溢价影响，发现被并购公司咨询费用与并购溢价显著正相关，被并购方相对收购方支付的咨询费用越多，最终支付溢价相对越高，而并购方咨询费用与并购溢价显著负相关。研究验证咨询费用与投资银行服务质量之间存在正相关性，投资银行作为中介机构参与并购程度对并购溢价有显著影响。然而现有文献鲜有讨论被并购方聘请中介对支付溢价的影响，仅有极少数文献指出被并购方聘请中介会提高溢价，这或许与被并购方在并购中处于弱势地位，且采取的手段和策略相对有限有关。

2.3.2　影响并购支付方式的因素

1. 被并购公司财务特征对支付方式的影响

被并购公司的规模、财务杠杆、股权集中度、成长机会等对并购支付方式有影响。

（1）股权集中度会影响支付方式选择。股票支付方式会导致被并购方持有收购方股票增加，稀释收购方大股东控制权，削弱他们的决策地位，而现金支付不存在此顾虑（Ghosh 和 Ruland，1998；Jung，1996）。Facciom 和 Masulis（2005）支持上述观点，认为当并购公司大股东面临控制权威胁时，并购方更倾向选择现金支付，来稳固大股东地位。

（2）公司财务杠杆会影响支付方式。被并购公司负债风险较低时，自由现金流增大会提高现金支付概率。当并购方股利分派率较低时，现金支付概率增大（Jensen 和

Ruback，1983）。当并购方面临融资困境时，采用股票支付的概率增大（Facciom 和 Masulis，2005；Lemmon 和 Zender，2010；Uysal，2011）。刘俊毅、白彦（2018）发现资本结构偏离度会对并购支付方式产生影响，建议并购公司应考虑被并购方的资本结构来选择合适的支付方式。

（3）被并购公司成长机会影响并购支付方式。被并购公司成长能力可增加谈判筹码，吸引潜在并购方关注。如被并购公司预测并购会带来股市财富效应增加，会提高混合支付中现金支付比例。验证被并购公司股东短期超额收益与混合支付中现金支付比例正相关，得出收购公司获得协同效应和现金支付比例成正比的结论（Berkovitch 和 Narayanan，1990）。被并购公司拥有高盈利和成长性，会增强谈判实力，索要高现金支付。因为股票支付可能意味着并购公司股票价值被高估，致使被并购方实际支付下降（Rhodes-Kropf、Robinson 和 Viswanathan，2005），造成被并购方利益损失。收购公司希望获得股票差额收益，而倾向选择股票支付。Nikolaos、Dimitris 和 Nickolaos（2014）支持上述观点，发现被并购公司成长机会与并购公司股票支付概率正相关，如果股票支付实行，并购公司未来可获得股票增值的差额收益。

2. 信息不对称影响并购支付方式

Chang 和 Mais（2000），Faccio 和 Masulis（2005）把支付方式分为现金、股票和混合支付。在此基础上，Alexandridis、Antoniou 和 Zhao（2008）则增加其他类型支付方式。如果存在完全信息市场，融资方式选择对企业价值没有影响（Modigliani 和 Miller，1958），然而信息不对称和税收等各种摩擦无处不在，导致资本结构和融资支付方式选择对公司价值带来差异。

Myers 和 Majuf（1984）指出市场信息不对称导致不同融资支付方式选择，向市场投资者传递了有关公司的价值信息。假设公司决策层有公司内部信息，且以股东利益为出发点，股票支付可能意味着公司目前价值被市场高估；如果股票被市场低估，则更希望采取现金支付。因为对一个净现值为正的投资项目，股票支付和现金支付会造成不同收益结果。假设公司价值被低估，并购方可能宁愿放弃项目也拒绝股票支付。并购方采用股票支付行为将被投资者看作利空信号，未来公司股价可能会在宣布并购时出现下降波动。现金支付被投资者看作公司目前股票被低估，市场视为利多信号（Hirshleifer 和 Richardson，2006）。如果拥有异质性信息和投资选择越多，采用股票支付概率越大；管理层持股水平愈高，股票支付概率增加；当并购方股票投资回报较高时，股票支付概率增加；当并购方融资能力强、有机构投资者参与时，信息不对称程度会降低，股票支付概率也降低（Martin，1996）。而且信息不对称会加剧并购风险，并购公司倾向采用股票支付同被并购方共同承担风险（Chemmanur、Paeglis 和 Simonyan，2009）的形式。

被并购公司规模大会加剧交易信息不对称，并购方倾向股票支付；相对规模越小，越倾向现金支付（Hansen，1987；Ferris、Kumar 和 Noronha 等，2000）。在信息不对称的情况下，最优方式是混合支付，随着信息不对称程度下降，混合支付中现金支付比例增加（Giammarino 和 Heinkel，1990）。支持上述观点的还有 Grullon、Michaely 和 Swary（1997），Zhang（2001），他们认为被并购公司相对并购方规模越大，信息不对称便会增加，用股票支付或用混合支付（股票 + 现金）的可能性就越大。另外行业差异性会加重交易双方之间信息不对称的情况，并购方倾向股票支付；当双方行业差异性缩小，并购方更倾向现金支付（Faccio 和 Masulis，2005）。Healy 和 Palepu（2001）发现分析师参与对并购支付方式有显著影响，如果并购方能获得目标公司更多信息，就能有效地降低现金支付成本。分析师有信息媒介作用，分析师参与有限则双方更倾向以股权支付的形式来共担风险。

有学者持不同观点，Ghosh 和 Ruland（1998），Martin（1996）认为被并购公司相对并购公司规模越大，被并购公司更愿意接受股票支付来保证在合并后的收益和影响力，而并购方更愿意采用现金支付来保证现有控制权不被稀释。因此并购支付方式取决于双方博弈。Boone、Lie 和 Liu（2014）支持信息不对称对支付方式的影响，认为支付方式改变与被并购公司信息不对称和逆向选择的变化有关。目前两者关系尚存在争议。

在国内方面，学者虽然支持信息不对称是影响并购支付方式的主要因素，但影响结果存在争议。国内研究沿用 Myers 和 Majuf（1984）观点，信息不对称会导致融资支付选择差异，市场将视为不同信号（谷留锋，2011）。并购信息不足或不对称，致使风险增大，不考虑决策层过度自大情况，并购方倾向股票支付来实现风险双方共同承担（谢惠贞，2007）。双方谈判能力和筹码强弱影响并购支付方式，信息不对称程度与现金支付概率负相关（苏文兵、李心合、李运，2009）。秦凤鸣、李明明（2016）从企业信用评级解释信息不对称对并购支付方式的影响，来佐证信息不对称越小，现金支付比例越高的观点。有文献持不同观点，认为我国上市公司并购大多选择现金支付，并购公司会计信息披露水平与支付方式并没有显著关系。股票流动性高的公司更倾向现金支付，但股票流动性并不能弥补并购双方信息的不对称。双方之间信息不对称越小，越倾向选择股票支付（马榕、叶建华，2019）。

3. 市场层面因素影响

商业周期、市场利率和资本利得税等对并购支付方式的作用。①商业周期影响支付方式。Martin（1996）将标准普尔 500 指数为商业周期代理变量，发现在标准普尔 500 指数较高的环境下，股票支付更适合并购交易。因此上市公司并购支付方式与商业周期密切相关。②市场利率影响支付方式。Modigliaui 和 Miller（1958）发现在信息完全市场，融资方式对公司价值不能产生影响，然而现实资本市场中，信息不对称与税收引发经济摩擦，导致融资支付方式影响公司价值创造。Hafor、Klasa 和 Walcott（2008）发现市场利率与现金支付成正相关，市场利率越低，并购方倾向现金支付。因此市场利率影响并购支付方式。③资本利得税影响支付方式。Ayers、Lefanowicz 和 Robinson（2004）对美国上市公司并购样本检验发现，资本利得税与现金支付概率负相关。Rauh 和 Sufi（2010）对英美两国并购案例分析，发现税收是影响并购支付方式的重要因素。Campello 和 Chen（2010）发现美国资本市场并购，现金支付需要在并购完成后缴纳相应资本利得税，而股票支付可起到有效延迟纳税作用。目前中国没有实质性设立资本利得税，国内学者分析公司并购时很少使用该指标。

2.3.3 影响并购交易效率的因素

并购交易参与者提高效率，减少交易成本，提高资源配置效率，创造公司价值。基本逻辑为：并购行为→提高交易效率→降低交易成本→提升资源配置→提高公司价值创造。弗兰克·莱特（Frank Knight，1921）提出不确定性、信息和投资机会之间的重要关系，认为扩大市场信息密集度、维度和共享性可极大降低交易时间，如交易对象搜索时间和交易谈判时间，这意味着增加交易对象其他事务处理时间，降低交易费用。交易费用假说认为，交易成本受正式制度等因素影响，如法律、并购规范与流程等，非正式制度因素包括文化习俗、意识形态、交易态度和契约精神的影响。

1. 制度对并购交易效率的影响

并购涉及公司之间价值观、制度、产权性质和财务特征等，还需要双方文化融合。如果交易公司管理层和员工的权利观念、契约理念差异较大，可能会引发文化冲突等非正式制度因素，对谈判和协议签署造成负面影响（Aguilera、Dencker 和 Escandell，2004）。制度差异对商业跨境并购交易成功率和所需时间产生重要影响。并购双方公司所在国家法律制度和交易规范差异性与并购交易复杂性正相关（Dikova、Sahib 和 Witteloostuijn，2010）。

2. 交易过程对并购效率的影响

并购从公开宣布到最终签订协议，是并购公司与被并购公司持续反复信息再收集和谈判的过程（Boone 和 Mulherin，2007），是一项复杂交易（王箐、田满文，2010），往往涉及诸多利益相关者，且耗费时日（王中美，2012）。并购执行效率对双方成本有重要影响，如时间成本、机会成本，影响公司再次投融资周期和机会，对公司绩效产生重要作用。如信息不完全、不对称会导致影响拍卖市场交易效率损耗，诱发交易摩擦和价值损失（危启才，2005）。在此基础上，不完全契约理论引入私下执行资本（PEC）变量，在重复博弈条件下，致使未来收益、声誉溢出和诱因底线等因素影响私下执行资本（PEC），对公司交易效率产生作用（帅萍、孟宪忠，2007）。

3. 交易分工对并购效率的影响

朱海就、张友福（2000）以交易分工理论解释国内中小企业发展问题，认为促进中小企业发展必须重视和提高交易效率。一方面需要市场改进交易方式和构建法治交易秩序；另一方面需要建立企业间分工协作网络，发挥企业资源优势，节约成本。企业交易分工能突出执行者资源优势和专长，有效降低交易难度、摩擦和成本，缩短交易时间，提高交易效率。

从组织分工层面来看，金融中介显著降低市场交易成本和信息不对称程度，提高交易效率（Sarkar、Butler 和 Steinfield，1998），有利于资本市场投融资决策，促进证券市场资源合理配置（张然、朱炜、陆正飞，2007），对公司并购行为及绩效有正面影响（李善民、黄灿、史欣向，2015）。如并购财务顾问与并购企业之间的关系，对并购方案及交易效率有影响（钟子英、邓可斌，2019），进而影响企业并购及绩效（宋贺、段军山，2019；李沁洋、刘强、杨华领，2017）。对国内新三板的研究，发现做市商声誉和分析师信息质量对市场股票流动性有显著影响，做市商提高信息有效性，影响企业间交易效率（陈辉，2017）。

从个体分工层面来看，网络联结有信息溢出效应。借助知识、观点和私人优势信息的传播影响公司并购决策、过程和绩效，改进交易效率（EI-Khatib、Fogel 和 Jandik，2015）。公司决策者所处网络位置可带来丰富信息资源，他们搜集信息渠道多于普通员工，创造信息优势促进并购交易。如谢德仁、陈运森（2011、2012）认为公司独立董事身兼数家公司独立董事时，拥有异质性信息，丰富的知识、信息和资源来支持董事会做决策，分享并购经验（Cai 和 Sevilir，2012），如并购的谈判策略、法律事务、评估方法及整合手段等知识（Beckman 和 Haunschild，2002）。独立董事网络中心度越趋于核心位置，掌握的资源越丰富（万良勇、胡璟 2014）。高管政治关联作为社会网络的一种，对所在企业交易过程及成功率有影响（闵剑、叶贝，2019）。而且在发生技术并购时，企业关键研发者社会网络关系影响并购成功率和整合绩效〔王成军、刘茹玥、孙笑明等，2019）。

2.4　并购财富效应的影响因素

目前券商或金融中介与被并购方财富效应研究的文献较少。因此本节梳理相关研究，主要围绕公司因素（经营业绩、股权结构、支付方式、并购方式、并购溢价、协同效应）和其他因素（信息不对称、产业周期、政府干预）等，在此基础上，归纳金融中介对被并购方财富效应影响。

2.4.1　并购效率对财富效应的影响

1. 并购支付方式对财富效应的影响

市场会对并购支付方式做出反应，并购方公司选择股权支付比现金支付获得市场收益更小（Asquith 和 Bruner，1983）。并购公司在股价被高估时倾向采用股票支付方式，被低估时倾向采用现金支付方式。股票支付方式会向市场传递收购公司价值可能被高估信息，引发股价负面波动（Myers 和 Majluf，1984）。Fuller、Netter 和 Stegemoller（2002）支持上述观点，认为股票支付的并购方在公告期超额收益显著为负。有学者提出不同观点，指出上市公司如果并购非上市公司，上市公司可获得显著超常收益，股票支付为收购公司带来短期超常收益显著高于现金支付（Officer、Poulsen 和 Stegemoller，2009）；上市公司股票支付的并购长短期绩效均大于现金支付（Slovin、Sushka 和 Polonchek，2005）。

并购支付方式对财富效应影响存在争议。有学者深入考察被并购公司业绩变化和并购支付方式关系，发现采用现金支付时被并购公司业绩改善要明显高于采用股票支付（Travlos，1985 和 1987；Tessema，1989；Bellamy 和 Lewin，1992）。随后 Bugeja 和 Walter（1995）采用同一事件窗口来测算超额收益，得出现金支付和股票支付均可获得正收益。一些学者对不同支付方式对并购后公司经营业绩带来的变化进行跟踪，有些认为并购支付方式与公司业绩没有实质性关系（Healy、Palepu 和 Ruback，1992；Cornett 和 Tehranian，1992；Clark 和 Ofek，1994）。有些研究发现两者有直接关系（Fishman，1989；Berkovitch 和 Narayanan，1990；Loughran 和 Vijh，1997；Linn 和 Switzer，2001），他们发现采用现金支付的被并购公司，股东收益和经营业绩明显高于采用股票支付，原因在于并购方为减少交易时间，提高并购成功率，阻止一些可能的竞购者，在前期可能已经拥有目标公司某些高价值私有信息或对并购协同效应预期持乐观态度。这种战略协同作用越大，用现金支付的可能性就越大（Fishman，1989；Berkovitch 和 Narayanan，1990）。

一些学者以博弈视角，指出并购支付方式是交易双方博弈与立场选择的结果，对双方短期和长期财富效应有显著影响（Dube 和 Glascock，2006；Ismail 和 Krause，2010；Bruslerie，2012），双方博弈结果是信息、需求、意愿和实力等因素的综合体现。但对不同支付方式影响被并购方财富效应差异尚无统一观点。

在国内方面，一些观点支持并购交易方式和支付手段是影响财富效应的重要因素（周隆斌，2001；谷留锋，2011）。市场对股票支付相对现金支付反应更积极（曾颖，2007），如上市公司定向增发新股收购集团公司股权的短期超常收益显著为正（章卫东，2007）。陈涛、李善民（2011）检验不同支付方式下财富效应的差异，发现收购公司股东创造正向财富效应，股票支付相比现金支付的超额收益更显著。在此基础上，李明辉、吴小伟、周斌泉（2018）发现无论哪种并购支付方式都会对上市公司重大资产并购带来短期财富效应。民营企业相对国有企业而言，混合支付的累积平均异常收益率要更高、更显著。

以被并购公司视角研究文献较少。谷留锋（2011）在对欧美有关并购支付方式及财富效应文献进行梳理时发现，信息不对称是影响支付方式的主要因素，不同支付方式包含着交易双方内部价值的重要信息，市场投资者会根据支付方式做出不同反应，最终对并购双方股东短期超额收益和长期绩效产生显著影响。因此并购支付方式对被并购方绩效有影响，而且市场主导的并购业绩要明显好于政府干预（葛结根，2015）。在并购双方获取信息渠道和能力有限的情况下，支付方式反映公司价值信息差异，导致市场反应不同，影响交易双方股东短期超额收益和并购后公司业绩（马榕、叶建华，2019）。

　　2. 并购溢价对并购财富效应的影响

　　一些文献认为，成功的并购事件，被并购公司非正常收益率一般在 20% ~ 35%，并购溢价是一个重要的影响因素（Jensen 和 Ruback，1983；Agrawal 和 Jaffe，2001；Bruner，2002）。并购溢价暗含并购方对并购后绩效改进的要求，支付过高会给被并购方股东带来溢价补偿，因此并购方的期望收益会越大，对被并购方的绩效要求越高（Sirower，1997）。Schweiger 和 Very（2003）支持上述观点，指出被并购方的规模与并购溢价正相关，收购规模越大的目标公司，会导致并购后绩效可能越难达到要求。收购溢价对被并购公司财富效应，受双方谈判能力、收购方管理层自大和其他特征的影响，因此需要根据情况分类研究（Mueller 和 Siorwer，2003）。

　　在国内方面，陈鹰（2002）发现市场会以收购公司支付溢价高低作为预测并购后业绩的风向标，如果并购整合情况好，则当初并购溢价所承诺的协同效应就会或多或少发生作用。对并购溢价与财富效应关系的探讨，赵宇翔（2004）采用上市公司并购数据对收购溢价理论值与实际值回归的方式，发现用收购溢价方法得出的结论与用财务指标方法和累积超常回报方法得出的结论一致，而且收购溢价在应用范围和数据说服力等方面还超过上述两种方法，证实收购溢价方法适用于并购财富效应的研究结论。王致远（2007）对海信高溢价并购科龙案例进行分析，发现被并购方科龙电器流通股股东在并购前后 20 个交易日内，非正常报酬率提高近 40%，流通股股东财富显著增加。陈仕华、卢昌崇（2013）支持上述观点，认为公司间网络联结对并购溢价有直接影响，对双方公司绩效产生作用。

　　目前，文献对并购溢价影响财富效应时间的长短有不同看法，一种观点认为，只是并购发生当年对双方公司绩效有明显提高，随后几年的并购绩效改进并不显著，并购的溢价、行业相关性、相对规模等对双方财富效应有影响（李善民、曾昭灶、王彩萍等，2004）。另一种观点认为，被并购公司在 5 年内获得巨大超额收益。并购溢价越高协同效应越大，在整合完成后，被并购公司在组织形式和产权性质上的变化会提高治理效率，增加长期财富效应（朱红军、汪辉，2005）。

　　3. 并购方式对财富效应的影响

　　竞争性或恶意并购，会引发被并购公司管理层采取抵制策略，收购难度增大，致使收购公司支付更多溢价。对被并购公司而言，收购防御措施采用会增加股东财富效应（Schoenberg 和 Thornton，2006）。如被并购公司采取防御或支持策略，会对并购溢价和并购后绩效产生影响，影响股东财富收益。而且外部环境或其他并购利益相关者的介入程度也会对被并购公司股东财富效应有作用（Sokolyk，2011）。对收购公司而言，目标公司防御措施的采用会减少回报和财富效应。因为防御措施会增加收购公司成本（Jarrell 和 Poulson，1989），并购支付金额增加会加剧并购方经营负担（Cotter，

1997；Chahinea 和 Ismail，2009），降 低 并 购 成 功 概 率（Hoffmeister 和 Dyl，1981；Walking，1985），致使收购公司股东收益减少。

在国内方面，杜勇宏（2015）对并购关联交易和支付方式两个维度对比，发现混合并购为收购公司股东带来长期财富效应。相比非关联交易，关联交易混合并购财富效应更大。非现金支付混合并购中短期市场的回报好于现金支付交易的混合并购，但长期而言两者趋同。

4. 并购行业相似度对财富效应的影响

相关行业并购，被并购公司股东获利比多元化并购要多，但并未产生显著差异（Singh 和 Montgomery，1984）。Lubatkin（1987）支持上述观点，发现多元化并购和相关性并购的双方股东均获得显著正超常收益，不同并购类型股东获利没有显著差异。随着并购后时间的推移，如对并购后 5 年追踪发现，多元化并购和相关行业并购均为负长期超常收益，多元化相比相关行业并购损失要小（Agrawal、Jaffe 和 Mandlker，1992）。

国内学者认为，不同类型并购后各年绩效表现出一定差异性，混合并购和横向并购相比纵向并购，业绩提高效果更好（冯根福、吴林江，2001）。提出类似观点的还有李善民、陈玉罡（2002），他们发现相关性并购的收购公司股东能获得显著的财富增加，而不相关并购的收购公司股东财富未显著增加。因为相关并购有利于当年业绩提升，但存在逐年快速减弱的情况。相对而言，收购公司股东财富在并购后 3 年发生损失约 6.5% ~ 9.6%，被收购公司绩效和股东财富效应尚未可知（李善民、朱滔等，2004 和 2006）。韩忠雪、王闪、崔建伟（2013）发现多元化相比同行业并购，在当年和第二年有着较高股票年度回报率，随后表现为较差市场财富效应。金字塔结构股权安排相比直接控股有较差股票年回报率。

2.4.2　财务特征对财富效应的影响

公司财务特征对并购财富效应研究较多，如"杜邦财务分析"和"平衡计分卡"对企业绩效和财富效应评价（Kaplan 和 Norton，1992；Park、Lee 和 Yoo，2005），包括销售净利率、每股收益、现金流量和内部收益率等（Person 和 Lessig，1979），以及净资产收益率、净利润、营业收入和资本结构等（吴昉、顾锋、张佳懿，2013）。程聪、钟慧慧、钱加红（2018）将企业绩效评价分为两类：①代表利润指标，包括资产回报率、销售回报率、股权回报率等指标。②现金流指标，包括预期贴现现金流、基于投资的现金流回报等。有些文献则提到财务风险指标，如资本结构、杠杆率等（郭雪萌、梁彭、解子睿，2019）。

高杠杆率会增加被并购公司股东财富效应。Franks、Harris 和 Titman（1991）发现现金收购后杠杆率会上升，股权置换收购会使杠杆率降低，杠杆率增加会扩大被并购公司股东累积超常回报。持有相同观点的还有 Billett 和 Ryngaert（1997），Linn 和 Switer（2001）。Ghosh 和 Jain（2000）发现并购双方财务杠杆率会上升，而且财务杠杆大小与回报正相关。Lie、Lie 和 McConnell（2001）发现在股权置换收购中，如果负债减小，股票价格会得到负回报。财务风险会诱发大股东掏空行为，如控股股东通过金字塔结构，以出售资产、转移定价、资金侵占等"隧道"效应转移公司资源获得私人收益（Johnson、La Porta 和 Florencio 等，2000）。并购完成后，两边持股的股东会以投资组合利益最大化为目的，进行财富转移（Harford、Jenter 和 Li，2011；陶启智、夏显莲、徐阳，2016），影响到财富效应再分配。Almeida、Park 和 Marti 等（2010）以被并购公司价值和定价讨论控股股东股权偏好，发现当控股股东收购低收益而高溢价公司时倾向采取垂直结构，反之采取水平结构，说明控股股东有着明显的利益攫取倾向。

2.4.3　协同效应对财富效应的影响

现有文献大多运用超常收益法检验并购协同效应对股东财富的影响（Jarrell、Brickley 和 Netter，1988；Bradley、Desai 和 Kim，1988；Schwert，1996）。一种观点认为，并购可为双方带来正向财富效应。Bradley、Desai 和 Kim（1988）对美国上市公司并购研究，发现被并购公司和收购公司合并后在每个时期都为正，包括收购者超额财富收益为负的 20 世纪 80 年代，且并购协同收益在几十年中相对稳定，为 7%~8%。持类似观点的还有 Berkovitch 和 Narayanan（1993），认为并购总收益大部分为正，协同效应是并购收益主要影响因素，并购倾向价值创造。

另一种观点认为，并购也可能导致负向股东财富效应。如产生并购协同效应一定程度取决于双方共享内容，协同效果可能是正面，也可能是负面（John Wells，1984）。Frederick（1987）对过去百年间美国公司兼并的考察，发现近 70% 的合并"没有收效，或者赔本"，只有近 1/3 的合并达到预期效果。Andrew 和 Luchs（2000）支持上述观点，认为并购财富效应并不总是正向的，行业、周期、公司决策和财务及整合情况对双方股东财富效应有影响。而且会因为双方在商业、文化、技术和规模方面的相关程度而产生差异，对并购绩效有不同影响（Homberg、Rost 和 Osterloh，2009）。

国内学者也做了大量研究。夏新平、宋光耀（1999）发现并购决策者可以利用收集到的已方和目标公司相关信息，预测兼并后各类数据，按并购可能增加的现金流量分析、归纳和计算协同效应估值。冯根福、吴林江（2001）发现上市公司并购绩效从整体上看有一个先升后降的过程，不同并购类型在并购后不同时期内业绩不同。有文献提出不同观点，认为协同效应可使被并购公司股东在并购中获得正向超常收益，而并购公司股东财富效应难以确定（余光、杨荣，2000）。在此基础上，张秋生、王东（2001）将并购协同效应表现的各主要方面作为计量依据和预测思路，并取得较为理想的结果。有些文献从技术协同进行研究，发现技术并购中双方企业或关键研发人员之间的关系协同和技术协同对并购成功率和绩效有显著影响（王成军、刘茹玥、孙笑明等，2019；朱华桂、庄晨，2016；唐清泉、巫岑，2014）。然而有些学者提出，被并购方不存在短期财富效应观点（洪锡熙、沈艺峰，2001；李善民、陈玉罡，2002）。这说明对被并购方财富效应结论尚未统一，财富效应的获得会因为具体环境和条件而发生差异。

2.5　社会网络对并购的影响：决策、行为与后果

2.5.1　并购方的研究

1. 社会网络的资源配置、信息传递和社会资本功能对并购有重要影响

文献认为，个人或组织的社会网络衍生出资源优势，带来关键性稀有信息和降低信息不对称，同时将信息优势转化成并购信息资源，对并购的决策、过程和绩效有显著的积极影响（Olivier 和 Habib，2008；Merkle 和 Weber，2011；Claudia、Iris 和 Alexander 等，2014；Diestre、Rajagopalan 和 Dutta，2015；李善民、黄灿、史欣向，2015；巫岑、唐清泉，2016）。

但对公司及其高管的企业政治关联研究有较大分歧。一些文献认为，高管或企业政治关联可以促进并购，且改进绩效（Villalonga 和 McGahan，2005；魏江、寿柯炎等，2013；蔡庆丰、田霖、郭俊峰，2017）。一些文献认为，高管或企业政治关联对并购绩效有负面影响（Niessen 和 Ruenzi，2009；Li 和 Qian，2012；Jia Nan，2014；王砚羽、谢伟、乔元波等，2014；王玉春、梁洪基、秦云，2014），他们认为企业政治关联不一定会带来绩效的改进，反而一定程度上会导致资源配置错位或过度控制，使得有限的资源浪费在低效或无效的并购上。

此外，Moran（2005）认为高管的社会资本通过不同的路径对管理绩效有影响，在此基础上，杨艳、邓乐、陈收（2014）发现 CEO 政治关联资源对并购策略选择有影响。祁继鹏、何晓明（2015）等，刘文楷、潘爱玲、邱金龙（2017）认为，企业家或高管的社会资本会影响并购决策和绩效。

2. 信息不对称对并购过程及绩效的影响

Boone 和 Mulherin（2007），王箐、田满文（2010），王中美（2012）认为，并购是双方持续信息再收集和谈判的过程，涉及诸多利益相关者。信息不对称对并购交易摩擦、成本有重要影响，对公司绩效有重要作用。EI-Khatib、Fogel 和 Jandik（2015）认为，借助知识、观点和私人优势信息的传播可影响并购的决策、过程和绩效，改进交易效率。例如，公司决策者网络可带来丰富信息资源，他们搜集信息渠道优于普通员工，创造信息优势促进并购交易（谢德仁、陈运森，2011，2012；Cai 和 Sevilir，2012；万良勇、胡璟，2014）。

对社会网络影响并购方的研究已取得丰硕的成果，但对一些社会网络特征具体影响并购及其绩效的观点仍需要进一步甄别，以及细分不同路径和现实影响因素下的作用结果。更值得思考的是，现有文献缺乏全面、真实地揭示社会网络对被并购公司的影响，鲜有基于中国场外资本市场来研究金融中介网络对中小公司被并购的文献。

2.5.2　被并购方的研究

1. 信息不对称对被并购方决策与绩效的探讨

一些文献认为，并购面临的主要问题，如并购评估不准确、协同效应高估、战略定位不当、公司文化冲突及整合失效等损害并购质量的因素，主要源自并购不确定性，而信息不对称会加剧并购不确定性（Sirower，1997；DePamphilis，2018）。

（1）信息影响被并购方的溢价决策。被并购公司对信息的掌握程度与实施抵制或支持策略有显著关系，对博弈策略与溢价，有不同程度的提高（Chahine 和 Ismail，2009；Sokolyk，2011）。例如，被并购公司的董事联结和异质性信息，会提升信息资源、决策能力和博弈优势，对决策和溢价有显著促进作用（Cotter、Shivdasani 和 Zenner，1997；Nahapiet 和 Ghoshal，1998）。而信息不对称则会对并购双方的决策产生负面影响（陈仕华、姜广省等，2013）。

（2）信息不对称加剧并购双方的支付方式博弈。市场信息不对称导致不同融资支付方式选择，向市场投资者传递有关公司价值信息（Modigliani 和 Miller，1958；Myers 和 Majuf，1984；Hirshleifer 和 Richardson，2006；谷留锋，2011）。市场信息对双方并购支付方式博弈有重要影响，一种观点认为，并购方对被并购方的信息不对称，会促使并购方倾向股票支付或混合支付（Ferris、Kumar 和 Noronha 等，2000；Chemmanur、Paeglis 和 Simonyan，2009），因为信息不对称会加剧并购风险，并购方会倾向共同承担风险策略，而非零和博弈；如果信息不对称缩小，则倾向现金支付（Healy 和 Palepu，2001；Faccio 和 Masulis，2005；苏文兵、李心合、李运，2009；秦凤鸣、李明明，2016）。

一些观点认为，并购方大股东的持股比例对支付方式有显著影响，如果并购的股票支付影响大股东对公司的控制，一般会选择现金支付，这时信息不对称无法显著影响并购方的选择；当并购公司有较大市场前景时，被并购方更希望以股票支付的方式来获得高于现金支付的未来溢出收益（Martin，1996；Ghosh 和 Ruland，1998；Boone、Lie 和 Liu，2014；马榕、叶建华，2019），如果股票支付无法影响大股东控制权，则支付方式改变与被并购公司信息不对称和逆向选择的变化有关。

2. 在上述文献基础上，研究逻辑推进到对经济后果的影响

（1）并购的溢价和支付方式对被并购公司财富效应的影响。溢价交易对被并购公司的非正常收益率有重要影响（Agrawal 和 Jaffe，2001；Bruner，2002），因为溢价暗含并购方对被并购公司绩效改进要求，支付过高会给被并购方股东带来溢价补偿，但并购方的期望收益越大，对被并购方的绩效要求越高（Sirower，1997；Schweiger 和 Very，2003；王致远，2007）。Mueller 和 Siorwer（2003）认为，收购溢价对被收购公司的财富效应，受双方谈判能力、收购方管理层自大和其他特征的影响。陈仕华、卢昌崇（2013）认为，公司间网络联结对并购溢价有直接影响，对双方公司绩效产生作用。

市场会对并购支付方式做出反应，引起并购双方短期财富效应变化（Slovin、Sushka 和 Polonchek，2005；Officer、Poulsen 和 Stegemoller，2009）。一些文献指出，并购支付方式是交易双方博弈与立场选择的结果，对双方短期和长期财富效应有显著影响（Ismail 和 Krause，2010；Bruslerie，2012；葛结根，2015；马榕、叶建华，2019）。谷留锋（2011）对欧美有关并购支付方式及财富效应文献梳理发现，投资者会根据支付方式做出不同反应，对并购双方短期超额收益和长期绩效有显著影响。目前，主流文献对支付方式影响被并购公司财富效应持肯定态度，但不同支付方式影响并贻财富效应差异尚未形成一致结论。

此外，竞争性或恶意并购，会引发被并购公司管理层采取抵制策略，收购难度增大，致使收购公司支付更多溢价，会增加被并购公司股东财富效应（Schoenberg 和 Thornton，2006）。而且，外部环境或其他并购利益相关者的介入程度，会影响被并购公司股东财富效应（Sokolyk，2011）。但溢价会降低并购方的财富效应（Chahinea 和 Ismail，2009）。

（2）协同效应对被并购方财富效应的影响。一种观点认为，并购可为双方带来正向财富效应（Bradley、Desai 和 kim，1988；Berkovitch 和 Narayanan，1993）。另一种观点认为，并购也有可能导致负向财富效应（Andrew 和 Luchs，2000；Homberg、Rost 和 Osterloh，2009）。余光、杨荣（2000）认为，协同效应可使被并购公司股东在并购中获得正向超常收益。但李善民、陈玉罡（2002）认为，被并购方不存在短期财富效应。说明对被并购方财富效应结论尚未统一，财富效应会因为具体环境和条件而发生差异。

上述文献研究了并购双方如何通过社会网络来提高信息和资源的获取与运用，进而影响并购决策、行为和绩效的问题。但尚未形成场外资本市场对中小企业如何运用关系网络资源，来应对被并购的决策及后果的系统性、逻辑性产生认识。

2.6　金融中介对并购的影响：信息、资源与声誉

（1）金融中介的特征、经验和参与程度会影响并购成功率、博弈及支付意愿等，最终提高或抑制并购溢价。金融中介作为资本市场参与者，拥有专业服务资源，是公司重要的社会资本（Shipilov，2006；Arikan 和 Capron，2010）。并购中介机构拥有异质性信息、关系资源和专业技能，可有效降低不确定性，使得并购方支付较低并购溢价，改善并购质量（Agrawal 和 Cooper 和 Lian，2013；Song、Wei 和 Zhou，2013）。而且，并购中介与交易双方关系及中介费用对并购支付价格有直接影响（Chemmanur 和 Fulghieri，1994；Haunschild，1994）。Chahine 和 Ismail（2009）以并购咨询费用作为投行参与程度的代理变量，发现被并购公司咨询费用与并购溢价显著正相关；反之，并购方咨询费用与并购溢价显著负相关。

（2）金融中介对并购绩效的影响。文献认为，金融中介有效降低市场交易成本和

信息不对称情况，提高交易效率和投融资决策，促进市场资源合理配置（Sarkar、Butler和 Steinfield，1998；张然、朱炜等，2007），对公司并购行为及绩效有正面影响（李善民、黄灿等，2015）。金融中介通过对公司长期跟踪和持续专注，有能力获取、解读和传递有关公司发展前景、组织文化等相关的深度信息，降低并购的不确定性（Barron、Byard 和 Kim，2002）。例如，由上市券商提供服务的公司短期并购绩效显著提升（Bertrand 和 Mullainathan，2003）。并购财务顾问与并购企业之间的关系，对并购方案及交易效率有影响（钟子英、邓可斌，2019），影响企业并购及绩效（李沁洋、刘强等，2017；宋贺、段军山，2019）。而且，并购双方是否拥有共同审计师会缓解信息不对称，使并购绩效得到显著提升（Cai、Kim 和 Park，2016）。除了外部中介机构，连锁董事网络的信息传递效应，也能帮助公司对并购目标筛选及并购资源整合，形成较为准确的评估，在并购中获得较好业绩（Cai 和 Sevilir，2012）。

国内主要关注中介机构信息媒介和治理功能两方面。对中介机构信息、服务和契约治理研究（许荣、蒋庆欣、李星汉，2013；何贤杰、孙淑伟、朱红军等，2014；魏明海、赖婧、张皓，2017；伊志宏、杨圣之、陈钦源，2019；雷光勇、曹雅丽、刘茉，2016），发现金融中介如分析师、审计师、投行以及资产评估机构等，在并购中发挥过滤风险、提升绩效的战略效能（李彬，2015）。韩倩倩、李彬（2015）发现并购中会计师事务所的合理选聘和任用，对并购信息、政策与治理有直接影响。

马慧（2019）以券商是否上市对共同分析师带来的外生冲击作为准自然实验情境分析，研究发现：①由上市券商提供分析师服务的并购，短期绩效显著增加。②共同分析师在并购中的信息中介效应受交易双方其他替代性信息传递渠道制约，当不存在连锁董事或共同审计师来降低并购不确定性和信息不对称时，共同分析师对并购绩效改善作用更明显。文章揭示券商共同分析师与并购绩效之间因果关系的经验证据，提供理解金融中介如何影响公司并购决策及经济后果的相关思路。

（3）金融中介声誉对并购的影响。一些观点认为，当前由于中国资本市场法律制度未能有效保护中小投资者利益（刘峰、钟瑞庆等，2007；柳建华、孙亮等，2017），造成券商违规违法风险太低的现象，容易诱发券商在并购中与机构投资者合谋的机会主义行为，如定价或提供虚假信息（Charme、Larry 和 Malatesta，2004），致使并购财富转移或侵害中小投资者利益。因此，券商或金融中介的声誉暗含中介声誉担保机制（Copley 和 Douthett，2010），券商声誉高促使其理性承接相对更多的客户，减少机会主义行为（柳建华、孙亮、卢锐，2017）。与券商寻求合作的公司越多，建立的联结网络越丰富，上市公司对高声誉券商提供的信息认可度就越高（黄春铃，2005；朱红军、钱友文，2010；陈辉，2017）。

李彬、潘爱玲（2015）研究发现，会计师事务所的信息优势和关系资源，虽然可改进并购服务效率，但事务所声誉并非绝对有效的选聘标准。李彬、秦淑倩（2016）研究发现，公司并购中管理层能力的相对缺陷需要投行等中介机构的决策辅助，但并不是任何状况都有积极效果，如果管理层能力较弱时，即使是高声誉投行对并购绩效也不显著。

上述研究从金融中介对信息和资源流动，专业知识、经验以及市场声誉等影响来研究并购问题。但尚未清晰和系统地对并购金融中介网络进行界定和测度，以及缺乏以被并购方聘请金融中介研究，进而对决策和收益问题进行探讨。

2.7　文献综述

目前鲜有文献直接探讨券商对并购双方决策、行为和经济后果的影响。因此，本书聚焦并购的溢价、支付方式和交易效率，重点归纳被并购方的效率及财富效应影响因素，来理清研究思路。而且，券商与其他金融中介在资本市场中的功能和作用有相似之处，如对并购有信息、资源、风险控制和中介治理等方面的作用。因此，梳理金融中介对并购溢价、支付方式、交易效率及财富效应的相关研究，对思考券商如何影响被并购方有借鉴价值。

（1）从被并购方来看，归纳并购溢价、支付方式和交易效率的影响因素，有四个方面：①被并购公司财务特征影响并购意愿、能力及溢价水平和支付方式。如被并购公司负债水平、盈利能力、公司规模等影响并购决策。②被并购公司信息资源能力，影响并购方对被并购公司的选择、预期收益、现金支付意愿等。如董事网络对并购决策的影响，少量文献研究中介机构信息传播和协调能力对并购效率的影响。③公司治理对并购影响。被并购公司股权结构、高管特征、治理水平等对并购效率有影响。④制度和市场对并购效率的影响。政府干预促使并购双方对溢价和支付方式出现偏好行为。市场变化影响公司财务绩效和决策，如并购浪潮理论认为，并购受市场和政策影响展现浪潮式特征。

综上所述可概括为：①不论是公司财务特征还是市场变化，最终体现为公司盈利和成长能力、股东收益与风险等，影响并购的溢价、支付方式和交易效率。②信息优势影响并购效率。如何全面了解对方信息，如财务、高管信息、文化、合同纠纷、是否有隐藏未知风险等私有信息，以及信息搜集成本，影响并购决策。拥有信息优势的交易方，掌握相对主动权。③并购博弈和契约对并购效率的影响。双方博弈、契约签订与执行，需要参与双方不断沟通谈判来确定，这对并购定价效率有直接影响。契约签订后的执行决定交易效率。④金融中介有信息资源、经验和专业技能，以特定身份和方式参与并购。然而，这种优势对并购效率的影响，需要特定适用范围。

（2）对被并购方财富效应的影响因素，可概括为四点：①并购效率对财富效应的影响。并购的支付方式、溢价水平、行业相关性和相关策略等，对被并购公司财富效应有重要影响。②财务特征对被并购公司财富效应的影响。如盈利能力、成长能力和财务风险等指标，以及股权结构影响被并购公司股东财富变化。③协同效应对被并购公司财富效应的影响。并购协同效应，会提高被并购公司绩效，实现价值创造。④并购方式对被并购公司财富效应的影响。如多元化并购、横向并购、纵向并购方式对财富效应的影响。综上所述可总结为：第一，并购双方财务指标和信息不对称影响并购决策和交易过程，最终影响被并购公司财富效应。第二，并购双方希望获得最大收益。并购目的是创造价值，为利益相关者带来正向收益。

（3）金融中介影响并购的相关研究。从并购方及选聘金融中介的特征，如分析师、审计师、投资银行、并购财务顾问和券商等，得到相关研究成果。然而，只有极少数文献以被并购公司利益来思考。在企业交易中，信息的中介渠道可互相代替，金融中介的信息渠道更强，成本更低，但由于互联网信息时代信息流动更快捷，导致其信息优势有特殊适应环境，在其他中介发挥作用有限的条件下更显著。基于以上分析，结合新三板运行制度，总结券商作用和功能有：①提高信息传递效率、质量、丰富程度及异质性，降低信息获取成本。②拥有并购知识和经验，对国家和资本市场政策、法律法规及并购程序把握更准确。③避免和降低并购不确定性和风险，有资源控制和中介治理功能。总之，现有文献缺乏对新三板、挂牌公司及主办券商的探讨，因此本书旨在分析解决挂牌公司并购融资存在的问题，对现有学术研究进行补充。

第3章 理论基础

3.1 信息不对称理论

信息不对称严重降低市场交易效率，而且金融市场活动复杂性更高，致使市场内参与者资产价值信息的非对称和不完全性加剧利益摩擦（约瑟夫·斯蒂格列茨）。但可以设计和制定合理有效契约，对交易双方进行规范，帮助实现信息与利益均衡。并购信息不对称可归纳为以下三点：

（1）被并购公司会对潜在并购公司筛选和积极调查，尤其是在重大并购重组前，需要重点调查和评估以下四个方面：①并购公司宏观环境，如行业竞争现状、发展前景、客户分布及满意度和购买力、新产品培育等。②并购公司组织状况，如合同和涉及的纠纷案件、管理层的素质与能力、员工情况、营销和销售网络。③并购公司财务特征，如负债、销售收入、研发投入、利润和现金流等。④并购公司的文化、并购目的与发展战略等。如果被并购公司对潜在收购公司的信息无法全面了解，评估准确性降低，会增大并购风险。

（2）并购公司会积极调查目标公司相关信息，当缺乏有效途径获取相关私有信息时，并购公司对目标公司估值准确性会降低。但并购双方信息互相调查是发生在合同签订之前，而协同效应收益是在并购整合后，两者时间前后差异也会产生信息不对称。如并购后的文化冲突、双方员工缺乏了解导致高管和员工士气低落，人才流失等现象。被并购公司为保护股东和员工利益，避免并购整合矛盾等，希望获得并购公司关键信息，但并购方私有信息获取同样面临较大难度。

（3）并购属于一次性交易行为。被并购公司为获得高收益可能会隐藏不利信息，展示有利信息，甚至提供虚假信息，加剧信息不对称。这会导致并购方丧失重复或持续购买而拥有的惩罚能力，降低并购价值。

首先，并购交易成本增加。并购方对潜在目标选择时，需要获取对象公司的详细信息（Davies，2011）。收集对方并购相关信息，而且私有信息成本更高（Bruner，2004）。在商业交易中，调查对方信息是前期必须做的工作，但如果收购公司对潜在目标的信息调查手段不当或调查过于详细，可能会引起调查对象反感，造成并购的负面影响（Hansen，1987；陈绍刚、程艳华，2012）。因此，交易信息及背景调查，一方面依赖于交易双方的获取信息资源，一方面依赖于市场制度。市场制度完善程度与信息透明度正相关，不完善的市场制度会导致并购双方信息的收集与调查成本增大、完整性和真实性降低（Bruner，2004；Rhodes-Kropf 和 Robinson，2008）。

其次，一般而言，被并购公司只会接受高于或等于标的价值的竞价，而收购公司可能在缺乏对目标评估情况下，支付更多并购溢价获得标的（陈仕华、姜广省、卢昌崇，2013）。信息缺失会使并购风险增加，并购方更倾向股票支付。如果收购公司使用股票而非现金支付，很可能会让被并购公司解读为其股票实际价值较低，来试图降低支付价格（Eckbo、Giammarino 和 Heinkel，1990），而且公司股票增发可能意味着价值增大（Myers 和 Majluf，1984）。被并购公司对这种支付方式评估，会采取索要更高支付价格策略避免损失（Hansen，1987）。

最后，信息不对称会导致并购整合成本增加。收购公司对被并购公司缺乏了解，会制订出不科学的整合方案，引发人才流失和公司文化冲突，发生被并购公司管理人员或核心员工不遵循事前承诺蓄意阻碍合作等问题（DePamphilis，2005）。上述成本增加，导致并购绩效下降（Aliberti 和 Green，1999；Faccio 和 Masulis，2005）。

新经济时代，当前中国正处于高速发展时期，这也将是我国经济与社会转型升级的重要时期，这些都伴随着国内经济的快速增长、利益的日益分化和社会的急剧变迁，需要经济社会制度的不断改革和完善。现阶段来看，商业活动信息披露及透明度仍需要提高，交易成本和风险较高，阻碍了企业经济活动。研究发现，如果转型经济国家正式制度不够完善，非正式制度将起到辅助作用，公司管理者需借助网络关系收集信息、制定规则和交易（Peng 和 Luo，2000）。交易双方私交关系有效弱化信息摩擦，降低交易成本和风险，制约机会主义行为（韩洁、田高良、杨宁，2014）。因此，在国内并购市场正式制度不完善的背景下，券商网络作为一种非正式的关系渠道，有助于并购私有信息获取，提高协同效应。挂牌公司借助券商的信誉和服务渠道，达成对并购私有信息收集和传播具有的实践价值。

3.2　资源依赖理论

根据资源对组织发展的稀缺性和重要性作用，判断组织对其他组织的依赖程度，有三种类型：①组织与其他组织资源交换。如财政资源、物质资源、信息资源、社会合法性等。资源交换关系是组织相对优势和组织间关系的桥梁。②组织依赖其他组织资源程度，会造成资源优势组织的某种相对权利。如何获得所需资源而减少对其他组织依赖，组织必须对制度、构架和行为模式改进，降低依赖性。组织永续关键在于相对权力增加，这意味着组织对外部环境依赖性的此消彼长。③为突破因资源依赖而形成的外部环境限制，组织会改善和制定战略。为削弱其他组织权力控制，需要降低对关键资源交换依赖而削弱其他组织相对优势，积极改变组织与环境关系，提高组织与环境关系主动性。组织合作方式如贸易协会、协调委员会、董事联结、公司联合、高管联结、政商关系、中介联结等以资源依赖形成的关系，都代表组织权力共享模式以及稳定和协调依赖的交易规则。

券商联结可看作公司之间的一种合作而形成的某种优势资源依赖。券商与上市公司合作关系持续时间较长，致使券商掌握服务对象私有信息较多，加之券商有投融资的财务、法律知识和经验，可有效根据双方需求搭建渠道，对挂牌公司被并购提供支持、约束和治理职能。

（1）券商联结提供丰富信息。公司面对激烈外部竞争环境，业绩降低和风险上升。为克服不确定性和降低经营风险，公司积极与其他外部组织建立关系。组织对某种资源需求越大，就会对该资源形成依赖，组织会主动来缓解、适应和管理这种关系（Burt，1979）。只有与其他组织建立各种关系，才能避免资源获取不确定性和限制，如融资能力较差的公司与金融机构建立董事联结，来缓解财务困境（Mizruchi 和 Stearns，1988；Lang 和 Lockhart，1990）。挂牌公司借助券商与金融机构、上市公司或其他组织建立关联，一定程度上可共享有关国家并购政策以及成本、定价和市场战略方案等信息。在特定条件下，拥有共同券商的公司之间，彼此信息交流更顺畅、频率更多。

（2）券商联结为并购提供合法途径。券商参与并购有法律规范和制度的保障，如券商履行并购财务顾问和投资顾问职能，对挂牌公司信息掌握更全面。以券商为结点可为交易双方搭建有效渠道，提供信息资源和服务，缓解摩擦和风险对并购价值的损毁。①券商帮助有融资需求的挂牌公司筛选理想并购方，获取对方财务特征、组织结构、文化和发展战略等详细信息。以此制定应对被并购策略，提高并购收益。②券商提供上市公司并购潜在对象的产品市场信息，及财务、经营、技术、资源和管理层等内部私有信息，准确对被并购公司估值。

（3）券商充当并购冲突"润滑剂"。①目标选择，券商可以传递相关并购公司信息，提高并购方对被并购方的认可度和并购成功率。②交易过程，券商有助于缓解双方摩擦，避免风险和不确定性。券商联结可促进一阶与二阶联系产生，如"朋友"和"朋友的朋友"（Granovetter，1973，"弱连带优势"观点），他们之间信任和认可度相对更高。如挂牌公司聘任券商成为"朋友"，发生一阶联系；公司有融资和控制权转让需求，通过券商与上市公司（朋友的朋友）建立关系，发生二阶联系。这种联结关系有助于化解交易双方潜在的对立因素和矛盾，在利益分配关键环节有调节作用，增大博弈弹性，对挂牌公司被并购有支持作用。

3.3　组织学习理论

组织学习是将信息归类、整理和分析达到优化组织的行为。Levitt 和 March（1988）将组织学习概括为"经历→判断→积累"的循环迭代过程。一个公司的经历会经过思考、存储转变成知识，融入公司记忆中，经过理解、整理和分析加工，成为指导公司决策和行动的显性知识（Levitt 和 March，1988；Miner 和 Mezias，1996）。公司信息反馈机制不断识别和纠正偏差，提高学习效果，经验持续积累会导致学习能力改善（Hayward，2002；Zollo 和 Singh，2004）。学习能力伴随着任何组织和个人，公司运营的每个环节，如制度、规范、操作流程、会议、决策与执行等都能看到学习能力的改进（Haleblian 和 Finkelstein，1999）。

学习能力提升对公司的经营和决策，以及惯例与标杆的形成，规章制度改进与执行有影响（Levinthal 和 March，1993）。学习能力的提升能有效提高公司对资源运用的效率，为公司变革提供所需新知识、技能和管理模式以及发现和进入新市场的机会（Cohen 和 Levinthal，1990；Zahra 和 George，2002）。组织学习是一种动态能力，帮助取得竞争优势和高收益（Zahra 和 George，2002；陈国权、宁南等，2009）。公司通过各类组织关系，如共同投资、各种联盟、关联公司及协会和协调委员会等关系，学习并购知识（Hitt、Dacin 和 Levitas，2000；Zollo 和 Singh，2002）。如果被并购挂牌公司的某个联结公司曾经发生并购，可通过这种联结共享并购知识。

并购经验和知识影响决策。联结公司之间交流并购经验，有利于决策者掌握并购知识、积累经验。公司高管对并购知识的有效记忆、整理和分析，有助于高管形成科学并购思维，改善并购信息筛选能力。当决策者拥有信息筛选能力时，能准确快速识别和预测并购问题，制定和选择最优解决方案（March，1994）。券商将并购经验分享给服务公司，这种经验虽没有董事联结的直接性，但更丰富和专业，致使决策者对并购问题识别和解决能力更强。被并购挂牌公司可依据并购经验对交易过程整理记录，明确并购各环节内容和要求，不断修正和改进并购惯例，提高控制和执行能力（Zollo 和 Winter，2002）。挂牌公司"近水楼台先得月"，可直接分享券商经验，提高并购信息识别、判断和筛选能力，提前消除可预见性问题，解决遇到的问题，制定和应对被并购的策略。

3.4　金融中介理论

3.4.1　金融中介理论的演进

金融中介理论的核心是围绕其产生的原因和如何发展，探讨在经济的发展中发挥着怎样的作用。金融中介一般分为传统银行类金融中介和非银行类金融中介，它们各自以不同的方式在市场发挥着资金融通的作用。到目前为止，对上述问题的研究并未形成统一的认识，也未形成统一的研究框架，理论观点显得较为零散，相关的成体系论著相对很少，一些研究结论仍存在较大争议。

国内对金融中介理论的划分比较推崇的是钱特（John Chant，1989）的观点，以"信息经济学"和"交易成本经济学"在金融中介理论的研究运用为界限，按金融中介理论发展历史可以分成"旧的理论"和"新的理论"。旧的理论的核心观点认为金融中介是资产转换的媒介和管理者，把金融中介视为被动的资产组合管理者，金融中介机构向客户发行债权，这些债权与它自身持有的资产有不同的特点，金融中介只能根据在市场上所面对的风险与收益情况来完成组合的选择。新的理论则基于交易成本经济学和信息经济学，将两种理论结合起来探索金融中介在市场中的作用，相对于旧的理论则显得更加微观和具体，对其提供的各种不同服务进行更为细致的识别与分析，因此能够更深入地探讨金融中介如何降低信息不对称的程度，并减少交易成本。值得推荐和学习的是，应展宇教授翻译的格林鲍姆（Stuart Greenbaum，2020）的著作《现代金融中介机构》（3版）。该书为现代金融中介机构对社会的贡献及其面临的风险、金融危机以及金融管理提供了一个统一的框架，被誉为金融中介领域的标准教材。因为研究内容的关系，本书对金融中介理论的介绍相对其他理论更为详细一些。

从金融中介理论发展历程来看，结合钱特和国内学者的观点，可以把金融中介理论分为早期的金融中介思想、传统金融中介理论和现代金融中介理论三个发展阶段。

1. 早期的金融中介思想

国内外有关金融中介的活动其实是非常早的，在古典经济学时期，早期的经济学大师的经典经济思想为经济学的发展创新提供了源源不绝的源泉，在金融中介理论发展过程中也不例外。古典经济学关于金融中介的思想主要以宏观描述和理解为主，国外对银行在经济发展中的作用进行了介绍和思考，而国内则是我们所熟知的各朝代钱庄。古典经济学家对金融中介的认知可总结为，其是发挥信用媒介和信用创造功能的机构，货币在经济发展中不对实体经济产生影响，只是一层覆盖在实体经济上的面纱。概括而言，国外的学者对金融中介的理解更为贴切。

亚当·斯密在《国富论》的第二篇中论述货币和银行在经济发展中的作用时有过深刻而经典的阐述，他指出：慎重的银行活动，可增进一国产业。但增进产业的方法，不在于增加一国资本，而在于使本无所用的资本大部分有用，本不生利的资本大部分生利……慎重的银行活动，可使这种死资财变成活资财，换言之，变成工作所需的材料、工具和食品，既有利于己，又有利于国……流通国内的金币银币，可与通衢大道相比。通衢大道，能使稻麦流转运到国内各市场，但它本身却不产稻麦。慎重的银行活动，以纸币代金银，比喻得过火一点，简直有些架空为轨，使昔日的大多数通衢大道，化为良好的牧场和稻田，从而，大大增加土地和劳动的年产物。从上述观点可以看出，亚当·斯密的观点是以银行发挥信用媒介功能，注重银行信用在产业发展中的重要性。由于历史发展的阶段性，这些观点在当时已经极具代表性，也为金融中介发展提供了思想的源泉，现代人类社会随着科技的日益创新，人类经济金融活动愈加复杂和多元化，但不可否认的是金融中介一直发挥着信用媒介功能，服务于人类。

大卫·李嘉图（David Ricardo，1817）指出银行在发行信用货币、媒介货币资本、节约流通费用方面具有的优势作用，发现了银行信用具有促进资本再分配、促进利润率平均化的观点。约翰·穆勒（John Stuart Mill，1848）认为，信用只是发挥一种媒介和传递、转移作用，不会增加生产资料的数量，信用还可以发挥资本再分配的作用，从而促进一国经济增长。马克思在巨著《资本论》中也深刻阐述了信用、货币和银行在经济发展中的作用，具有丰富的思想内涵，尤其是关于货币、技术进步和积累相结合在社会资本再生产中发挥作用的思想，在今天看来仍然具有深远的影响。

瑞典学派的奠基人克努特·维克塞尔（Knut Wicksell，1898）提出货币、利率会影响收入的货币理论，这种观点里程碑地打破了古典经济学"二分法"理论。古典经济学的"二分法"理论将经济分为实际经济与货币，对应的经济学分为经济理论和货币理论，将两者分开研究。经济理论研究生产要素的产量关系，认为产量是由技术、资源和制度等经济运行因素决定的，货币并不能影响产量。而货币理论是对物价水平的研究，与产品并无关系。继维克塞尔之后，熊彼特（Jeseph Alois Schumpeter，1912）在其经典名著《经济发展理论》中提出了学术界众所周知的创新理论和信用创造理论。该著作进一步论述了货币、利息和贷款等金融因素对经济创新和发展的重要影响，对其本质的逻辑进行了细致的分析，指出银行的货币、信用政策与创新是推动经济发展的强劲动力，揭示了金融对实体经济的影响，这一观点对后续的金融理论具有深远的影响。熊彼特认为：银行家的本质是推动商品的生产，而不仅仅是某种商品的"购买力"中间人，即银行家通过货币、利息和贷款等政策与手段，可以刺激商品的生产。然而，从本质上来看，现在所有的准备基金和储蓄大多向金融家流动，而自由购买力——不论是已经存在的还是将要创造出来的——这些总需求都集中于他们，金融家已经代替了私人资本家，或者成为其代理人，从这些来看，他们已经转变成为典型的资本家。

可以说，早期的金融中介理论主要是对银行的功能进行研究，因为早期的人类社会经济结构和社会发展单一，如我国早期的钱庄则与银行有着类似的信用功能，在宋朝就已经有了类似钱庄的产物，到了明朝之后则是快速发展，随之而来的是当时的官方制定了相关的律法。

2. 传统金融中介理论

如果说早期的金融中介思想是宏观的认识，则传统金融中介理论则是向微观层面过渡，非银行类的经营证券机构蓬勃发展，形成早期的资本市场。这一时期以研究银行为主，在微观银行理论中，可能学习经济或金融的朋友或多或少地对一个新古典主义的分析模型有所印象：阿罗—德布鲁一般均衡模型（Arrow–Deberu Model），本科生教材或者论文中，该模型往往是用来解释微观银行理论的一种重要分析范式，此模型分析主要依据三个重要的假设：①假设金融市场是完全的，信息充分，没有交易成本（然而现实中是不存在的）。②假设分别存在三个代表性的厂商、家庭和银行。③假设家庭和厂商可以无限制地进入金融市场。然后，运用数学推导求得市场均衡，经过数学推导和证明，发现在竞争均衡中银行获利居然为零；因而，该模型得出的结论是银行资产负债表的组成和规模对其他经济部门无任何影响，银行可能是多余的机构。这里我们需要理解的是，新古典主义经济学承袭了古典主义的货币中性论观点，导致在作为主流经济学理论核心构架的阿罗—德布鲁范式分析中得出结论认为金融中介的无效性。

　　然而，格利和肖（Gurley 和 Shaw，1960）激烈批驳了传统的货币中性论观点，他们的观点在今天看来更为大众所接受，也更为符合金融实践的运行。他们认为货币金融理论应该面对多样化的金融资产，多样化的金融中介也是同样重要的，商业银行只是唯一能创造活期存款的金融机构，其他金融机构通过放款和投资与商业银行共同创造信用，金融中介的多元化有益于经济增长。货币政策总是会影响一个社会的经济方面。可以理解为，货币一般不是中性的，它不仅仅只是蒙在实际经济之上的一层轻纱。他们第一次提出了金融中介具有"资产转换"功能，笔者认为金融中介的活动与实践往往早于学术研究，而学术研究则帮助实践解决问题和指明方向。格利和肖指出，金融中介存在的意义在于，其能够通过间接地融资有价证券，在市场中对资金的剩余单位和需求单位进行联结，实现两个单位之间的资金融通，提高资金的获得性和使用性。研究认为，在将储蓄向投资的转化功能上，银行与非银行金融中介之间并无根本区别，它们都是通过提供资产组合，利用各种特定的中介手段与技术，参加市场竞争。他们的"资产转换"功能学说深刻地揭示了金融中介在金融活动中的基本功能，并对各种不同类型金融中介的一般性与特殊性展开了较为详细的剖析。

　　在上述研究的基础上，詹姆斯·托宾（James Tobin，1965）对金融中介的"资产转换"功能进行了更进一步的研究。他将规模效应的分析原理运用到金融中介能够发行间接证券的根本原因上，其他组织不具备专业技术性与大规模的发行基础，即金融中介如果拥有了从事规模巨大的资金借贷能力后，那么，进行借贷则可以发挥经济学的规模经济效应，从而节约交易成本，提高竞争力；可以说节约交易成本，发挥资源专业优势，也是形成行业分工的根本原因。同时，银行在现代经济中具有支付清算功能，银行提供的支付清算服务具有准公共产品的性质，这也决定了政府要对银行等金融中介的金融活动进行严格的监管。

　　以格利、肖和托宾等为代表的资产转换功能观，推进了金融中介研究，并揭示金融中介存在的意义。在金融中介理论研究中，金融中介的存在价值或意义是其基本的前提，研究从经济金融的宏观层面出发，探讨金融中介与经济发展的关系逐渐转移到金融中介本身的功能，使该理论发展不断清晰和全面化。然而，现有的研究偶尔也会让人感到困惑，对于金融中介为什么会存在，其微观基础是什么等问题缺乏研究，因此，在运用交易费用经济学和信息经济学推进金融中介的发展为标志的现代金融中介理论产生之前，20 世纪的金融中介理论研究只能是属于传统金融中介理论范畴。

　　3. 现代金融中介理论

　　20 世纪 70 年代以来，金融的探索与发展不断得到深化，凸显出金融对国家经济社会发展的重要性。随着金融创新的日新月异，配套的其他经济学理论逐渐成熟，为现代金融中介理论的创新与完善提供了基础保障。世界经济学家们各显神通，运用新制度经济学、信息经济学、博弈论等新兴学科的研究思路和方法，进一步深刻阐释金融中介在现代金融活动中的存在价值及其作用，进而从内生经济角度较好地阐述和论证了金融中介产生的本质以及如何发展的主题，开启了现代金融中介理论时代。

一般认为，现代企业理论的奠基者为科斯（1937），其论文《企业的本质》开创性的贡献是提出"交易成本"的概念，由此打开了我们一直所谓的企业"黑匣子"，即新古典经济学研究企业的前提假定，企业以追求利润最大化为前提，深入到企业内部，对企业的本质、产生及边界问题进行探讨。金融中介作为参与经济金融活动的组织或主体，其本质就是具有企业性质的金融机构，那么，它不仅具有盈利目的，而且我们很多学者完全可以用现代企业理论来研究金融中介的行为。运用现代企业理论的两个分支——交易费用理论和委托代理理论及其分析范式，来解析和回答金融中介因为降低交易费用和解决信息不对称而存在的问题，成为现代金融中介理论的基石。

（1）交易费用理论与金融中介。

用交易费用理论来解析金融交易活动，可以总结为三个阶段的交易费用：第一阶段为事前，即在签约之前搜寻交易信息而发生的费用；第二阶段为事情进行中，即签约过程中为谈判而发生的费用；第三阶段为事后，即签约之后监督、保证和强制实施合同而发生的费用。这里要进一步说明，金融交易活动不仅牵扯到当期的现金流量，而且包括在未来一段时间内的现金流量交易，往往是涉及当前和未来一系列现金流量之间的跨期交易，期间的不确定性因素更多、风险更大。如何减少金融交易中的不确定性、降低风险和交易费用，促进金融交易顺利完成，恰恰金融中介不仅具备专业的知识和功能来完成金融交易，亦可大大降低交易费用。

一般认为，金融中介降低交易费用和风险的原因主要归纳为两点：第一，金融中介是专业从事资金融通和金融服务的组织，具有一般意义上的声誉、信誉和法律支持，合法地将诸多投资或储户的资金集中起来进行投资、开展信贷业务，这会降低单位货币和单个投资者的交易费用，这里有个经济学理论可以解释，如规模经济效应，降低单位交易成本。举个例子，投资者把钱交给具有信誉的法律认可的某证券公司，可大大降低金融交易中的固定交易费用，而且服务更全面，而将资金交给民间借贷的公司，则风险增大，这类金融诈骗活动时常发生，手段层出不穷。再如存在与任何融资交易相关的固定费用，这些存款人为了降低成本则可能更倾向于结成联盟，实行统一的买卖活动。而且由于不可分性，相对单个投资者持有单个证券而言投资联合将拥有更多的知识分享，实力更为强大，投资者联合将能够持有更加分散化、风险更小的资产组合。第二，金融中介具有专业化的技术和人才优势，可以通过研发创新为投资者提供流动性便利，降低交易费用。这里可以用经济学的劳动分工理论解释，即更专业地从事某项活动提高效率和成功率。例如银行金融中介，其在经营存贷款转换过程中主要从两个方面来降低交易费用：①适当运用银行资产负债的期限转换来降低交易费用。②借助银行的结算体系来降低交易费用。而作为非银行类金融中介，如证券公司、投行或基金公司等，其方式则可以通过更专业和技术层面的证券流通、投资和并购业务技术，进而减少交易摩擦和风险，最终来实现改进投资收益。

本斯顿和史密斯（George Benston 和 Clifford Smith，1976）在《金融中介理论的交易费用方法》中，同样用交易费用理论深入证明了金融中介存在的必要性。他们认为，金融中介的功能就是创造金融产品，从各类金融产品中获得利润，通过使产品购买者在一定时期内获得收益而获得效用，实现在转换消费支出时，通过规模转换功能和时态转换功能而降低金融商品的交易费用，提高资本的流动与使用价值。总之，交易成本与金融产品种类、消费者偏好之间具有内在的特定关系，而技术和消费者偏好的变化将改变成本，这些因素的变化会促使金融创新和金融产品调整。因此，降低交易费用是金融中介存在和发展的本质。克莱因（Klein，1973）认为多样化成本是金融中介出现的必要条件。戴蒙德（Diamond，1984）进一步发现金融中介存在的代理成本问题导致的成本增加，但其仍拥有相对于直接投资的成本优势。凯恩和布瑟（Kane 和 Buser，1979，1981）的研究也证实了上述观点，发现银行持有证券的多样化程度，金融中介能更好地开发专门技术来降低交易费用。

（2）委托代理理论与金融中介。

金融市场的第二个问题便是信息不对称，以及由此导致的委托代理问题。由信息不对称所带来的不确定性，以及我们常常提到的逆向选择和道德风险方面，运用信息不对称分析范式来解析，得到业界和学术界的一致认可。

逆向选择问题，即对于市场经济主体因事前信息不对称而导致，某一方如果能够利用多于另一方的信息使自己受益而使另一方受损，倾向于与对方签订协议进行交易；信息劣势的一方便难以顺利地做出买卖决策，于是价格便随之扭曲，并失去了平衡供求、促成交易的作用，进而导致市场效率的降低。这种问题在市场不发达或转型发展中的国家更为常见，即便是发达的资本主义市场化国家也不能幸免。这里我们可以回顾一下，莱兰德和佩勒（Leland 和 Pyle，1977）提出的一个解决信息不对称金融中介 L-P 模型。围绕 L-P 模型展开，如果将金融中介看作一种"信息共享联盟"，而且金融中介可以很好地以低成本来识别和筛选好的投资项目，进而以信息共享的方式将好项目与贷款人合作，则会实现规模经济效应。L-P 模型认为如果缺少"信息共享联盟"条件，市场上的贷款人和借款人则会因为信息不对称而产生逆向选择困境，最终可能使风险投资市场无法存在，企业家得不到投资，投资者的钱无处投资。与我们生活中的二手车市场萎缩有着相似的原因，买卖双方的信息不对称。因此，L-P 模型认为在交易中内部投资的信号作用非常大，得出金融中介因为能够通过投资于其专长领域，显示其拥有信息方面的独特优势。L-P 模型开创了信息不对称对金融中介的研究，大量的文献运用信息不对称来解释金融中介，如坎贝尔和克拉克夫（Campbell 和 Kracow，1980）指出应从降低交易费用、信息生产和隐私保护以及金融中介的其他功能等多渠道，来解释金融中介的存在。

金融交易的道德风险问题存在于事后的信息不对称环节，即金融产品的市场交易，如果一方参与人不能观察或获知另一方的行动，或者当观察（监督）成本太高时，一方行为的变化会导致信息不对称而使另一方的利益受损。上述问题是市场中交易双方不可避免的情况，金融中介的道德风险问题，是一个很好的具有代表性的理论，也称作戴蒙德（1984）代理监督模型。

代理监督模型表明，金融交易的事后不对称问题，其根源在于借款人能够以很低或无成本的方式获得投资的最终结果，这会导致所谓的金融契约对借款人的行为约束力降低，这在金融交易市场也为我们熟知，一个事实就是金融市场的贷款人有可能逃脱契约的约束风险，这严重损害了投资人的利益，有时甚至拿着投资人的钱满足个人需求。这和公司中的高管过度消费、腐败及奢侈享受是一个道理。金融中介则可以作为贷款人和存款人的一个中间委托代理人，实施对贷款方的观察、监督以确保贷款合同，尽可能节约单个项目的监督成本。戴蒙德认为，道德风险可以通过量化分析得出，运用数学计量方法计算出单个投资者直接监督和由银行代理监督所产生的社会总监督成本。而且银行的代理监督比由投资者直接监督更有优势，因为银行的代理监督从社会角度可以减少监督成本，进而提高金融制度的效率。此外，戴蒙德进一步分析了金融中介多样化对代理成本的影响，还提出了投资多样化与风险积累的概念，指出金融中介通过对贷款和投资的筛选与监督确实发生了降低发放贷款的违约损失，并利用自身的规模经济、信息优势和多样化优势存在参与市场竞争。在戴蒙德模型的基础上，欧根·法默（Eugen Fama，1985）等学者从不同角度对金融中介代理监督功能进行了系统研究。

未来消费总是存在不确定性，所以我们的消费者常常面临着各种流动性风险。戴蒙德和戴维格（Diamond 和 Dybvig，1983）在研究此类问题的基础上，提出了流动性保险模型，即 D-D 模型。D-D 模型分析了流动性功能在金融中介交易中的应用，解释存款类金融中介存在的原理，解释了金融中介在防范消费需求的意外流动性冲击而造成的不确定性方面所发挥的作用，分析可能造成的银行挤兑对金融中介的风险，以及微观层面的金融中介活动。

金融实践是金融中介理论检验和创新的基石，金融中介理论通过交易费用和信息不对称理论的发展，还不能做出完全令人满意的解释，金融危机的发生为我们思考和探索金融中介活动提供观察的现实环境，如 2008 年美国金融危机，我们一直膜拜的华尔街投资银行、商业银行、保险公司、证券公司等金融中介遭遇了严重的冲击，"雷曼兄弟"的破产给了我们很多警示，对金融数学和技术的依赖，并不能完全解决金融中介自身发展可能伴生的风险问题。近十年来，理论界与学术界借助于风险管理、参与成本、动态金融理论等的发展，极大促进了金融中介理论的微观研究。随着金融科技的发展及新的商业模式不断涌现，对金融中介的研究也会有逐渐更加精细的科技与数理方法，这个趋势越来越明显地呈现在我们面前。

3.4.2　金融中介理论在并购中的应用

并购面临的复杂性、不确定性和市场风险相对其他类型的投资更大。如并购交易面临的不确定性、协同效应高估、战略定位失准、并购整合冲突等都可能对并购价值产生负面效应（Hansen，1987）。为节约资源，提高并购质量和效率，市场衍生出专业分工的并购财务顾问、法律顾问、分析师和审计顾问等中介，他们在各自专长领域，对并购起着促进作用。金融中介有专业知识、技能和信息优势，通过事前发送信号和事后尽职监督可缓解信息不对称情况。白钦先、谭庆华（2006）将金融中介功能分为四种：①基础功能。对象服务和中介咨询。②核心功能。资源配置和提高交易效率。③拓展功能。风险规避和促进市场流动性。④衍生功能。信息媒介、引导消费和治理。

券商作为金融中介，主要作用体现在私有信息获取（信息发现）、公开信息解读（信息分析）和信息反馈三个方面（Brown 和 Warne，1985）。券商在资本市场中的作用如下：

（1）券商会对上市公司盈利和经营评级，与所跟踪公司高管保持沟通，获取第一手详细信息。如分析师会与关注公司私下频繁沟通，也会与其他信息中介、同行公司、研究机构、政府部门等保持联系（Soltes，2014），以便及时掌握有关宏观及行业环境、竞争对手等方面私有信息（Hutton、Lee 和 Shu，2012）。因此券商相对公司管理层有信息和专业优势。

（2）相比其他市场参与者，有专业知识、受过专业训练的分析师对信息处理和解读能力更强（Jung、Sivaramakrishnan 和 Soderstrom，2015）。券商能结合获取的私有和公开信息，对公司做出客观评估。

（3）券商分析师会将掌握的私有和公开信息写入研究报告，及时反馈给市场参与者。因此券商不仅对公司未来价值变化及股票价格有很好的预测（Bradshaw，2011；Brown、Call 和 Sharp，2015），而且可以对公司高管实现外部监督和治理（Chen、Harford 和 Lin，2015）。基于上述分析，券商介入可能会抑制有关价值损毁的并购交易。

交易双方通过券商获得有关并购信息，如行业前景、经济环境、并购政策和国家调控等（Hutton、Lee 和 Shu，2012），券商分析师可帮助双方解读对方财务报告背后的会计政策、会计选择及战略部署，这对并购估值及资源整合，减少价值损毁有实践价值。在新三板特定环境下，挂牌公司更需要券商来获取和解读有关并购的各类信息，提高应对融资的决策与方案制定水平，争取有利于已方的并购效率及其财富效应。

3.5　博弈理论

一般认为，并购是参与方之间的一种博弈行为。一方面，交易双方对信息占有不平等、不对称，可看作不完全信息博弈；一方面，交易双方就有关并购方案的协商修正、支付价格和方式的商定，到程序执行或追究违约责任等环节，可视为动态博弈。

新三板被并购挂牌公司可消极等待并购公司搜寻自己，等待对方主动提出，借机提出高额溢价支付策略。然而，大多数情况下，被并购公司会积极、主动寻找机会，有目的地筛选有实力、愿意支付溢价金额的并购方。因此，筛选范围越广，寻求被并购的公司面对的参与竞购公司越多，掌握众多的收购方信息，可以进行比较，被并购公司的谈判筹码越大，谈判实力越强。如在股权交易市场，标的方可能会为卖出高额溢价，采用精心包装、隐瞒一些关键信息，或设置一些障碍的策略来提高要价。

（1）目标选择。挂牌公司借助券商丰富上市公司资源，主动、积极寻找上市公司来并购，既可以减少搜寻成本、时间和精力，获得所需关键信息，又可以寻找符合需求且愿意支付高额溢价的上市公司。上市公司也希望从新三板寻找并购对象，双方均愿借助券商提高潜在目标筛选效率和获得关键信息，降低并购风险。

（2）并购博弈。并购双方就交易细节协商并达成共识，最终订立契约并执行，以此保障双方权益。交易双方为获得最优并购收益需要对不同定价机制的成本和收益权衡选择，在合同中明确规定支付金额、方式、风险承担和违约责任等处置条款，确保并购交易的合法性。

并购双方需要运用价格博弈策略来谋求利益，券商介入可提升作为弱势方被并购挂牌公司的博弈力量。这里从两个方面考虑：①交易双方会以自身目的和利益最大化为谈判基础，双方需要考虑对方策略的选择和运用，以及对己方策略运用造成的收益影响，运用讨价还价策略。券商运用信息和经验支持挂牌公司，采取合理的博弈策略，为其争取最大收益。②券商介入会提高挂牌公司的谈判实力和能力。券商运用广泛的关系网络资源，提高挂牌公司在并购市场的竞争力和准确定位，提升挂牌公司被并购的效率。

（3）并购契约执行。在签订合同后的执行过程，交易双方均面临着违约和发现新问题的可能性。并购是围绕收益、成本和风险的不完全信息动态博弈，券商可有效推进并购交易直至顺利完成。

第4章　新三板市场

本章内容主要是对我国资本市场的发展进行回顾和解读，包括场内资本市场——沪深证券市场的发展历程及存在的问题简述；场外资本市场——新三板市场的发展历程及存在的问题简述，新三板市场的特征及发展现状阐述分析。在此基础上，剖析场外资本市场与场内资本市场的差异性，使读者对我国资本市场有大致的了解。

4.1　上市公司的并购历程

4.1.1 第一阶段：起步试点（1984—1991 年）

1984—1991 年是中国证券市场酝酿、建立和起步阶段。1984—1986 年国内企业在改革开放浪潮的推动下，纷纷开始效仿现代化企业的"两权分离"经营模式，租赁、承包等经营方式出现，以武汉、保定等地并购活动为发端，随后北京、南京、重庆、沈阳、无锡等城市也出现并购活动。为促进私有经济发展，1987 年党的十三大报告指明，国有企业产权可以尝试有偿转让，放开集体和个人有偿获取国有小型企业产权限制；1988 年第七届全国人民代表大会指明，应当重点推进"企业承包和租赁责任制"，"国有企业产权有条件转让"的改革措施，紧接着国家颁布《关于企业兼并的暂行办法》。一系列规章制度，为企业经营活动提供指引，刺激国内市场的经济活动，首次推进全国性并购浪潮。20 世纪 90 年代初沪深交易所的相继建立，标志着中国证券市场从初期的酝酿到正式确立。证券市场初期，上市公司非常稀少，1990 年 IPO 公司有 8 家，1991 年 IPO 公司有 5 家，并未发生上市公司并购事件。起步试点阶段，国内并购浪潮可以概括为三个特征：一是参与并购的企业由少数城市向全国扩散，交易规模攀升。二是并购类型单一，多是以出资购买、无偿划转和债务抵偿的方式交易。三是政府对并购多以命令式的直接干预为主，参与对象大多为国有企业。

4.1.2 第二阶段：兴起发展（1992—2000 年）

自 1992 年邓小平南方谈话之后，政府积极推行市场经济改革，企业在股份制改革的浪潮下活跃起来。1996 年之后，中国的证券市场逐步壮大，上市公司数量日益增多。一些企业开始借助上交所和深交所平台对其他企业进行收购和重组。1993 年深圳宝安集团在二级市场举牌上海延中实业，开启国内上市公司并购序幕，随后万科收购上海中华、恒通收购棱光、大港收购爱使、中远收购众城、上海实业收购联合实业、中远置业收购众诚实业等上市公司并购事件持续发酵。

　　这一时期，上市公司并购以协议收购为主，缺乏切实可行的并购法律法规依据，证券市场处于粗放式快速兴起阶段。为有效、依法开展证券市场的经济活动，1998 年颁布《中华人民共和国证券法》，对证券市场的买卖活动进行规范。随着国内资本市场的发展，西方国家成功的企业并购模式开始被移植到国内并购活动，上市公司并购的数量和规模大幅增加。到 2000 年，当年国内上市公司因实施并购、股权转让而发布公告的并购事件达到 643 起。如表 4-1 中国上市公司数量情况（1992—2000 年）所示，我国1992 年至 2000 年的上市公司数量和并购事件逐年攀升，交易金额逐年增大。并购活动有四个特点：一是证券市场处于试点和兴起阶段，上市公司数量不断攀升，并购大多以借壳融资的方式获取资金为目的，行政式的股权划拨为并购的主要途径。二是本次并购浪潮是在国家深化推进改革开放的背景下兴起的，上市公司并购崭露头角，在交易规模、方式上有多元化的趋势，外资进入国内资本市场，协议转让、要约收购、债转股、国有股流通等，表明证券市场由确立到兴盛活跃。三是投行参与并购交易。上市公司并购交易规模的扩大，导致对并购的资产评估、会计核算、并购策略制定要求更高，上市公司需要借助投行等金融机构来提升并购的成功率。四是有关并购的法律法规不完善，企业在并购过程中依据的各项规章制度有些混淆含糊，造成并购活动"暗箱操作"频发，侵害国家和中小投资者利益的事件时有发生。

表 4-1　中国上市公司数量情况（1992—2000 年）

年份	当年 IPO 数量 / 家	上市公司数量 / 家	并购事件数量 / 家	交易金额 / 亿元
1992 年	40	53	—	—
1993 年	130	183	2	0.67
1994 年	108	291	4	1.36
1995 年	32	323	3	0.7
1996 年	207	530	12	3.56
1997 年	215	745	64	27.42
1998 年	107	852	264	119.7
1999 年	97	949	443	275.3
2000 年	137	1088	643	914.8

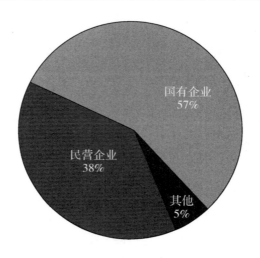

图 4-1　1992—2000 年中国上市公司并购企业性质占比

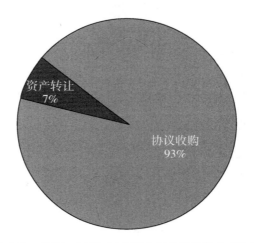

图 4-2　1992—2000 年中国上市公司并购方式比例

4.1.3 第三阶段：规范管制（2001—2004 年）

资本市场经过 10 年的高速发展逐渐形成规模，上市公司并购事件持续增多。20 世纪 90 年代，各项经济制度改革造成资本市场的监管、竞争制度不完善和具有滞后性，粗放式的并购发展伴随而来的是交易违规、违法事件的增多，主要有虚假信息披露、信息披露不透明、暗箱操作、侵害投资者利益等，并购效率低下。为此，2001 年、2002 年和 2003 年证监会陆续颁布《关于上市公司重大购买、出售、置换资产若干问题的通知》《上市公司股东持股变动信息披露管理办法》《上市公司股东持股变动信息披露管理方法》《关于向外商转让上市公司国有股和法人股有关问题的通知》《利用外资改组国有企业暂行规定》《上市公司收购管理办法》《外国投资者并购境内企业暂行规定》等制度，确立上市公司并购重组的法律体系。重点将信息披露作为监管领域，完善并购过程中的财务制度；制定国外公司投资国内证券市场的法律准则，完善市场的进入和退出机制。随着资本市场制度的建立和规范，并购活动可以概括为四点：一是交易主体和并购类型多元化，民营资本十分活跃，外商资本投资国内企业。二是企业并购开始有明显的目的性，战略性并购成为主流。三是金融中介机构发挥作用。金融中介机构自身专业技能突出，具备并购的信息优势，参与到企业的并购活动中，提升并购效率。四是法律法规仍需完善，大股东掏空行为、上市公司 IPO 资格审查、信息披露等侵害中小投资者利益的事件仍持续增多。

表 4-2　中国上市公司数量情况（2000—2004 年）

年份	当年 IPO 数量 / 家	上市公司总数量 / 家	并购事件数量 / 家	交易金额 / 亿元
2001 年	64	1250	896	856.3
2002 年	70	1312	970	790.4
2003 年	66	1375	1060	911.2
2004 年	98	1464	1259	1204.4

表 4-3　中国上市公司并购目的比例

年份	买方为上市公司				标的方为上市公司			
	横向	纵向	多元化	其他	横向	纵向	多元化	其他
2001 年	23.53%	29.41%	17.65%	29.41%	33.33%	11.11%	33.33%	22.22%
2002 年	44.86%	4.53%	30.04%	20.58%	23.31%	0.61%	14.72%	61.35%
2003 年	39.92%	9.88%	24.90%	25.30%	35.60%	2.62%	14.66%	47.12%
2004 年	51.86%	8.24%	19.95%	19.95%	15.91%	1.52%	25.38%	57.20%

表 4-4　中国上市公司并购方式比例

年份	要约收购	协议收购	资产置换	股权拍卖	其他
2001 年	0.67%	80.94%	11.37%	3.68%	3.34%
2002 年	0.31%	90.84%	2.71%	3.12%	3.02%
2003 年	0.81%	90.26%	2.98%	4.87%	1.08%
2004 年	0.66%	93.33%	1.36%	2.50%	2.15%

4.1.4 第四阶段：全面市场化（2005—2020 年）

2005 年，鉴于以往国企改制产生的股权分置、股价分置和利益分置的历史遗留问题和向市场化迈进遇到的阻碍，国家开启资本市场股权分置改革，标志着资本市场发展的分界线，表明我国资本市场不断迈向成熟，奠定并购市场化基础。开启股权分置改革后，上市公司的并购活动呈现出并购目的多元化，并购类别增多，定向增发、关联交易、资产重组、交易规模等使得资本市场违规交易增多，市场监管的难度加大等新特征，通过 2006 年和 2020 年证监会对《上市公司收购管理办法》的修订，上市公司并购的条件更加细化和具体，同时信息披露更加严格。2007 年，为保护投资者合法权益、打击违法交易和虚假信息披露，证监会颁布六项涉及非公开发行和并购重组的行政法规，完善以往的监管制度。

2015 年底，为拓宽企业并购融资渠道，银监会发布《商业银行并购贷款风险管理指引》。股权分置改革施行，为上市公司并购带来机遇和挑战：一方面，上市公司并购策略、交易方式呈现多元趋势。交易从最初的非流通股协议转让延伸到二级市场收购、要约收购、定向增发、交叉换股等多种方式；另一方面，上市公司的资产收购多元化，最初的资产买卖发展为与企业定向增发结合的注资活动。但 2005 年股权分置改革在激活证券市场资本、资产流动的同时，也增加了上市公司并购的复杂性和监管难度。因为，上市公司大多数是从国有企业演变而来，国有控股、参股企业仍占上市公司的多数，上市公司的并购往往带有政府干预性质；在市场全流通时代，资本市场运行过程的复杂性导致信息不对称侵害投资者利益，信息披露监管成为难题。2020 年受到"新冠疫情"的影响，世界经济萎缩，我国的资本市场企业并购活动受到冲击。

表 4-5　中国上市公司数量情况（2005—2020 年）

年份	当年 IPO 数量 / 家	上市公司总数量 / 家	并购事件数量 / 家	交易金额 / 亿元
2005 年	14	1467	2914	1430.6
2006 年	65	1521	2610	1789.1
2007 年	126	1637	1692	1680.2
2008 年	77	1712	3451	3807.4
2009 年	98	1805	3495	4645.3
2010 年	348	2149	3201	3955.9
2011 年	281	2428	3698	4826.5
2012 年	155	2579	4081	5759.2
2013 年	2	2574	3864	4437.1
2014 年	124	2696	8050	9873.1
2015 年	223	2827	13271	26997.6
2016 年	227	3052	16794	43742.8
2017 年	438	3485	18332	50129.3
2018 年	105	3584	19085	62117.4
2019 年	138	3777	20397	70316.6
2020 年	319	4141	7421	10956.7

表 4-6　中国上市公司并购目的分布比例（2005—2020 年）

年份	买方为上市公司				标的方为上市公司			
	横向	纵向	多元化	其他	横向	纵向	多元化	其他
2005 年	48.73%	6.65%	27.85%	16.77%	31.63%	2.55%	19.90%	45.92%
2006 年	47.54%	3.73%	29.08%	19.65%	25.00%	1.54%	25.00%	48.46%
2007 年	50.25%	5.49%	29.17%	15.08%	29.73%	1.80%	20.72%	47.75%
2008 年	69.68%	7.10%	13.23%	9.99%	63.37%	2.33%	8.14%	26.16%
2009 年	63.13%	5.65%	20.97%	10.25%	41.18%	2.21%	16.18%	40.44%
2010 年	45.39%	3.49%	33.94%	17.18%	20.11%	1.68%	20.67%	57.54%
2011 年	39.02%	6.98%	33.43%	20.57%	22.68%	2.58%	21.65%	53.09%
2012 年	57.70%	11.18%	15.51%	15.61%	18.42%	0.66%	5.92%	75.00%
2013 年	52.96%	7.55%	24.80%	14.69%	10.99%	1.10%	6.59%	81.32%
2014 年	61.65%	4.24%	18.47%	15.64%	24.48%	1.05%	16.78%	57.69%
2015 年	59.56%	3.67%	15.99%	20.78%	20.50%	0.38%	1.92%	77.20%
2016 年	68.52%	2.45%	14.80%	14.23%	23.64%	0.39%	3.88%	72.09%
2017 年	64.77%	4.76%	15.83%	14.64%	25.33%	1.26%	4.37%	69.04%
2018 年	62.29%	6.33%	17.66%	13.72%	21.15%	0.93%	4.81%	73.11%
2019 年	65.11%	7.48%	18.25%	9.16%	24.83%	2.82%	8.16%	64.19%
2020 年	60.53%	8.49%	14.27%	16.71%	20.74%	1.89%	5.31%	72.06%

表 4-7　中国上市公司并购方式比例（2005—2020 年）

年份	要约收购	协议收购	资产置换	股权拍卖	其他
2005 年	0.21%	94.12%	0.45%	1.99%	3.23%
2006 年	0.38%	85.81%	1.11%	5.87%	6.83%
2007 年	0.30%	77.40%	2.84%	9.05%	10.41%
2008 年	0.03%	83.70%	0.84%	4.47%	10.96%
2009 年	0.26%	78.61%	0.97%	4.09%	16.06%
2010 年	0.03%	79.37%	0.75%	3.53%	16.32%
2011 年	0.05%	75.76%	0.57%	2.44%	21.19%
2012 年	0.22%	77.00%	0.51%	2.30%	19.96%
2013 年	0.23%	69.16%	0.60%	2.20%	27.81%
2014 年	0.07%	61.69%	0.91%	2.01%	35.31%
2015 年	0.06%	47.14%	0.52%	2.16%	50.12%
2016 年	0.27%	42.34%	0.26%	2.10%	55.03%

年份	要约收购	协议收购	资产置换	股权拍卖	其他
2017 年	0.33%	45.18%	1.22%	2.54%	50.73%
2018 年	0.41%	42.66%	1.87%	3.55%	51.51%
2019 年	0.18%	50.76%	1.33%	2.58%	45.15%
2020 年	0.37%	43.11%	2.14%	2.26%	52.12%

4.2　上市公司的并购特征

4.2.1 时间性特征

我国资本市场经过 30 年的发展，资本市场并购呈现浪潮特征。从时间分布阶段看，第一次并购浪潮发生在 1992 年后，当时资本市场处于兴起阶段，国家改革开放激活上市公司的并购活动。2001—2004 年，我国股市发展势头良好，市场经济制度得到进一步完善，投资者利益得到保护，并购活动数量大规模攀升。2006 年和 2007 年，股权分置改革的实施促进资本的流动，并购活动大量增加，国内上市公司跨国并购事件增多，中国企业开始大量地走出国门投资。2009 年国家重新对产业进行调整，上市公司的并购活动继续增多。2013 年全国股转系统的建立，为我国中小型企业提供融资平台，新三板并购事件从 2014 年起不断上升，成为并购的新热点。近十多年国内经济的高速发展，场内资本市场的并购数量和交易金额持续增加，随着场外资本市场挂牌公司的数量增加，掀起针对场外资本市场的并购热潮，新三板市场被称为场内资本市场的并购"标的池"。

4.2.1 行业分布特征

从计划经济变迁到市场经济，政府干预延伸到经济发展的各方面，国家或地方政府的宏观经济政策，优先发展支持某一产业或抑制某一产业，都会对该产业的企业或与之相关的行业产生巨大影响。上市公司的投资行为有着很强的逐利导向性，资本流入国家扶持发展的产业或者未来有发展前景的行业，并购活动集中在这些行业以获取利益。如美国第一次并购浪潮重点涉及金属、食品、化工、金属制造产品、机械、交通设备和煤炭等产业；第二次并购浪潮转向钢铁、石油产品、铝与铝制品、化工产品等产业。从1993—2000 年我国上市公司并购的前五个行业依次是综合、房地产、金融业、电气机械及器材制造业和计算机、通信和其他电子设备制造业，到 2000 年后的医药制造业进入前五而电气机械及器材制造业退出，房地产行业从 2000 年开始不断上升至 2020 年排名一直在第一和第二徘徊，2017—2020 年金融业开始排名第一。计算机、通信和其他电子设备制造业、医药制造业和化学原料及化学制品制造业并购活动不断上升，这类行业企业大多具有新技术，高新技术行业在经济活动中不断崛起。

表 4-8　上市公司并购事件并购方企业行业前五比例

年份	第一	第二	第三	第四	第五	其他
1993—2000 年	综合 12%	房地产业 10%	金融业 10%	电气机械及器材制造业 6%	计算机、通信和其他电子设备制造业 6%	56%
2001—2004 年	金融业 14%	综合 14%	房地产业 11%	医药制造业 7%	计算机、通信和其他电子设备制造业 4%	50%
2005—2010 年	综合 15%	房地产业 12%	金融业 5%	医药制造业 4%	计算机、通信和其他电子设备制造业 4%	60%
2011—2016 年	房地产业 9%	综合 9%	计算机、通信和其他电子设备制造业 7%	医药制造业 6%	化学原料及化学制品制造业 5%	64%
2017—2020 年	金融业 11%	房地产业 8%	计算机、通信和其他电子设备制造业 7%	医药制造业 6%	综合 5%	63%

表 4-9　上市公司并购事件标的方企业行业前五比例

年份	第一	第二	第三	第四	第五	其他
1993—2000 年	批发业 11%	房地产业 8%	医药制造业 7%	电气机械及器材制造业 7%	金融业 6%	61%
2001—2004 年	综合 10%	医药制造业 10%	电力、热力生产和供应业 6%	金融业 4%	化学原料及化学制品制造业 5%	65%
2005—2010 年	房地产 13%	综合 12%	计算机、通信和其他电子设备制造业 5%	医药制造业 5%	化学原料及化学制品制造业 4%	61%
2011—2016 年	房地产业 11%	计算机、通信和其他电子设备制造业 7%	医药制造业 6%	综合 6%	电气机械及器材制造业 5%	65%
2017—2020 年	计算机、通信和其他电子设备制造业 9%	房地产业 8%	医药制造业 7%	电气机械及器材制造业 6%	综合 5%	65%

4.2.3 企业性质特征

从 1993—2020 年，并购活动参与企业的性质分布发生明显转变。对并购交易双方企业性质统计，1993—2000 年，并购方上市公司和非上市公司，国有企业参与比例高于民营企业，为 39.12% 和 28.40%，标的方为 45.69%，卖方是国有企业的为 37.85% 和 25.41%，这与当时我国企业改制转型期背景相契合，改革开放将国有资产激活释放经济发展能量，政府干预企业行为在当时较为普遍。2001—2020 年，并购方为国有企业上市公司和非上市公司的比例在不断下降，分别从 44.51% 下降到 14.63% 和从 18.63% 下降到 6.24%，民营企业比例从 22.72% 上升到 36.86% 和从 11.10% 上升到 34.19%；标的方国有企业比例从 34.32% 下降到 8.17%，民营企业比例从 50.50% 上升到 81.33%；标的方企业性质同样呈现国有企业下降民营企业上升的现象。如表 4-10、4-11 和 4-12 所示。

表 4-10　上市公司并购事件并购方企业性质比例

年份	上市公司		非上市公司		其他
	国有企业	民营企业	国有企业	非国有企业	
1993—2000 年	39.12%	21.94%	28.40%	5.95%	4.59%
2001—2004 年	44.51%	22.72%	18.63%	11.10%	3.04%
2005—2010 年	22.93%	14.35%	19.85%	30.15%	12.72%
2011—2016 年	17.21%	31.64%	10.56%	31.62%	8.97%
2017—2020 年	14.63%	36.86%	6.24%	34.19%	8.08%

表 4-11　上市公司并购事件标的方企业性质比例

年 份	国有企业	民营企业	上市公司	其他
1993—2000 年	45.69%	41.62%	0.51%	12.18%
2001—2004 年	34.32%	50.50%	1.32%	13.86%
2005—2010 年	36.73%	50.83%	0.10%	12.34%
2011—2016 年	19.03%	72.90%	0.06%	8.01%
2017—2020 年	8.17%	81.33%	0.18%	10.32%

表 4-12　上市公司并购事件卖方企业性质比例

年份	上市公司		非上市公司		其他
	国有企业	民营企业	国有企业	非国有企业	
1993—2000 年	37.85%	31.22%	25.41%	1.66%	3.86%
2001—2004 年	38.32%	22.47%	31.99%	4.50%	2.72%
2005—2010 年	26.42%	26.96%	36.40%	6.54%	3.69%
2011—2016 年	27.23%	36.91%	21.99%	9.29%	4.58%
2017—2020 年	24.57%	40.16%	17.88%	13.73%	3.66%

4.2.4 社会网络特征

关联交易是上市公司并购的显著特征，关联交易定义为，上市公司的自然人和法人，主要指上市公司的大股东、董事、监事和高管以及他们的家属与其任职的公司交易，如母子公司、控股公司、高管家属任职公司等具有公司关联性质或决策成员的重要社会联结关系。我国上市公司关联交易的数量与占比情况见表 4-13，关联交易在上市公司的并购中占有相当的比例，虽然近几年有所下降，但占比仍然在 10% 以上，关联交易绝对数量逐年增加。关联交易证明上市公司并购具有社会网络特性，如上市公司中的校友关系、同学关系、血缘关系、亲缘关系、地缘关系、师生关系、战友关系及同事关系等都可能为上市公司的并购提供支持，这些关系中有些属于显性关系，通过信息披露和追索得知，有些属于隐形关系往往只有当事人的"圈子内人士"知晓。董事、股东和高管社会网络能为并购提供具有优势的私密信息支持、决策指导、设计合理并购方案，并购后的整合及经济结果的提升有显著效果。

表 4-13　中国上市公司并购事件买卖双方关联交易并购比例

年份	关联交易 / 家	非关联交易 / 家	关联交易占比 /%	年份	关联交易 / 家	非关联交易 / 家	关联交易占比 /%
2002 年	535	595	47.35%	2012 年	1118	5686	16.43%
2003 年	591	587	50.17%	2013 年	1016	8988	10.16%
2004 年	686	611	52.89%	2014 年	1035	6255	14.20%
2005 年	631	704	47.27%	2015 年	1465	8852	14.20%
2006 年	627	887	41.41%	2016 年	1511	9213	14.09%
2007 年	954	2075	31.50%	2017 年	1679	10114	14.24%
2008 年	1016	1993	33.77%	2018 年	1587	9572	14.22%
2009 年	885	2856	23.66%	2019 年	1714	9453	15.35%
2010 年	1083	2918	27.07%	2020 年	948	8269	10.29%
2011 年	986	4224	18.93%				

数据来源：根据 Wind 金融数据库整理。

4.3　新三板发展历程

4.3.1　发展历程

1. 第一阶段：雏形时期（2001—2005 年）

三板市场最初称为"代办股份转让系统"，主要是以具有代办股份转让资格证券公司为中介，为原来在 STAQ 系统（全国证券交易自动报价系统）和 NET 系统（中国证券交易系统）挂牌非公众公司和退市非上市公司提供股份转让服务。20 世纪 90 年代，为改善国有企业经营效率，全国范围内施行股份制改革而避免国有资产流失，国家对国有企业设立法人股，禁止在二级证券市场流通，法人股数量多、涉及面广，但流通困难，因此国家相继建立专供这类股票流通的 STAQ 市场和 NET 市场来解决此困境。1998 年金融危机迫使国家对证券市场整顿，关闭先前各地不成熟、没有统一标准的场外股权交易市场，"两网市场"停运。国有法人股流通受阻，为彻底解决该难题，2001 年中国证券业协会颁布《证券公司代办股份转让服务业务试点办法》，确立证券公司代办股份转让业务场外交易制度，标志着三板雏形形成。

2. 第二阶段：初步形成时期（2006—2012 年）

三板市场为"两网"挂牌公司及退市公司提供股权交易平台，交易功能单一，投资主体关注度低，造成融资困境。为缓解中小企业融资难题和彻底改变三板市场交易冷清境况，2006年，中国证券业协会颁布《证券公司代办股份转让系统中关村科技园区非上市股份有限公司股份报价转让试点办法》及配套文件，将北京市中关村科技园区内符合规定资质非上市高科技公司纳入代办股份转让系统，中关村园区非上市股份有限公司"代办股份转让系统"开始试点。《国务院关于实施〈国家中长期科学和技术发展规划纲要（2006—2020年）若干配套政策的通知〉》提出，推进高新技术企业股份转让工作，启动中关村部分企业进入系统股份交易试点。2009年，中国证券业协会出台"三个代办股份转让系统的法规"和"八个配套规则和协议"，标志新三板法律制度确立。2012年，国务院批准《关于扩大中关村试点逐步建立全国中小企业股份转让系统的请示》，同意筹建全国股份转让系统，将试点范围扩大到上海张江、天津滨海和武汉东湖高新区三个国家级高新园区。这与以往三板市场在服务对象、交易方式、融资制度、信息披露等方面有着巨大差异。为方便前后区分，将2006年前"两网"市场称为"老三板"，之后则称为"新三板"。

3. 第三阶段：国内市场全面开放时期（2013年至今）

2013年，在以往试点基础上"全国股份转让系统"挂牌运营，建立非上市公众公司股份转让全国性证券交易平台。国务院颁布《全国中小企业股份转让系统有限责任公司管理暂行办法》，证监会出台《全国中小企业股份转让系统业务规则》，取消非上市公众公司股东人数200人的限制。将全国股份转让系统试点扩容，由单一法人股交易平台发展至全国性中小企业挂牌证券交易平台。2013年12月，国务院出台《国务院关于全国中小企业股份转让系统有关问题的决定》，对全国股份转让系统性质、功能和定位明确说明。指出"全国股份转让系统"是独立全国性证券交易市场，在场所性质和法律定位上与沪深证券交易所同等。服务对象为非上市公众公司和沪深证券市场退市公司，提供股份交易、发行融资、并购重组等资本市场服务，为挂牌公司提供信息、技术和培训等服务。2014年，国务院出台《国务院关于进一步促进资本市场健康发展的若干意见》，强调快速完善全国股份转让系统各项制度，为中小企业提供融资服务。2020年，证监会颁布《转板上市指导意见（征求意见稿）》，明确新三板挂牌公司转板到沪深交易所上市的制度安排。2021年，全国股转公司制定的《全国中小企业股份转让系统挂牌公司转板上市监管指引》发布实施。

2021年是"十四五"规划开局之年，仍将是新三板的"改革年"和"服务年"。从国家层面来看，新三板的制度供给、市场结构完善和持续改革创新都将进一步得到提升，作为多层次资本市场的承上启下作用得到凸显。市场整体运营环境进一步优化，正处于"成长"与"蜕变"的关口，面临着全新的发展机遇。

4.3.2　发展现状

1. 市场定位

新三板是有独立法人资格的证券交易场所，定位有以下四个特征：①培育和发展针对中小企业机构投资者和高净值投资个人，鼓励金融机构和国外投资机构参与。②建设成为以机构投资者为主体的全国性市场，实现为中小型创业、创新、高新技术企业融资服务平台。③实行主办券商和做市商制度，重点解决中小企业融资难等问题。④作为沪深证券市场补充，为中小企业提供融资、交易、并购、发债等功能。新三板在我国多层资本市场位置如图 4-3 所示。但新三板正式成立时间较短，各项法律规范不够完善，导致监管依据不足，而《中华人民共和国证券法》主要是针对成熟上市公司，很多规定并不适用于中小企业。

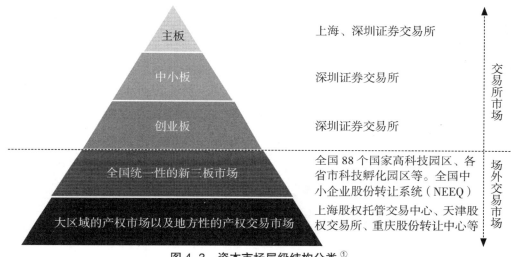

图 4-3 资本市场层级结构分类 ①

在图 4-3 描述的基础上，2019 年 7 月 5 日，上海证券交易所正式宣布，科创板首批 25 家企业将在 7 月 22 日上市交易，标志着中国证券市场建设的新里程碑，科创板是继主板、中小板和创业板之后又一个在交易所市场开市的层级。

2. **市场现状**

（1）市场容量迅猛增长。2013 年"全国股份转让系统"正式挂牌是三板市场发展分水岭。2013 年以前市场发展缓慢，2013—2017 年挂牌公司数量和交易体量猛增，2018—2020 年挂牌公司数量持续减少，分别为 10691 家、8953 家和 8187 家，三年时间减少 2000 余家。结合图 4-4 和表 4-14 所示，2013—2017 年市场总市值、股票成交金额和换手率呈快速增长。再如图 4-5 所示，2013—2017 年股票发行次数、金额和股数都表现出强劲增长。截至 2020 年 12 月，挂牌公司总市值达到 26542.31 亿元，成功转到主板、中小板和创业板公司 270 家，参与上市辅导公司累计超过 700 家，仅 2020 年就有 105 家挂牌公司成功转板上市。2019 年，摘牌企业数量达 1801 家，比 2018 年高出 19%，比 2017 年多 1.5 倍。2020 年相对 2016 年、2017 年和 2018 年新增加挂牌公司

---

① 本图基于国内多层资本市场体系绘制。中国证券报 2018 年 9 月 10 日发表文章指出，我国多层次资本市场金字塔体系已形成，但多项制度仍有待完善。

数量还是市场活跃度、交易情况都有明显下降，市场有转向平稳发展趋势。

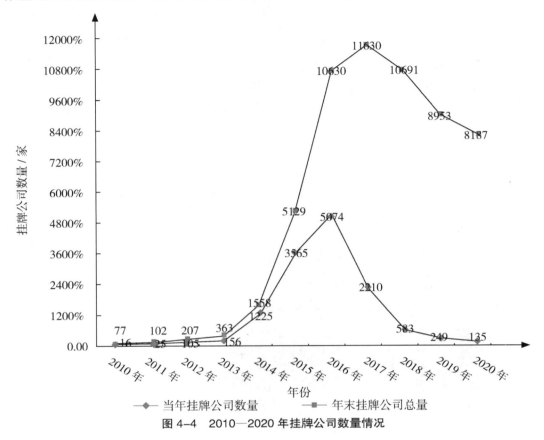

图 4-4 2010—2020 年挂牌公司数量情况

表 4-14 新三板市场发育规模情况（2010—2020 年）

年份	总股本 /亿股	成交额 /亿元	成交量 /亿股	总市值 /亿元	市盈率	换手率
2010 年	220.43	1.973	0.179	611.53	7.03%	
2011 年	235.9	5.732	1.124	635.26	7.42%	
2012 年	267.85	5.839	1.391	2187.1	8.36%	
2013 年	398.02	7.926	1.952	5656.54	9.98%	4.47%
2014 年	1154.7	130.2481	21.484	9611.06	11.13%	19.67%
2015 年	4082.13	1910.498	278.715	22782.9	17.96%	53.88%
2016 年	5852.38	1910.158	363.362	32472.49	26.1%	20.74%
2017 年	6763.16	2271.800	433.220	49404.56	23.97%	13.47%
2018 年	6324.53	888.01	236.29	34487.26	20.86%	5.31%
2019 年	5616.29	825.69	220.20	29399.60	19.74%	6.00%
2020 年	5335.28	1294.64	260.42	26542.31	21.10%	9.90%

数据来源：根据 Choice 数据库与《全国中小企业股份转让系统年度市场统计快报》整理。

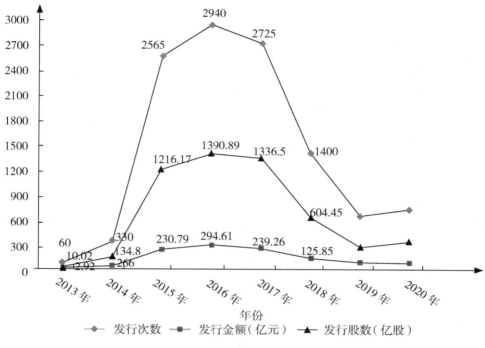

图 4-5　2013—2020 年股票发行情况

（2）挂牌公司扩展至全国，但地域分布不均。最初老三板仅在中关村、上海张江、天津滨海和武汉东湖高新区四个国家级高新技术园区实行。市场扩容后，挂牌公司分布越来越广，截至 2020 年 12 月，排名前五的省份为广东省 1181 家、北京市 1073 家、江苏省 987 家、浙江省 713 家和上海市 647 家，如表 4-15 所示。贵州省、甘肃省、海南省、西藏自治区和青海省五个省区，挂牌企业总数量 125 家，基本与陕西省的 135 家数量持平。而西北地区和少数民族聚集省份公司数量很少，西北地区最多的陕西省有 135 家，加上宁夏回族自治区的 48 家、内蒙古自治区的 50 家、青海省的 3 家，总数不及安徽省挂牌公司数量。挂牌公司地域分布呈现出区域经济发展水平与公司数量正相关特征。

表 4-15　新三板挂牌公司所在省份统计

省份	公司家数	占比	省份	公司家数	占比
广东	1181	14.43%	江西	119	1.45%
北京	1073	13.11%	重庆	101	1.23%
江苏	987	12.06%	山西	84	1.03%
浙江	713	8.71%	云南	77	0.94%
上海	647	7.90%	黑龙江	66	0.81%
山东	506	6.18%	新疆	62	0.76%
湖北	294	3.59%	吉林	63	0.77%
福建	282	3.44%	广西	65	0.79%

省份	公司家数	占比	省份	公司家数	占比
河南	290	3.54%	内蒙古	50	0.61%
安徽	294	3.59%	宁夏	48	0.59%
四川	239	2.92%	贵州	47	0.57%
河北	203	2.48%	甘肃	32	0.39%
辽宁	170	2.08%	海南	30	0.37%
湖南	165	2.02%	西藏	13	0.16%
天津	148	1.81%	青海	3	0.04%
陕西	135	1.65%	合计	8187	100.00%

数据来源：《全国中小企业股份转让系统 2020 年市场统计快报》。

归结原因有：①挂牌公司排名最高五个省份（直辖市）不仅是我国经济发展排头省份，而且是创业创新孵化基地。对中小企业扶持力度很大，各项政策扶持及发展环境相对更好。②经济落后地区，在政策支持力度、人文环境和创新孵化等方面距离沿海省份有明显差距。③挂牌分布与企业自身的发展、企业家观念等有直接关系。建议：国家应考虑对落后地区的政策倾斜和资金支持，这对当地民营经济发展和中小企业扶持有重要意义。

如图 4-6 所示。从城市来看，以新三板挂牌数量峰值的 2018 年进行参照比较，长江三角洲和珠江三角洲地区中小企业经济活跃，创新和高科技技术公司聚集，而成都、重庆等西南地区中小企业快速崛起，高新技术公司蓬勃发育；西部地区受限于资源和地理位置，挂牌公司相对较少，创业创新经济发展迟滞。基于此，国家"一带一路"倡议为西部地区，尤其为西北地区经济发展带来巨大机遇，西部地区应根据实际情况，鼓励和支持有条件企业挂牌，鼓励创业孵化，积极争取国家政策和资源倾斜，连通沿线国家和地区经济，优化资源配置和市场融合。

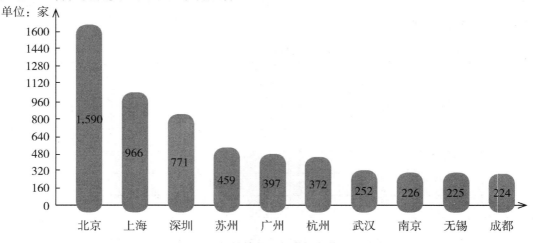

图 4-6　2018 年挂牌公司数量排名前十的城市

（3）新三板并购事件日益增多。新三板挂牌和待挂牌公司成为资本追逐的热门目标，新三板为双方股权买卖需求提供规范的交易平台。一方面，挂牌公司数量多、选择范围广，有些新兴行业或高新技术公司发展潜力巨大，有一定业务基础与创新专利。而且在新三板选择并购目标相对国内海量非上市公司而言，范围和目标更明确。另一方面，闲置资本希望寻找有发展和盈利潜力的项目，很多公司希望实现多元化经营、产业链升级或培育新项目。

如图 4-7 所示，2013—2020 年，针对挂牌公司并购事件逐年攀升，并购交易金额成倍增长，而且随着 2014 年《非上市公众公司监督管理办法》和《上市公司重大资产重组管理办法》的颁布，交易更规范。近几年并购活跃度明显提升，迎来了爆发式行情，并购数量与交易金额都呈井喷式增长，可见市场对新三板的青睐。从 2013 年的并购 65 起，交易金额约 100 亿元，到 2018 年的并购 1660 起，交易金额 708 亿元，达到并购的峰值，随后 2019 年和 2020 年并购事件和交易金额均明显下降。

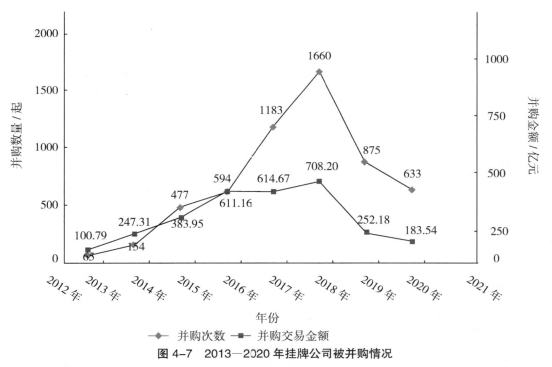

图 4-7　2013—2020 年挂牌公司被并购情况

（4）行业领域全部覆盖，新兴产业发展迅猛。截至 2020 年底，新三板市场挂牌公司里中小型公司约占 94%，民营企业占比 93%，高新技术企业占比 65%。挂牌公司经营涉及行业，由 2006 年制造业与信息传输、软件和信息技术服务业 2 个行业大类，逐步发展到 18 个门类，81 个大类。截至 2020 年 12 月，挂牌企业所属行业前五位为：制造业 4016 家，信息传输、软件和信息技术服务业 1605 家，租赁和商务服务业 422 家，科学研究和技术服务业 393 家，批发和零售业 362 家，占当年挂牌公司总数的

83.02%，如表 4-16 所示。

表 4-16　2020 年新三板挂牌公司行业分布情况

行业	公司数量/家	占比
制造业	4016	49.05%
信息传输、软件和信息技术服务业	1605	19.60%
租赁和商务服务业	422	5.15%
科学研究和技术服务业	393	4.80%
批发和零售业	362	4.42%
合计	6798	83.02%

数据来源：《全国中小企业股份转让系统 2020 年市场统计快报》。

从产业结构看，高新技术行业公司数量占 58%，多以新兴行业为主。因其发展潜力巨大，企业估值相对较高，市场资本往往对新兴产业钟爱有加。新三板成为名副其实的创业创新经济活动聚集地，但准入门槛低，暴露出公司质量良莠不齐，存在"皮包公司"等问题。而且挂牌公司行业分布不均衡与产业发展周期、国家政策和企业因素有主要关联。

3. 发展存在问题

（1）存在融资、流动性短板。新三板有三大短板：估值、融资和流动性（齐杏发，2017；郑建明、李金甜、刘琳，2018；米增渝、林雅婷，2018）。①融资功能。公司存在股本规模较小，融资规模偏小等问题。高新技术类中小公司主要集中在先进制造业、电子信息技术、医药研发、环保等新兴行业，有较大市场潜力。但这类公司往往缺乏扩张资金，受限于融资渠道，借助新三板寻求融资。②机构和投资者准入门槛过高。新三板规定，机构投资者进入投资门槛为 500 万元，个人投资者则需要满足"证券类资产市值 500 万元以上"和"两年以上证券投资经验"两项要求[1]，导致投资主体单一，对市场融资规模造成制约。在市场流动性方面，新三板换手率比沪深证券市场低太多，加之不合理的停复牌规则造成市场流动性更低，投资者积极性和认可度偏低（汪洋，2017），可见流动性低迷一直是其一大硬伤。

在目前市场融资机制下，中小民营公司一直面临金融机构放贷门槛高、条件严苛和不确定性较大难题，而民间资本借贷缺乏规范制度约束，新三板缓解公司融资难题是有限的。①从日常股票交易来看，公司股价波动频率太低，个股交易制度并没有完全放开，

---

[1] 比较各板块政策规定投资者准入门槛，新三板如上所述。创业板为投资者拥有两年交易经验，而主板（中小板）则没有相关条件限制。新三板挂牌公司的经营业绩标准相对创业板和主板（中小板）而言更加宽松，这意味着挂牌公司在新三板持续存在的限制要小得多。新三板的交易方式为协议转让、做市转让和竞价转让，后两者为集合竞价和连续竞价。因此，前者和后两者在融资方式和运作模式上有着明显的差异，新三板虽然挂牌准入门槛低，但投资者准入门槛则相对沪深证券市场高得多，限制了个体投资者数量。

市场资本流动性差。②挂牌公司主要以自由资本融资和短期借款为主，外部资本投资数量相对整体公司数量明显不足。③信息不对称和市场信息提供有限，导致投资者数量不足，且投资决策难度增加。④国家和各地政府虽然给予一定政策支持发展新三板，但实质性资本注入和利好条件相对沪深股市小得多。

（2）市场信息不透明，信息供给不足，高信息成本易产生逆向选择，投资风险较大。新三板挂牌条件宽松，加上政府大力宣传和支持，各地各行业中小企业都涌入新三板。一方面，国家政策鼓励和支持虽说是利好，但降低公司准入市场标准，缺乏稳定持续财务业绩，信息不够透明等问题，投资者很难依据信息做出有效投资决策。另一方面，市场内部管理不健全、制度不规范、过早上市等因素，致使企业良莠不齐，市场鱼龙混杂[①]，投资风险增大。

新兴产业和高新技术公司拥有高成长和高收益性，但往往也伴随投资回报的高不确定性。这些中小型高新技术公司研发技术或专利，带来产品和技术独享性而拥有高附加值，一旦产品被市场认可，便可获得高额利润回报。但研发需要投入大量资金和人力资源，且研发成果商业化需要经历工艺路线设计、新产品试制、批量生产、市场开拓等环节，面临技术和市场风险。研发产品一旦不被市场接受，直接导致巨大损失，增加公司破产风险。

（3）监管法律法规不完善。新三板目前对应的市场监管法规只有证券业协会颁发的《新三板股份转让办法》与《新三板报价转让办法》，严格来说，这只是证券业协会的自律规章制度，非国家层面立法条款。相比之下，美国新三板有《柜台交易市场合格规定》，英国有《金融服务与市场法》，日本有《证券交易法》。这些法律法规对新三板法律地位、监管模式及制度等有明确规定，我国新三板建设要远落后于这些国家。监管制度不完善及市场存在种种问题，对新三板发展造成诸多制约，投资者的决策可能更会依靠非正式制度因素，如关系网络渠道来获得所需信息。

4.4　沪深市场与新三板的差异性

新三板不同于沪深证券交易市场，虽与主板、中小板和创业板市场有一定联系。《国务院关于全国中小企业股份转让系统有关问题的决定》有明确的定义，新三板是依据《证券法》设立的全国性证券交易场所，为中小企业发展服务。新三板的主要职能是培育和发展针对中小企业的投资者，鼓励各类金融机构和国外投资机构参与到新三板市场中，

---

① 新三板挂牌的条件是在市场存续满两年时间；创业板要求持续经营满三年，且最近2年内没有发生重大变化；主板（中小板）要求持续经营满三年，且最近三年内没有发生重大变化。新三板挂牌对公司的业绩状况没有严格的要求，而创业板和主板（中小板）则严格得多。新三板准入审批制度实行的是实际注册制，创业板和主板（中小板）则是核准制。新三板审批公司股东200人以下股转系统，200人以上由证监会审批，创业板和主板（中小板）由证监会审批。经过对比发现，新三板准入门槛非常低，造成一方面挂牌公司数量猛增，另一方面挂牌公司质量参差不齐。

实现为中小型创业、创新、高新技术企业融资服务的平台。新三板市场在我国多层资本市场的位置如图 4-3，可以看出新三板市场相对沪深证券市场而言，处于发展阶段，但优于地方区域股权市场。新三板市场发展时间短，各项法律规范不够完善，导致监管依据不足，而《证券法》主要是针对发展成熟的企业，很多规定并不适用于中小企业，制度不健全阻碍了新三板市场发展。

4.4.1 新三板与区域性股权交易中心运营的差异

区域性股权交易中心是地方政府批准设立的私募市场，与新三板市场均属于场外交易市场，根据国家规定，区域性股权市场必须严格执行"非公众、非标准、非连续"的原则，两者有着明显的差异，如表 4-17 所示。

表 4-17 新三板与区域性股权市场的运营方式比较

模式	新三板	区域性股权市场
市场法律地位	由国务院依据《证券法》批准设立的全国性证券交易场所，属于公开市场	由地方政府批准设立的区域性股权交易市场，属于非公开市场
挂牌公司性质	非上市公众公司	非上市公众公司
股东人数	证监会	地方监管
交易方式	可以超过 200 人	不允许超过 200 人
交易制度	股票可以协议、做市等方式转让	遵循非公开、非标准、非连续交易规则，交易方式仅能采用协议转让方式
监管机构	股票交易单位 1000 股 / 手，实施"T+1"交收	T+5

新三板与区域性股权交易中心均属于场外资本市场，但是两者在挂牌企业基本条件、挂牌程序、投资者标准、交易规则等方面都与地方性的股权交易中心存在差别。首先，新三板属于全国性的交易市场，而区域性股权市场是在一定的地理范围内存在的股权交易市场，如全国的 34 家股权交易所。其次，在存续年限上也有着区别，新三板是依法设立且存续满 2 年（有限责任公司按原账面净资产折股变更为股份有限公司的，存续时间可以从有限责任公司成立之日起计算），而地方股权交易中心则属于地方性质，要求各异，如天津股权交易所要求，规范经营不少于 1 年；上海股权托管交易中心要求注册资本中存在非货币出资的，应设立满一个会计年度。最后，新三板在治理结构和股权要求方面对挂牌企业的要求均高于地方股权交易中心，而且新三板拟挂牌企业需经全国股份转让系统公司审查，中国证监会核准，审核层级更高，程序更为规范。可以看出，新三板对拟挂牌企业的基本要求高于地方性股权交易中心。新三板市场更适合已经有一定的业务规模、经营能力较强、治理结构更为完善的成长型企业，而地方性股权交易中心更适合处于初创期的小微企业。

4.4.2 新三板与沪深证券市场运营的差异

全国股份转让系统与沪深交易所均是全国性的证券交易场所，前者服务于创新型、创业型、成长型中小企业，后者服务于大中型企业，两者在融资方式和运作模式上有巨大的差异，如表 4-18 所示。

表 4-18　新三板、创业板、主板（中小板）运营方式比较

挂牌 / 定增	新三板	创业板	主板（中小板）
经营年限	存续满 2 年	持续经营满 3 年	持续经营满 3 年
主营业务	业务明确	最近 2 年内没有发生重大变化	最近 3 年内没有发生重大变化
盈利条件	无	最近 2 年连续盈利，最近 2 年净利润累计不少于 1000 万元且持续增长；或最近 1 年盈利，且净利润不少于 500 万元，最近 1 年营业收入不少于 5000 万元，最近 2 年营业收入增长率不低于 30%	最近 3 个会计年度净利润均为正且累计超过 3000 万元；最近 3 个会计年度经营活动产生的现金流净额累计超过 5000 万元，或者最近 3 个会计年度营业收入累计超过 3 亿元
股本要求	无	发行后股本总额不少于 3000 万元	发行前股本总额不少于 3000 万元；发行后股本总额不少于 5000 万元
公众持股	无	公众持股至少为 25%；如果发行时股份总数超过 4 亿股，发行比例可以降低	
审批制度	实际注册制	核准制	核准制
审批机构	200 人以下股转系统；200 人以上证监会	证监会	证监会
交易方式	协议转让 / 做市转让 / 竞价转让	集合竞价 / 连续竞价	集合竞价 / 连续竞价
交易单位	1000 股	100 股	100 股
涨跌幅	无限制	一般 10%	一般 10%
投资者门槛	500 万元	2 年交易经验	—
发行方式	非公开发行，投资者不超过 200 人	公开发行 / 非公开发行，投资者不超过 10 人	
发行批准	备案制，一次核准、储量分期发行	否	
审批机构	200 人以下豁免，事后备案；200 人以上证监会	证监会	

　　新三板与沪深证券市场的主要区别在于：第一，为新三板企业提供服务的是全国中小企业股份转让系统，为主板企业提供服务的是证券交易所，也就是说新三板是场外资本市场，而沪深市场是场内资本市场。第二，上市要求不同，相对于沪深证券市场上市，新三板上市的准入条件较为宽松，主要满足五个条件：①依法设立且存续满两年。②业务明确，具有持续经营能力。③公司治理机制健全，合法规范经营。④股权明晰，股票发行和转让行为合法合规。⑤主办券商推荐并持续督导。而主板上市要求更高的财务门槛和盈利能力、更为完善的公司治理结构。很多中小企业由于无法上市沪深证券市场，

而选择新三板。虽说很多人将其简单理解为, 新三板上市只需企业可以"活下去", 但是主板上市不仅需要企业可以"活下去", 还需要企业能够"吃饱"。但我们不能认为新三板只是沪深市场的预备队, 新三板是单独成立的全国性场外资本市场, 如美国的纳斯达克 (NASDAQ) 在 2006 年之前就属于场外交易市场。

4.4.3 中国企业进入资本市场的渠道

我国的多层资本市场结构, 为各类企业的融资和资本有效流动提供服务平台, 它们之间既有区别又有联系, 形成互补发展的资本市场格局, 企业可以通过符合相应市场的资质要求来转板融资, 寻找符合自身条件的服务市场, 如图 4-8 所示。

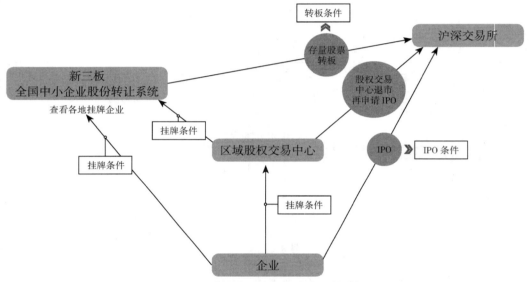

图 4-8　我国企业进入资本市场的途径

目前, 由于我国良好的经济发展势头、强劲的发展动力, 多层次资本市场体系虽已构建完成, 但很多业内资深人士和专家呼吁打通多层次资本市场的"任督二脉", 即建立各级市场转板的渠道。如从上至下, 建立经营不良企业的降级转板; 从下至上, 建立低级资本市场优秀企业向上一级市场转板升级的渠道, 进一步构建我国资本市场发展的优良环境。

第5章 金融中介与公司并购

本章关注的重点是非银行类金融中介机构提供的各种服务。广义的金融中介机构不仅包括银行类机构，还包括信用评级机构、养老基金、保险公司、基金公司及证券公司等。所有的金融中介机构都有着共同的特点，即对风险的处理以及与风险存在微妙互补关系的信息。格林鲍姆在其著作《现代金融中介机构》一书中写道，金融中介产生的信息主要应用于两种类型的活动：①像婚姻中介那样实现交易者的匹配。②管理风险并转变索取权的性质（就像银行制造信用信息来控制借款人的信用风险）。第一种类型的活动，中介充当了经纪人的角色，而第二种则充当了"定性资产转换者"的角色。在资本市场的经济活动中，我们会发现金融中介的两种应用往往会同时表现出来。

5.1 什么是金融中介

5.1.1 定义

引用教材中最为浅显的解释就是，金融中介是介于金融资本提供者和使用者之间的实体，是在金融市场的资金融通过程中，在资金供求者之间起媒介或桥梁作用的人或机构。如同婚姻中介在婚姻市场的媒介作用，降低相亲双方的信息不对称和实现合理的匹配。格利和肖这两位美国斯坦福大学经济系的著名教授，把金融中介机构分为两大类：货币系统和非货币系统的中介机构。履行货币系统机制的中介，主要是购买初级证券和创造货币；履行非货币职能的中介机构，主要是购买初级证券和创造对自身的货币债权的中介作用，这种债权采取储蓄存款、股份、普通股票和其他债券形式。因而，金融中介一般由银行金融中介及非银行金融中介构成，具体包括商业银行、证券公司、保险公司以及信息咨询服务机构等中介机构。

5.1.2 为什么会有金融中介

金融中介产生的根源是什么，或者说金融中介做了什么如果没有它们就不能做的事？从市场来看，企业组织提供商品或服务，在这个过程中企业如何经营资产和负债，提高利润、效率和绩效，而降低成本，是企业生存发展的保证。相对这些产生的企业现金流及资产价值和负债管理，企业自身的专业运营需要和外界进行资源的交换和互补，或者说企业自身的专长在于其行业特征，如医药企业可能对于医药研发、药品生产及销售有专业的渠道和经验，但医药企业同样需要资产和负债的管理服务，需要市场融资和金融资源交换，但这些医药企业自身并不专长金融资源的交换，如果自己全部管理则需要太高的成本，也面临相当的风险。这时就需要金融中介提供金融商品或资产和负债的管理服务，降低成本和风险。

那么，金融中介的类似活动是什么呢？它如何把资源组合在一起具备专业的金融服务？最初的表现就是银行的借贷行为，储蓄者将钱存放到银行，并获得对应利息，贷款者从银行贷款，并支付相应的利息。银行则保证双方的利益，监督贷款方的行为，达到规模效应，实现各方的利益需求。这里就有一个问题值得思考，那就是为什么借贷双方不直接交易，而是需要银行作为中介来实施？现代市场经济的核心便是金融活动，顾名思义，金融活动的范围和质量会对经济的质量和效率产生重要的直接影响，现代经济活动，归根结底都是金融活动，而金融活动以金融中介机构为核心而展开，金融中介在现代经济活动中的重要地位不言而喻。经济金融化趋势不可阻挡，随着其不断的深化及全球化的推进，金融中介演变成一个十分复杂的体系，并扮演着经济和社会健康发展的重要角色。看起来简单的金融中介机构的主要职能——从最终借款人那里买进初级证券，并为最终贷款人持有资产而发行间接债券，则演变成复杂而深奥的金融体系。简单点说就是金融资本从盈余单位向赤字单位流动中发挥中介作用，金融中介的功能有助于提高投资和储蓄水平，并在可供选择的投资项目中最佳地配置稀缺的资源，帮助实现资源的有效配置。

从资金借贷市场来看，中介机构从事项目或经营证券的投资，其单位成本可远远低于大多数个人借贷者的成本，投资的规模也要大得多。它借助规模优势及专业优势不仅可以调整借贷的期限结构，以此来最大限度地缩小流动性风险发生的概率，而且可以运用资产规模化和产品多样化组合来尽可能地降低风险。再者，作为金融中介机构，如银行有大量存储业务，基金公司或者证券公司有大量的投资者，可以正常地预测偿付要求的情况。而且，由于借贷业务和其他的融通业务都具备规模经济，这时对应的是中介机构的资产和负债是高度专业化的，从而提高了它们的竞争能力以及处置资产的能力，市场分工更加明确，有助于增加它们生存的机会。以信息经济学和交易成本理论就能很好理解金融中介产生的原因了：金融中介具有降低交易成本，消除不确定性及风险的种种功能。

汉斯·韦坎德（Hans Wijkander）将金融中介产生的原因归结为信息不对称和昂贵的信息产品。信息不对称是相对于其他投资者来说的，企业家对他们的投资具有信息优势，因为企业的内部信息掌握在企业家和高管手中，外界投资者只能够获取一部分信息，而要获取完全的信息往往需要耗费一定的资源；还有就是关于投资项目的已实现利润，企业家和高管能够毫不费力地了解投资项目的利润，而其他投资者需要耗费一定的时间和金钱。因而，昂贵的信息产品是市场失败的一种典型情况，导致交易成本和风险上升。当与经济发展相关的投资水平大大超出任何投资者的储蓄时，市场失败就表现为信息重复生产或者没有投资。

一种观点认为，信息具有公共财富的属性，因为当个人生产了信息的时候，如果信息重复生产则是一种浪费，而且信息生产在技术上具有专业性的特点，使得一些个体有可能成为其他投资者的代理人，他们利用生产信息而获取报酬。这就存在了信息不对称问题，而且投资者如何能确保他们的信息传递代理人尽了最大努力，这时金融中介如果作为代理人出现，这个问题就容易解决得多了。这类金融中介的筹集资金来源于公共投资者，两者存在一种委托代理的契约关系，这种情况下，金融中介的报酬很大程度上取决于信息供给的可靠性，由此上述道德问题得到了解决。因此，汉斯·韦坎德认为，金融中介的产生其实是由于资本市场的不完全性，以及市场交易的信息不对称问题，而导致交易成本的增加，市场为降低成本和风险，自身找到了节约事前交易评估成本的途径——金融中介。

理解这些问题的关键在于我们生活在一个具有不完全信息的世界。一个简单的道理就是，其实我们把钱借给熟人或亲戚也是有风险的，很多人有亲身经历，就是借钱时双方协商得很好，也可能有"借条或合同"，但是在要钱的时候，双方可能会闹得不愉快，甚至对簿公堂。这就使得人们宁愿将钱存进银行也不直接把钱借给陌生人，是因为大家觉得他们更"了解"银行，银行可以抵御贷款风险。这也是银行乃至其他类型金融中介提供基于信息服务的重要性。金融中介发挥的作用就是将彼此并不熟悉却适合且互补的交易者连接在一起，这就类似于我国的婚介所或媒人的角色。金融中介机构实现金融资源的最优配置，将信贷配置到最高和最好的用途中去，同时对客户持有的金融索取权进行重构。前者被称为"经纪业务"，后者则被称为"资产定性转换"。

随着金融业的发展和整个社会经济虚拟化程度的提高，金融科技带来的变革，金融中介服务的对象更加多元化，服务的内容更加广泛和复杂，上述的解释很难准确说明现代金融中介的功能和作用，更无法说明金融市场发展及其对经济生活极强的渗透、促进和破坏作用。这使得我们很难理解经济生活的虚拟化及其发展趋势。

5.1.3　功能和分类

1. 金融中介的功能

第一，金融中介可以充当信用中介，促进资金融通。买卖双方不可能单对单地直接进行交易，这种情况成本高，风险大，则需要一个有信誉保证的中间人，好比古代的媒婆，这也是金融中介最基本的职能，而运用间接融资方式实现借贷者之间的资金融通，而达到双方需求。

第二，金融中介可充当支付中介，便利支付结算。买卖双方直接结算，如果金额数量大，或者现金的运输麻烦，则可通过金融中介为客户完成货币收付转移或清偿因交易形成的债权债务关系，通过现代化的支付系统，避免异地支付的诸多麻烦，以及大额的支付所增加的支付效率。

第三，金融中介可提供金融服务，降低交易成本。金融中介存在的基础就是在市场中降低资金供给双方的搜寻和核实成本监督和审计成本、风险管理和参与成本。同时金融中介利用专门技术，以廉价成本提供多种服务。市场在发展过程中，分工细化需要这样一个组织来促进资金的融通。

第四，金融中介可解决信息不对称问题，防止逆向选择和道德风险。搜集和产生最新、最准确的信息，降低信息不对称性，避免道德风险和逆向选择，提高金融市场稳定性和促进经济发展。

第五，金融中介转移和分散金融风险。规模效应理论和劳动分工理论解释了金融中介存在的原因，金融中介通过信息优势和技术优势可降低金融风险。

2. 金融中介的分类

（1）按照活动领域可分为直接金融中介和间接金融中介。

（2）按照职能作用可分为金融调控、监管机构和一般金融机构。

（3）按照业务特征可分为银行和非银行金融机构。

（4）按照在金融活动中所起的作用可分为融资类金融中介、投资类金融中介、保险类金融中介、信息咨询服务类金融中介。

（5）按照资金来源方式可分为存款类金融机构、契约型储蓄机构和投资性中介机构。

5.2　并购动因分析

5.2.1　新三板公司的被并购需求

1. 融资需求

中小公司急需摆脱融资困境。①挂牌新三板可为企业提供价值发现。对一些高新技术企业和条件已经达到进入更高层级资本市场的公司，新三板提供估值溢价相对较高。一方面，资本流入是有非常严格条件的，这里边隐含券商声誉保证。另一方面，新三板提供投资者随时交易平台。②公司股权的标准化。券商会帮助新三板公司实现治理、财务流程标准化，将企业重塑达到资本市场最基本要求，为投融资做好准备。

然而，新三板信息和资本流动性差，信息披露有限，投资者准入门槛高等制约因素，导致二级交易市场融资非常有限，且个人投资者数量少、投资决策所需信息不足，致使市场投资行为更谨慎。在这种情况下，借助券商寻求较大规模并购融资，可缓解企业发展资本需求。

2. 资源需求

新三板作为中小企业获取资源平台：①当一家公司进入新三板后，其附带隐含逻辑是这家公司将获得券商、会计师、律师和股转公司的隐藏信誉保证，公司信息已经在全国性平台上面展示，因而公司在经营良好前提下，寻找投资者是有优势的。②对一些朝阳产业和高新技术产业，成长潜力巨大，但对盈利能力或其他指标达不到标准的新三板公司来说，可借助被上市公司并购跻身更高层次资本市场，来谋求更多发展优势与资源。如通过被并购和股权置换进入沪深证券市场，可提升估值水平和资产流动性，提高企业知名度，获得社会关注和更多金融与社会资本支持。

因此，挂牌公司股权融资或与上市公司股权置换方式，成为新三板公司获取资源的优选途径。胡妍、莫志锴、杜晓颖（2018）分析 2017 年新三板公司被上市公司并购的十大案例时发现，有 7 起是通过股权和资金混合支付方式。

3. 控制权转让需求

新三板公司股东大多兼任高管，且相当一部分公司大股东是投资公司。他们将优质项目投资培育到一定规模，然后挂牌新三板出售股权，获得高额回报。例如一些曾经挂牌新三板公司进入科创板后，实现高溢价估值，股价上涨明显。如西部超导（831628.OC）、天准科技（833231.OC）、嘉元科技（833790.OC）等，这从侧面说明，挂牌新三板会提升企业估值。加之一些小而精或有发展潜力的挂牌公司创业者或投资股东，借助包装和宣传，会积极寻找有实力的收购公司，将股权作为标的出售，获得高溢价收益。如很多挂牌公司在被收购后，上市公司成为控股股东，逐渐退出新三板。

4. 协同效应需求

协同效应理论认为公司并购会产生两者整合的溢出价值，即 1+1 > 2 的效益，不仅能改进公司经营业绩，而且可获得协同效应。新三板被并购公司也需要获得协同效应，寻求与实力强的上市公司"联姻"，扩展公司业务范围，来提升公司绩效。借助并购方上市公司人才和技术资源，规范管理制度和高质量治理水平，对公司现有组织和制度重塑和匹配，实现协同效应。新三板被并购公司借助上市公司优势来改进制度、规范业务流程，改善公司组织结构、文化和经营管理能力。

5.2.2　沪深上市公司的并购需求

上市公司并购新三板公司的目的有多元化战略、横向整合、纵向整合、借壳、业务转型、行业整合六大类，其中多元化战略最多占比 32%，其次为横向整合，占比 31%，如图 5-1 所示。

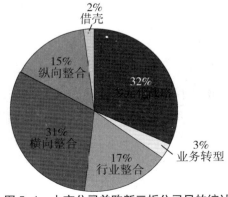

图 5-1　上市公司并购新三板公司目的统计

1. 公司投资需求

企业成长到一定阶段，如果再想延伸产业链或跨行业发展，实现多元化经营，那么开展并购投资是实现产业链延伸和整合的有效手段。选择合适目标公司，可在很大程度上，避免技术、人力资源和业务等带来的约束。如果多元化并购整合顺利，企业可快速完成产业链布局，实现扩张战略。如果实现行业内并购，则可快速扩大企业市场，提高企业行业影响力和业务辐射范围。新三板挂牌公司的行业和区域分布完整，加之相对"场外"[①]资本市场和非挂牌上市公司，新三板的信息披露和经营均有一定的规范要求，是上市公司并购的优选目标。

2. 风险分散

国内市场竞争日趋激烈，市场集中程度较低，很多产业并未成熟，跨界扩张壁垒较低。在此背景下，为上市公司实施多元化战略提供了空间，因为进入新行业需要高昂成本和具有较大不确定性，而收购新三板公司来实现跨界转型或储备新业务可降低成本和风险。新三板一些公司经过积累有一定行业资源，或有技术和专利，发展潜力巨大，对上市公司有很大吸引力。如图 5-1 所示，多元化并购占总并购事件的 32%。如通鼎互联并购迪威普、市北高新并购维珍创意、全新好并购慧云股份、宝馨科技并购天龙环保等，大量上市公司谋求产业链升级和扩张，避免高风险投资而实施多元化并购战略。

3. 布局和储备新产业

新三板以新兴产业和高新技术产业为主，这与科创板有些类似，如被并购的公司多为物联网、新能源汽车、智能机器人、数据安全与存储类公司，并购方上市公司以工业企业居多。互联网信息时代，越来越多处于传统制造业的上市公司期望通过并购进入新兴市场，布局高端产业链，借助先进技术提升经营绩效。一些希望通过股权融资、控制权转让或专利出售的新三板公司，因为资源匮乏，资本运作能力较弱，倾向以较低成本实现股东利益最大化。那么寻求被上市公司收购或参股成为融资优选途径之一，如 ST 云维收购深装总、南洋股份收购天融信、宝光股份收购恒信玺利、新都退收购华图教育等，均是上市公司以布局新兴产业为目的。随着新三板融资渠道的拓宽和市场价值的提升，希望借新三板培育高层次优质资产的并购会越来越多。

5.2.3　券商的支持动机

作为公司挂牌新三板的保荐人、主办券商、做市商和持续督导人，在公司挂牌新三板后，需要开展大量支持、培训服务，帮助挂牌公司规范和重塑组织结构，健全公司各项制度和流程。主要包括：①督促、规范和协助挂牌公司运营、信息披露、内部控制及公司治理等。培训和建立公司高管合法经营理念，审核挂牌公司财务报表和公告，必要时对公司现场检查等。②帮助挂牌公司价值评估，股权定价。协助股份价值发现和制定

---

① 这里的场外是指除去沪深证券市场和新三板以外的国内企业市场。

发展方案，促进市场流动性。③提供投融资和并购服务。引入战略投资者改善股权结构，提升治理水平，重塑经营结构。协助开展并购融资，挂牌公司可实现快速扩张和产业整合，提高在行业中的地位。④公司经过新三板孵化、培育，达到相关条件后，券商可充当保荐机构，推荐进入中小板、创业板等更高层次资本市场。

券商与新三板公司有直接利益关联，如收取服务佣金、股票买卖差价和咨询费等。将新三板公司培育成高成长潜力和盈利能力公司，以高溢价被上市公司并购，可以提高券商市场声誉，进而占有市场份额和维持高收费标准。券商有动机和能力参与新三板公司被上市公司并购交易，充当交易中间人。它们的利益相关类型，可从三方面探讨：①外部利益相关者（Freeman，1984），券商属于新三板公司外部营利性组织，与公司之间有直接业务来往。使得券商有责任和动机支持新三板公司经济活动，它们之间属于直接合作关系。②从合作关系类型看（Savage、Mitani 和 Zakhary 等，1991），券商对新三板公司发展有支持作用，属于控制与合作兼有类型利益相关者，作为持续督导人和做市商，它们之间既有合作，又承担着对新三板公司市场行为的监督、约束和指导职责。③从关系契约看（Charltham，1992；Wang，2009），两者之间存在着业务契约约束，促使券商提供更好服务。

5.3　券商与新三板并购

5.3.1　信息聚散

1. 信息收集与传播

券商利用网络优势对交易双方、券商与券商之间、资本市场相关信息搜集、整理、存储，继而运用特定网络渠道进行信息传播。一方面，信息以联结个体之间口头或书面的方式推广，因为联结的个体或组织之间互相了解，信息接受者更容易信任；另一方面，信息在网络传播中可产生级联效应，通过网络结点不断扩大，造成广泛影响。因此分析信息是如何在券商网络传播的，识别和筛选信息、提取关键信息，帮助新三板挂牌公司寻找收购方，可以为其提供建议、策略和方案支持。

券商资源优势有：①并购财务顾问。上市公司重大并购必须聘请并购财务顾问，职责是监督、参与和协助上市公司做好并购工作。②证券公司。证券公司主要有经纪业务、发行与承销业务、自营业务、资产管理业务。③保荐人与持续督导人。充分了解上市公司经营业务、高管背景特征、财务状况等信息。④券商分析师。分析师有异质性和私有信息、专业市场金融财务和法律法规知识，可帮助收购公司评估标的，分析并购涉及的法律、财务和经营风险，就收购价格、并购方式和支付安排提出建议和对策。⑤做市商。券商有市场分析和信息搜集能力，对投资者和公司股价有较为清晰的认识。正因为券商具有信息聚散功能，并购经验丰富，具有市场把握和专业服务能力，有被并购需求公司可借助券商提供的并购融资方案和建议，以及准确定位，寻找和筛选潜在的上市公司收购方，为其被并购提供支持。

2. 信息控制

券商作为网络信息聚散结点，通过对信息储存和有目的地释放，实施信息控制与传播。

（1）券商作为信息源头，有何时释放信息、释放哪些信息和怎样释放信息的控制能力。在新三板公司被并购过程中，券商可作为信息源头影响释放信息的优劣，为释放高质量信息就需要按照接收者的需要筛选，对原始信息审核、整理，剔除具有误导性和低质量的垃圾信息。而且券商清晰了解资本市场的并购政策、法律和流程。新三板公司管理层在很多领域知识经验不足，券商可根据情况培训，提供信息支持。

（2）券商可实施信息资源控制。券商根据情况，在并购交易过程中实施信息资源供给权利，对并购信息科学地选择、评价、分类、标引和链接，达到信息控制，优化信息的有效、有方向地传播，达到对并购的控制。券商辅助新三板被并购公司应对突发性问题，及时做到信息反馈和交换，纠正方案实施偏差和缓解各种利益冲突。

5.3.2 经验溢出

任何组织在决策中均需要丰富和高质量的经验，以此来克服或应对决策不确定性所带来的风险。新三板公司对信息的解读、筛选，理解并购经验并模仿，解决问题和规避风险，完成并购的决策、执行和整合。并购公司对券商并购经验获取、借鉴和模仿，可看作并购直接利益相关者的经验分享。其过程可分解为：新三板公司有被并购需求→券商分享并购经验并培训→公司观察和模仿→新三板公司借鉴和改进并购决策，影响其被并购效率及财富效应。

1. 券商并购经验共享

券商作为经验共享源头，一方面取决于并购公司的模仿和吸纳能力，另一方面取决于经验共享源头网络丰富程度。因为券商网络丰富程度及释放并购经验意愿大小，是影响组织模仿行为的主要方面。券商参与并购次数越多，有处理复杂并购而积累的丰富经验等，供新三板被并购公司学习、识别和模仿。从经验学习来看，券商经验分享对新三板公司的信息吸收和借鉴能力极为重要。券商并不能代替被并购公司做出决策，只能通过分享经验与建议、中介服务等，使其理解和吸收并购经验，以便做出合理并购决策。如潜在目标的选择、标的资产的评估、支付价格与方式的确定、并购后的绩效预测等关键环节。

2. 券商网络交流渠道

从并购经验交流来看，与券商是否直接联结，关系到经验学习的丰富程度。网络作为信息传播和扩散主要渠道之一，模仿者通过网络信息传播来模仿和创新。当信息释放对象和模仿者之间存在某种联结或沟通渠道时，这种行为更容易发生。作为并购经验模仿终端，关联方针对不同渠道获得经验，在组织内部消化，决策者做出并购决策。在组织模仿过程中，组织差异对模仿信息会形成差异化理解，而实施者面对环境差异也会导致模仿差异。因此新三板被并购公司可在借鉴以往经验基础之上，做出科学并购融资方案。

5.3.3　资源控制

从公司层面看，信息不对称来自并购双方获得"关键"信息不对称及虚假迷惑性识别，这种不对称导致并购效率降低，严重的会加剧并购风险。从市场层面看，资源有效配置是影响市场效率的决定性因素，而决定资源有效配置的关键问题在于信息不对称和代理问题，金融中介掌握有效性信息和专业技能，有配置资源功能。券商利用网络控制资源，一定程度上有并购资源的配置作用，这同时暗含券商声誉担保机制。

券商资源控制能力：①券商对并购信息控制，影响并购双方博弈力量。②新三板公司需要借助券商资源、专业技能和市场交易职能实现并购，导致券商对新三板公司一定程度上有资源控制权。③券商介入会影响并购资源配置，实现双方资源重组。④金融中介参与并购，可提高市场信息效率、质量和投资者信任度等，降低交易和整合风险，促进财富分配、流动和创造。因此券商作为媒介在一定程度上会控制并购资源流动，这种能力对缺乏资源的新三板公司显得更为重要。

5.3.4　风险控制

并购风险主要包括：法律、财务、信息和整合风险（李彬，2015）。①法律风险。中国并购市场并不发达，新三板存在法律规范不完善，且中小企业经营法治观念相对淡薄，存在"重挂牌，轻治理"等缺陷，易造成并购法律风险。②财务风险。高溢价支付将增大公司投资回收期。如果整合后新三板公司业绩下滑，迫使上市公司投入资源维持运营和提高业绩，会对双方造成财务风险和价值损耗。③信息风险。新三板信息供给不足，收购公司难以知晓标的公司的私有信息，无法做出准确并购决策，导致定位与估值偏差。也可能担心标的方有目的包装，提供迷惑性信息等，若目标公司故意隐瞒存在问题或收购方判断不足，则在未探明目标公司生产、管理、市场等情况下，收购方很可能做出错误判断。而新三板公司也担心上市公司夸大业绩与实力，隐瞒存在问题，导致并购不能顺利推进。④整合风险。如果新三板公司被并购后业绩提升有限，或影响公司配股、增发等再融资，则意味着存在失败风险。且双方技术优势、管理风格和文化理念等通常存在差异，若重组方式和整合策略不当，或支付价过高、方式不当，会不可避免地发生冲突，损毁并购质量。

券商介入可选择到相对出价高的收购公司，降低交易风险和成本，提高并购溢价和成功率。①有信息优势和声誉担保机制。②对并购法律、法规和新三板熟悉，把握国家政策，避免违规、违法而被"叫停、罚款"的并购交易。③是协调双方关系的"润滑剂"，倾向被并购方利益，有助于并购有序推进，可以引导和控制交易活动。

5.3.5　中介治理

并购作为公司整合内外部资源，实现战略愿景的重要方式，如果交易复杂性与企业资源能力不匹配，往往使其难以有效应对并购面临的信息不对称（Basu，2011）、政策不规则演变、整合协同不利（张建红、卫新江、海柯·艾伯斯，2010）等诸多风险。此时，合理选聘中介就成为过滤并购风险、提升绩效、实现并购战略的可行选择（孙轶、武常岐，2012）。金融中介对交易信息效率和市场效率有重要影响，如分析师（伊志宏、杨圣之、陈钦源，2019；方军雄、伍琼、傅颀，2018）、审计师（崔云、董延安，2018；雷光勇、曹雅丽、刘茉，2016）、投资银行（许荣、蒋庆欣、李星汉，2013）以及券商（张学勇、廖理、罗远航，2014；何贤杰、孙淑伟、朱红军等，2014）等。魏明海、赖婧、张皓（2018）指出金融中介信息治理效应。因此，金融中介通过对并购信息、政策及交易双方的约束与支持（韩倩倩、李彬，2015），达到对并购的治理作用。

中介治理是交易的一种非正式制度，新三板的券商参与不仅能行使上述职能，还起到对契约的监督执行作用。包括三个方面：①由各种交错影响的不确定性衍生的零和博弈风险，而建立的临时性的脆弱并购交易关系，券商可显著改善谈判弹性。②并购利益格局重构是决定效率的关键因素，财富转移理论和利润分享理论验证了金融中介参与并购对财富转移和利益分享的重要作用。金融中介能较好地梳理地方政府、并购双方以及其他利益相关主体之间的关系，有助于促成多方利益共赢格局。③作为企业家精神（Westhead 和 Wright，2000）的有效替代，中介能有效利用对产业及竞争市场的精确把握，为并购提供决策服务。在并购后制定或重建盈利模式与对治理机制提供支持，并通过适度外部引导、建议和控制，为新三板公司被并购后组织关系重塑、文化融合等建立业绩基础及环境辅助。

券商在并购中的五种关键作用，不仅对新三板被并购公司的方案、行为、博弈应对策略和收益有重要影响，对并购方也产生作用。因而，对并购效率（并购溢价、支付方式和交易效率）有直接影响，最终影响新三板被并购公司的经济后果。可解释为三点：①券商为新三板公司提供并购咨询服务以及参与谈判和协助融资等。降低新三板公司被并购的不确定性，完成标的估值，提高支付溢价，制定、重构和匹配被并购公司治理机制等。②确保并购合法性，即对交易主体、步骤、程序等是否符合相关法律法规严格审查，通过详尽的书面资料发表结论性意见，杜绝非法操作，防范可能的诉讼风险。③作为信息媒介和交易中介，降低信息不对称，提升新三板被并购公司博弈力量，对并购有资源控制和治理作用，影响新三板公司被并购的效率及其财富效应。

5.4 本章小结

本章以相关并购理论为基础，分析新三板特征与存在的问题，归纳交易双方并购动因，以及券商职责和利益驱动因素，认为双方有互补性利益需求，促使挂牌公司被上市公司并购。构建券商网络影响挂牌公司被并购分析框架，归纳影响挂牌公司被并购的五种关键能力（信息聚散、经验溢出、资源控制、风险控制和中介治理），进而影响挂牌公司被并购效率及财富效应。

本章内容可归纳为四个方面：第一，券商作为金融中介在资本市场有多种业务职能，积累业务关系和声誉，形成券商网络资源。第二，券商网络影响挂牌公司并购融资对象选择、方案制定、谈判博弈和交易等，对被并购效率（并购溢价、支付方式和交易效率）有直接作用。第三，投资者根据并购溢价、支付方式和有关信息，以及券商网络和分析师释放的并购信息，预测挂牌公司未来前景，做出投资决策，致使股价在并购公告日前后波动。第四，挂牌公司被并购效率作用到绩效，影响长期财富效应。上市公司在并购整合后，会对挂牌公司组织重塑和匹配，提升经营绩效。券商鉴于声誉、利益和职责，在并购后会督促挂牌公司改进业绩。

在此基础上，通过案例和对不同类型网络渠道可能影响并购的观测，得出以下结论：第一，券商参与挂牌公司被上市公司并购，有着理论基础和实践价值，存在于资本市场有其必然性。第二，券商网络相比董事和大股东联结，在新三板对并购影响效果更凸显，有研究价值。第三，上市公司倾向选择高成长和盈利性公司，对挂牌公司并购集中在新兴产业，尤其是 TMT（电信、媒体和科技）行业。第四，并购交易金额和股权越大，加之如果券商网络资源越丰富，其声誉相对越高，则可能对并购溢价、支付方式和交易过程有显著影响，进而对并购的财富效应冲击更明显。

第 6 章　金融中介的社会网络

6.1　社会网络分析

社会关系网络对于人们选择职业、获取工作、购买产品和如何投票方面有很大帮助，其不仅影响着人们的行为和决策，而且可以通过组织内部成员的行为影响到组织决策。在社会和经济网络研究中，现有的文献从经济学、社会学、计算机科学、物理学和数学中获得了社会网络理论的最新发现，有助于理解关系网社会中的行为。

6.1.1　什么是社会网络分析

有一句格言说：一个人能否成功，不在于他知道什么，而在于他认识谁。这句话可能有些夸张，但在我们生活和工作中又有着多方面的影响，例如大家常常说生病时，如果有个医生朋友，那就方便多了，因为可以通过他进行病情咨询并得到一些专业的建议，因此带来方便。社会网络分析（Social network analysis）在社会学领域中主要的研究对象就是个体（人）以及由人组成的组织及人类社会，人具有群居性和社会性，与其他个体的交流形成人类社会。一个人或组织的思想、行为会受到环境的影响，认识什么样的人会极大地影响个体的行为和资源。社会中的人际关系结构的网络形态，图 6-1 可以让我们更直观地理解社会网络。

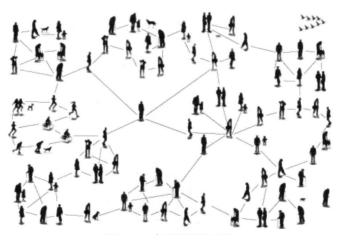

图 6-1　人际网络关系图

源自各种教材的说法，社会网络分析是研究个体或组织等一组行动者的关系的方法。一组行动者可以是人、社区、群体、组织、国家等，他们的关系模式反映出的现象或数据是网络分析的焦点。人际社会交往的网络状态告诉我们，人在社会群体环境中的交往过程的相互作用，可由此看作或解释为基于关系的一种模式或规则。而从宏观层面来看，基于这种关系的有规律模式则反映了我们的社会结构，对这种结构的定量分析可以看作是社会网络研究的基点。这被抽象地理解为：①社会网络是指作为节点的社会行动者（Social actor）及其间的关系构成的集合。②社会行动者是能动者（Agent），具有主观能动性、主动性。③一个社会网络是由多个点（社会行动者）和各点之间的连线（行动者之间的关系）组成的集合。④用点和线来表达网络，这是对社会网络的形式化界定。

可以看出，社会网络分析关注的焦点是关系和关系的模式，以数学的方式加以量化表达，而采用的方式和方法从概念上有别于传统的统计分析和数据处理方法。

6.1.2　研究的主要内容

1. 社会网络的中心性——资源或权力的定量分析

一个个体或组织的社会网络拥有的资源或权力的大小如何准确地度量呢？现有的主流分析方法有两种：一种是运用点或群体的中心度来测度，即群体当中研究对象的中心度；另一种是网络的中心势，则是在寻找整体网络当中的紧密程度或一致性，即整个网络图的中心度。

中心度就是寻找个体或组织在所处的网络中处在一种什么样的地位，是处于网络的核心或中心地位，还是处于边缘或者两者之间的情况，观察的是该个体或组织（节点）的相对重要程度。我们将每个行动者看作一个节点，那么该节点的中心度程度，反映出研究对象的资源或权力的拥有程度。网络的中心势，则是计算整个网络的集中趋势（简称中心势），观察的是整个网络中各个点的差异性程度，因此一个网络只有一个中心势。

（1）程度中心性。观察一个行动者与其他行动者的直接关系的数量或程度，这种直接关系的数量越多，则说明该行动者越靠近中心地位，其在该网络中拥有较大的“权力或资源”。网络中心势观察的是整体网络中点的集中趋势。测度方法为：首先，找到整体网络中的最大中心度数值（该节点）；其次，计算该节点的中心度值与任何其他节点中心度的差，得到多个“差值”后，再求和这些“差值”；最后，用这些“差值”总和再除以各个“差值”总和的最大可能值。

（2）中介中心性。如果一个行动者（节点）处于网络中许多其他两点（节点）之间的中间路径上，则该行动者（节点）居于一种中间媒介的重要地位，因为该节点具有控制其他两个行动者（节点）之间的交往能力。中介中心性测度行动者（节点）对资源的相对控制程度。一个行动者（节点）在网络中占据这类中介的位置越多，则表明该节点有很高的中间中心性，节点两边的行动者需要通过该节点发生关系的数量越多，这就好比国内的铁路枢纽。中间中心势则是找到整个网络内中间中心性最高的节点，然后计算该节点中间中心性与其他节点中间中心性的差距，这是分析网络整体结构的一种指数。如果整个网络内中间中心性最高的节点与别的节点的差距越大，说明该网络中的节点可能分为多个小团体，且这些小团体过于依赖某一个节点传递关系，其在网络中居于极其重要的位置。

（3）紧密中心性。观察一个社会网络中的行动者（节点）受到其他节点影响的能力，采用紧密中心性来描述。紧密中心性的计算是寻找捷径，而不是直接关系，例如一个节点通过比较短的路径与许多其他点相连，说明该节点具有较高的紧密中心性，它到达其他众多节点的路径很短。对于一个社会网络来说，紧密中心势代表着网络中节点的差异性程度，紧密中心势越大，网络中节点的差异性越大；反之，则这个网络中节点间的差异性越小。

2. 社会网络的凝聚子群分析

网络中的子群是指一个网络中的次级紧密团体，网络中的某些节点之间关系相对紧密，它们形成网络中的小团体，在社会网络分析中称为凝聚子群。凝聚子群分析就是分析网络中存在次级子群的数量，以及子群内部成员之间关系的形成结构。有学者将凝聚子群分析形象地称为"小团体分析"。

1）凝聚子群的定义及分析方法

（1）派系。什么是派系？管理学中的组织派系，是指组织中的不同团体，网络中的派系是指在一个无向网络图中，至少包含三个点的最大完备子图。具体可以表述为三层含义：首先，一个派系至少包含三个点。其次，派系是完备的，而且派系中任何两点之间都存在直接关联。最后，派系已经是"最大"的，如果向这个子图中增加任何一点，都将可能改变其"完备"的性质。

（2）N-派系或N-宗派。如果总体网络中的子网络满足如下条件，子网络任何两点之间在总网络中的距离（即捷径的长度）小于等于N，我们就称之为N-派系。可以理解为，假定 $d(i,j)$ 代表两节点之间的距离N在总体网络中的距离，那么一个N-派系的定义可表述为，任何满足如下条件的拥有点集的子图，即 $d(i,j) \leq N$，对于所有的 N_i，$N_j \in N_s$ 来说，在总图中不存在与子图中的任何点的距离不超过N的点。

（3）K-丛。我们将满足一个子群中每个节点都至少与除了K个点之外的其他点直接相连，称为K-丛。简言之，当这个凝聚子群的规模为N时，其中每个点至少都与该凝聚子群中个N-K节点有直接联结，即每个点的度数都至少为N-K。

2）凝聚子群的密度

凝聚子群的密度是衡量整体网络中小团体现象程度的指标，可以有效地分析组织管理中的小团体现象。一般而言，如果大团体分散凝聚力弱，而核心小团体却有高度凝聚力，则无法发挥组织的整体力量；还有一种是大团体中有许多凝聚力很高的小团体，这些团体之间会存在为了争夺资源而相互斗争的现象。假定凝聚子群密度为 $\delta \in [-1,1]$，δ

越靠近 1，表明该组织中派系林立；δ 越接近 –1，表明派系林立的程度越小；δ 越接近 0，意味着关系越趋向于随机分布，看不出派系林立的情形。凝聚子群的密度可以很好地应用到管理当中，是组织管理者的一个重要的危机指数。当一个组织的凝聚子群密度过高时，就意味着组织中的小团体结合紧密，为了谋求小团体利益而伤害到组织的利益。

　　3. 核心 – 边缘结构分析

　　核心 – 边缘（Core-Periphery）结构分析是在寻找网络中的核心节点与边缘节点。核心 – 边缘结构分析具有广泛的应用性，主要应用于对精英网络、科学引文关系网络以及组织关系网络等多种社会现象中的核心 – 边缘结构分析。关系数据包括定类和定比两种数据类型。一般来说，定类数据大多数情况用数字来表示类别情况，这些数字只是代表而不能进行数学计算；定比数据则用数值来表示，可以进行数学计算。定类数据可以构建离散的核心 – 边缘模型，而定比数据则可以构建连续的核心 – 边缘模型。

　　离散的核心 – 边缘模型，根据核心成员和边缘成员之间的关系可分为三种：核心 – 边缘全关联模型；核心 – 边缘局部关联模型；核心 – 边缘关系缺失模型。如果把核心和边缘之间的关系看成缺失值，就构成了核心 – 边缘关系缺失模型。核心 – 边缘缺失模型可分为以下四种类型：核心 – 边缘全关联模型；核心 – 边缘无关模型；核心 – 边缘局部关联模型；核心 – 边缘关系缺失模型。这四类模型可以从百度搜索或社会网络资料中查到详细的解释，这里不再赘述。

6.1.3　尝试解决的问题

　　目前，社会网络分析随着计算机技术及数学方法的拓展，在经济与管理领域试图解决或研究的问题可以总结为以下五个方面：

　　（1）人际传播问题、舆情传播、信息的价值对经济或企业的影响。

　　（2）社会资本、产业链与价值链对经济或企业的影响。

　　（3）组织或个体的权力、资源交换对企业的影响。

　　（4）知识管理与知识的传递，弱关系的力量。

　　（5）组织或个体的信息、资本流动对社会及企业的影响。

　　在人类社会群体关系中，"关系"是一种双向属性，即关系是互相的而不是单向的，早期的主流社会科学关注的是个体的单一属性，例如：一个人的收入、年龄、学历、性别等描述分析。社会网络分析更关注或者说考察一对"行动者"之间的二元属性，我们的社会活动中充满着不同的二元属性关系。如血缘关系（兄弟姐妹、父母叔伯）以及婚姻关系等；社会角色关系有上下级关系、师生关系、朋友关系等；个体行动关系有聊天、吃饭、做事、传递信息给谁、从谁处接收信息等；流动关系：车流量、信息流、液体流等。

　　从社会网络分析来看，关系网络可以包括组织关系网络、情感关系网络、咨询关系网络、行动关系网络，这些网络对各种关系进行可视化分析并对人、社会、政治、经济、血缘、利益的关系进行测量（图6-2）。一般而言，传播网络是一个包含了大量个体及个体之间相互作用的系统。例如：通信网络、电子邮件网络、人际关系网络、电影演员合作网络、引文关系网络，以及互联网这种大型的社会性网络。目前，国内一些大学的社会调查统计研究团队正在对这方面的应用进行探索，进行了社会网络角度的引文分析、舆情与传播扩散的研究以及人际和群体传播关系对微观信息传播行为和态度的影响等研究。

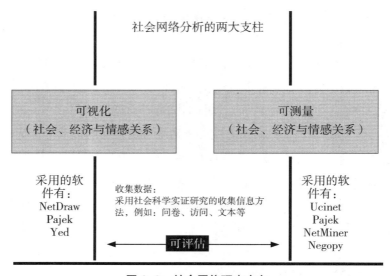

图 6-2　社会网络研究方向

与此同时，基于大数据技术，现有研究可以通过获取海量的关系数据来刻画网络图，这些将带来数据挖掘技术与社会网络分析技术的融合。从国内发展来看，已经形成数据挖掘在社会网络分析中的社会和商业应用价值。

6.2　金融中介的社会网络分析

金融中介的社会网络可以归纳为以下六类：

（1）金融机构。金融中介活跃在金融市场，因业务的关系与同行有或多或少的联系，对行业内的信息比较了解。以券商为例，他与其他券商之间有可能共同承接业务，与银行之间有证券发行业务等，会形成业务关联。

（2）监管机构。监管机构，有中国人民银行、银监会、保监会（我国已经成立银保监会）和证监会等，都会对金融机构的业务和经济活动进行监管。如银监会的职能是监督银行和考核银行工作，在银行圈子的人对银监会非常熟悉。而券商则对证监会更为熟悉，因为在资本市场，证监会对券商有监管职责。

（3）政府机构。国家的有关金融部门，如财政部、中国人民银行、国务院办公厅金融事务局等机构，以及地方相关机构，与金融中介有着联系。

（4）企业。在资本市场内，由于业务关系会与各种企业形成联结，如银行作为债权人的企业，或券商以机构投资者股东出现的公司等，都有着直接的利益关系。而且，券商由于各种金融业务，如保荐业务、承销业务、并购业务等与资本市场内的企业，都有着业务关系。

（5）投资者。资本市场的主要参与者——投资者（个体或组织），投资者是证券市场的资金提供者，证券公司是交易中介，两者建立经纪关系。如一个投资者对某个券商信赖，他会经常通过该券商持有某个公司的股票，而该券商推荐的股票被投资者关注的也更多。

（6）其他组织。与金融中介有关联业务的各种组织、协会等。

金融中介活跃于金融市场，通过各种业务关系形成以金融中介为中心的关系网络，进而具备了专业的信息优势和资源优势等，对交易双方产生影响。

6.3　金融中介网络与公司并购：前提假设、测量依据与逻辑框架

以网络分析的论文为开端，通过其建立的社会网络和复杂网络分析方法（Albert 和 Barabási，2002；Barábasi 和 Bonabeau，2003；Newman，2003；Amaral 和 Uzzi，2007；王元卓、靳小龙等，2013），引发有关公司投融资行为及并购决策、效率和经济后果的一系列研究（Borgatti、Mehra 和 Brass 等，2009；Cohen、Frazzini 和 Malloy，2008、2010；Han 和 Yang，2013；徐振宇，2015；郭白滢、周任远，2019），极大丰富了我们对上市公司网络及其并购状况、前置因素、作用机理及后果的实践与理论认识，但对于中国场外资本市场环境下，金融中介网络影响挂牌公司并购存在的问题则需要进行全面的探索，且现有的研究方法与内容等也存在一些尚需讨论的空间。

（1）从传统社会网络的测度方法构建来看，主要以静态网络分析为主，缺乏对行动者之间合谋等动态互动的考虑。目前社会经济已趋于复杂多元化和动态化，各网络节点之间联结趋向复杂多元化，传统社会网络分析已经不能全面反映组织联结的真实状况，而且以动态结构演化的视角来描述复杂个体或组织的多元关系，更倾向于对金融市场和系统性风险的研究，对并购金融中介复杂网络的探索，需要有进一步挖掘。

（2）现有文献更关注场内资本市场上市公司并购网络资源对决策行为及其结果的影响，缺乏对场外资本市场中小企业的并购研究，恰恰中小企业的发展是目前国家促进民营经济问题的核心之一。中国场外资本市场在金融中介机构参与，帮助规范中小企业组织结构、治理结构的同时，支持和促进中小企业的并购交易活动。在这种特定背景下，应对中小企业并购的融资决策、交易决策、定价决策以及绩效等产生的诸多问题，进行科学的解释和制定科学的解决方案。

（3）现有文献更关注并购方关系网络资源对决策行为及结果的影响，其暗含的假

设是：并购方是主动行动者，也是利益承担主体，而被并购方博弈力量弱小，相对处于被动地位；而且，将并购看作一种零和博弈，被并购方在整合完成后可能会消失。那么，中国场外资本市场以金融中介机构参与，来帮助规范中小企业组织结构、治理结构的同时，促进中小企业的被并购融资。在这种特定背景下，中小企业主动寻求股权交易或控制权转移，以及由此产生的诸多问题，这种现象应如何解释？

在上述分析的基础上，来测度并购金融中介的关系网络特征，描述和分析金融中介网络对场外资本市场挂牌公司并购的问题，可解决中小企业并购扩张过程中的融资、决策及绩效等深层次现实问题。近几年，我国场外资本市场发展迅猛，且有别于沪深证券市场的运行模式，在国内场外资本市场的特定环境下，对上述情况有可能系统地展开研究。

总体而言，文献缺乏对金融中介网络影响被并购方决策、行为和经济后果的研究，也未能深入全面地展开，且在测度模型和方法上存在较大的探索空间。在国内场外资本市场的特定环境下，对上述情况有可能系统地展开研究。具体表现为：

（1）尚未有效探讨被并购方作为博弈关键参与人，如何运用自身或中介网络资源来提高收益——这恰好是研究中小企业融资行为有待挖掘的方向，并可能是拓展后续理论及实践研究的核心。

（2）国内对金融中介影响中小企业被并购的机理及后果的研究明显缺乏，需要进一步对金融中介网络如何影响被并购方及其实现方式和程度等一系列问题进行研究。近几年，我国场外资本市场发展迅猛，且有别于沪深证券市场的运行模式，为研究提供可靠的背景。

（3）尚未能在社会网络理论和金融中介理论前提下，对并购金融中介网络的界定、分类和测度进行有效的探讨——这恰是目前有价值探索和补充的领域，以及问题的关键基础。

（4）未发现在对并购金融中介网络测度基础上，对金融中介及其网络的作用及延伸性研究，以及运用样本和数据对挂牌公司依赖金融中介及其网络实现被并购的相关问题的客观、完整的实证分析。

因而，既有的运用网络分析对公司被并购的研究，尚缺乏从国内场外资本市场中小企业视角，来发展出金融中介网络如何影响挂牌公司被并购的研究。基于此，国内现有的文献尚未能延伸至挂牌公司的并购决策、行为及经济后果等问题研究的核心和关键，对其实现的状况和机制也尚未充分探讨，亦缺乏针对性的解决方案。本书以上述内容作为分析的逻辑主线，以社会网络理论作为分析工具的主要运用途径和技术手段，对挂牌公司的并购和被并购决策、行为及其经济后果等问题进行深入系统的分析阐述。

第7章 模型的构建与测度

7.1 测度的逻辑与依据

7.1.1 券商网络联结结构

券商网络分为直接联结和间接联结两类。①直接联结指既是挂牌公司主办券商又是上市公司 IPO 主承销商，可直接获取和测度。②间接联结指并购双方未发生第一类直接联结，而是券商与上市公司之间的联结路径需要通过一个或多个行动者达成。

如图 7-1 所示，上市公司 A 与挂牌公司 B 通过券商 E 发生直接关联，但上市公司 C 与上市公司 A 有关联，或通过其他渠道间接与券商 E 有关联，那么 A 和 C 之间也有信息流动的渠道，而且 C 通过 A 或其他渠道同样可以将信息流动到券商 E，实现信息的网络传播，这种间接联结比直接联结作用弱。

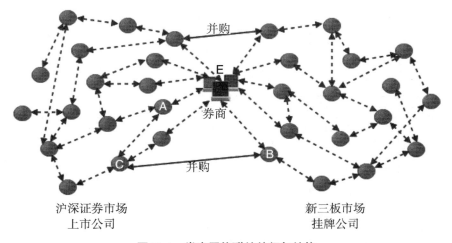

图 7-1 券商网络联结特征与结构

7.1.2 券商网络中心度测度思路

根据社会网络研究范式，本书以个体网络（以单个券商为中心的关系联结）和整体网络（单个券商网络放在整个资本市场公司关系联结网络中）相结合的思路构建测度模型。如图 7-2 和表 7-1 所示，社会网络关系构成分类，将券商网络测度分为整体网络和个体网络。

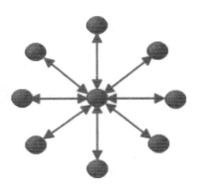

整体网络　　　　　　　　　　　　　　个体网络

图 7-2　社会网络关系构成成分

表 7-1　社会网络与复杂网络测量

网络指标 / 类型	定义	例子
间接联结	两个行动者之间的联结路径需要通过一个或多个其他行动者	A 与 B 联结，B 与 C 联结，所以 A 与 C 通过 B 联结
持续时间	联结在时间上存在的连续性	A 与 B 做朋友已经 3 年了
范围（多样性）	联结到其他不同行动者的数量	A 公司相比 B 公司与更多的组织有联系
规模	网络中行动者的数量	沪深证券市场和场外资本市场的规模就是总体的上市公司数量
对称性	关系双向程度	A 与 B 互相交流，互惠帮助
度	与其他行动者的直接联结数	团体中 A 与 10 人有直接关系，B 与 5 人有直接关系
桥	同时属于两个或多个群体的成员	中介搭建沪深上市公司和场外资本市场挂牌公司联结桥
密度	网络中实际连接数与可能连接数（隐形联结）的比率	
中心度	一个行动者在网络中处于中心的程度。不同的测量（程度中心度、中介中心度、紧密中心度）曾经被用作中心度的指标。某些中心度的测量借助与该行动者联结的其他行动者的中心度或密度来测量	
小世界网络	度分布为指数分布且峰值取平均值，每个节点有大致相同数目的度；实现了从规则到完全随机之间的连续演变	
无标度网络	联结度分布为幂律的形式，是与时间无关的渐进分布且与系统规模无关；极少数节点有大量的联络，而大多数节点只有很少的联结。有些集散节点甚至具有数不清的联络，但不存在代表性的节点	
复杂网络的测度对象	同步性、鲁棒性和稳定性与网络结构的关系等 度分布的定义和意义，聚集性、连通性的统计量及其实际意义等 社团结构、层次结构、节点分类结构等 关键节点控制、主参数控制和控制的稳定性和有效性等	

建模思路：券商网络直接联结数据可收集，而间接联结数据复杂且很多隐形关系难以测度，因此测度直接联结，将间接联结放入整体网络测度对比。

首先，以发生并购的前一年末该券商担任过资本市场（沪深证券市场和新三板）所有 IPO 上市公司主承销商和挂牌公司主办券商的公司数量为基础。

其次，一定时期内，资本市场上市公司数量基本不变，一家券商担任的上市公司 IPO 主承销商数量越多，表明发生直接联结越多，而没有与其发生直接联结的公司越少，该券商相比其他券商在整个资本市场网络内的位置越趋于中心。

最后，将个体网络测度引入当年整体网络中，以整体网络中券商联结不可能出现重合的特点，来测度个体券商网络中心度相对性大小（刘军，2009；罗家德，2010；Wasserman 和 Faust，1994；Scott，2008）。参见图 2-2，券商 A 的网络中心度明显高于券商 B，无论从信息的流通效率、质量和丰富程度来看，券商 A 都有较大优势，对挂牌公司被并购的影响更大。

7.2　券商网络中心度测度模型

本书借鉴 Freeman（1979），Wasserman 和 Faust（1994），Rice 和 Yoshioka-Maxwell（2015），谢德仁和陈运森（2012），左晓宇和孙谦（2017）的测度方法修正，衡量券商网络中心度。

7.2.1　程度中心度

程度中心度衡量团体中某个人物距离这个团体中心的大小。当行动者与其他行动者有直接的关联越多，该行动者就越接近中心地位。计算公式：$\text{Degree} = \dfrac{\sum_{j \neq i} \lambda_{j,i}}{S-1}$，网络内的上市公司与挂牌公司通过券商发生联结。假定：券商与网络内所有公司的直接联结 $\lambda(j,i)$ 为 1，否则为 0。网络总结点数为当年与所有券商联结公司结点之和 S，由于每年的网络内结点公司数量不同，用 $S-1$ 来消除规模差异。程度中心度测度券商与整体网络内公司的联结丰富程度，中心度越大券商越接近中心位置，获得信息越丰富。

7.2.2　紧密中心度

紧密中心度衡量券商到网络中所有上市公司最短距离之和，关系到获取信息快捷程度，券商到达网络中公司距离越短，信息流动速度越快。计算公式：$\text{Closeness} = \dfrac{n-1}{\sum_{j \neq i} \gamma_{j,i}}$，其中，$n$ 表示当年网络中所有的券商联结公司数量，代表结点总数，$n-1$ 为消除年份规模差异，$\gamma(j,i)$ 为代表与券商有联结的公司距离。假定：券商 i 为上市公司 IPO 主承销商直接联结距离为 1，其他均为间接距离大于等于 2。这种间接关系无法准确计算，借鉴 Wang、Man 和 Liu（2010），谢德仁、陈运森（2012），左晓宇、孙谦（2017）的整体网络紧密度思想，$\sum_{j \neq i} \gamma_{j,i}$ 计算为：当年上市公司数量（将每个上市公司看作一个结点）除以与券商直接联结距离（券商是为 IPO 承销商的上市公司数量，直接距离为 1），再乘以间接联结公司数量在整体公司总数的比例（一定时期内上市公司与挂牌公司数量不变，整个网络内结点与券商发生直接联系的数量越少，表明间接联系数量越大，则整体平均距离越长，信息效率低）。因此，紧密中心度越小，代表券商与整体网络中公司的距离越短。

7.2.3 中介中心度

中介中心度是一种"控制能力"指数。如果券商位于众多联结网络的路径上，则处于一个重要网络位置，具备控制其他参与者之间交往的能力，券商可以介绍其他参与者认识。计算公式：$Betweeness = \frac{\sum g_{Lk}(n_j)/g_{Lk}}{(n-2)(n-2)/2}$，$g_{Lk}(n_j)/g_{Lk}$ 表示券商为中介的上市公司与挂牌公司直接联结网络，所有公司经过券商联结到达对方的距离，$g_{Lk}(n_j)$ 表示某个挂牌公司经过其券商（j）到达上市公司的最短路径数。假定：券商 i 为上市公司 IPO 主承销商直接联结距离为 1，挂牌公司通过券商到直接联结上市公司的最短路径距离为 2；间接联结结点之间的距离为 2，挂牌公司通过券商到间接联结上市公司最短路径距离为大于等于 3。g_{Lk} 表示所有直接到达上市公司最短路径数个数，中间结点券商可以是 x 个挂牌公司券商，m 个上市公司的主承销商，因此每个挂牌公司通过券商到达多家上市公司的路径个数之和，即 $x \times m$ 个最短路径个数。n 表示当年整体网络中所有券商联结点总数，$(n-2)(n-2)/2$ 消除不同年份券商网络规模差异（Freeman，1979；Wang、Man 和 Liu，2010；刘军，2009；谢德仁、陈运森，2012）。

7.3　券商声誉测度模型

一个公司社会声誉越高，代表合作的公司数量越多，社会声誉某种程度上反映出公司网络中心度的强度（柳建华、孙亮、卢锐，2017；朱红军、钱友文，2010）。一般认为，社会信任会影响到信息的不对称、效率和质量，而声誉则内嵌于信任、信息效率"连坐机制"，声誉影响到信息不对称及个体交易行为（张敦力、李四海，2012）。券商声誉可缓解因上市公司与挂牌公司关联交易对并购影响而导致的内生性问题。券商声誉越高，行业业绩越好，拥有广泛的业务和社会关系，结点位置越接近中心。因此券商声誉能在一定程度上替代社会网络中心度来研究。

借鉴美国 C-M 法，陈祥有（2009）以及蒋顺才、胡国柳、胡琦（2006）测度方法，使用中国证券业协会公布的 2007—2018 年度券商承销与保荐业务的股票主承销家数排名和股票主承销金额排名，采用发生并购前三年的排名均值，测度券商声誉：券商声誉指数 $= \dfrac{\sum_{t=-1}^{-3}（主承销商承销家数第\ t\ 年排名 + 主承销商承销金额第\ t\ 年排名）}{3}$。声誉指数越小代表该券商在所有参与比较的券商中声誉越靠前，$t = -1, -2, -3$ 表示并购发生前三年。

第 8 章　工具变量讨论

8.1　券商声誉

8.1.1　什么是声誉

我们在谈论社会网络的时候，往往关注信息流动作用，而忽视了一个问题——信任的作用，社会网络关系对参与双方的约束还有另一层保护机制——非正式制度。在一个派系或宗系中，由于大家关系密切，互相了解信任度更高。同时，在生活中大家更容易相信权威说的话，觉得权威说的话更正确，而某个行业的权威，其声誉在行业内相对较高。如果某个基金经理管理的业绩一直持续很好，投资者是不是更容易选择购买该基金经理管理的基金？大家是更容易相信一个厨师关于我国航天事业的发展观点，还是一位航天专家的论断？显而易见，更大概率的是航天科学家的观点更让人信服。信任是涉及交易或交换关系的基础，而声誉被认为是影响信任的核心因素，声誉和信任之间的关系可以被描述为"积极的声誉增加信任"。

那么，什么是声誉？声誉是个体或组织在行为过程中，使得大众对其认知的心理转变过程，个体或组织获得社会认可、信任，从而在某一领域能够获得资源、机会和支持，进而完成价值创造的能力的总和。声誉与信任在一定条件下可实现良性互动，信任是声誉的源泉，声誉是信任产生的重要因素。然而，声誉并不是信任的必要条件；即使没有声誉信息，人们有时也会信任陌生人。例如，关于投资/信托的实验发现，人们可能会信任声誉并不明确的陌生人，即使这样做是不合理的（Berg、Dickhaut 和 McCabe，1995）。研究表明，社会距离（Glaeser、Laibson、Scheinkman 和 Soutter，2000）以及各方之间的认同和沟通程度也是建立信任的重要因素（Bohnet 和 Frey，1999）。

8.1.2　声誉与社会网络

声誉和社会网络一样需要长期的积累而形成。社会网络中的合作如何出现，又以什么样的方式得以持续进行，合作水平受哪些因素影响？ 2015 年 3 月《美国国家科学院院刊》曾发表的牛津大学和剑桥大学合作的研究成果认为，在一个群体中，当群体成员彼此间信息越透明，群体合作的整体水平就越高，同时人们对他人了解的程度影响了自己与他人合作的意愿。也就是说，社会网络群内的个体因为信息的透明程度提高，彼此之间相对了解，信任程度也更高。如在一个群体社会网络中，人们大多只了解朋友、邻居等与自己亲近的人的声誉信息，即个人此前的言行举止，进而会对个体形成认知，会根据认知来判断个人以后的行为及结果。

新研究发现，在社会网络中，如果个人声誉信息完全透明和公开化，社群中合作的总体水平就会翻倍，社会网络也会变得更加紧密，在社会网络中，善于合作的人会排斥合作性较差的人。一个声誉较高的个体或组织，大众对其认可度更高，愿意与其合作的个体或组织会更多，会逐渐使得这个个体或组织的社会网络更加丰富。当然，社会网络联结有显性和隐性的区分，也有直接关系和间接关系的区分。

这样我们就对声誉与社会网络的关系有更深入的理解。从学术方面来看，个体的声誉与社会网络可能是互相联系影响，但又独立存在的，例如一个大学教授很可能在社会上或学术圈中很有名，提到他可能很多人会说"我知道"这是"谁谁谁"，但与他来往的社会各界人士未必就比一名政府官员或商人多；反之，一名政府官员或商人或许社会关系网络更加丰富，与不同阶层和行业人士有往来，但他未必就具有教授那样的"社会知晓"程度。但从两者的关系来看，声誉越高的人其社会关系网络的丰富程度越高，因为很多人会慕名而来与这位名人产生关系。因而，声誉一定程度上又反映了社会网络的丰富程度，但受到其他研究因素的影响很小。

国内学者对当前资本市场的研究发现，从我国 20 世纪 70 年代末到 21 世纪初，我国一直在进行经济改革，当前我国经济发展正处于"三期叠加"阶段。中国经济在高质量快速发展的同时也面临着资源、环境等多重约束。资本市场现有的法律法规虽然一直在不断完善，但当前资本市场法律制度未能达到预期的有效保护中小投资者利益（吴晓求、方明浩，2021），造成券商违规法律风险太低的现象[1]。而券商机会主义行为易诱发券商在并购中与机构投资者合谋（Charme、Larry 和 Malatesta 等，2004），如定价或提供虚假信息，会造成并购财富转移或侵害中小投资者利益。券商声誉对资本市场可以发挥重要作用，已有研究多基于认证效应和信息效应分析券商声誉对公司 IPO 抑价或 IPO 后市场表现的影响。券商声誉高，会促使券商理性承接相对更多的客户，减少机会主义行为（柳建华、孙亮、卢锐，2017）。李金甜、胡聪慧、郑建明（2020）发现主办券商声誉发挥弱认证效应和信息效应，做市商声誉发挥了相对显著的认证效应和信息效应。他们的研究结果为发挥新兴资本市场券商声誉机制效应提供了新的经验证据。券商声誉在中国资本市场对加强券商监管、完善相关的立法和司法机制，进而切实保护投资者利益有着现实意义。

---

① 对券商中介机构的惩罚以行政处罚为主，造假成本非常低廉。券商因包装项目提供虚假信息而被处罚的形式主要包括谈话提醒，3 个月、6 个月或 12 个月不受理保荐人负责的推荐，出具警示函，直至胜景山河的丑闻出现才出台撤销保荐人资格的措施，但这种处罚极为少见。在 2018 年后不仅撤销保荐人资格，而且包括退出资本市场、更高金额的罚款等，监管更为严格。但由于监督成本过高及券商投机行为的隐蔽性，有些违法行为很难被发现并抑制。

8.2　分析师

一个证券公司，往往会雇用分析师，这些分析师利用专业技能、对信息的把握以及与公司高管熟悉等私交人脉资源，对券商提供业务支持。我们发现，国内承销额越高、承销上市公司证券越多的证券公司，声誉越高，而且其雇用的分析师数量也相应越多，两者是正向线性关系。

券商分析师数量代表着券商对资本市场及公司的信息搜集能力和分析判断能力（Bertrand 和 Mullainathan，2003），如 Hutton、Marcus 和 Tehranian（2009，2012）发现分析师与信息中介、同行公司、研究机构和政府机构等有广泛的联系，能够及时掌握有关宏观政策、市场、行业及竞争对手等方面的私有信息，他们相对公司管理层有信息优势。分析师数量还一定程度地代表着券商的中介服务能力和追踪上市公司的数量多少（Gomes、Armando 和 Gopalan 等，2017；马慧，2018），如 Soltes（2014）发现在美国资本市场，分析师与公司管理层每年的沟通不低于 70 次。相比其他市场参与者，分析师有专业知识，受过专业训练，因此对信息的处理和解读能力更强（Jung、Naughton 和 Tahoun 等，2018）。更有价值的是，分析师可以运用获取的稀缺信息，结合公开信息和公司财务，做出更客观合理的评估，将研究报告及时反馈给市场参与者。分析师作为信息中介，不仅对公司未来价值变化及股票价格能够起到很好的预测作用（Bradshaw，2011；Brown、Call、Clement 和 Sharp，2015），而且可能对服务公司的管理层实施监督和治理功能（Chen、Harford 和 Lin，2015）。

第9章 券商网络与中小公司并购：分析框架

9.1 挂牌公司被并购的机理

9.1.1 券商网络影响公司被并购路径

公司资源是指拥有和控制的信息、知识、资产、能力、组织结构与社会关系的总和（Barney，1991）。金融中介建立声誉和服务对象，形成资源，是服务公司的重要社会资本（Shipilov，2006；Arikan 和 Capron，2010）。分析券商联结组成包括：①以上市保荐人、IPO 承销商、持续督导、并购财务顾问、机构投资者等参与上市公司业务，积累大量客户资源和信息。②投资者对声誉高的券商认可度较高，券商声誉影响到投资者行为（柳建华、孙亮、卢锐，2017）。③券商与政府部门、市场监管部门、同行及其他组织与个人等均有联系，准确把握国家政策意图和趋势，市场环境走向。并购双方通过券商联结，降低信息不对称，缓解利益相关者矛盾，提高并购效率，优化资源配置格局，创造并购财富。

如图 9-1 所示，揭示券商网络关系形成，以及影响挂牌公司被上市公司并购逻辑。券商网络影响信息效率、资源控制、风险规避和中介治理能力。券商拥有并购知识、经验和技能，熟悉法律法规和操作流程。因此，券商搭建挂牌公司被并购渠道，对其利益有积极影响。

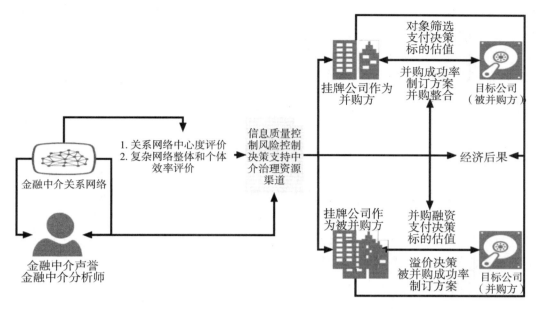

图 9-1　券商网络影响挂牌公司被并购分析框架

9.1.2　券商网络影响公司被并购效率及财富效应框架

券商网络影响挂牌公司被并购，可分为三步：①挂牌公司有融资或控制权转让需求，借助券商规范和梳理公司内部制度和流程，提升软实力，实现定位与融资目的；上市公司有并购需求，双方需求互补。②券商网络帮助挂牌公司寻找收购方，有券商信誉和资源支持，可提高被并购效率。③券商网络提高挂牌公司被并购收益。影响关键环节如图 9-2 所示：

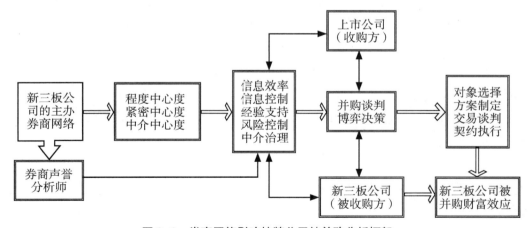

图 9-2　券商网络影响挂牌公司被并购分析框架

目标选择：帮助挂牌公司选择能支付高价格且合适的收购方。方案制订：帮助制订合适股权定价和支付方案。谈判博弈：帮助提高并购谈判优势，争取有利收益方案。交易过程：挂牌公司决策者通过券商信息支持，减少并购风险和摩擦。财富效应：并购完成并不意味着成功，如不能有效整合或业绩持续下滑，表明并购失败。因此，券商会督促和支持挂牌公司改进绩效。

综上所述，券商影响挂牌公司被并购机理，可概括为三方面：

（1）券商网络影响方式。券商通过信息控制、传播效率、经验支持、风险控制及中介治理等关键因素，影响挂牌公司选择收购方，以及方案制定、谈判博弈及合约签订与执行等。核心内容包括支付的价格和方式、双方责任与义务、违约责任与执行安排等。其过程表现为不断反馈信息、方案执行情况、法律规范指导、降低交易摩擦、形成规范文件材料等。因此，对挂牌公司被并购效率（支付溢价和方式、交易效率）有直接影响。

（2）券商积极为挂牌公司争取有利的并购溢价、支付方式和交易效率，通过对交易环节的支持和控制，影响公司收益。而且，中介治理职能、持续督导人职责、声誉担保以及合约内容对被并购公司的盈利要求等，要求券商在并购后，继续帮助和监督挂牌公司进行业绩改进。

（3）券商的声誉和分析师数量与其信息能力、资源和业务渠道有直接关系。券商声誉与投资者认可度正相关，对市场占有量、掌握信息和资源有积极影响。分析师与追踪公司的管理层、其他组织等保持频繁沟通，有信息搜集、金融财务知识和并购经验。两者可作为工具变量。

9.2 并购案例与数据探析

9.2.1 案例探讨

案例分析一：上市公司全信股份（300447.SZ）以7.26亿元（股权＋现金）并购挂牌公司常康环保（833895.OC）100%股权事件。2016年10月21日发布并购公告，2017年7月4日发布完成公告。常康环保于2015年12月26日在新三板挂牌，此前已拥有"对一体化两级反渗透海水淡化装置进行系列化、标准化和技术状态固化""对水质调节装置、消毒装置等进行模块化、组合化设计"等专利，挂牌后申请产品外观专利4项，基本实现成果转化和舰船用军工产品的升级换代。公司在保持军工产品优势下，投入民用太阳能、光伏行业的纯水市场。

如表9-1所示。在被并购前一年末，常康环保净利润增长率为63%，负债率为21.5%，处于新兴产业且拥有专利技术。常康环保在被并购窗口期发生股价上扬。全信股份并购前一年末现金流和财务风险较低。在发布并购公告前，常康环保财务指标未见异常，全信股现金流为-4212.94万元，公告前三个月平均市值为74.78亿元，相对2015年末市值蒸发7.44亿元，但从2016年11月4日起，快速升到82亿元，并购公告后第12天股价开始持续上扬。从并购后第二年末财务数据来看，本次并购事件双方在当年和一年后财务绩效均保持增长。

表 9-1　并购双方财务指标一览

财务指标	常康环保（833895.OC）			全信股份（300447.SZ）		
	2015 年	公告前	2016 年	2015 年	公告前	2016 年
总资产 / 万元	13935.44	14271.98	17387.85	67974.41	74303.07	97037.30
所有者权 / 万元	10946.09	13589.20	16099.47	56036.92	59631.23	65129.87
净利润 / 万元	5972.39	2460.58	4970.86	7188.60	4780.69	9432.38
现金流 / 万元	4207.37	4056.83	7736.00	3531.61	−4212.94	2281.90
销售净利	53.28%	44.33%	43.12%	28.61%	27.23%	22.54%
权益净利率	72.96%	20.06%	36.76%	17.23%	8.36%	15.18%
资产周转率 / 次	0.89	0.39	0.74	0.50	0.25	0.51
每股收益 / 元	1.710	0.703	1.420	0.967	0.297	0.560
市值 / 亿元	7.37	13.93	15.24	82.22	74.78	90.56

数据来源：Choice 数据库、公司公告。

　　本次并购事件，国金证券既是常康环保的主办券商和做市商，又是全信股份 IPO 主承销商。根据信息，常康环保挂牌新三板的目的是创业股东有意股权转让，第一次与南方汇通股权交易，因最终股价未达成一致而终止。因此，常康环保借助国金证券在资本市场的关系资源、声誉和业务能力寻找和筛选并购方。作为长康环保的主办券商兼做市商，国金证券掌握常康环保私有信息多、质量高，帮助制订方案、股权估值和熟悉并购法律法规，按照双方需求和匹配程度，将其推荐给需要扩展和升级设备制造的全信股份，宣传、推荐和展示常康环保的发展潜力，提升常康环保公司价值，分析全信股份并购战略需求和双方并购重组后收益。经过协商，最终以高溢价收购常康环保股权。常康环保控制权发生转移后，全信股份成为唯一股东，并购重组效果较为理想，常康环保于 2017 年 7 月退出新三板。

　　案例分析二：上市公司长方集团（300301.SZ）以 5.25 亿元（现金）收购康铭盛（834736.OC）30% 股权事件。2014 年 6 月 20 日发布并购公告，2015 年 4 月 10 日发布完成公告。康铭盛是一家涉及新能源、元件器材制造、加工与贸易一体的公司，于 2014 年初进入新三板待挂牌，2015 年 12 月 14 日挂牌上市。该公司以"第三代半导体材料与半导体照明"作为战略性先进电子材料，在我国半导体照明行业拥有专利和技术领先优势。长方集团与康铭盛处在同一行业，为升级技术和提高市场占有率开展并购投资。

　　在被并购前一年末（2013），康铭盛净利润 4250.93 万元，现金流 2914.14 万元，销售净利率 9.64%，盈利和成长能力良好，现金流相对充裕，但负债率较高，为 71.7%。长方集团现金流为 12254.72 万元，净利润为 2748.65 万元，经营状况良好。并购公告日前后长方集团股价上扬较大，当年末市值增加 34.23 亿元，第二年（2015）双方净利润成倍增长。

　　国信证券既是康铭盛的主办券商和做市商，又是长方集团 IPO 主承销商。根据信息，康铭盛进入新三板是为提高品牌知名度，满足融资和股权出售需求。国信证券对康铭盛信息掌握较为全面，而长方集团对行业竞争对手康铭盛实施并购，既可提高行业知名度和市场占有率，又可收购对手获取技术和资源。双方都有交易需求，但由于互为市场竞争对手，以国信证券作为交易的桥梁，可有效缓解双方的矛盾和摩擦，分享并购收益。双方最初在谈判中因股价利益分配问题一度出现抵触而中断，国信证券从中协调，最终达到双方都满意的利益格局，以交易价格 5.25 亿元高溢价收购康铭盛 30% 股权。此次并购后，2018 年 5 月 16 日长方集团再次对康铭盛的股权收购，最终获得 100% 控股权，虽支付溢价较高，但如表 9-2 所示，达到预期效果，康铭盛于 7 月 31 日挂牌退市。

表 9-2　并购双方财务指标一览

财务指标	康铭盛（834736.OC）			长方集团（300301.SZ）		
	2013 年	2014 年	2015 年	2013 年	公告前	2015 年
总资产 / 万元	29790.70	61552.43	75741.75	131046.46	140267.74	307700.27
所有者权 / 万元	8738.77	17274.26	28331.37	75745.08	76625.37	153551.00
净利润 / 万元	4250.93	4876.31	11057.12	2748.65	806.71	13309.98
现金流 / 万元	2914.14	18147.64	6689.30	12254.72	2634.26	14483.22
销售净利率	9.64%	6.30%	12.10%	3.38%	4.00%	9.38%
权益净利率	48.64%	37.49%	48.49%	3.73%	1.06%	9.19%
资产周转率 / 次	1.48	1.69	3.01	0.59	0.15	0.67
每股收益 / 元	0.850	0.980	2.210	0.1015	0.0300	0.1536
市值 / 亿元	—	—	15.16	26.914	30.486	74.15

数据来源：Choice 数据库、公司公告。

案例分析三：上市公司联络互动（002280.SZ）以 3 亿元（现金 + 股权）并购三尚传媒（836597.OC）42.86% 股权事件。2017 年 1 月 4 日发布并购公告，2017 年 3 月 21 日发布完成公告。三尚传媒是一家广播、电视、电影和影视录音制作类文化传媒公司，2016 年 4 月 24 日挂牌。联络互动拥有跨境电商、文化传媒、智能硬件和金融的产业布局，是具备产业协同效应的互联网集团公司。联络互动并购三尚传媒目的是多元化经营与产业布局。

如表 9-3 所示。三尚传媒在被并购前净利润只有 270.59 万元，市值 1.05 亿元，每股收益 0.08 元，成长性和盈利能力较低，资产负债率为 48.92%。联络互动有充裕现金流，资产负债率为 23.04%，净利润为 35471.31 万元。在发布并购完成公告前，三尚传媒市值由 1.05 亿元上升到 5 亿元；联络互动市值在发布并购公告后上升到 314.60 亿元，随后不断向下波动，2018 年底下降到 84.26 亿元。说明在并购公告窗口期，双方股东财富均得到增长。但在并购后第二年末，三尚传媒财务绩效略微增长，而联络互动负债率上升，净利润为 −97762.19 万元，公司转盈为亏。此次并购，对被并购方三尚传媒有利好，并购方出现窗口期股东财富值增加，随后呈现下降趋势。

表 9-3　并购双方财务指标一览

财务指标	三尚传媒（836597.OC）			联络互动（002280.SZ）		
	2016 年	2017 年	2018 年	2016 年	2017 年	2018 年
总资产 / 万元	10891.49	29732.88	30363.22	815657.94	1518255.05	1399192.08
所有者权 / 万元	5563.62	27614.98	27935.43	594955.91	837699.20	627741.80
净利润 / 万元	270.59	2011.02	320.45	35471.31	5937.93	-97762.19
现金流 / 万元	9.71	-1177.18	39.74	95696.92	185480.41	338457.72
销售净利率	8.22%	28.04%	12.31%	29.53%	0.48%	-6.99%
权益净利率	6.95%	12.41%	1.21%	9.66%	0.96%	-10.63%
资产周转率 / 次	0.21	0.35	0.09	0.24	1.06	0.96
每股收益 / 元	0.080	0.320	0.050	0.170	0.030	-0.310
市值 / 亿元	1.05	5.00	6.87	304.15	314.60	84.26

数据来源：Choice 数据库、公司公告。

东方花旗证券既是三尚传媒主办券商和做市商，又是联络互动本次并购聘任的财务顾问。根据信息，三尚传媒挂牌新三板是为实现融资，且大股东有股权转让目的，而联络互动有并购新三板潜在目标实现多元化经营战略和市场占有需求，聘请东方花旗证券作为并购财务顾问搜集新三板潜在目标信息。作为三尚传媒券商，东方花旗证券认为三尚传媒符合联络互动并购需求，借此机会将三尚传媒推荐给联络互动，双方一拍即合，东方花旗证券作为中介沟通并购双方目的和相关信息，帮助解读和分析对方财务数据，对并购交易成本和整合重组收益，及并购后业绩承诺等做出详尽的计划，协助快速完成并购和实现协同效应。

案例分析四：上市公司和晶科技（300279.SZ）以 3000 万元（现金）并购智趣互联（838843.OC）6% 股权事件。2016 年 10 月 11 日发布并购公告，2016 年 12 月 4 日发布并购完成公告。智趣互联是一家从事互联网信息服务的公司，2016 年 8 月 15 日挂牌上市。2016 年公司年中公告显示，总资产为 6430.91 万元，所有者权益为 4396.17 万元，净利润为 -79.19 万元，销售净利率为 -3.14%，权益净利率为 -1.84%，公司成长和盈利能力较差。

智趣互联挂牌新三板目的是规范制度、融资和提升知名度。万联证券是智趣互联的主办券商和做市商，积极为公司形象宣传，培训管理层融资知识，完善经营和治理规范。万联证券调动渠道和对上市公司信息收集和专业市场调研能力，积极利用资源找到匹配投资方和晶科技，两者之前并没有直接业务关系。发布并购公告前，智趣互联 8 月份市值为 4.79 亿元，10 月初为 5.41 亿元。发布并购完成公告 30 日左右，股价波动频率较大，在 12 月 21 日最高上升到 6.15 亿元，随后又开始下降至 5.92 亿元，发生短期股东财富波动。2017 年末，公司总资产为 12838.37 万元，所有者权益为 9376.79 万元，净利润为 -2906.94 万元，销售净利率为 -44.09%。2016 年以前，公司净利润在 2014 年为

546.71 万元，2015 年为 227.52 万元，2016 年末为 244.58 万元，并购后公司处于亏损状态。原因可能有：①互联网信息服务市场竞争激烈。②并购股权太少，和晶科技对智趣互联并购后影响非常有限，并购前第一大股东陈艺个人持股 76.82%，并购后至今持股第一大股东陈艺个人持股均在 60% 以上，绝对控股。③万联证券成立于 2001 年，在资本市场业务近些年发展较快，但声誉和渠道远不及前三个案例券商，与沪深证券市场的上市公司未有直接关系业务，这些都对并购质量有影响。

案例分析得到的启发：①券商的联结有些可直接观察，如挂牌公司主办券商是上市公司 IPO 主承销商、并购财务顾问或中介服务关系等；有些是券商网络释放融资需求信息，从间接渠道寻找收购方。②上市公司青睐对新兴行业和高新技术企业并购，实现产业多元化或储备。一方面，新兴产业是未来利润的增长点；另一方面，我国传统工业企业面临产能和资本过剩情况，正积极寻求和培育新的领域。③交易金额越大、股权越多，收购方越会倾向混合支付（股权＋现金），来降低财务压力和并购风险，可能对双方财富效应都有积极的影响。④券商声誉高、关系资源丰富，并购质量可能会相对提高。

9.2.2 联结数据观测

券商联结对挂牌公司被并购起到"桥联结"作用，但不能排除其他渠道对上市公司并购挂牌公司的影响，导致研究结论偏差，如董事和股东联结对并购的影响。对 2010—2017 年上市公司并购新三板挂牌公司的 330 起样本中并购双方的董事、大股东和券商联结对比观测，结论如下。

1. 董事网络联结

并购双方董事联结数据观测，包括：①收集对被并购挂牌公司前一年末的董事数据，剔除董事数据缺失的样本，获得 158 个有效并购样本的董事数据，总共有 935 个董事个人数据。②从 CSMAR 数据库中提取当年所有上市公司 2007—2017 年的所有董事数据，共有董事个人数据 251398 个。剔除每家上市公司重复的董事个体数据，共得到 3336 家上市公司，包含 62405 个董事信息。③将并购双方的董事样本信息配对，发现有 57 家上市公司的 1012 个董事与 179 家挂牌公司董事名字相同。经过仔细配对甄别后有 93 个董事信息一致，最终有 34 个被并购挂牌公司与上市公司拥有共同董事联结，占有效样本的 21.5%，但发生董事联结的 34 家上市公司仅占 2017 年上市公司总数的 1.1%，如表 9-4 所示。数据表明，挂牌公司与上市公司之间的董事联结，目前对并购影响很小。

表 9-4 联结类型与发生概率

联结类型	总样本 / 个	有效样本 / 个	有联结样本数 / 个	占有效样本比例	占上市公司比例
董事联结	330	158	34	21.5%	1.1%
大股东联结	330	114	2	1.7%	0.05%

联结类型	总样本 / 个	有效样本 / 个	有联结样本数 / 个	占有效样本比例	占上市公司比例
券商联结	330	330	样本的 64 家主办券商是 1171 家上市公司承销商	除去 5 家券商未发生业务的 22 个样本，占 94.76%	以 2017 年上市公司数量为基数，占 58%

数据来源：根据 Choice 和 Csmar 数据库，统计配对所得。

2. 前十大股东网络联结

并购双方股东联结数据观测，包括：①对 2015—2017 年挂牌公司被并购前十大股东进行数据采集，搜集到 114 个样本前十大股东数据。②获得对应上市公司并购前十大股东，将双方前十大股东配对，发现只有 2 个样本前十大股东有联结。天际股份（002759.SZ）并购新泰材料（833259.OC），共同股东是深圳市兴创源投资有限公司；广电运通（002152.SZ）并购广电计量（832462.OC），共同股东是广州无线电集团有限公司。如表 9-4 所示，股东联结只有两家，占样本的 1.7%，如果以 2017 年上市公司数量为基数，可直接忽略。表明上市公司与挂牌公司之间股东关联目前可忽略。

3. 券商网络联结

挂牌公司的主办券商与沪深市场上市公司的 IPO 业务关系观测，统计 330 个被并购挂牌公司，共得到 64 家主办券商。（1）从主办券商来看，在 330 个样本中，中信建投证券是 29 家新三板被并购挂牌公司主办销商，占样本 9%；拥有同一主办券商挂牌公司数量中位数为 8 个，分别为国金证券、国泰君安证券和西南证券；有 16 家证券公司仅是 1 家被并购挂牌公司主办券商。（2）从主办券商是上市公司 IPO 主承销商来看，国信证券曾是 193 家上市公司 IPO 主承销商；而华创证券、九州证券、齐鲁证券、五矿证券、长江证券，这五家主办券商未参与上市公司 IPO 主承销业务。

样本统计的 64 家券商，是 1771 家上市公司 IPO 主承销商。如果以 2017 年末 3052 家上市公司数量为基数，与这 64 家券商发生 IPO 业务合作的上市公司数量占总数的 58%。加上并购财务顾问联结、持续督导人和其他业务联结等，可断定券商与上市公司有数量庞大且紧密的联结。如表 9-4 所示，表明券商比董事和大股东联结对挂牌公司并购产生的影响更明显。

数据观测表明：①上市公司并购挂牌公司，有关董事和大股东联结样本非常少，目前不具有实际研究意义。②券商 IPO 联结非常丰富，券商参与挂牌公司并购存在普遍性。③券商介入对并购的影响在新三板持续加强。券商为满足挂牌公司被并购需求，利用网络渠道物色上市公司并购方，积极促成交易，对被并购方的决策、行为及经济后果产生影响。以券商网络资源支持来探索挂牌公司被并购有可行性。

9.3 券商网络影响被并购效率的机理

券商网络对并购效率（并购溢价、支付方式和交易效率）的影响，可从三个方面解释：①市场竞争理论。将被并购公司股权看作标的，选择多个参与公司竞价争夺，收购方为获得标的方股权会做出较大牺牲，标的公司被并购效率提高。②公司之间的合作博弈。如果并购公司获得信息全面，对并购协同效应和未来发展有准确的判断，为获得协同效应收益，并购方会妥协制定有利于被并购方的定价效率。③公司高管因素。公司高管为谋求个人利益，如追求声誉、权力、薪酬和隐形福利等，可能将股东利益放到其次地位。一方面，并购方高管过度自信或私下交易，可能会在标的定价时支付较高价格或选择现金支付来积极促成并购（潘爱玲、刘文楷、王雪，2018）。另一方面，挂牌公司高管多是公司的创业股东或投资公司，会积极采取有利的收益策略，提高并购溢价和符合利益的支付方式。

信息不对称影响并购效率。券商网络降低信息不对称和摩擦，对交易过程有积极影响。如图9-3所示，券商与上市公司和挂牌公司关系对并购效率的影响：①券商网络有信息优势，决策者借助信息资源（如专业知识、异质性信息、私有信息、经验等）对潜在收购方选择判断。②双方根据获得的信息，对并购的收益和风险评估。需要考虑并购的价格、支付方式、交易效率及整合协同与未来收益。③被并购方需要考虑标的定价和支付策略，并购方经营状况、目的，及并购后公司股东、员工收益，以获得最大利益。④券商网络形成"信息优势—信息资源—并购效率"的传导机制，决策者根据掌握的信息和评估标准会不断评估、修正决策行为。

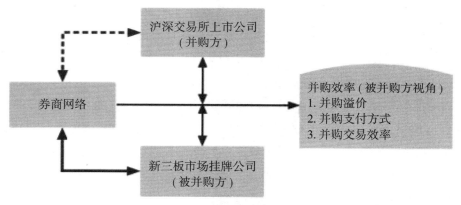

图9-3　券商网络影响并购效率机理

从交易成本看，企业的任何经济行为都是以维持并提高盈利为目的，成本越高则利润越低。社会网络影响信息资源优势（如私有信息、经验），如信任机制有效降低公司之间交易成本（如信息、契约、风险和沟通成本等），对交易效率造成影响。如果某公司社会声誉有瑕疵，与其合作的公司会更加谨慎评估风险。从分工理论对交易效率角度理解，作为营利性组织的企业应在经济活动中发挥优势特长，提高交易完成的单位时间和规模，降低交易难度。券商有信息和并购中介服务优势，发挥中介治理效应，促进并购有序推进。

第 10 章　券商网络与挂牌公司被并购效率

10.1　研究假设

10.1.1　券商网络影响并购溢价假设

交易标的定价效率是并购的重要环节，关系双方利益。被并购公司的意愿、策略和谈判议价能力，影响支付价格博弈的结果。挂牌公司的股东和高管一般都是由创业者担任，希望通过股权融资和控制权转移获益，但必须是被并购收益大于股权转移而丧失的收益，因此会索要高溢价争取利益。券商网络可降低信息不对称问题，提高信息质量，在并购定价博弈中，掌握更多主动条件。陈仕华、卢昌崇（2013）指出并购公司网络中心度与支付溢价负相关，处于网络中心位置的公司相比处于网络边缘的公司，通过联结能接触到更多合作伙伴，从合作伙伴处获得更多异质性信息为并购提供可决策的经验借鉴，有助于高管决策。那么，挂牌公司借助券商网络优势，收集有利于己方的信息，扩大筛选上市公司范围，在并购定价博弈中提高谈判能力，降低成本和不确定性，寻找出价高的收购方，影响并购定价效率。

挂牌公司为获得更大收益，会争取更高支付溢价。而且上市公司一般会选择收购有发展前景的目标，对信息了解越全面，越可能准确评估并购对象，对未来收益更有信心，在遇到对方索要溢价时，可能会倾向以适当妥协的方法来获取标的。加之，挂牌公司发展前景对券商有声誉和收益回馈，维持市场高声誉可提高收费标准和市场占有份额（Chemmanur 和 Fulghieri，1994），券商有动机和条件将挂牌公司推荐给上市公司，积极促成并购，为挂牌公司争取利益。因此，被并购挂牌公司借助券商网络寻找上市公司收购方，会尽可能提出高的溢价支付。基于以上分析，提出假设：

假设 10.1：券商网络中心度与并购溢价存在正向相关关系。

10.1.2　券商网络影响支付方式假设

并购支付方式影响交易公司的财务安排和资本结构，以及对被并购公司控制权的博弈。信息不对称影响并购定价决策与风险承担，在信息不对称的情况下，混合支付方式为最优，随着信息不对称程度降低，混合支付中现金支付比例增加：被并购公司规模越大，越会加剧信息获取难度和成本，导致信息不对称，收购公司更倾向股票支付选择；而规模越小，越倾向现金支付。行业的差异性会加重交易双方信息不对称的情况，并购方倾向股票支付；当双方行业差异性缩小时，并购方更倾向现金支付（Faccio 和 Masulis，2005）。Rhodes-Kropf、Robinson 和 Viswanathan（2005）认为如果并购方倾向股票支付方式，则相比采用现金支付方式的股价高估程度更高。因对交易对象信息不足，致使并购风险增大，并购方更倾向以股票支付来实施风险双方共担（谢惠贞，2007）。被并购公司信息质量越高，或并购方所处区域社会信任度越高，可有效降低信息不对称程度，并购现金支付概率越高；社会信任度越高的社会环境下，被并购公司声誉越高也可降低信息不对称程度，影响并购支付方式。因此，并购中介对现金支付有影响（武恒光、郑方松，2017）。

挂牌公司的创业股东谋求股权转让，更希望获得现金支付，尽可能避免股票支付。因为上市公司股票支付意味着其股票在资本市场可能被高估，未来股价下降风险增大，导致实际支付价值下降，对股东收益有负面影响。而且股权支付带来的交叉持股，伴随着一些复杂的问题，未来能否带来财富增加，往往较难预测。如果上市公司无法得到挂牌公司某些关键信息，或对方通过包装等手段提供虚假信息，势必降低对收益评估的准确度，为避免风险，倾向采用混合支付（现金＋股权）。一方面，高额现金支付会增大并购方融资和现金流压力；另一方面，交易金额和股权越大，依据并购公司协同效应和未来收益的判断，并购方的未知风险也会增大。基于此，券商网络为新三板挂牌公司寻找符合利益的收购方，为交易双方提供高质量信息，提高并购评估准确度，有效降低并购风险，协调双方矛盾，使支付方式更有利于被并购方，促使现金支付方式概率增加。基于以上分析，提出假设：

假设 10.2：券商网络中心度与并购现金支付方式概率正向相关。

10.1.3　券商网络影响并购交易效率假设

并购交易效率探讨有三个方面：第一，并购双方互相调查评估有难度。公司是一个复杂的综合系统，双方很难在短时间内获取核心信息并逐一辨别真伪，这也是导致很多并购完成后，价值反而下降的原因。信息不对称和道德风险，使并购方隐瞒债务或纠纷，导致交易无法完成或拖延交易时间，影响被并购公司融资计划。有些标的公司为利益而隐瞒不利信息，或包装提供有欺骗或诱导性信息来吸引收购公司。如有些并购因事先没有发现隐瞒的债务、诉讼纠纷和资产潜在问题等关键信息，造成实施过程困难、陷阱重重。第二，并购成本过高。过高的成本包括出价过高和计划外整合费用两部分，并购后整合工作庞大。如果并购前期预算不周，或过程中出现变故，往往需要追加较高资本，易导致财务风险，拖累交易双方。第三，公司文化冲突。公司文化是无形的，但对公司各种要素有直接影响。因文化冲突而导致并购失败案例很多，双方文化是否契合影响交易过程。

在并购交易中，决策者需要面对事前和事后的不确定性。事前不确定性是收购公司搜索和评估并购目标时面对的不确定性，根源在于搜寻对方信息的不全面性。可分为对象的选择、评估和复杂过程的不确定性。如果收购公司有异质性信息优势，则可将这些信息优势转化为资源，决策者会提高对并购机会的预知和把握能力，发现和识别有价值的并购机会，节约信息搜集成本。信息资源为决策者提供潜在并购对象的经营现状、优势和劣势及未来发展前景等，有助于降低交易成本和摩擦。因此信息能降低事前不确定性，减少决策风险，提高并购交易效率。事后不确定性指并购整合过程风险，面对并购后业务转型、文化冲突、组织结构调整等，决策者可借鉴现有相关案例或经验，提高并购的决策、执行和资源整合与文化融合能力。

券商对并购程序和法律法规熟悉，对标的估值更准确，可以指导和影响交易难度与快慢，提高主管部门对并购审核成功率，高效完成交易。券商的资源和能力以及广泛的客户关系，对挂牌公司被并购有支持作用。因此，券商对并购的复杂谈判博弈、方案制定、法律事务等摩擦环节，能够提供相关信息和经验支持。挂牌公司受资源限制，券商可介入更深，券商的信息、资源和风险控制及中介治理能力凸显，可有效协调双方诉求，有效推进交易完成。基于以上分析，提出假设：

假设 10.3：券商网络中心度与并购交易效率正向相关。

10.2　研究设计

10.2.1　变量定义与测度

以券商网络程度中心度、紧密中心度和中介中心度为解释变量，将并购溢价、支付方式和交易效率作为研究被解释变量，采用券商的声誉和分析师数量为工具变量。本章以券商网络对挂牌公司被并购效率为考察内容，为便于理解，适当讨论上市公司的影响。因此选取双方公司特征，如规模、发展潜力、行业和公司性质等指标作为控制变量。

1. 解释变量

（1）程度中心度（DNE）：券商发生并购前一年末的程度中心度。程度中心度代表券商获得信息的丰富程度，可降低并购信息不对称。

（2）紧密中心度（CNE）：券商发生并购前一年末的紧密中心度。紧密中心度代表券商获取信息不受其他组织影响的程度，信息获取速度和质量越高，可提升信息效率和准确度。

（3）中介中心度（BNE）：券商发生并购前一年末的中介中心度。中介中心度代表交易双方对券商的依赖程度。控制力度越大，券商的信息、建议和经验对交易双方的影响越大。

2. 被解释变量

（1）并购溢价（MPR）：交易金额减去交易标的净资产（前一年末被并购公司净资产 × 收购股权比例）除以交易标的净资产（陈仕华等，2013）。

（2）并购支付方式（MPA）：现金支付方式为0，混合支付方式为1。

（3）并购交易效率（MEF）：交易金额除以并购完成天数（从并购公告开始日至并购完成日的时间差）的自然数对数。

3. 工具变量

券商声誉（FAM）：发生并购前一年末券商声誉大小。声誉可反映券商综合网络中心度大小。声誉越高的券商服务公司越多，社会联结越丰富，投资者认可度越高。

券商分析师数量（FAN）：发生并购前一年末券商拥有分析师数量。分析师有金融经济学、法律知识和专业分析能力，关注和搜集资本市场公司信息，分析经营情况与股票波动，并与各类组织来往密切。分析师数量一定程度上代表券商服务和业务能力，影响其信息搜集和服务公司的数量。

4. 控制变量

挂牌公司控制变量：

（1）股权集中度（AFN）：并购前一年末第一大股东持股比例。大股东参与公司决策，影响并购的溢价、支付方式。大股东态度对并购交易有影响。

（2）交易股权比例（RAT）：标的股权占公司总股权比例。交易比例越大，交易规模越大越复杂。交易股权比例影响并购的溢价决策、支付方式和交易效率。

（3）高管持股比例（MRO）：高管持股比例总和。高管出于利益考虑，在并购后保住原有职位和收益，为收购公司提供便利，可能会侵害股东利益。高管持股多，倾向与股东利益一致。

（4）资产相对规模（ASE）：并购前一年末被并购公司总资产除以并购公司总资产。相对规模越大说明收购公司对被并购公司的评估、谈判、合同签订的复杂性增大，被并购公司会争取有利于己方的并购效率。

（5）公司性质（ENT）：国有公司为1，民营公司为0。国有公司与民营公司在治理和经营模式上有较大差异，影响并购决策和交易过程。

（6）交易规模（TAD）：交易金额的自然对数值。

（7）托宾Q（TQ）值：并购前一年末的TQ值，测度公司盈利能力。

$$TQ = \frac{\text{企业总资产的市场价值}}{\text{企业总资产的市场成本}} = \frac{\text{企业总资产的市场价值}}{\text{年末总资产}}$$

$$= \frac{\text{年末流通市值} + \text{非流通股占净资产的金额}}{\text{年末总资产}} + \frac{\text{长期负债} + \text{短期负债}}{\text{年末总资产}}$$

（8）行业（IND）：哑变量，新三板投资型一级行业，控制行业影响。

（9）时间（YEAR）：哑变量，2010—2018年，控制年份影响。

上市公司控制变量：

（1）股权集中度（ANS）：并购前一年末第一大股东持股比例。大股东参与公司决策，对并购溢价、支付方式和交易有影响。

（2）盈利能力（PFT）：并购前一年末销售净利率，盈利能力对并购溢价和支付方式有影响。

（3）高管持股比例（MOS）：并购前一年末高管持股比例总和。代理问题会导致高管侵害股东利益，对并购决策有影响。

（4）杠杆率（LEV）：并购前一年末负债率，反映公司财务风险和自由净现金流，对并购有影响。

（5）偿债能力（DAS）：并购前一年末经营净现金流量 / 负债合计。

（6）成长能力（GRW）：并购前一年末净利润增长率。公司发展状况对并购的溢价水平和支付方式有影响。

（7）公司性质（EAT）：国有公司为 1，民营公司为 0。

（8）行业（IND）：哑变量，按新三板投资型一级行业，控制行业影响。

（9）时间（YEAR）：哑变量，2010—2018 年，控制年份影响。

10.2.2　计量模型

券商网络程度中心度、紧密中心度、中介中心度和声誉对并购效率影响，采用稳健模型，并购支付方式采用模型回归。

挂牌公司控制变量（被并购方）

$$Efficiency = \alpha_1 + \beta_1 \left[Broker\,(NetCentrality/FAM/FAN) \right] + \beta_2\,(MRO)$$
$$+ \beta_3\,(AFN) + \beta_4\,(RAT) + \beta_5\,(ASE) + \beta_6\,(TAD) + \beta_7\,(TQ) + \beta_8\,(ENT)$$
$$+ \sum IND + \sum YEAR + \varepsilon \tag{10-1}$$

沪深上市公司控制变量（并购方）

$$Efficiency = \alpha_1 + \beta_1 \left[Broker\,(NetCentrality/FAM/FAN) \right] + \beta_2\,(MOS)$$
$$+ \beta_3\,(ANS) + \beta_4\,(PFT) + \beta_5\,(GRW) + \beta_6\,(LEV) + \beta_7\,(DAS) + \beta_8\,(EAT)$$
$$+ \sum IND + \sum YEAR + \varepsilon \tag{10-2}$$

式中，券商网络中心度（Broker Net Centrality）代表：DNE、CNE 和 BNE。挂牌公司被并购效率（Efficiency）代表：MPR、MPA 和 MEF。

10.2.3　样本与数据来源

样本来自 Wind 和 Choice 数据库 2010—2018 年的上市公司并购新三板事件的合并集。券商数据、财务数据和 CAR 数据来自 Choice 金融数据库和新三板信息平台官方网站。券商分析师的数据来自中国证券业协会官方网站。通过 Choice 数据库和巨潮网的公司投资公告、年报核实，共获得并购初始样本 1098 个，如表 10-1 所示，将并购样本分为并购完成、正在进行和并购失败三类。在总样本基础上，根据研究的内容，本书选择并购成功样本 623 个，剔除金融行业并购 127 个，待挂牌公司样本 25 个，并购股权小于 5%

的样本 51 个，最终有效样本 420 个。

表 10-1　2010—2018 年样本整理　　　　　　单位：个

类型	并购类别	年份									总计
		2010年	2011年	2012年	2013年	2014年	2015年	2016年	2017年	2018年	
并购完成	非金融行业并购	12	12	19	29	79	93	88	87	77	496
	金融行业并购	1	0	0	0	1	38	47	16	24	127
	合计	13	12	19	29	80	131	135	103	101	623
正在进行	非金融行业并购	0	0	0	4	16	63	62	46	78	269
	金融行业并购	0	0	0	0	1	13	27	6	17	64
	合计	0	0	0	4	17	76	89	52	95	333
并购失败	非金融行业并购	2	1	7	4	6	13	14	19	51	117
	金融行业并购	0	2	3	0	0	9	8	0	3	25
	合计	2	3	10	4	6	22	22	19	54	142
总计		15	15	29	37	103	229	246	174	250	1099

数据来源：根据 Choice 金融数据库和 Wind 数据库样本合并。

10.2.4　描述性统计

数据来自 420 个有效样本：①并购溢价数据为 420 个；②剔除 22 个完成时间缺失样本，并购交易效率样本为 398 个；③剔除并购支付方式中资产支付样本 28 个，选择支付方式为现金和混合支付（现金＋股权）样本 392 个；④对连续性变量上下 1% 缩尾处理。本书采用 Stata 15.0 和 Matlab 2016 软件处理数据，如表 10-2 所示。券商与上市公司直接联结节点数较大，导致程度和中介中心度计算结果偏小，而紧密中心度较大。并购溢价最大值为 39.435，最小值为 –0.998，均值为 4.896，说明并购溢价普遍偏高。控制变量 TQ 值的最大值 99.668，标准差 14.918，均值 6.784，表明上市公司并购对象有较好市场前景和盈利能力。挂牌公司股权集中度和高管持股比例均值分别为 0.373 和 0.362，明显高于上市公司，表明挂牌公司创业者个人或团队掌握大部分股权，高管的积极性更高。

表 10-2　样本描述性统计

变量		样本 / 个	均值	标准差	最小值	中值	最大值
被解释变量	MPR	420	4.896	7.275	–0.998	2.588	39.435
	MEF	398	4.723	1.352	1.315	4.856	7.513
	MPA	392	0.394	0.489	0.000	0.000	1.000

续表

变量		样本 / 个	均值	标准差	最小值	中值	最大值
解释变量	DNE	420	0.038	0.042	0.001	0.030	0.297
	TNE	420	0.047	0.081	0.000	0.019	0.534
	CNE	420	50.362	60.370	1.815	22.273	220.292
工具变量	FAM	420	26.768	19.647	1.500	21.165	65.000
	FAN	420	14.790	14.352	0.000	10.000	66.000
控制变量挂牌公司	MRO	420	0.362	0.295	0.000	0.317	1.000
	AFN	420	0.373	0.252	0.001	0.385	0.995
	ASE	420	0.180	0.342	0.001	0.065	2.205
	RAT	420	0.541	0.357	0.050	0.510	1.000
	TAD	420	4.035	0.711	2.544	4.079	5.516
	ENT	420	0.055	0.228	0.000	0.000	1.000
	TQ	420	6.784	14.918	0.040	1.918	99.668
控制变量上市公司	MOS	420	0.227	0.229	0.000	0.151	0.801
	ANS	420	0.333	0.154	0.045	0.300	0.894
	PFT	420	0.167	0.791	−6.983	0.102	9.611
	GWR	420	1.099	9.148	−29.086	0.131	103.261
	LEV	420	0.368	0.191	0.024	0.352	1.411
	DAS	420	0.157	1.025	−18.815	0.117	2.299
	EAT	420	0.155	0.362	0.000	0.000	1.000

表 10-3　变量相关系数检验

VAR	DNE	CNE	BNE	FAM	FAN	MPR	MEF	MPA	MRO	AFN	ASE	RAT	TAD	ENT
CNE	-0.494***													
BNE	0.780***	-0.380***												
FAM	-0.451***	0.554***	-0.467***											
FAN	0.039*	-0.184***	0.163***	-0.429***										
MPR	0.098**	-0.141**	0.099***	-0.195***	0.034									
MEF	0.113**	-0.133**	0.088**	-0.152**	0.185***	0.159**								
MPA	-0.147**	0.210***	-0.172***	0.195***	-0.109**	-0.121**	0.091*							
MRO	-0.033	-0.010	-0.004	0.040	-0.095*	0.184***	-0.013	-0.132**						
AFN	0.023	0.076	0.062	-0.088*	-0.067	0.012	-0.152**	-0.034	-0.224**					
ASE	0.070	-0.032	0.026	-0.012	0.018	-0.082*	0.226***	0.084*	-0.068	-0.070				
RAT	-0.090*	0.086*	-0.067	0.076	0.095*	0.029	0.422***	0.097*	-0.022	-0.024	0.238**			
TAD	-0.037	0.033	-0.052	-0.005	0.141**	0.191***	0.671***	0.164**	-0.042	-0.058	0.351*	0.194*		
ENT	0.067	-0.054	0.026	-0.022	0.014	-0.079	-0.064	-0.027	-0.077	0.110**	-0.057	-0.022	-0.024	
TQ	-0.022	-0.028	0.019	-0.044	-0.046	0.159**	-0.171***	-0.172***	0.150**	-0.041	-0.121**	-0.173***	-0.247***	0.029

注：* 表示 $p < 0.10$，** 表示 $p < 0.05$，*** 表示 $p < 0.01$。

变量相关系数检验，如表 10-3 所示。①券商网络程度中心度、紧密中心度、中介中心度和并购溢价、支付方式及交易效率之间存在显著相关性。②券商网络程度中心度、紧密中心度、中介中心度和工具变量券商的声誉和分析师数量存在显著相关性。券商声誉越高，寻求合作的上市公司越多，业务联结会增大，导致网络中心度联结增多，一定范围内到达其他结点距离会缩短，控制信息能力越强。而券商分析师数量越多，拥有信息搜集和市场咨询分析能力相对越高，分析师追踪的公司数量相对较多，因此券商网络中心度及工具变量之间的显著相关性符合已有文献研究结论与资本市场实际状况。③控制变量高管持股、交易规模、资产规模和 TQ 值与被解释变量具有显著相关性。相关系数检验，未发现共线性问题。

10.3 实证分析

10.3.1 券商网络对并购溢价的影响

如表 10-4 所示。从被并购方看，券商网络中心度与并购溢价（MPR）显著正相关，说明券商的信息丰富程度、传递效率和质量，对并购溢价有重要影响。两者因果关系，可解释为：①券商网络中心度与可供选择的潜在并购公司范围正相关。被并购挂牌公司当然会尽可能与出价高的上市公司收购方交易。②券商网络中心度越高，信息丰富程度、传递效率和质量越高。可有效提升挂牌公司谈判能力，使得定价博弈有利于己方，提高溢价水平。③券商网络越丰富，代表服务的公司越多，业界认可度越高，收取的中介费用越高。高的费用促使券商积极服务，通过提高并购溢价来维护收益和市场声誉。因此，券商网络中心度大小，影响其控制资源、风险和信息的能力，对溢价支付产生作用。

表 10-4 券商网络中心度与并购溢价回归

挂牌公司控制变量				上市公司控制变量				
VAR	(1)	(2)	(3)	(4)	VAR	(1)	(2)	(3)	(4)
DNE		16.199** (2.014)			DNE		18.731** (2.137)		
CNE			−0.018*** (−3.733)		CNE			−0.006*** (−3.034)	
BNE				6.245 (1.452)	BNE				6.787 (1.482)
MRO	3.196** (2.359)	3.208** (2.381)	3.240** (2.408)	3.185** (2.352)	MOS	−4.882*** (−3.138)	−5.016*** (−3.226)	−4.820*** (−3.130)	−4.848*** (−3.147)
ANF	−0.117 (−0.084)	−0.024 (−0.017)	−0.084 (−0.060)	−0.114 (−0.082)	ANS	1.974 (0.736)	1.773 (0.658)	1.715 (0.640)	1.783 (0.664)
RAT	−2.570** (−2.277)	−2.243** (−1.992)	−2.213** (−2.009)	−2.472** (−2.190)	PTF	1.269* (1.938)	1.255* (1.939)	1.215* (1.883)	1.230* (1.900)
TAD	4.293*** (6.873)	4.176*** (6.787)	4.200*** (6.991)	4.256*** (6.790)	GRW	−0.031 (−1.308)	−0.030 (−1.333)	−0.032 (−1.378)	−0.031 (−1.329)

续表

	挂牌公司控制变量					上市公司控制变量			
VAR	(1)	(2)	(3)	(4)	VAR	(1)	(2)	(3)	(4)
ASE	−2.835*** (−3.032)	−2.966*** (−3.143)	−2.951*** (−3.189)	−2.887*** (−3.084)	LEV	−6.373*** (−3.046)	−6.292*** (−3.035)	−6.533*** (−3.139)	−6.319*** (−3.033)
TQ	0.075** (2.500)	0.075** (2.498)	0.071** (2.417)	0.074** (2.486)	DAS	0.803* (1.692)	0.725 (1.552)	0.771* (1.725)	0.776 (1.617)
ENT	−2.965*** (−3.907)	−2.961*** (−3.756)	−3.035*** (−3.991)	−2.900*** (−3.716)	EAT	−1.186 (−1.136)	−1.279 (−1.222)	−1.244 (−1.200)	−1.203 (−1.151)
IND	Yes								
YEAR	Yes								
_Cons	−11.644*** (−4.225)	−12.676*** (−4.665)	−11.493*** (−4.294)	−12.232*** (−4.498)	_Cons	8.596** (2.388)	7.201** (2.103)	9.051** (2.504)	7.955** (2.183)
R^2	0.259	0.265	0.276	0.263	R^2	0.143	0.152	0.154	0.148
AdjR^2	0.229	0.234	0.246	0.232	AdjR^2	0.107	0.114	0.116	0.110
F	6.822	6.570	6.767	6.537	F	3.032	2.879	2.933	2.905
N	420	420	420	420	N	420	420	420	420

注：括号内为 t 值，t statistics in parentheses ＊$p < 0.10$，＊＊$p < 0.05$，＊＊＊$p < 0.01$。

挂牌公司的高管持股（MRO）、股权交易比例（RAT）、交易规模（TAD）、相对资产规模（ASE）、公司性质（ENT）和托宾 Q（TQ）等对并购溢价有显著影响。可解释如下：①挂牌公司的高管大多也是股东，会积极争取标的（股权）高价格，影响支付溢价水平。②股权交易比例越高和相对规模越大，代表支付的总额越高，完全现金支付会给并购公司带来财务风险，或超出支付能力，并购方会要求降低支付的金额。③TQ 值对并购溢价有显著正向影响，表明被并购方盈利能力会提高标的估值，并购方愿意支付较高的溢价。④被并购方为私营公司时溢价会更高，而国有性质则相对较低，国有公司在经营绩效和政府干预等因素下，导致并购并非资源有效配置（雷卫、何杰，2018）。研究表明，被并购公司的财务特征、治理水平及交易情况，对溢价支付有显著影响。因为依据这些特征可预测公司发展潜力，是谈判的重要内容。

从并购方来看，上市公司特征对并购溢价存在影响。如上市公司的高管持股（MOS）、盈利能力（PFT）、杠杆率（LEV）和偿债能力（DAS）对并购溢价有显著影响。高管持股越高越会激发责任感和盈利欲望，更希望压低支付溢价，来节约并购成本和降低风险。盈利能力、杠杆率和偿债能力影响到企业的现金流和支付能力，而现金流和支付能力越大，交易支付价格可能会越高。因此并购方特征影响定价决策。

值得思考的是，挂牌公司作为博弈的一方，公司股东和管理层为提高收益，往往也会运用手段和资源来弥补弱势地位，运用网络资源或借助中介资源，在选择收购对象、评估标的和谈判博弈中，提高并购溢价和有利于己方的效率。例如被并购公司的董事或股东网络有助于提高信息收集和资源获取能力，如果聘请的并购中介关系资源越丰富、声誉越高、参与程度越深，相对的服务费用可能越高，对其并购融资溢价有积极影响，可以有效保护被并购方利益。挂牌公司可依靠资源少，致使融资受限，借助券商网络扩大筛选上市公司收购方的范围，选择出价高的收购方，造成高并购溢价支付的根源在于：①券商与挂牌公司有直接利益关系，会积极帮助挂牌公司实现并购融资或股权转让，并提高挂牌公司利益。②上市公司通过券商获取挂牌公司私有和异质性信息，对并购对象的判断更准确，如果并购能带来较大收益，就愿意支付相对较高价格。③上市公司跨行业并购挂牌公司，相比开展新的陌生业务，成本要低得多，因此会选择有较好成长与盈利潜力的挂牌公司并购，被并购公司股东会索要高溢价来弥补股权转让损失。上市公司在竞争中，会一定程度妥协和愿意支付较高的溢价。

10.3.2　券商网络对并购支付方式影响

采用 Logistic 回归模型，结果如表 10-5 所示。券商网络中心度对并购支付方式（MPA）的选择有显著影响，券商网络中心度与现金支付概率正相关。回归常量系数为负，表示在中性条件下，被并购方更倾向现金支付。现金支付可避免混合支付导致的实际支付价值下降，以及快速变现和降低并购整合风险与资本使用成本，有利于被并购方股东收益增加。而并购方或许更倾向混合支付，降低实际支付和交叉股权持有，但要根据并购方股票的未来估值而定。券商介入影响支付方式选择博弈结果。

表 10-5　券商网络中心度与并购支付方式

挂牌公司控制变量				上市公司控制变量				
VAR	(1)	(2)	(3)	(4)	VAR	(1)	(2)	(3)	(4)
DNE		−13.445** (−2.361)			DNE		−10.750** (−2.158)		
CNE			0.011*** (4.568)		CNE			0.003* (1.895)	
BNE				−7.420** (−2.118)	BNE				−6.027** (−2.161)
MRO	−1.363*** (−3.112)	−1.381*** (−3.076)	−1.437*** (−3.079)	−1.391*** (−3.061)	MOS	0.962* (1.841)	1.063** (2.004)	0.976* (1.877)	0.999* (1.900)
ANF	−0.321 (−0.586)	−0.421 (−0.758)	−0.361 (−0.634)	−0.353 (−0.548)	ANS	−0.630 (−0.847)	−0.491 (−0.649)	−0.439 (−0.593)	−0.485 (−0.652)
RAT	−0.213 (−0.482)	−0.388 (−0.851)	−0.408 (−0.883)	−0.275 (−0.511)	PTF	−0.278 (−0.981)	−0.271 (−1.042)	−0.264 (−1.036)	−0.265 (−1.028)
TAD	0.421* (1.822)	0.505** (2.137)	0.499** (2.044)	0.470** (1.983)	GRW	−0.006 (−0.422)	−0.006 (−0.391)	−0.005 (−0.384)	−0.006 (−0.408)
ASE	−0.058 (−0.166)	0.055 (0.138)	0.023 (0.066)	0.024 (0.063)	LEV	0.242 (0.372)	0.272 (0.409)	0.431 (0.648)	0.242 (0.365)
TQ	−0.032** (−2.126)	−0.033** (−2.202)	−0.030** (−2.106)	−0.032** (−2.154)	DAS	−1.051*** (−2.582)	−1.021** (−2.533)	−0.960** (−2.388)	−1.004** (−2.547)
ENT	−0.423 (−0.737)	−0.406 (−0.705)	−0.375 (−0.667)	−0.485 (−0.839)	EAT	0.078 (0.230)	0.176 (0.506)	0.109 (0.307)	0.132 (0.376)
IND	Yes								

挂牌公司控制变量				上市公司控制变量				
VAR	(1)	(2)	(3)	(4)	VAR	(1)	(2)	(3)	(4)
YEAR	Yes								
_Cons	1.588 (1.457)	0.877 (0.802)	1.793 (1.558)	1.168 (1.071)	_Cons	−0.311 (−0.403)	0.268 (0.333)	−0.560 (−0.722)	0.114 (0.148)
$\text{Pseudo}R^2$	40.14	46.79	60.32	44.38	$\text{Pseudo}R^2$	24.45	32.31	28.83	32.57
Wald chi^2	0.100	0.127	0.147	0.129	Wald chi^2	0.066	0.083	0.087	0.088
N	392	392	392	392	N	392	392	392	392

注：括号内为 z 值，* 表示 $p < 0.10$，** 表示 $p < 0.05$，*** 表示 $p < 0.01$。

从被并购方看：（1）只有在挂牌公司判断上市公司未来价值上升时，股权支付才可能更容易被接受，但上市公司的关键私有信息或某些关联交易很难为外界所知，如上市公司的财务丑闻和高管突发性社会事件，基本是突然被媒体爆出，故有时很难做出判断。（2）挂牌公司的股东大多兼任高管和董事，或为投资公司等，他们更希望现金支付。（3）控制权转移，可能会引发风险转嫁和被掏空的风险，因为并购完成后，两边持股股东会优先考虑自身投资组合利益最大化，而实施财富转移。这对挂牌公司股东和高管有损害利益的威胁性，股权支付会降低现有股东的未来收益。（4）券商网络与并购信息异质性和质量正相关，拥有可靠信息的决策者信心增强。在券商的帮助下，会提高现金支付概率。

挂牌公司的高管持股（MRO）、TQ 值与现金支付概率显著正相关。高管持股越高，并购与自身收益关系越紧密，作为公司股东和决策者，更倾向以现金支付来获取最大收益；TQ 值越大，代表盈利能力和市场潜力越大，挂牌公司谈判能力越强；交易规模（TAD）越大，则越倾向混合支付，因为并购交易金额越大，现金支付会对并购方造成财务压力，或资金受限无法直接满足估值金额。

从并购方来看，高管持股（MOS）与混合支付显著正相关，偿债能力（LEV）与混合支付方式显著负相关。并购双方的信息不对称程度越大，并购方倾向混合支付降低成本和风险。如果上市公司的股票被低估，更倾向采用现金支付；反之，则倾向采用混合支付方式。

10.3.3　券商网络对并购交易效率影响

券商网络有效改进并购交易效率（MEF），根本原因在于：①为并购双方提供关键信息，使交易对象选择、方案制定和谈判与执行过程的信息不对称下降，减少各环节的摩擦和风险。②对券商并购经验和知识学习，提高挂牌公司决策者经验和思维，提前预判和识别问题与风险，化解矛盾。③券商的分析师和并购业务团队，拥有中介服务优势。

如表 10-6 所示，券商网络中心度对并购交易效率有显著正向影响。可解释为：①券商帮助挂牌公司实现融资需求。券商网络越丰富，选择并购方的范围越广，越能降低信息不对称，使双方的事前选择、方案制定更科学和符合利益需求。②券商为挂牌公司与上市公司搭建并购渠道，积极促成交易，降低交易成本和难度，对挂牌公司被并购有促进作用。③券商的中介服务，可提供并购双方财务政策、绩效和战略的解读，提供挂牌公司经验和方案支持，运用中介治理，协调交易双方，妥善解决遇到的难题。④挂牌公司的股权集中度（AFN）和交易比例（RAT）与交易效率显著负相关。股权集中度越高，股权交易对大股东利益影响越大，大股东为获得满意收益反而会谨慎谈判和决策，致使交易时间和难度增加。交易规模与复杂性正相关，交易难度相对越高。

表 10-6　券商网络中心度与并购交易效率回归

挂牌公司控制变量				上市公司控制变量				
VAR	(1)	(2)	(3)	(4)	VAR	(1)	(2)	(3)	(4)
DNE		5.295*** (3.789)			DNE		6.296*** (3.401)		
CNE			−0.004*** (−3.844)		CNE			−0.002*** (−5.327)	
BNE				2.295*** (3.991)	BNE				2.638*** (3.411)
MRO	0.068 (0.381)	0.059 (0.335)	0.070 (0.403)	0.056 (0.314)	MOS	0.235 (0.737)	0.190 (0.615)	0.255 (0.802)	0.253 (0.808)
ANF	−0.586** (−2.063)	−0.543** (−1.970)	−0.565** (−2.075)	−0.582** (−2.077)	ANS	0.174 (0.424)	0.087 (0.219)	0.073 (0.180)	0.075 (0.186)
RAT	−0.474* (−1.964)	−0.362 (−1.502)	−0.382 (−1.627)	−0.435* (−1.812)	PTF	0.171* (1.802)	0.174* (1.892)	0.177* (1.882)	0.185** (2.063)
TAD	1.453*** (10.886)	1.410*** (10.474)	1.428*** (10.911)	1.436*** (10.755)	GRW	0.008 (1.451)	0.008 (1.472)	0.007 (1.394)	0.008 (1.452)
ASE	−0.050 (−0.241)	−0.099 (−0.476)	−0.081 (−0.385)	−0.071 (−0.342)	LEV	−0.859** (−1.992)	−0.846** (−1.986)	−0.906** (−2.125)	−0.845** (−1.972)
TQ	0.000 (0.009)	0.000 (0.032)	−0.001 (−0.196)	−0.000 (−0.048)	DAS	0.141** (2.145)	0.114* (1.809)	0.135** (2.271)	0.130* (1.930)
ENT	−0.203 (−0.724)	−0.206 (−0.705)	−0.257 (−0.886)	−0.180 (−0.627)	EAT	0.219 (1.132)	0.180 (0.934)	0.213 (1.095)	0.209 (1.076)
IND	Yes								
YEAR	Yes								
_Cons	−0.716 (−1.328)	−1.049** (−1.978)	−0.664 (−1.253)	−0.923* (−1.739)	_Cons	4.549*** (9.631)	4.072*** (7.954)	4.597*** (9.794)	4.295** (8.887)
R^2	0.483	0.505	0.509	0.500	R^2	0.132	0.161	0.152	0.153
AdjR^2	0.461	0.482	0.487	0.478	AdjR^2	0.093	0.121	0.112	0.113
F	22.440	23.702	24.004	23.107	F	3.751	4.225	5.507	4.112
N	398	398	398	398	N	398	398	398	398

注：括号内为 t 值，* 表示 $p < 0.10$，** 表示 $p < 0.05$，*** 表示 $p < 0.01$。

　　从并购方来看，上市公司的偿债能力（DAS）和盈利能力（PFT）对交易效率正向显著影响，偿债能力代表公司资本运营能力、经营能力和现金流，与财务风险负相关。盈利能力对融资能力、负债能力和现金流有正向影响，公司高管自信心较大，会促进并购的实施与完成。上市公司杠杆率（LEV）对并购交易效率负向显著影响，表明负债增加财务风险，对现金流有负向影响，致使上市公司谨慎并购和延长时间来筹备资金。可解释为：①券商为并购方提供异质性和可靠质量的信息，有声誉保证。会降低交易摩擦，增加并购方信心，缩短交易时间和降低交易难度。②代表投资能力的财务指标，会影响并购方在交易过程中执行的主动性和快慢。

10.3.4　稳健性与内生性讨论

1. 稳健性检验

本章采用自助法（Bootstrap）对原模型进行稳健性检验，自助法可有效消除异方差的影响，解决样本较小问题导致的回归偏差。如表 10-7 所示，解释变量的显著性虽发生微小变化，但系数都在 10% 内显著。自助法和 OLS 稳健回归，在控制变量的系数和显著性未发生变化，证实本章假设成立，支持前文研究结论。

稳健性检验表明，券商网络中心度对挂牌公司被并购效率有显著影响。原因可概括为：①券商介入对挂牌公司被上市公司并购效率有显著影响。券商搭建信息质量、流通效率和丰富程度的并购桥梁，有中介协调、支持、控制和治理的作用，促进并购完成。②相对上市公司的董事、高管和股东等网络对并购的影响，挂牌公司先天资源禀赋缺乏，制约各种交易活动，依靠券商网络资源和中介服务，实现融资和股权交易是优选方案之一。③并购双方的财务特征对并购效率（并购溢价、支付方式和交易效率）有影响。但公司股东和高管应该清楚认识到，虽然新三板和券商能为被并购公司提供支持，但公司自身情况和经营业绩才是实现融资的基础。

2. 内生性讨论

本书选取券商的声誉（FAM）和分析师数量（FAN）为工具变量来消除内生性问题。内生性问题主要有两方面：①挂牌公司在选择挂牌保荐人时，可能会选择业绩好的券商，而券商也会选择有发展潜力和盈利能力的公司作为保荐人推荐挂牌，这会造成回归残差项与券商网络中心度的显著相关。②券商作为金融中介，由于利益驱使，可能会诱发其与上市公司、挂牌公司合谋违反法律的并购现象，而法律对机会主义者释放虚假信息惩罚不够，造成高溢价并购现象，侵害投资者和并购双方的中小股东利益。

券商的声誉和分析师数量对并购的溢价水平、支付方式和交易效率回归检验。如表 10-8 至表 10-10 所示，回归采用 2SLS 和 2GMM 方法，第一阶段券商网络中心度对声誉和分析师数量回归，程度中心度和中介中心度对声誉和分析师数量显著，而紧密中心度对券商分析师数量回归的 P 值在 20% 内显著，券商声誉均在 1% 内显著。结合第一阶段的总体 F 检验值均满足远大于 10 的要求。第二阶段回归结果表明，弱工具变量检验值均比较大，不存在弱工具变量；工具变量过度识别检验 Chi-$sq(2)P$-val 值均为 0.1～0.8，表明工具变量外生，与扰动项不相关。为消除异方差，进行最优 2GMM 回归检验，回归结果和 2SLS 的系数估计基本一致。总体来看，工具变量选择比较理想，内生性检验表明券商声誉工具变量的有效性，而券商分析师数量显著性相对较弱，但根据研究和实证经验，券商分析师数量基本符合工具变量要求。

表 10—7　稳健性检验

VAR	并购溢价（MPR）				支付方式（MPA）				交易效率（MEF）			
---	(1)	(2)	(3)	(4)	(1)	(2)	(3)	(4)	(1)	(2)	(3)	(4)
DNE		16.199* (1.892)				-13.445** (-2.208)				5.295*** (3.810)		
CNE			-0.018*** (-3.696)				0.011*** (4.212)				-0.004*** (-3.734)	
BNE				6.245 (1.336)				-7.420** (-1.977)				2.295*** (3.963)
MRO	3.196** (2.296)	3.208** (2.383)	3.240** (2.413)	3.185** (2.310)	-1.363*** (-2.797)	-1.381*** (-2.898)	-1.437*** (-2.835)	-1.391*** (-2.827)	0.068 (0.380)	0.059 (0.336)	0.070 (0.397)	0.056 (0.299)
ANF	-0.117 (-0.080)	-0.024 (-0.017)	-0.084 (-0.061)	-0.114 (-0.081)	-0.321 (-0.539)	-0.421 (-0.701)	-0.361 (-0.585)	-0.353 (-0.584)	-0.586** (-2.064)	-0.543* (-1.937)	-0.565** (-2.106)	-0.582** (-2.051)
RAT	-2.570** (-2.214)	-2.243* (-1.971)	-2.213** (-2.017)	-2.472** (-2.164)	-0.213 (-0.444)	-0.388 (-0.774)	-0.408 (-0.801)	-0.275 (-0.566)	0.474* (-1.946)	0.362 (-1.502)	0.382 (-1.640)	0.435* (-1.916)
TAD	4.293*** (6.773)	4.176*** (6.698)	4.200*** (6.945)	4.256*** (6.829)	0.421* (1.683)	0.505* (1.945)	0.499* (1.871)	0.470* (1.813)	1.453*** (10.657)	1.410*** (10.608)	1.428*** (11.015)	1.436*** (11.256)
ASE	-2.835*** (-2.921)	-2.966*** (-3.116)	-2.951*** (-3.026)	-2.887*** (-2.923)	-0.058 (-0.146)	0.055 (0.119)	0.023 (0.057)	0.024 (0.054)	-0.050 (-0.235)	-0.099 (-0.478)	-0.081 (-0.382)	-0.071 (-0.333)
TQ	0.075** (2.414)	0.075** (2.489)	0.071** (2.351)	0.074** (2.418)	-0.032* (-1.655)	-0.033* (-1.688)	-0.030 (-1.441)	-0.032 (-1.577)	0.000 (0.009)	0.000 (0.031)	-0.001 (-0.191)	-0.000 (-0.047)
ENT	-2.965*** (-3.602)	-2.961*** (-3.520)	-3.035*** (-3.776)	-2.900*** (-3.477)	-0.423 (-0.652)	-0.406 (-0.592)	-0.375 (-0.574)	-0.485 (-0.709)	-0.203 (-0.707)	-0.206 (-0.725)	-0.257 (-0.893)	-0.180 (-0.617)
IND	Yes											

续表

VAR	并购溢价（MPR）				支付方式（MPA）				交易效率（MEF）			
	(1)	(2)	(3)	(4)	(1)	(2)	(3)	(4)	(1)	(2)	(3)	(4)
YEAR	Yes											
_Cons	-11.644*** (-4.132)	-12.676*** (-4.603)	-11.493*** (-4.234)	-12.232*** (-4.351)	-1.588 (-1.312)	-0.877 (-0.736)	-1.793 (-1.412)	-1.168 (-0.949)	-0.716 (-1.310)	-1.049* (-1.945)	-0.664 (-1.261)	-0.923* (-1.786)
R^2	0.259	0.265	0.276	0.263	0.100	0.127	0.147	0.129	0.483	0.505	0.509	0.500
AdjR²	0.229	0.234	0.246	0.232					0.461	0.482	0.487	0.478
Wald chi²	101.61	103.12	115.57	107.04	33.43	38.20	46.70	36.95	337.07	392.42	402.11	377.79
Replications	2000	2000	2000	2000	1726	1718	1692	1678	2000	2000	2000	2000
N	420	420	420	420	392	392	392	392	398	398	398	398

注：括号内为 t 值，* 表示 $p < 0.10$，** 表示 $p < 0.05$，*** 表示 $p < 0.01$。

表10-8　内生性与工具变量检验［并购溢价（MPR）］

VAR	(1) 一阶段：Y=DNE	(2) 二阶段：Y=MPR	(3) 二阶段：Y=MPR	(1) 一阶段：Y=CNE	(2) 二阶段：Y=MPR	(3) 二阶段：Y=MPR	(1) 一阶段：Y=BNE	(2) 二阶段：Y=MPR	(3) 二阶段：Y=MPR
FAM	-0.001*** (0.000)			1.540*** (0.155)			-0.002*** (0.000)		
FAN	0.000* (0.000)			-0.352** (0.170)			0.001*** (0.000)		

续表

VAR	(1) 一阶段： Y=DNE	(2) 二阶段： Y=MPR	(3) 二阶段： Y=MPR	(1) 一阶段： Y=CNE	(2) 二阶段： Y=MPR	(3) 二阶段： Y=MPR	(1) 一阶段： Y=BNE	(2) 二阶段： Y=MPR	(3) 二阶段： Y=MPR
MRO	0.001 (0.005)	3.237** (1.329)	3.237*** (1.164)	−1.086 (8.712)	3.272** (1.326)	3.272** (1.132)	0.006 (0.011)	3.152** (1.350)	3.152*** (1.170)
AFN	−0.011 (0.008)	0.203 (1.427)	0.203 (1.567)	11.383 (11.514)	−0.060 (1.411)	−0.060 (1.520)	−0.011 (0.015)	−0.104 (1.391)	−0.104 (1.571)
RAT	−0.014** (0.007)	−1.447 (1.170)	−1.447 (1.355)	8.603 (8.585)	−1.959* (1.086)	−1.959 (1.284)	−0.003 (0.012)	−2.149* (1.130)	−2.149 (1.320)
TAD	0.004 (0.003)	3.892*** (0.581)	3.892*** (0.694)	0.267 (4.853)	4.135*** (0.585)	4.135*** (0.665)	−0.000 (0.006)	4.135*** (0.612)	4.135*** (0.688)
ASE	0.006 (0.004)	−3.285*** (0.954)	−3.285*** (1.008)	−3.527 (6.472)	−3.033*** (0.903)	−3.033*** (0.972)	0.005 (0.007)	−3.059*** (0.936)	−3.059*** (1.005)
TQ	−0.000 (0.000)	0.075** (0.030)	0.075*** (0.023)	−0.078 (0.109)	0.069** (0.029)	0.069*** (0.022)	−0.000 (0.000)	0.072** (0.029)	0.072*** (0.023)
ENT	−0.001 (0.010)	−2.951*** (0.966)	−2.951** (1.417)	−2.342 (9.679)	−3.085*** (0.775)	−3.085** (1.378)	−0.013 (0.021)	−2.686*** (0.966)	−2.686* (1.427)
DNE/CNE/BNE		55.712*** (15.432)	55.712*** (17.949)		−0.030*** (0.008)	−0.030*** (0.009)		26.856*** (7.700)	26.856*** (8.837)
IND					Yes				
YEAR					Yes				
_Cons	0.087*** (0.015)	−15.195*** (2.908)	−15.195*** (3.242)	−35.573* (18.717)	−11.386*** (2.598)	−11.386*** (2.950)	0.137*** (0.034)	−14.173*** (2.909)	−14.173*** (3.160)
R^2	0.391	0.225	0.225	0.474	0.267	0.267	0.310	0.217	0.217
F Test of excluded instruments	80.84			77.87			71.16		

续表

VAR	(1) 一阶段：Y=DNE	(2) 二阶段：Y=MPR	(3) 二阶段：Y=MPR	(1) 一阶段：Y=CNE	(2) 二阶段：Y=MPR	(3) 二阶段：Y=MPR	(1) 一阶段：Y=BNE	(2) 二阶段：Y=MPR	(3) 二阶段：Y=MPR
F	13.83	6.62	8.43	18.88	6.86	8.93	10.97	6.56	8.33
Under identification		103.910	92.709		89.438	147.197		95.313	93.034
Chi-sq(2) P-val		0.000	0.000		0.000	0.000		0.000	0.000
Weak identification test		87.95	56.79		81.92	108.2		73.27	57.05
Sargan statistic		1.519	0.975		1.431	0.916		2.059	1.266
Chi-sq(2) P-val		0.217	0.324		0.233	0.339		0.152	0.261
N	420	420	420	420	420	420	420	420	420
MODEL	OLS	2SLS	2GMM	OLS	2SLS	2GMM	OLS	2SLS	2GMM

注：括号内为 t 值，* 表示 $p < 0.10$，** 表示 $p < 0.05$，*** 表示 $p < 0.01$。

表 10-9　内生性与工具变量检验 [并购支付方式（MPA）]

VAR	(1) 一阶段：Y=DNE	(2) 二阶段：Y=MPA	(3) 二阶段：Y=MPA	(1) 一阶段：Y=CNE	(2) 二阶段：Y=MPA	(3) 二阶段：Y=MPA	(1) 一阶段：Y=BNE	(2) 二阶段：Y=MPA	(3) 二阶段：Y=MPA
FAM	-0.001*** (0.000)			1.540*** (0.155)			-0.002*** (0.000)		
FAN	0.000* (0.000)			-0.352** (0.170)			0.001*** (0.000)		

续表

VAR	(1)一阶段：Y=DNE	(2)二阶段：Y=MPA	(3)二阶段：Y=MPA	(1)一阶段：Y=CNE	(2)二阶段：Y=MPA	(3)二阶段：Y=MPA	(1)一阶段：Y=BNE	(2)二阶段：Y=MPA	(3)二阶段：Y=MPA
MRO	0.001 (0.005)	-0.265*** (0.089)	-0.265*** (0.088)	-1.086 (8.712)	-0.271*** (0.085)	-0.271*** (0.084)	0.006 (0.011)	-0.266*** (0.091)	-0.266*** (0.088)
AFN	-0.011 (0.008)	-0.081 (0.116)	-0.081 (0.119)	11.383 (11.514)	-0.042 (0.113)	-0.042 (0.114)	-0.011 (0.015)	-0.047 (0.115)	-0.047 (0.118)
RAT	-0.014** (0.007)	-0.135 (0.097)	-0.135 (0.102)	8.603 (8.585)	-0.094 (0.091)	-0.094 (0.095)	-0.003 (0.012)	-0.065 (0.095)	-0.065 (0.099)
TAD	0.004 (0.003)	0.133** (0.048)	0.133** (0.053)	0.267 (4.853)	0.106** (0.045)	0.106** (0.050)	-0.000 (0.006)	0.104** (0.047)	0.104** (0.052)
ASE	0.006 (0.004)	0.046 (0.084)	0.046 (0.080)	-3.527 (6.472)	0.025 (0.072)	0.025 (0.076)	0.005 (0.007)	0.024 (0.078)	0.024 (0.079)
TQ	-0.000 (0.000)	-0.004** (0.001)	-0.004** (0.002)	-0.078 (0.109)	-0.003** (0.001)	-0.003** (0.002)	-0.000 (0.000)	-0.004** (0.001)	-0.004** (0.002)
ENT	-0.001 (0.010)	-0.083 (0.111)	-0.083 (0.116)	-2.342 (9.679)	-0.049 (0.105)	-0.049 (0.111)	-0.013 (0.021)	-0.088 (0.118)	-0.088 (0.116)
DNE/CNE/BNE		-5.314*** (1.378)	-5.314*** (1.350)		0.003*** (0.001)	0.003*** (0.001)		-2.595*** (0.666)	-2.595*** (0.651)
IND					Yes				
YEAR					Yes				
_Cons	0.087*** (0.015)	0.440* (0.239)	0.440* (0.243)	-35.573* (18.717)	0.077 (0.229)	0.077 (0.219)	0.137*** (0.034)	0.348 (0.237)	0.348 (0.235)
R^2	0.391	0.086	0.086	0.474	0.164	0.164	0.310	0.089	0.089
F Test of excluded instruments	75.16			74.28			66.30		

续表

VAR	(1) 一阶段：Y=DNE	(2) 二阶段：Y=MPA	(3) 二阶段：Y=MPA	(1) 一阶段：Y=CNE	(2) 二阶段：Y=MPA	(3) 二阶段：Y=MPA	(1) 一阶段：Y=BNE	(2) 二阶段：Y=MPA	(3) 二阶段：Y=MPA
F	13.83	6.41	3.68	18.88	7.20	4.03	10.97	5.97	3.72
Under identification		96.071	85.278		82.692	134.539		90.242	87.872
Chi-sq(2) P-val		0.000	0.000		0.000	0.000		0.000	0.000
Weak identification test		81.12	51.85		74.17	97.46		69.32	53.89
Sargan statistic		1.447	0.522		0.681	0.636		0.222	0.183
Chi-sq(2) P-val		0.442	0.470		0.409	0.425		0.637	0.669
N	392	392	392	392	392	392	392	392	392
MODEL	OLS	2SLS	2GMM	OLS	2SLS	2GMM	OLS	2SLS	2GMM

注：括号内为 t 值，* 表示 $p < 0.10$，** 表示 $p < 0.05$，*** 表示 $p < 0.01$。

表 10-10 内生性与工具变量检验（并购交易效率：MEF）

VAR	(1) 一阶段：Y=DNE	(2) 二阶段：Y=MEF	(3) 二阶段：Y=MEF	(1) 一阶段：Y=CNE	(2) 二阶段：Y=MEF	(3) 二阶段：Y=MEF	(1) 一阶段：Y=BNE	(2) 二阶段：Y=MEF	(3) 二阶段：Y=MEF
FAM	-0.001*** (0.000)			1.540*** (0.155)			-0.002*** (0.000)		
FAN	0.000* (0.000)			-0.352** (0.170)			0.001*** (0.000)		

续表

VAR	(1) 一阶段： Y=DNE	(2) 二阶段： Y=MEF	(3) 二阶段： Y=MEF	(1) 一阶段： Y=CNE	(2) 二阶段： Y=MEF	(3) 二阶段： Y=MEF	(1) 一阶段： Y=BNE	(2) 二阶段： Y=MEF	(3) 二阶段： Y=MEF
MRO	0.001 (0.005)	0.050 (0.177)	0.050 (0.183)	-1.086 (8.712)	0.071 (0.171)	0.071 (0.179)	0.006 (0.011)	0.040 (0.177)	0.040 (0.185)
AFN	-0.011 (0.008)	-0.499* (0.274)	-0.499** (0.249)	11.383 (11.514)	-0.556** (0.265)	-0.556** (0.243)	-0.011 (0.015)	-0.577** (0.278)	-0.577** (0.250)
RAT	-0.014** (0.007)	-0.246 (0.254)	-0.246 (0.214)	8.603 (8.585)	-0.343 (0.231)	-0.343* (0.204)	-0.003 (0.012)	-0.389 (0.243)	-0.389* (0.208)
TAD	0.004 (0.003)	1.365*** (0.140)	1.365*** (0.112)	0.267 (4.853)	1.417*** (0.129)	1.417*** (0.108)	-0.000 (0.006)	1.414*** (0.136)	1.414*** (0.111)
ASE	0.006 (0.004)	-0.152 (0.206)	-0.152 (0.161)	-3.527 (6.472)	-0.095 (0.209)	-0.095 (0.156)	0.005 (0.007)	-0.098 (0.205)	-0.098 (0.161)
TQ	-0.000 (0.000)	0.000 (0.003)	0.000 (0.003)	-0.078 (0.109)	-0.001 (0.003)	-0.001 (0.003)	-0.000 (0.000)	-0.000 (0.003)	-0.000 (0.003)
ENT	-0.001 (0.010)	-0.209 (0.308)	-0.209 (0.221)	-2.342 (9.679)	-0.280 (0.287)	-0.280 (0.217)	-0.013 (0.021)	-0.151 (0.304)	-0.151 (0.223)
DNE/CNE/BNE		10.864*** (3.244)	10.864*** (2.846)		-0.006*** (0.002)	-0.006*** (0.001)		5.129*** (1.590)	5.129*** (1.382)
IND					Yes				
YEAR					Yes				
_Cons	0.087*** (0.015)	-1.399*** (0.541)	-1.399*** (0.512)	-35.573* (18.717)	-0.641 (0.518)	-0.641 (0.469)	0.137*** (0.034)	-1.177** (0.529)	-1.177** (0.498)
R^2	0.391	0.481	0.481	0.474	0.504	0.504	0.310	0.474	0.474
F Test of excluded instruments	74.33			76.06			67.28		

续表

VAR	(1)一阶段：Y=DNE	(2)二阶段：Y=MEF	(3)二阶段：Y=MEF	(1)一阶段：Y=CNE	(2)二阶段：Y=MEF	(3)二阶段：Y=MEF	(1)一阶段：Y=BNE	(2)二阶段：Y=MEF	(3)二阶段：Y=MEF
F	3.72	13.83	23.59	21.62	18.88	23.79	22.66	10.97	21.31
Under identification		83.775	84.362		81.129	140.427		88.593	85.192
Chi-sq(2) P-val		0.000	0.000		0.000	0.000		0.000	0.000
Weak identification test		81.88	50.38		80.37	105.7		69.12	51.75
Sargan statistic		0.142	0.143		1.783	1.824		1.314	1.264
Chi-sq(2) P-val		0.706	0.705		0.182	0.176		0.248	0.257
N	398	398	398	398	398	398	398	398	398
MODEL	OLS	2SLS	2GMM	OLS	2SLS	2GMM	OLS	2SLS	2GMM

注：括号内为 t 值，* 表示 $p < 0.10$，** 表示 $p < 0.05$，*** 表示 $p < 0.01$。

10.4 本章小结

本章研究主办券商网络对挂牌公司被并购效率（并购溢价、支付方式和交易效率）的影响。运用 OLS 稳健回归、Logistic 回归和自助法实证分析，采用券商的声誉和分析师数量作为工具变量，运用二阶段回归模型（2SLS 和 2GMM）检验内生性问题，结论支持本章假设。

研究表明：①券商网络渠道可找到同意挂牌公司股权交易方案的上市公司，提升挂牌公司被并购的效率。②券商网络中心度对并购溢价有显著正向影响。券商为交易双方提供异质性关键信息，上市公司对挂牌公司的发展和盈利能力准确判断，提高并购信心，在收购标的公司股权时愿意支付较高溢价。③券商网络中心度与并购现金支付方式概率显著正相关。券商网络降低并购风险，上市公司支付现金的概率增大；反之，上市公司对挂牌公司信息掌握有限，愿意采取混合支付（现金＋股权）以降低风险，采用交叉持股共担并购风险策略。④券商网络中心度与并购交易效率显著正相关。券商网络可减少目标选择、方案设计、双方谈判和涉及纠纷的法律事务等环节摩擦，降低交易风险和难度，缩短交易完成时间等。

本章研究得出，券商对挂牌公司被并购有推动作用，通过信息支持、经验分享和中介服务对并购效率（并购溢价、支付方式和交易效率）产生有利于挂牌公司的积极影响。并购效率是双方博弈的结果，双方财务特征及综合实力，对其都有显著作用。挂牌公司借助券商资源积极寻找并购方，提高有利的并购效率，虽然过高的溢价支付使被并购方有所收益增加，但也会增加并购方财务负担。因此，并购方公司愿意支付高的溢价，是基于未来较高的收益而做出的妥协，会对并购对象整合后业绩有较高要求。这与以往文献从并购方来研究有较大的差别，但也为现有研究提供了一种思路，为后续并购效率的中介效应研究提供依据。

第 11 章 券商网络、被并购效率与短期财富效应

券商有信息聚散效应，通过网络将挂牌公司被并购信息传播到投资市场，而且分析师也可借助媒体或研究报告传播有关并购信息，加之并购公告中并购溢价和支付方式包含的信息等，引起市场投资者关注，对挂牌公司被并购窗口期股价造成冲击。本章主要解决两个问题：①券商是否利用网络传播并购信息影响被并购挂牌公司股东短期财富效应。②并购溢价和支付方式是否具有中介作用。

11.1 券商网络影响被并购方短期财富效应机理

一般而言，机构投资者会改进股票市场的信息效率，影响持股的上市公司股价波动（王咏梅、王亚平，2011），加之分析师的分析也会对市场股价波动产生影响（姜超，2013；Fang 和 Yasuda，2014；吴偎立、张铮、彭伊立，2015，2016）。因此，金融中介对资本市场的信息和交易质量有影响，会对股票市场流动性产生作用（陈辉，2017）。

券商网络促进挂牌公司被并购的质量和市场信息效率，致使公司股价波动，为股东带来额外收益。表现为两个方面：①挂牌公司的信息披露程度不高，借助券商网络来传播信息，成本低且可信度较高。券商释放和传播信息，分析师提供股市分析，吸引投资者关注。券商网络越丰富，传播的并购信息范围越大，但缺点是不可能像市场公告那样，完全覆盖到资本市场。②券商介入影响并购效率（并购溢价和支付方式），以并购公告和媒体报道方式传播信息，投资者根据信息做出投资决策。这两种信息传播渠道，均影响市场对挂牌公司的预期，投资者会根据并购溢价和支付方式包含的相关信息，如被并购公司未来发展和盈利等，做出投资判断。溢价水平越高，现金支付越多，代表对并购后未来发展盈利的信心越好。而且，上市公司并购挂牌公司会有声誉溢出效应，提高挂牌公司品牌知名度。挂牌公司也会根据并购融资对未来发展的影响，预判调整公司价值，致使公司股价波动，影响股东短期财富值。如图 11-1 所示，券商网络影响并购信息传播，对挂牌公司股价造成冲击，影响挂牌公司的窗口期超额收益，并购效率有中介作用。

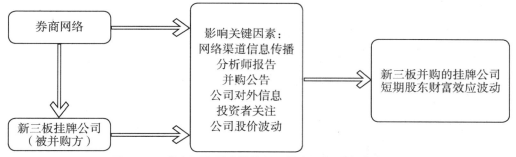

图 11-1　券商网络影响挂牌公司股东短期财富效应机理

11.2　研究假设

11.2.1　券商网络影响短期财富效应假设

一些研究文献认为，并购能带来双方股东的正向财富效应（Agralwal，1992；Berkovitch 和 Narayanan，1993）。Haunschild 和 Beckman（1998）将并购信息分为公开信息和私有信息，私有信息是指潜在交易的双方未公开的信息，相对来说掌握私有信息对并购的决策价值更大。国内的文献，张新（2003）分析 1993—2002 年 1200 多起并购事件，得出被并购公司获得 29.05%，而收购公司获得 –16.67% 的累计超额收益结论。在上市公司并购挂牌公司事件中，宋清华、李帅（2018）对 2014—2016 年 49 起并购事件分析，发现它们之间的并购没有创造短期财富效应，而是财富的流动和再分配。在新三板，机构投资者拥有更丰富的信息，导致财富向被并购挂牌公司的大股东和机构投资者流动。

为提高并购交易质量，获得财富收益。挂牌公司借助券商的交易中介和信息中介职能，在资本市场释放有利挂牌公司被并购信息，宣传和引导并购带来的潜在发展机遇，吸引投资者关注。券商声誉越高，投资者认可度越高，在得到并购信息的前后短时间内，会判断预期收益，对挂牌公司未来估值可能会提升。且羊群效应会促使观望投资者跟进，致使股票短期超额收益增加。

此外，信号传递理论认为，并购是双方向市场传递经济行为信息的过程，被并购公司传递重组和股权变更的信息，并购公司传递扩张发展的积极信息，外界投资者通过信号识别并购价值。券商网络和声誉会扩大对投资者的影响，引发挂牌公司被并购窗口期的股价波动。基于以上分析，提出假设：

假设 11.1：券商网络中心度与被并购挂牌公司短期财富效应正相关。

11.2.2　并购溢价中介效应假设

支付价格包含并购信息，会给市场释放不同信号。从被并购方来看，经营业绩和盈利能力是谈判的重要筹码，一方面，提出高溢价支付，是对丧失未来公司经营业绩和股权带来的收益而索要的补偿；另一方面，索要高溢价显示挂牌公司综合实力和为股东带来较高收益预期。新三板公司的股东大多为创业者或投资公司，挂牌目的就是获得融资收益，因此挂牌公司会相应索要较高的并购溢价。高并购溢价代表公司有高被并购价值，是预测和判断挂牌公司未来业绩与盈利水平的风向标。而且，上市公司会依据被并购公司信息，分析和判断并购收益，如果收益会弥补溢价损失，带来可观的利润，那么高溢价支付是值得付出和可以接受的。这是高并购溢价支付的基础，除非并购双方有关联交易或合谋现象。

投资者根据券商及分析师传播的信息、以往公司的财务信息、重大经济活动等信息以及公告包含的交易金额、溢价水平等信息，判断投资收益。在不考虑政府干预或其他因素情况下，投资者会认为：①并购金额和溢价预示并购后的收益水平，溢价高说明预测未来收益大。②溢价金额一定程度与并购公司支持标的公司发展而投入资源多少成正相关，溢价越高，并购方越希望获得高收益，在签订合约时双方有可能关于绩效会有约定。投资者一般拥有投资经验和财务金融知识，会积极搜集并购信息。因此，并购溢价包含的信息会影响投资者判断，引起短期股东财富变化。券商网络和声誉将信息传播范围扩大，提高信息的质量和认可度。基于以上分析，提出假设：

假设 11.2：并购溢价在券商网络中心度与被并购挂牌公司短期财富效应之间起中介作用。

11.2.3　并购支付方式中介效应假设

支付方式影响市场对并购的反应，产生短期财富效应。Modigliaui 和 Miller（1958）认为信息不对称与税收引发经济摩擦，导致融资支付方式选择直接影响公司价值创造。

从被并购方而言：①股权支付意味着市场对收购公司股票高估，接受股权支付会降低溢价。②中国资本市场并没有单独的资本利得税，可避免现金报酬因税务带来的部分损失，以及股权支付带来的股价波动风险。③混合支付意味着双方需共同承担经营风险，产生交叉持股情况。④如果被并购方规模相对并购方较大，股权支付可能会稀释并购方大股东控制权，但上市公司相对挂牌公司无论是规模还是资源都要大得多。因此，被并购公司只有预期到未来收购公司股票价格上升概率较大时，才会倾向接受股权支付；反之，更倾向现金支付。支付方式选择博弈，现金支付为挂牌公司最优选择，而混合支付中现金支付越少，意味着支付的实际溢价折现额可能越少。而且混合支付会产生交叉持股问题，造成财富转移和掏空行为，影响被并购公司的决策和经营（陶启智、夏显莲、徐阳，2016）。

从并购方而言：①使用股权支付方式是因为公司股价被高估，未来会有向下波动的风险，股权支付会产生有利收益。②当公司股价被低估时，更倾向使用现金支付，避免股权支付产生损失。③为避免并购风险，并购方倾向混合支付的概率增大，混合支付意味着并购双方风险共担，借助市场投资者承担部分经营风险。④在特定的公司股权结构下，现金支付会避免因股权支付，而造成大股东股权稀释对公司控制力的削弱。

从投资者来看，双方关于支付方式的选择，对并购的短期财富效应产生显著影响（Dube 和 Glascock，2008；Ismail 和 Krause，2010）。支付方式包含交易双方的财务信息和并购协同预期，现金支付方式代表上市公司融资能力强，对目标公司的预期业绩信心足，也代表目标公司的未来发展潜力和谈判议价能力。券商和分析师会传播有利于并购的信息，支付方式包含的信号会反馈到市场。投资者结合分析师研究报告或媒体观点，判断是否有投资价值，引发挂牌公司被并购窗口期的超常收益波动。基于以上分析，提出假设：

假设 11.3：并购支付方式在券商网络中心度与被并购挂牌公司短期财富效应之间起中介作用。

11.3　研究设计

11.3.1　变量定义与测度

测度短期财富效应的方法有市场调整法、市场模型法和资本资产定价模型（CAPM）。本书采用超常累积收益率（CAR）测度挂牌公司被并购公告窗口期的股东财富效应，市场收益率用三板成指（899001）替代 [1]。研究表明，影响短期财富效应的主要因素是市场对该公司股价预期的变化与波动，而交易双方的特征，可影响到市场评估判断。因此本章选取并购双方公司特征，如规模、发展潜力、行业和产权性质等控制变量检验。

1. 被解释变量

本书采用市场调整模型评估，R_{it} 和 R_{mt} 分别代表股票 i 在 t 日的股票收益率和市场收益率，股票 i 的超常累计收益率 $AR_{it} = R_{it} - R_{mt}$，在 [0，T] 日内的超常累积收益率 $CAR_{it} = \sum_{i=t}^{T} AR_{it}$。美国的学者研究并购窗口期 [-1，1] 观察股东财富变化，我国新三板的信息传播、投资者活跃度和反应速度较低，借鉴国内学者以往研究经验，选择窗口期 [-60，45][2] 共 106 个交易日观测挂牌公司股东财富值变化。

2. 解释变量

（1）程度中心度（DNE）：券商发生并购前一年末的程度中心度。程度中心度代表券商获得信息的丰富程度，程度中心度能降低交易信息不对称，影响并购事前和事后不确定性，影响挂牌公司短期财富值。

（2）紧密中心度（CNE）：券商发生并购前一年末的紧密中心度。紧密中心度代表券商的信息、建议和经验对并购影响程度，信息传播的效率和质量影响到市场反应，

---

① 新三板尚处于发育阶段，股票收益率数据较为缺乏。本书沿用主流方法（李善民、陈玉罡，2002；杜兴强、聂志萍，2007；张继德、张荣武、徐文仲，2015），采用三板市场成指数（899001）计算每交易日指数收益率来代替每日市场收益率。

② 新三板的换手率和市盈率均较低，再加上信息供给不足，投资者数量相对有限，挂牌公司的股票波动频率很低，因此窗口期选择时间较长，才能有效反映研究的问题。

冲击挂牌公司短期财富值。

（3）中介中心度（BNE）：券商发生并购前一年末的中介中心度。中介中心度代表对交易双方控制力程度，券商的信息、建议和经验影响被并购挂牌公司的决策，影响公司短期财富值。

3. 中介变量

（1）并购溢价（BNE）：并购交易金额减去交易标的净资产（前一年末被并购公司净资产 × 收购股权比例）除以交易标的净资产。

（2）并购支付方式（MPR）：现金支付方式为 0，混合支付方式为 1。

4. 控制变量

挂牌公司控制变量如下：

（1）股权集中度（ANF）：并购前一年末第一大股东持股比例。大股东参与公司决策会抑制高管自利行为，公司被并购影响大股东财富和收益，大股东态度和参与决策对并购财富变化有影响。

（2）高管持股比例（MRO）：并购前一年末高管持股比例总和。高管出于利益考虑，在并购后保住原有的职位与收益，为收购公司提供便利，可能会侵害股东利益。高管持股越多倾向与股东利益保持一致。

（3）交易股权比例（RAT）：收购股权占公司总股权比例。股权收购比例越大，交易规模越大，越复杂，影响并购的溢价决策、支付方式和交易效率。

（4）销售净利率（NPO）：并购前一年末的销售净利率。销售净利率 $NPO = \dfrac{净利润_{t+1}}{主营业务收入_{t+1}}$，销售净利率对并购绩效有影响。

（5）资产负债率（DAQ）：并购前一年末资产负债率。资产负债率 $DAQ = \dfrac{总负债_{t+1}}{总资产_{t+1}}$，能测度公司被并购前后财务风险，反映公司财富值情况。

（6）交易规模（TAD）：股权并购交易金额的自然对数值。

（7）托宾 Q 值（TQ）：并购前一年末的 TQ 值。

（8）公司性质（ENT）：国有公司为 1，民营公司为 0。国有公司与民营公司在治理和经营模式上有较大差异，对公司绩效有影响。

（9）行业（IND）：哑变量，按新三板投资型一级行业，控制行业影响。

（10）时间（YEAR）：哑变量，2010—2018 年，控制年份影响。

上市公司控制变量如下：

（1）股权集中度（ANS）：并购前一年末第一大股东持股比例。大股东会参与公司并购决策，对并购溢价支付、支付方式和交易有重要影响。

（2）盈利能力（PFT）：并购前一年末销售净利率，盈利能力强弱对公司的并购溢价和支付方式有影响。

（3）高管持股比例（MOS）：并购前一年末高级管理层持股比例总和。高管出于自身利益考虑，产生代理和逆向选择问题，影响并购决策。

（4）杠杆率（LEV）：并购前一年末负债率。负债率反映公司的财务风险和自由净现金流状况，对并购产生影响。

（5）偿债能力（DAS）：并购前一年末经营净现金流量 / 负债合计。偿债能力代表公司融资能力和财务风险状况，对公司的溢价、支付方式和交易效率产生影响。

（6）成长能力（GRW）：并购前一年末净利润增长率。公司发展状况对并购的溢价水平和支付方式有影响。

（7）公司性质（EAT）：国有公司为 1，民营公司为 0。

（8）行业（IND）：哑变量，按证监会一级行业标准，控制行业影响。

（9）时间（YEAR）：哑变量，2010—2018 年，控制不同年份影响。

11.3.2　计量模型

采用逐步检验法（Baron 和 Kenny，1986），来观察并购溢价和支付方式的短期财富效应中介作用。

1. 券商网络中心度对短期财富效应影响模型

挂牌公司控制变量（被并购方）

$$CAR_{[-t,\ t]} = \alpha_1 + \beta_1 \left[Broker（NetCentrality/FAM/FAN） \right] + \beta_2（MRO）+ \beta_3（AFN）$$
$$+ \beta_4（RAT）+ \beta_5（TAD）+ \beta_6（NPO）+ \beta_7（TQ）+ \beta_8（DAQ）+ \beta_9（ENT）$$
$$+ \sum IND + \sum YEAR + \varepsilon \tag{11-1}$$

上市公司控制变量（并购方）

$$CAR_{[-t,\ t]} = \alpha_1 + \beta_1 \left[Broker（NetCentrality/FAM/FAN） \right] + \beta_2（MOS）+ \beta_3（ANS）$$
$$+ \beta_4（PFT）+ \beta_5（GRW）+ \beta_6（LEV）+ \beta_7（DAS）+ \beta_8（EAT）$$
$$+ \sum IND + \sum YEAR + \varepsilon \tag{11-2}$$

2. 并购溢价、支付方式对短期股东财富的中介效应模型

挂牌公司控制变量（被并购方）

$$CAR_{[-t,\ t]} = \alpha_1 + \beta_1 \left[Broker（NetCentrality/FAM/FAN） \right] + \beta_2（Efficiency）+$$
$$\beta_3（MRO）+ \beta_4（AFN）+ \beta_5（RAT）+ \beta_6（TAD）+ \beta_7（NPO）+ \beta_8（TQ）$$
$$+ \beta_9（DAQ）+ \beta_{10}（ENT）+ \sum IND + \sum YEAR + \varepsilon \tag{11-3}$$

上市公司控制变量（并购方）

$$CAR_{[-t,\ t]} = \alpha + \beta_1 \left[Broker（NetCentrality/FAM/FAN） \right] + \beta_2（Efficiency）+$$
$$\beta_3（MOS）+ \beta_4（ANS）+ \beta_5（PFT）+ \beta_6（GRW）+ \beta_7（LEV）+ \beta_8（DAS）$$
$$+ \beta_9（EAT）+ \sum IND + \sum YEAR + \varepsilon \tag{11-4}$$

式中，券商网络中心度（Broker Net Centrality）代表：DNE、CNE 和 BNE；挂牌公司被并购效率（Efficiency）代表：MPR 和 MPA。

11.3.3 描述性统计

在 420 个样本基础上，选择 2015—2018[①] 年的 290 个样本，其中 73 个样本的股票数据缺失，最终样本为 217 个。我国学者研究多以 20 天到 60 天为时段，但新三板市场换手率和交易频率较低，很多公司股价长时间未发生变化，因此以并购公告前 60 个交易日和公告后 45 个交易日的超常累积收益（CAR）观测，研究窗口期为 [−60，45]。如表 11-1 所示，CAR 窗口期的最小值均小于 0，CAR[−60，−1] 最大值为 0.281，均值为 0.062，标准差 0.107，中位数 0.072。CAR 不同窗口期的统计值均发生波动，在 CAR[−60，45] 窗口期均值和中值大于 0，表明在挂牌公司被并购公告前 60 个交易日和公告后 45 个交易日内，被并购挂牌公司短期财富值有波动。

表 11-1　描述性统计

变量		样本/个	均值	标准差	最小值	中值	最大值
被解释变量	CAR[1，45]	217	0.088	0.102	−0.117	0.072	0.287
	CAR[−30，30]	217	0.091	0.114	−0.093	0.071	0.340
	CAR[−60，−1]	217	0.062	0.107	−0.219	0.072	0.281
	CAR[−60，30]	217	0.152	0.080	−0.062	0.145	0.350
	CAR[−60，45]	217	0.122	0.068	−0.051	0.116	0.388
解释变量	DNE	217	0.031	0.023	0.001	0.025	0.142
	BNE	217	0.034	0.049	0.000	0.013	0.218
	CNE	217	54.931	58.471	4.544	33.332	220.292
中介变量	MPR	204	4.879	7.206	−0.998	2.883	39.435
	MPA	203	0.378	0.486	0.000	0.000	1.000
工具变量	FAM	217	27.884	19.841	1.500	21.333	65.000
	FAN	217	18.737	16.618	0.000	14.000	66.000

① 新三板成指（899001）以 2014 年 12 月 31 日为基日，选取基日收盘后所有样本股的调整市值，基点为 1000 点。成为新三板成指的指数样本股，需满足"挂牌以来有成交"以及"流通股本不为零"两个条件，并按过去三个月日均成交金额和总市值的综合排名进行降序排列，按照市值覆盖全部挂牌公司总市值的 85% 来确定样本数量。因此，采用新三板成指代替计算累积超常收益率所需的市场收益率，样本从 2015 年开始。企业的长期财富效应需要观察 2~5 年的企业财务指标数据，因而选择 2020 年前两个会计年度。

续表

变量		样本 / 个	均值	标准差	最小值	中值	最大值
控制变量挂牌公司	MRO	217	0.342	0.285	0.000	0.280	1.000
	AFN	217	0.324	0.252	0.002	0.354	0.995
	RAT	217	0.579	0.357	0.050	0.554	1.000
	TAD	217	4.172	0.656	2.544	4.204	5.516
	DAQ	217	0.386	0.435	−2.198	0.438	1.081
	NPO	217	0.092	0.247	−1.516	0.097	0.831
	TQ	217	4.940	11.247	0.040	1.662	99.668
	ENT	217	0.032	0.177	0.000	0.000	1.000
控制变量上市公司	MOS	217	0.239	0.230	0.000	0.185	0.750
	ANS	217	0.334	0.143	0.064	0.300	0.689
	PFT	217	0.216	0.960	−1.329	0.102	9.611
	GRW	217	2.252	12.348	−17.482	0.192	103.261
	LEV	217	0.375	0.179	0.077	0.352	0.848
	DAS	217	0.181	0.400	−1.516	0.124	2.212
	EAT	217	0.138	0.346	0.000	0.000	1.000

　　观测挂牌公司被并购窗口期的日平均收益率、日超常收益率和累积超常收益率，如图 11-2 所示。新三板市场的股价波动频率相对沪深证券市场低，因此以 5 日间隔为窗口期的时间节点。观察窗口期的变化趋势图可直观发现：①样本窗口期超常收益率波动幅度相对较大，从并购公告前 30 个交易日左右，逐步攀升，到并购公告日后 10 个交易日达到峰值，随后开始下降。②样本日均收益率和日均超常收益率，相对波动也比较大，但在并购公告后 10 个交易日左右，两者相对开始平缓，且均为正值。趋势曲线图反映出，在并购公告的前 60 个交易日，一些获得内部信息的投资者开始做出投资决策，以期获得投资收益，致使被并购挂牌公司股东短期财富增加。这类投资者有提前获取信息的能力，大多属于机构和有关联的公司投资者，有较高的投资决策水平和资本运作能力。并购公告日过后，获得消息的投资者做出反应，认为被并购的挂牌公司将迎来较大的发展机遇，对公司的估值会有所上升。因此，可以断定在并购窗口期挂牌公司股东财富值发生波动。

　　变量相关系数检验，如表 11-2 所示。发现超常收益率各个窗口期的值显著正相关，且超常累积收益率 CAR[−60，45] 和超常累积收益率 CAR[−60，30] 之间显著正相关，符合超常收益率基本特征。控制变量高管持股（MRO）、股权集中度（MFN）、交易规模（TAD）、销售净利率（NPO）和托宾 Q 值（TQ）与被解释变量 CAR[−60，45] 和 CAR[−60，30] 显著相关，控制变量之间并未发现共线性问题，符合回归分析的要求。

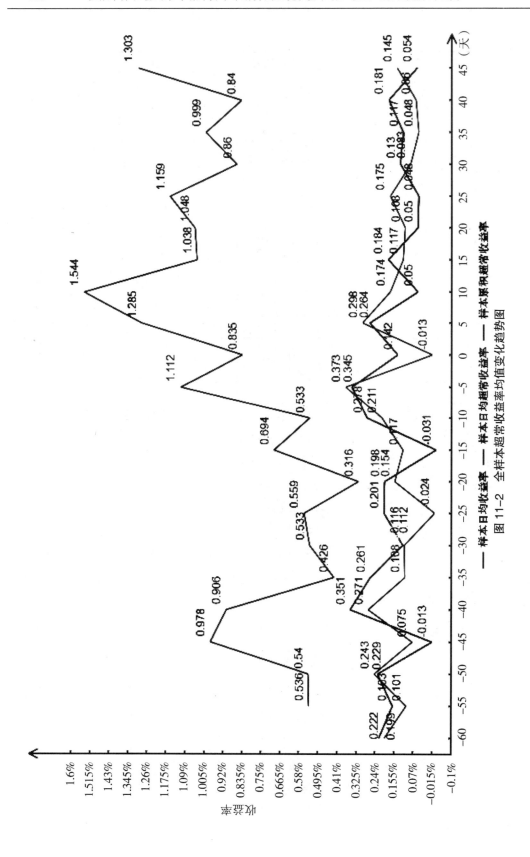

图 11-2 全样本超常收益率均值变化趋势图

表 11-2　变量相关系数检验

VAR	CAR[-30, 30]	CAR[-60, 30]	CAR[-60, 45]	DNE	CNE	BNE	FAM	FAN	MPR	MPA	MRO	AFN	RAT	TAD	DAQ	NPO
CAR[-60, 30]	0.977***															
CAR[-60, 45]	0.967***	0.983***														
DNE	0.280***	0.303***	0.287***													
CNE	-0.450***	-0.483***	-0.465***	-0.680***												
BNE	0.271***	0.306***	0.290***	0.703***	-0.463***											
FAM	-0.175**	-0.212*	-0.189**	-0.510***	0.534***	-0.568***										
FAN	0.039	0.043	0.051	0.102	-0.197***	0.274***	-0.449***									
MPR	0.295***	0.329***	0.311***	0.175**	-0.176**	0.184**	-0.156*	-0.040								
MPA	-0.207**	-0.243***	-0.247***	-0.207***	0.231***	-0.219***	0.256***	-0.089	-0.107							
MRO	0.401***	0.401***	0.395***	0.042	-0.113*	0.040	0.068	0.171**	0.211**	-0.162**						
AFN	-0.303***	-0.295***	-0.288***	-0.176**	0.169**	-0.097	-0.106	0.068	0.048	-0.045	-0.303***					
RAT	0.094	0.064	0.069	-0.018	0.009	0.026	0.034	0.119*	-0.081	0.056	-0.071	-0.004				
TAD	0.139*	0.122*	0.101	0.040	-0.085	0.006	-0.017	0.076	0.114*	0.226**	-0.070	0.050	0.251***			
DAQ	-0.151**	-0.137*	-0.134*	-0.058	0.103	-0.132*	-0.006	-0.023	0.234***	-0.002	-0.022	0.211**	0.024	0.076		
NPO	0.220**	0.223***	0.221**	0.005	-0.123*	0.108	-0.143*	0.116*	-0.014	-0.158**	0.110	-0.034	0.273***	0.162**	-0.151**	
TQ	0.310***	0.312***	0.320***	0.113*	-0.133*	0.159**	-0.140*	0.013	0.348***	-0.208***	0.176***	-0.027	0.176***	-0.186***	-0.132*	0.064

注：* 表示 $p < 0.05$，** 表示 $p < 0.01$，*** 表示 $p < 0.01$。

11.4 实证分析

11.4.1 券商网络对短期股东财富效应影响

如表 11-3 所示，券商网络中心度 CAR[-60，45] 在 CAR[-60，30] 和窗口期对股东财富效应有正向显著影响，其他窗口期系数正向但不显著。回归结果可解释为：①在并购公告日前 60 个交易日和后 45 个交易日，并购信息通过券商传播，得到信息的个人、公司和机构投资者会根据并购溢价和支付方式信息及相关内部信息做出投资决策。并购公告使得市场提高被并购公司的发展预期。②从累积超常收益率（CAR）和新三板股票波动频率看出，新三板交易频率低、市盈率低和股票涨幅波动间隔期长。并购公告日前出现的股价波动，应是受到券商网络释放的范围内部信息影响，应多为机构或关联公司投资者，即券商网络辐射范围的内部信息对潜在投资者的影响。③新三板信息传播较慢，投资者参与热情度较低，市场交易量和换手率很低。因此机构投资者和券商对新三板的发展有关键作用。④券商网络中心度越大，对信息的传播和控制能力越强，传递的并购消息范围越广，时效性越高。市场投资者在获知挂牌公司被上市公司并购信息后，会提高对公司发展预期，市场信号反应更加积极。

表 11-3 券商网络与超常收益率（挂牌公司控制变量）

VAR	CAR [-60，30]	CAR [-60，30]	CAR [-60，30]	CAR [-60，30]	CAR [-60，45]	CAR [-60，45]	CAR [-60，45]	CAR [-60，45]
DNE		0.582** (2.514)				0.654** (2.345)		
CNE			-0.000*** (-5.496)				-0.000*** (-5.056)	
BNE				0.252*** (3.215)				0.286*** (3.059)
MRO	0.060*** (3.738)	0.065*** (4.163)	0.064*** (4.189)	0.064*** (3.948)	0.070*** (3.577)	0.075*** (3.977)	0.075*** (3.979)	0.075*** (3.774)
ANF	-0.052*** (-2.792)	-0.046*** (-2.623)	-0.050*** (-3.079)	-0.050*** (-2.765)	-0.059*** (-2.636)	-0.053** (-2.469)	-0.057*** (-2.905)	-0.057*** (-2.606)
RAT	0.007 (0.472)	0.006 (0.389)	0.009 (0.705)	0.001 (0.060)	0.013 (0.767)	0.012 (0.689)	0.016 (1.010)	0.006 (0.362)
TAD	0.017** (1.995)	0.017** (2.104)	0.015* (1.950)	0.019** (2.258)	0.016 (1.586)	0.016* (1.658)	0.013 (1.444)	0.018* (1.830)
DAQ	-0.009 (-0.925)	-0.011 (-1.049)	-0.010 (-1.040)	-0.008 (-0.741)	-0.008 (-0.685)	-0.010 (-0.800)	-0.009 (-0.780)	-0.007 (-0.524)
NPO	0.037*** (2.686)	0.036*** (2.649)	0.025** (2.322)	0.032** (2.442)	0.045*** (2.629)	0.043*** (2.624)	0.032** (2.367)	0.040** (2.409)
TQ	0.001** (2.438)	0.001** (2.279)	0.001* (2.100)	0.001** (2.327)	0.002** (2.442)	0.002** (2.290)	0.002** (2.122)	0.002** (2.331)
ENT	-0.003 (-0.107)	-0.007 (-0.246)	-0.004 (-0.170)	0.001 (0.033)	-0.006 (-0.181)	-0.011 (-0.298)	-0.008 (-0.239)	-0.002 (-0.054)

续表

VAR	CAR [-60, 30]	CAR [-60, 30]	CAR [-60, 30]	CAR [-60, 30]	CAR [-60, 45]	CAR [-60, 45]	CAR [-60, 45]	CAR [-60, 45]
IND	Yes							
YEAR	Yes							
_Cons	0.038 (0.982)	0.022 (0.567)	0.071** (2.027)	0.019 (0.496)	0.069 (1.544)	0.051 (1.135)	0.106** (2.518)	0.048 (1.058)
R^2	0.342	0.375	0.452	0.370	0.328	0.359	0.429	0.355
AdjR²	0.293	0.325	0.409	0.320	0.278	0.307	0.383	0.303
F	6.668	7.433	9.731	6.944	7.062	7.775	9.771	7.420
N	217	217	217	217	217	217	217	217

注：括号内为 t 值，* 表示 $p < 0.10$，** 表示 $p < 0.05$，*** 表示 $p < 0.01$。

挂牌公司的高管持股（MRO）、交易规模（TAD）、销售净利率（NPO）和 TQ 对 CAR[-60, 45] 和 CAR[-60, 30] 有显著正向影响。高管持股会激励高管的责任感和积极性，股票向上波动会增加高管持股收益，因此作为创业型的高管更希望股票市值增加。市场投资者会依据交易规模、销售净利率和 TQ 来判断被并购公司的盈利能力和发展潜力。股权集中度（AFN）对 CAR[-60, 45] 和 CAR[-60, 30] 有显著负向影响，股权集中度会对公司的治理水平产生影响，大股东持股过高往往可能侵害小股东的权益。

如表 11-4 所示，并购方上市公司的成长能力（GRW）、偿债能力（DAS）和企业性质（EAT）对被并购方的窗口期股价波动有显著影响。

表 11-4　券商网络与超常收益率（上市公司控制变量）

VAR	CAR [-60, 30]	CAR [-60, 30]	CAR [-60, 30]	CAR [-60, 30]	CAR [-60, 45]	CAR [-60, 45]	CAR [-60, 45]	CAR [-60, 45]
DNE		0.643** (2.069)				0.707* (1.898)		
CNE			-0.000*** (-7.893)				-0.000*** (-8.371)	
BNE				0.299*** (3.170)				0.333*** (3.054)
MOS	-0.018 (-0.871)	-0.019 (-0.943)	-0.016 (-0.889)	-0.015 (-0.726)	-0.016 (-0.650)	-0.017 (-0.710)	-0.014 (-0.645)	-0.012 (-0.509)
ANS	0.026 (0.838)	0.023 (0.709)	0.026 (0.904)	0.022 (0.737)	0.027 (0.723)	0.023 (0.605)	0.027 (0.784)	0.023 (0.624)
PTF	0.007 (1.036)	0.006 (0.886)	0.005 (0.804)	0.005 (0.752)	0.007 (0.994)	0.006 (0.841)	0.005 (0.739)	0.005 (0.702)
GRW	0.000* (1.684)	0.000* (1.825)	0.000* (1.740)	0.000* (1.661)	0.000* (1.663)	0.000* (1.793)	0.000* (1.711)	0.000 (1.635)
LEV	0.007 (0.231)	0.007 (0.248)	0.001 (0.042)	0.012 (0.438)	0.012 (0.362)	0.013 (0.380)	0.006 (0.181)	0.019 (0.557)

VAR	CAR [−60，30]	CAR [−60，30]	CAR [−60，30]	CAR [−60，30]	CAR [−60，45]	CAR [−60，45]	CAR [−60，45]	CAR [−60，45]
DAS	0.046*** (2.919)	0.045*** (3.029)	0.033** (2.591)	0.043*** (2.791)	0.055*** (2.997)	0.054*** (3.102)	0.040*** (2.742)	0.051*** (2.871)
EAT	−0.020 (−1.643)	−0.021* (−1.826)	−0.021* (−1.870)	−0.022* (−1.861)	−0.026* (−1.773)	−0.028* (−1.936)	−0.028** (−2.000)	−0.029** (−1.972)
IND	Yes							
YEAR	Yes							
_Cons	0.086*** (2.660)	0.068** (2.252)	0.115*** (4.016)	0.070** (2.276)	0.103*** (2.647)	0.083** (2.283)	0.138*** (3.987)	0.085** (2.298)
R^2	0.214	0.253	0.334	0.252	0.214	0.249	0.338	0.249
AdjR^2	0.155	0.193	0.280	0.192	0.155	0.188	0.285	0.189
F	4.658	5.453	11.948	4.675	4.517	5.410	14.679	4.684
N	217	217	217	217	217	217	217	217

注：括号内为 t 值，* 表示 $p < 0.10$，** 表示 $p < 0.05$，*** 表示 $p < 0.01$。

并购方的成长能力和偿债能力越大，包含的信息越使市场认为，并购方的资源会向被并购方流动，被并购方将会得到发展。宋清华、李帅（2018）发现上市公司并购挂牌公司，造成上市公司的股东财富向挂牌公司流动。因此，资本市场会根据上市公司的财务特征对挂牌公司被并购前景进行判断，导致窗口期股价波动。

11.4.2 券商网络、并购溢价与短期股东财富效应

如表 11-5 所示，CAR[−60，45] 和 CAR[−60，30] 的并购溢价和券商网络中心度系数均显著，表明并购溢价对券商网络中心度影响被并购挂牌公司的短期财富效应，有不完全中介作用。并购溢价越高，代表挂牌公司股权标的潜在价值越高，公司有发展潜质，未来收益预期高。上市公司并购会提高被并购公司的市场关注，投资者认为公司价值被低估，发现价值洼地，进而促进股价向上波动。

表 11-5　券商网络、并购溢价与超常收益率（挂牌公司控制变量）

VAR	CAR [−60，30]	CAR [−60，30]	CAR [−60，30]	CAR [−60，30]	CAR [−60，45]	CAR [−60，45]	CAR [−60，45]	CAR [−60，45]
DNE		0.534** (2.370)				0.597** (2.195)		
CNE			−0.000*** (−5.300)				−0.000*** (−4.831)	
BNE				0.228*** (3.005)				0.258*** (2.840)
MPR	0.002** (2.554)	0.002** (2.149)	0.001* (1.932)	0.002** (2.220)	0.002** (2.527)	0.002** (2.143)	0.002* (1.921)	0.002** (2.207)
MRO	0.054*** (3.349)	0.059*** (3.770)	0.059*** (3.877)	0.058*** (3.586)	0.062*** (3.206)	0.068*** (3.602)	0.069*** (3.685)	0.068*** (3.426)

续表

VAR	CAR [-60, 30]	CAR [-60, 30]	CAR [-60, 30]	CAR [-60, 30]	CAR [-60, 45]	CAR [-60, 45]	CAR [-60, 45]	CAR [-60, 45]
ANF	-0.051*** (-2.724)	-0.046** (-2.581)	-0.050*** (-3.026)	-0.049*** (-2.707)	-0.058** (-2.568)	-0.053** (-2.429)	-0.057*** (-2.849)	-0.056** (-2.549)
RAT	0.009 (0.602)	0.007 (0.511)	0.011 (0.799)	0.003 (0.215)	0.015 (0.898)	0.014 (0.811)	0.017 (1.104)	0.009 (0.517)
TAD	0.013 (1.401)	0.013 (1.541)	0.011 (1.439)	0.015* (1.674)	0.010 (0.981)	0.011 (1.094)	0.009 (0.946)	0.013 (1.240)
DAQ	-0.017 (-1.640)	-0.017 (-1.615)	-0.016 (-1.583)	-0.015 (-1.307)	-0.017 (-1.406)	-0.017 (-1.383)	-0.016 (-1.329)	-0.015 (-1.097)
NPO	0.036*** (2.751)	0.036*** (2.709)	0.025** (2.372)	0.032** (2.506)	0.044*** (2.702)	0.043*** (2.691)	0.032** (2.428)	0.039** (2.479)
TQ	0.001* (1.853)	0.001* (1.785)	0.001* (1.660)	0.001* (1.782)	0.001* (1.865)	0.001* (1.800)	0.001* (1.683)	0.001* (1.797)
ENT	0.005 (0.186)	-0.000 (-0.017)	0.001 (0.048)	0.007 (0.278)	0.003 (0.093)	-0.003 (-0.082)	-0.001 (-0.032)	0.006 (0.175)
IND	Yes							
YEAR	Yes							
_Cons	0.049 (1.274)	0.032 (0.839)	0.078** (2.207)	0.031 (0.783)	0.081* (1.833)	0.063 (1.399)	0.114*** (2.697)	0.061 (1.341)
R^2	0.363	0.391	0.464	0.386	0.349	0.374	0.440	0.370
AdjR²	0.312	0.339	0.418	0.334	0.297	0.321	0.392	0.317
F	6.624	7.211	9.518	6.811	7.140	7.636	9.572	7.312
N	204	204	204	204	204	204	204	204

注：括号内为 t 值，* 表示 $p < 0.10$，** 表示 $p < 0.05$，*** 表示 $p < 0.01$。

从被并购方来看，并购溢价（MPR）与企业价值（TQ）和盈利能力（NPO）正相关，高溢价代表公司有发展潜力且价值被低估。如果大量资本和资源投入，势必促使上市公司重点关注挂牌公司经营业绩，谋求投资回报，而且对上市公司管理层的声誉和经营业绩考核有直接影响。市场投资者一般拥有基本的财务知识和分析能力，券商和分析师可能将专业的研究信息传播给投资者。基于此，投资者通过并购信息判断投资机会。

回归结果表明：①券商网络通过信息传导与控制、经验支持等途径影响并购溢价，分析师或市场评级机构则会对并购预测。新三板投资者会依据并购信息公告和这些渠道传播的信息做出投资决策，影响到并购窗口期财富效应。②券商网络有信息引导和传播能力，在并购公告前期，已经将信息在网络内释放。券商网络的信息溢出效应，影响到网络覆盖范围内的部分公司或机构，使其借助提前获知的信息，得到内部信息的投资者会对投资做出判断。③信息的时效性和稀缺性对投资价值有重要影响，在并购公告期，获知信息的投资者会根据并购溢价包含信息快速做出判断，有些会依据投资机构或专业人士的投资动向，运用"搭便车"行为的投资追随策略。④券商分析师也可能通过媒体网络将专业的投资分析结果传播开来。基于此，并购溢价包含的信息影响到挂牌公司短期财富效应。

如表 11-6 所示。上市公司的成长能力（GRW）和偿债能力（DAS）对被并购挂牌公司短期财富效应有显著正向影响。上市公司良好的经营业绩和发展潜力，会让投资者对并购未来预期更有信心。如现实中与实力强的人或组织合作，会提升己方的认可度和价值。说明并购方的业绩和发展对被并购方的价值预期有直接影响。

表 11-6　券商网络、并购溢价与超常收益率（上市公司控制变量）

VAR	CAR [-60, 30]	CAR [-60, 30]	CAR [-60, 30]	CAR [-60, 30]	CAR [-60, 45]	CAR [-60, 45]	CAR [-60, 45]	CAR [-60, 45]
DNE		0.525* (1.903)				0.574* (1.711)		
CNE			-0.000*** (-7.893)				-0.000*** (-8.299)	
BNE				0.259*** (3.254)				0.289*** (3.014)
MPR	0.002*** (6.114)	0.002*** (5.017)	0.002*** (5.343)	0.002*** (6.534)	0.003*** (6.083)	0.002*** (4.823)	0.002*** (5.226)	0.002*** (6.044)
MOS	-0.001 (-0.035)	-0.003 (-0.145)	-0.001 (-0.084)	0.001 (0.055)	0.004 (0.149)	0.001 (0.053)	0.003 (0.125)	0.006 (0.235)
ANS	0.024 (0.813)	0.021 (0.706)	0.024 (0.883)	0.020 (0.717)	0.024 (0.688)	0.022 (0.593)	0.025 (0.753)	0.021 (0.597)
PTF	0.003 (0.565)	0.002 (0.452)	0.002 (0.383)	0.002 (0.295)	0.003 (0.492)	0.002 (0.377)	0.002 (0.292)	0.001 (0.215)
GRW	0.000** (2.377)	0.000** (2.507)	0.000** (2.363)	0.000** (2.373)	0.001** (2.289)	0.001** (2.399)	0.000** (2.266)	0.000** (2.267)
LEV	0.019 (0.699)	0.018 (0.671)	0.012 (0.473)	0.023 (0.866)	0.026 (0.814)	0.026 (0.787)	0.018 (0.592)	0.031 (0.972)
DAS	0.041*** (2.722)	0.040*** (2.797)	0.030** (2.427)	0.038** (2.583)	0.049*** (2.788)	0.048*** (2.864)	0.036** (2.573)	0.046*** (2.659)
EAT	-0.014 (-1.178)	-0.015 (-1.358)	-0.015 (-1.402)	-0.016 (-1.407)	-0.019 (-1.361)	-0.022 (-1.517)	-0.022 (-1.589)	-0.022 (-1.568)
IND	Yes							
YEAR	Yes							
_Cons	0.060* (1.813)	0.047 (1.520)	0.091*** (3.059)	0.048 (1.529)	0.073* (1.854)	0.060 (1.593)	0.110*** (3.095)	0.060 (1.596)
R^2	0.289	0.315	0.390	0.318	0.284	0.306	0.389	0.309
AdjR^2	0.232	0.256	0.337	0.260	0.226	0.247	0.336	0.250
F	8.089	8.619	14.933	9.549	8.156	8.588	17.754	8.519
N	204	204	204	204	204	204	204	204

注：括号内为 t 值，* 表示 $p < 0.10$，** 表示 $p < 0.05$，*** 表示 $p < 0.01$。

11.4.3　券商网络、并购支付方式与短期股东财富效应

如表 11-7 所示，CAR[-60，45] 和 CAR[-60，30] 的回归结果，表明并购支付方式和券商网络中心度的系数显著，支付方式对券商网络中心度影响被并购挂牌公司短期股东财富效应，有不完全中介作用。并购支付方式与 CAR[-60，45] 和 CAR[-60，30] 显著负相关，现金支付表明被并购方依赖经营业绩和发展预期，在谈判中讨价还价能力强，现金支付对公司股东更有利。而且现金支付，暗含上市公司股价未来更可能向上波动的信息，对并购挂牌公司信心较强，混合支付可能导致实际支付价格的上升。如果混合支付中现金越少，挂牌公司实际获得的支付资本可能会降低，且上市公司的股价未来可能下跌，造成挂牌公司股东收益损失。投资者根据并购支付方式包含的信息，评估和判断未来投资收益。

表 11-7　券商网络、支付方式与超常收益率（挂牌公司控制变量）

VAR	CAR [-60，30]	CAR [-60，30]	CAR [-60，30]	CAR [-60，30]	CAR [-60，45]	CAR [-60，45]	CAR [-60，45]	CAR [-60，45]
DNE		0.407* (1.916)				0.440* (1.724)		
CNE			−0.000*** (−4.762)				−0.000*** (−4.291)	
BNE				0.236*** (3.041)				0.264*** (2.851)
MPA	−0.018** (−2.230)	−0.016** (−2.051)	−0.009 (−1.324)	−0.016** (−2.056)	−0.019** (−1.987)	−0.017* (−1.815)	−0.009 (−1.118)	−0.017* (−1.814)
MRO	0.063*** (4.073)	0.066*** (4.265)	0.068*** (4.442)	0.068*** (4.307)	0.075*** (3.927)	0.078*** (4.106)	0.080*** (4.260)	0.080*** (4.142)
ANF	−0.051*** (−2.954)	−0.047*** (−2.843)	−0.049*** (−3.076)	−0.049*** (−2.922)	−0.055*** (−2.656)	−0.052** (−2.543)	−0.053*** (−2.766)	−0.053*** (−2.617)
RAT	0.007 (0.521)	0.006 (0.464)	0.011 (0.823)	0.002 (0.132)	0.016 (0.983)	0.015 (0.926)	0.020 (1.281)	0.010 (0.600)
TAD	0.019** (2.516)	0.019** (2.549)	0.015** (2.136)	0.021*** (2.744)	0.017** (1.992)	0.016** (1.985)	0.012 (1.478)	0.018** (2.204)
DAQ	−0.011 (−1.176)	−0.011 (−1.196)	−0.011 (−1.195)	−0.010 (−0.953)	−0.010 (−0.903)	−0.011 (−0.925)	−0.011 (−0.916)	−0.009 (−0.714)
NPO	0.035*** (2.768)	0.034*** (2.779)	0.027** (2.539)	0.031** (2.578)	0.040** (2.570)	0.040** (2.601)	0.031** (2.389)	0.036** (2.398)
TQ	0.001** (2.154)	0.001** (2.066)	0.001* (1.944)	0.001** (2.055)	0.002** (2.185)	0.001** (2.103)	0.001** (1.991)	0.001** (2.089)
ENT	−0.005 (−0.165)	−0.010 (−0.311)	−0.005 (−0.177)	−0.003 (−0.100)	−0.009 (−0.248)	−0.015 (−0.370)	−0.010 (−0.261)	−0.007 (−0.193)
IND	Yes							
YEAR	Yes							

续表

VAR	CAR [−60, 30]	CAR [−60, 30]	CAR [−60, 30]	CAR [−60, 30]	CAR [−60, 45]	CAR [−60, 45]	CAR [−60, 45]	CAR [−60, 45]
_Cons	0.035 (0.980)	0.026 (0.712)	0.068** (2.038)	0.021 (0.574)	0.068* (1.679)	0.059 (1.403)	0.105*** (2.625)	0.053 (1.265)
R^2	0.385	0.402	0.459	0.412	0.367	0.382	0.432	0.392
AdjR^2	0.333	0.348	0.410	0.359	0.314	0.326	0.381	0.337
F	7.108	7.072	8.318	6.928	8.306	8.128	8.909	8.020
N	203	203	203	203	203	203	203	203

注：括号内为 t 值，* 表示 $p < 0.10$，** 表示 $p < 0.05$，*** 表示 $p < 0.01$。

回归结构表明：①券商网络通过信息传导与控制、经验支持等途径影响到并购支付方式的选择，投资者依据并购支付方式包含的并购信息，及并购双方的相关信息，来判断并购的未来发展，做出投资决策，影响并购窗口期股东财富效应。②并购支付方式代表着实际支付金额的兑现，及并购方的现在和未来的股票估值。支付方式博弈体现出双方公司的综合实力，更含有对未来盈利和发展的预期信息。③券商网络和分析师关于并购的信息传播，以及并购公告包含的支付方式信息。这两种不同的信息渠道，会对市场产生影响，并购支付方式暗含双方财务信息、合作方式和预期收益等信息，如混合支付方式代表着双方的交叉持股，这比并购方单纯持有被并购方股权的方式更为复杂。控制变量回归，发现被并购方的高管持股、交易规模、销售净利率和 TQ 与短期财富效应显著正相关。高管持股比例越大，期望股价增长的动机越大；交易规模越大说明并购活动属于较大的投融资活动；销售净利率和 TQ 则代表公司的盈利与发展潜力，对股价有直接影响。

如表 11-8 所示。并购方的成长能力、偿债能力和性质对被并购方的窗口期财富效应有显著影响。成长能力和偿债能力代表着经营业绩和未来发展，市场投资者会根据并购方实力来判断未来发展情况。并购方若为私营企业，则会更注重利益需求和绩效，会提高并购收益，这对挂牌公司窗口期股价产生影响。

表 11-8　券商网络、支付方式与超常收益率（上市公司控制变量）

VAR	CAR [−60, 30]	CAR [−60, 30]	CAR [−60, 30]	CAR [−60, 30]	CAR [−60, 45]	CAR [−60, 45]	CAR [−60, 45]	CAR [−60, 45]
DNE		0.632** (2.004)				0.668* (1.801)		
CNE			−0.000*** (−8.581)				−0.000*** (−10.027)	
BNE				0.302*** (3.259)				0.328*** (3.120)
MPA	−0.023*** (−2.644)	−0.018** (−2.143)	−0.016** (−2.050)	−0.018** (−2.071)	−0.028*** (−2.630)	−0.022** (−2.214)	−0.019** (−2.052)	−0.022** (−2.111)

续表

VAR	CAR [-60, 30]	CAR [-60, 30]	CAR [-60, 30]	CAR [-60, 30]	CAR [-60, 45]	CAR [-60, 45]	CAR [-60, 45]	CAR [-60, 45]
MOS	-0.030 (-1.434)	-0.032 (-1.591)	-0.029 (-1.521)	-0.026 (-1.279)	-0.029 (-1.222)	-0.031 (-1.358)	-0.028 (-1.298)	-0.025 (-1.061)
ANS	0.036 (1.191)	0.036 (1.139)	0.041 (1.442)	0.035 (1.168)	0.040 (1.092)	0.039 (1.046)	0.045 (1.341)	0.038 (1.067)
PTF	0.008 (1.170)	0.007 (0.971)	0.006 (0.858)	0.006 (0.879)	0.009 (1.131)	0.007 (0.935)	0.006 (0.791)	0.006 (0.840)
GRW	0.000 (1.643)	0.000^* (1.776)	0.000^* (1.687)	0.000^* (1.698)	0.000 (1.615)	0.000^* (1.731)	0.000 (1.651)	0.000^* (1.661)
LEV	0.026 (0.876)	0.022 (0.761)	0.016 (0.577)	0.027 (0.931)	0.035 (1.001)	0.031 (0.899)	0.023 (0.707)	0.036 (1.054)
DAS	0.041^{***} (2.790)	0.040^{***} (2.974)	0.029^{**} (2.484)	0.038^{***} (2.657)	0.049^{***} (2.901)	0.048^{***} (3.078)	0.034^{***} (2.731)	0.045^{***} (2.776)
EAT	-0.023^* (-1.789)	-0.025^{**} (-1.986)	-0.023^* (-1.953)	-0.025^{**} (-1.986)	-0.030^* (-1.847)	-0.032^{**} (-2.019)	-0.029^{**} (-2.016)	-0.032^{**} (-2.028)
IND	Yes							
YEAR	Yes							
_Cons	0.092^{***} (3.143)	0.073^{**} (2.600)	0.112^{***} (4.178)	0.077^{***} (2.708)	0.111^{***} (3.108)	0.090^{***} (2.650)	0.134^{***} (4.134)	0.094^{***} (2.731)
R^2	0.175	0.218	0.310	0.219	0.182	0.218	0.323	0.221
AdjR^2	0.119	0.160	0.259	0.161	0.126	0.159	0.272	0.163
F	3.135	3.854	10.923	3.782	3.267	3.878	14.788	3.869
N	203	203	203	203	203	203	203	203

注：括号内为 t 值，* 表示 $p < 0.10$，** 表示 $p < 0.05$，*** 表示 $p < 0.01$。

对并购溢价和支付方式的中介效应研究，表明券商网络对并购溢价和支付方式有显著影响，而且信息传播刺激到市场预期，两种渠道信息都对被并购挂牌公司短期财富效应产生作用，券商的影响在新三板得到加强。一方面，新三板信息流动性较差，投资者关注度和预期远小于沪深证券市场，券商网络可以在一定范围内传播和吸引投资者，在并购信息传播过程中，市场和交易双方都依赖券商的信息聚散能力。另一方面，新三板的监管机制不完善，信息供给不足，致使投资者原本应该关注与并购双方公司有关的信息来决策，但普通投资者因为无法依据市场信息做出判断，因此需要借助券商来获取信息。本研究建议：①监管机构应加大新三板信息的流动性、披露程度和真实性，严格审核上市公司对挂牌公司的并购，严防和惩治利用并购操控挂牌公司的股价的行为，减少并购的违法投机行为。②在鼓励挂牌公司积极融资，探索完善融资制度的同时，更应该完善、规范和监管挂牌公司与券商之间的关联业务，实现券商、挂牌公司和新三板市场的"共赢"局面，保障投资者利益。

11.4.4　稳健性与内生性讨论

1. 稳健性检验

本书采用自助法的 Sobel 中介效应检验，作为稳健性检验模型，设定重复抽样次数为 2000 次。如表 11-9 所示，在 CAR[-60，45] 和 CAR[-60，30] 窗口期内，程度中心度、紧密中心度和中介中心度与中介变量并购溢价的值均在 10% 以内显著。表明并购溢价在券商网络影响被并购方挂牌公司短期财富效应之间，有不完全中介效应。如表 11-10 所示，并购支付方式在券商网络影响被并购方挂牌公司短期财富效应之间，有不完全中介效应。表明投资者会根据并购溢价和支付方式信息，判断未来企业经营发展方向，对短期公司股价造成冲击。

表 11-9　券商网络、并购溢价与短期财富效应

效应分析	解释变量	被解释变量	系数	标准差	Z 值	P 值	偏度
间接	DNE	CAR[-60，30]	0.148	0.088	1.96	0.051	0.001
直接			0.753	0.294	2.56	0.010	0.028
间接	CNE		-0.0001	0.000	-2.50	0.012	0.000
直接			-0.0005	0.000	-6.67	0.000	0.000
间接	BNE		0.073	0.044	1.66	0.097	0.000
直接			0.357	0.075	4.75	0.000	0.002
间接	DNE	CAR[-60，45]	0.164	0.085	1.91	0.056	0.002
直接			0.838	0.338	2.48	0.013	0.029
间接	CNE		-0.0006	8.63e-05	-2.57	0.010	0.000
直接			-0.0005	0.0003	-6.25	0.000	0.000
间接	BNE		0.085	0.049	1.67	0.098	0.001
直接				0.088	2.75	0.000	-0.010
样本	204						
重复次数	2000						

表 11-10　券商网络、并购支付方式与短期财富效应

效应分析	解释变量	被解释变量	系数	标准差	Z 值	P 值	偏度
间接	DNE	CAR[-60，30]	0.115	0.053	2.14	0.032	0.001
直接			0.701	0.327	2.04	0.041	0.029
间接	CNE		-0.0003	0.0000	-2.05	0.040	-0.000
直接			-0.0005	0.0003	-6.14	0.000	-0.000
间接	BNE		0.054	0.022	2.42	0.015	-0.0008
直接			0.358	0.096	3.71	0.000	-0.0005

续表

效应分析	解释变量	被解释变量	系数	标准差	Z 值	P 值	偏度
间接	DNE	CAR[−60，45]	0.139	0.067	2.09	0.037	0.001
直接	DNE		0.744	0.376	1.98	0.048	0.044
间接	CNE		−0.0004	0.000	−2.15	0.032	−0.000
直接	CNE		−0.0006	0.000	−5.85	0.000	−0.000
间接	BNE		0.065	0.027	2.39	0.017	0.0004
直接	BNE		0.386	0.108	3.57	0.000	0.0011
样本		203					
重复次数		2000					

上述结果可解释为：①券商网络影响挂牌公司被并购的溢价水平和支付方式，而投资者根据并购定价信息判断投资收益，对公司短期股价造成冲击。②券商网络会释放某个挂牌公司将要被并购信息，分析师会对并购做预测，引导市场关注和投资者跟进。③挂牌公司借助被并购事件，实现发展所需资本，改进企业绩效和创造价值。

2. 内生性问题讨论

内生性问题主要有两方面：①拥有广泛业务关系资源和较高声誉的券商，中介服务费用相对较高。经营业绩、盈利能力较好的挂牌公司有能力和愿意聘用中介服务费用较高的券商。而公司的财务指标包含信息也会对并购短期财富效应产生影响，导致券商网络的内生性问题。②由于信息传播和市场关注度相对较低，市场制度不完善等因素，可能会出现券商、上市公司和挂牌公司合谋，进行人为操纵和违法投机等，这会侵害中小股东利益，造成解释变量与被解释变量之间互为因果。本章采用券商的声誉和分析师数量为工具变量，消除内生性因素影响。

如表 11-11 所示，第一阶段券商网络中心度对券商声誉和分析师数量回归，程度中心度和中介中心度对券商声誉和分析师数量回归系数显著，而紧密中心度对券商分析师数量回归的 P 值为 0.175 在 20% 内显著，券商声誉均在 1% 内显著。以并购溢价作为中介变量的模型，弱工具变量和内生性检验值均符合要求，证明工具变量券商的声誉和分析师数量为外生变量，且 2SLS 和 2GMM 模型回归系数对比并未发生变化，CAR[−60，30] 回归结果较为理想。

如表 11-12 所示，以并购支付方式作为中介变量的模型，弱工具变量和内生性检验值均符合要求。同样，CAR[−60，45] 的内生性检验结果与 CAR[−60，30] 一致。基于模型检验，确定券商网络对挂牌公司短期财富效应有显著影响，并购溢价和支付方式有不完全中介效应。券商的声誉和分析师数量作为工具变量，有效缓解模型回归的内生性问题。

表11-11　内生性与工具变量检验（超常累积收益率：$AR[-60, 30]$）

VAR	(1) 一阶段: DNE	(2) 二阶段: [-60, 30]	(3) 二阶段: [-60, 30]	(4) 一阶段: CNE	(5) 二阶段: [-60, 30]	(6) 二阶段: [-60, 30]	(7) 一阶段: BNE	(8) 二阶段: [-60, 30]	(9) 二阶段: [-60, 30]
FAM	-0.000*** (0.000)			1.466*** (0.202)			-0.001*** (0.000)		
FAN	0.000** (0.000)			-0.269 (0.198)			0.001*** (0.000)		
MRO	-0.003 (0.005)	0.063*** (0.015)	0.063*** (0.015)	-2.457 (11.574)	0.059*** (0.015)	0.059*** (0.014)	-0.005 (0.010)	0.062*** (0.016)	0.062*** (0.015)
AFN	-0.012** (0.005)	-0.041** (0.017)	-0.041** (0.018)	10.809 (14.468)	-0.049*** (0.016)	-0.049*** (0.016)	-0.011 (0.010)	-0.047*** (0.018)	-0.047*** (0.017)
RAT	0.003 (0.004)	0.003 (0.014)	0.003 (0.016)	4.225 (9.911)	0.008 (0.013)	0.008 (0.014)	0.025*** (0.009)	-0.006 (0.015)	-0.006 (0.016)
TAD	-0.001 (0.002)	0.014* (0.008)	0.014* (0.008)	-4.469 (6.708)	0.011 (0.008)	0.011 (0.007)	-0.008* (0.004)	0.017** (0.008)	0.017** (0.008)
DAQ	0.002 (0.003)	-0.017 (0.011)	-0.017* (0.009)	0.157 (5.937)	-0.015 (0.010)	-0.015* (0.009)	-0.006 (0.010)	-0.012 (0.013)	-0.012 (0.010)
NPO	-0.007 (0.006)	0.038*** (0.013)	0.038** (0.016)	-3.964 (17.058)	0.029*** (0.011)	0.029* (0.015)	-0.002 (0.008)	0.032** (0.013)	0.032* (0.016)
TQ	0.000 (0.000)	0.001 (0.001)	0.001*** (0.000)	-0.262 (0.171)	0.001 (0.001)	0.001*** (0.000)	0.000 (0.000)	0.001 (0.001)	0.001** (0.000)
ENT	0.008 (0.015)	-0.005 (0.034)	-0.005 (0.022)	-9.315 (16.994)	0.002 (0.025)	0.002 (0.020)	-0.014* (0.009)	0.010 (0.025)	0.010 (0.022)
DNE/CNE/BNE		1.042*** (0.327)	1.042*** (0.302)		-0.000*** (0.000)	-0.000*** (0.000)		0.467*** (0.152)	0.467*** (0.135)
MPR		0.002** (0.001)	0.002*** (0.001)		0.002** (0.001)	0.002*** (0.001)		0.002** (0.001)	0.002*** (0.001)
IND					Yes				

续表

VAR	（1）一阶段：DNE	（2）二阶段：[-60, 30]	（3）二阶段：[-60, 30]	（4）一阶段：CNE	（5）二阶段：[-60, 30]	（6）二阶段：[-60, 30]	（7）一阶段：BNE	（8）二阶段：[-60, 30]	（9）二阶段：[-60, 30]
YEAR					Yes				
_Cons	0.032***	0.020	0.020	49.081*	0.080**	0.080**	0.083***	0.014	0.014
	(0.011)	(0.038)	(0.036)	(29.383)	(0.034)	(0.033)	(0.024)	(0.039)	(0.036)
R^2	0.439	0.382	0.382	0.481	0.476	0.476	0.457	0.384	0.384
F Test of excluded instruments	85.02			41.12			61.35		
F	18.78	7.10	6.92	11.49	8.32	7.92	8.85	6.85	6.89
Under identification		75.482	72.402		50.064	73.120		60.564	79.325
Chi-sq（2）P-val		0.000	0.000		0.000	0.000		0.000	0.000
Weak identification test		82.262	49.571		45.283	50.311		57.483	57.042
Sargan statistic		0.017	0.015		0.751	0.628		0.007	0.005
Chi-sq（2）P-val		0.890	0.904		0.386	0.428		0.903	0.915
N	217	204	204	217	204	204	217	204	204
MODEL	OLS	2SLS	2GMM	OLS	2SLS	2GMM	OLS	2SLS	2GMM

注：括号内为标准差，* 表示 $p < 0.10$，** 表示 $p < 0.05$，*** 表示 $p < 0.01$。

表 11-12 内生性与工具变量检验（超常累积收益率：$CAR[-60, 30]$）

VAR	(1) 一阶段：DNE	(2) 二阶段：[-60, 30]	(3) 二阶段：[-60, 30]	(4) 一阶段：CNE	(5) 二阶段：[-60, 30]	(6) 二阶段：[-60, 30]	(7) 一阶段：BNE	(8) 二阶段：[-60, 30]	(9) 二阶段：[-60, 30]
FAM	-0.000*** (0.000)			1.466*** (0.202)			-0.001*** (0.000)		
FAN	0.0003** (0.000)			-0.269 (0.198)			0.001*** (0.000)		
MRO	-0.003 (0.005)	0.061*** (0.015)	0.061*** (0.015)	-2.457 (11.574)	0.059*** (0.014)	0.059*** (0.014)	-0.005 (0.010)	0.063*** (0.015)	0.063*** (0.015)
AFN	-0.012** (0.005)	-0.049*** (0.016)	-0.049*** (0.017)	10.809 (14.468)	-0.055*** (0.015)	-0.055*** (0.016)	-0.011 (0.010)	-0.052*** (0.016)	-0.052*** (0.017)
RAT	0.003 (0.004)	0.002 (0.014)	0.002 (0.015)	4.225 (9.911)	0.006 (0.013)	0.006 (0.014)	0.025*** (0.009)	-0.004 (0.014)	-0.004 (0.015)
TAD	-0.001 (0.002)	0.021*** (0.007)	0.021*** (0.008)	-4.469 (6.708)	0.016** (0.007)	0.016** (0.007)	-0.008* (0.004)	0.023*** (0.007)	0.023*** (0.008)
DAQ	0.002 (0.003)	-0.006 (0.010)	-0.006 (0.009)	0.157 (5.937)	-0.005 (0.009)	-0.005 (0.008)	-0.006 (0.010)	-0.003 (0.011)	-0.003 (0.008)
NPO	-0.007 (0.006)	0.031** (0.013)	0.031** (0.015)	-3.964 (17.058)	0.024** (0.011)	0.024* (0.014)	-0.002 (0.008)	0.026** (0.012)	0.026* (0.015)
TQ	0.000 (0.000)	0.001*** (0.001)	0.001*** (0.000)	-0.262 (0.171)	0.001** (0.001)	0.001*** (0.000)	0.000 (0.000)	0.001** (0.001)	0.001*** (0.000)
ENT	0.008 (0.015)	-0.018 (0.039)	-0.018 (0.022)	-9.315 (16.994)	-0.006 (0.029)	-0.006 (0.021)	-0.014* (0.009)	-0.004 (0.028)	-0.004 (0.022)
DNE/CNE/BNE		0.831** (0.333)	0.831*** (0.320)		-0.000*** (0.000)	-0.000*** (0.000)		0.337** (0.139)	0.337** (0.131)
MPA	-0.017** (0.008)	-0.017** (0.008)	-0.017* (0.009)		-0.014* (0.008)	-0.014 (0.009)		-0.019*** (0.007)	-0.019** (0.009)

续表

VAR	(1) 一阶段：DNE	(2) 二阶段：[-60, 30]	(3) 二阶段：[-60, 30]	(4) 一阶段：CNE	(5) 二阶段：[-60, 30]	(6) 二阶段：[-60, 30]	(7) 一阶段：BNE	(8) 二阶段：[-60, 30]	(9) 二阶段：[-60, 30]
IND					Yes				
YEAR					Yes				
_Cons	0.032*** (0.011)	0.010 (0.034)	0.010 (0.034)	49.081* (29.383)	0.065* (0.033)	0.065* (0.034)	0.083*** (0.024)	0.008 (0.034)	0.008 (0.034)
R^2	0.439	0.416	0.416	0.481	0.491	0.491	0.457	0.439	0.439
F Test of excluded instruments	85.02			41.12			61.35		
F	18 78	7.73	7.67	11.49	8.35	8.61	8.85	7.79	7.88
Under identification		60.338	59.815		47.492	55.586		55.081	72.303
Chi-sq（2）P-val		0.000	0.000		0.000	0.000		0.000	0.000
Weak identification test		60.342	38.432		38.240	34.691		54.235	50.895
Sargan statistic		0.783	0.586		0.132	0.081		1.284	1.028
Chi-sq（2）P-val		0.376	0.443		0.716	0.775		0.257	0.311
N	217	203	203	217	203	203	217	203	203
MODEL	OLS	2SLS	2GMM	OLS	2SLS	2GMM	OLS	2SLS	2GMM

注：括号内为标准差，* 表示 $p < 0.10$，** 表示 $p < 0.05$，*** 表示 $p < 0.01$。

11.5　本章小结

本章采用 OLS 稳健回归和自助法 Sobel 检验模型，检验被并购效率（并购溢价和支付方式）在券商网络影响挂牌公司短期财富效应之间的中介作用。结论表明，上市公司并购挂牌公司事件，对挂牌公司有短期财富创造效应，券商网络影响到并购效率（并购溢价和支付方式），引发资本市场投资者关注，做出是否投资决策，对公司股价造成冲击。券商及分析师同时也会释放有关并购的信息，如通过研究报告、网络媒体发表观点等宣传手段，影响资本市场对公司的预期。

挂牌公司的财务特征，以及近期有关经济活动的各种重要信息，都将会是投资者对并购预期判断的重要依据。如并购发生的近期，挂牌公司发生大的经济活动、财务和高管等负面或正面的信息报道，对并购预期产生影响。①随着窗口期的增加，券商网络中心度对挂牌公司短期财富效应产生正向影响，窗口期扩大到前 60 交易日和后 30 交易日，券商网络中心度显著性达到要求。②新三板的监管机制不完善，市场发育不够成熟，信息流动性相比沪深市场有很大差距，因此并购信息的丰富程度、扩散传播与券商网络中心度和声誉正相关。③并购方财务特征对被并购公司窗口期财富效应产生影响，并购方的经营实力会对被并购公司的业绩产生影响。④上市公司会对挂牌公司产生声誉溢出效应，提高市场预期，影响短期股票波动。⑤内生性和稳健性检验支持研究结论。

本章研究发现，券商在新三板的信息传播和资源配置作用得到加强，有中介治理作用，对挂牌公司的融资和经济行为有重要影响。但新三板在考虑充分发挥券商作用的同时，也要看到负面作用。由于公司进入新三板门槛低、市场监管和信息披露不到位、规章制度不完善、约束力相对较弱等漏洞，导致市场内企业质量"参差不齐，鱼龙混杂"。提出建议：监管机构要加大新三板信息的流动性，信息披露的程度与真实性，加大对券商参与新三板经济活动的监管。探索和完善新三板券商的职责规范，保护投资者利益，促进新三板快速稳定发展。

第 12 章　券商网络、被并购效率与长期财富效应

券商网络对挂牌公司被并购效率有积极作用，进而影响并购的整合、协同效应、治理及资源配置等因素，最终作用到挂牌公司长期财富效应。在并购后券商仍担任挂牌公司督导人，会督促信息披露和绩效改进。因此本章主要解释两个问题：①券商网络是否影响被并购挂牌公司长期财富效应。②并购溢价、支付方式和交易效率是否起到中介作用。

12.1　券商网络影响并购长期财富效应机理

对并购长期财富效应研究集中在：①决策者的个人特征、社会网络因素。②并购定价，如并购溢价和支付方式等因素。③并购协同效应和整合因素。④市场、政府等其他外界因素。

并购效率在券商网络影响挂牌公司长期财富效应的中介作用，主要表现在：①在并购对象的选择、策略的制定、协议签订及履行、公司资源整合等方面，都可借助券商网络作为信息、资源的共享渠道。②并购交易期间，双方通过券商全面了解对方的优势和短板以及公司文化、未来发展等信息。并购协同效应需要以科学的并购决策、双方信息互动及有效整合为前提。③券商网络可找到合适的上市公司收购方，并购后的整合效果和协同效应较高，股东财富增加。④上市公司有丰富资源和相对高的治理水平，并购后介入和推动挂牌公司经营，有公司治理溢出效应，提高公司绩效和股东财富值。⑤券商作为持续督导人和做市商，并购完成后双方的业务并未终止，挂牌公司业绩对券商有直接影响。因此，券商会积极督促信息披露和协助挂牌公司改进绩效。

如图 12-1 所示，挂牌公司被并购效率在券商网络与长期财富效应之间具有的中介作用路径。券商网络对并购效率有影响，同时它们又共同对并购的协同效应、整合效果和公司治理等产生效果，最终影响挂牌公司的长期绩效与财富效应。

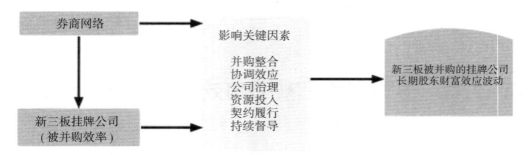

图 12-1　券商网络影响挂牌公司长期股东财富效应机理

12.2　研究假设

12.2.1　券商网络影响长期财富效应假设

信息不对称导致并购双方都可能处于信息劣势，不确定性增加，有可能带来并购的财富价值损失。挂牌公司的股东往往兼任高管，希望以收益最大为前提寻找合适的收购方，因为这是股东获得收益的最佳途径（张小星，2017）。在选择交易对象时，券商网络能对潜在的并购方（上市公司）进行筛选，缓解新三板信息供给不足的缺陷（陈辉，2017）。一方面有助于被并购公司寻找合适的收购方；另一方面有助于并购方及时得到潜在被并购公司信息。并购双方关于溢价水平和支付方式的博弈，是基于对并购信息的掌握。并购溢价水平、支付方式和交易效率不仅暗含协同效应的预期信息，而且意味着挂牌公司的市场预期和未来价值。被并购公司展示良好盈利预期和发展潜力，有助于提高己方的并购效率。

券商网络对获取资源和筛选并购对象有明显优势，如网络中心度越高的公司，选择的范围越广，可选择更为合适的交易对象（Haunschild，1993）。能把握信息优势选择合适并购的公司，并购后的财富高于其他公司（Schonlau 和 Singh，2009）。帮助寻找使挂牌公司利益最大化的上市公司并购方，将挂牌公司的有利信息传递给上市公司，有利于双方根据信息做出并购策略调整，获得较高收益。可解释为两个方面：①券商网络提升挂牌公司被并购的效率，直接影响到并购整合、协同效应、公司治理和资源投入等，最终影响财富效应。②券商拥有中介治理职能，为维持和提高声誉，保持并购后的相关业务。券商有动机和义务，利用资源和服务优势，促使并购绩效改进，影响长期财富效应。基于以上分析，提出假设：

假设 12.1：券商网络中心度与被并购挂牌公司长期财富效应正相关。

12.2.2　并购溢价中介效应假设

并购支付价格是双方依靠掌握的信息、实力和对并购整合与业绩的预测做出的博弈结果。双方达成的并购交易价格，是多次谈判协商的结果，符合双方股东的心理价值认可。从被并购公司来看，挂牌公司股东和管理层认为，溢价金额要高于因被并购丧失的收益或控制权转移的损失，不然并购融资就失去意义。并购溢价越高，挂牌公司获得的收益越大，会采取积极支持的策略，整合效果与协同效应会提高。一般而言，上市公司治理水平高于挂牌公司，被并购后上市公司会向挂牌公司注入新资源，在组织形式和股权结构上发生较大的变化，提高长期财富效应。

上市公司并购挂牌公司股权带来的收益要值得支付对应的溢价金额，付出的收购代价越大，大股东和管理层会越重视，对并购后的收益预期越高。管理层面对并购决策的绩效压力会更大，在并购完成后会积极投入精力和资源，帮助和督促标的公司提高业绩，来证明投资的成功并索取回报。

并购溢价的中介效应机理，可理解为：①券商网络对并购的溢价产生正向影响，而并购溢价对被并购方的财富效应产生作用（刘娥平、关静怡，2018）。②并购溢价包含两方面的信息，一方面包含双方的财务信息和综合实力；一方面包含双方对并购的态度信息，这两种信息都会在不同程度上影响挂牌公司的绩效。③券商出于职责、利益和声誉维持考虑，会积极监督和指导挂牌公司提高业绩。基于以上分析，提出假设：

假设 12.2：并购溢价在券商网络与被并购挂牌公司长期财富效应之间起中介作用。

12.2.3　并购支付方式中介效应假设

围绕标的利益博弈，决定并购支付结构。对被并购公司而言，支付方式的选择影响到以后公司控制权、资本结构和投资机会。对被并购挂牌公司而言，现金支付明显优于非现金支付导致的绩效，对股东财富效应产生影响（Hubert de La Bruslerie，2012）。现金支付表明，现金支付反映被并购公司的价值、谈判能力和未来盈利能力。股权支付表明，如果被收购公司的谈判能力及未来发展前景不确定性较大，交叉持股也是降低经营风险的一种策略（Klein、Crawford 和 Alchain，1978；宋鹏、田丽丽、李常洪，2019）。支付方式不仅影响并购公司未来收益，而且对被并购公司绩效产生影响（李金发，2007；葛结根，2015）。

对并购公司而言，现金收购表明公司资产的现金流产生能力较强，内部融资会优于外部融资，公司利用被并购公司形成投资机会的能力提升。股权支付表明，并购方对被并购公司的信息掌握不全面，且当公司的股价被高估时，可能倾向采用股票收购方式，一来可降低并购风险，二来可降低实际支付价格。这也说明并购公司未来市场潜力可能不足、股价会下降等信息，并购后利用内部资金抓住投资机会的能力较弱。

信息不对称或供给不足，风险性证券的定价效应会造成两类支付方式差异，如果交易媒介证券的价值与被并购公司的绩效存在关联，则并购的要约价格为事后定价。当被并购公司绩效与该证券存在正向关系，与其他支付方式相比，证券要约支付与被并购公司绩效正相关。然而实际并购市场交易参与者均面临降低成本的问题，现金支付和股票支付会向对方和市场传递出不同的信号。并购公司采取证券要约，会导致被并购公司认为对方证券价值可能被高估，实际价值低于表面价值，有股价向下波动的风险；反之，如果其证券被低估，则会倾向采取现金支付。

券商网络虽有缓解信息不对称效果，然而在现实经济活动中，由于利益驱使等因素，券商也很可能对挂牌公司包装，来谋求符合更多收益的支付方式。如果上市公司对被并购的挂牌公司某些私有信息无法完全掌握，而并购的需求和诱惑较大，且未来预期虽有较大盈利，但与风险共存时，则会倾向使用混合支付方式。并购整合后，上市公司会发挥协同效应和提升挂牌公司经营绩效，证明投资决策的正确，因而增加长期财富效应。券商在并购完成后，由于收益、责任和声誉也会督促和协助挂牌公司绩效改进。基于以上分析，提出假设：

假设 12.3：并购支付方式在券商网络中心度与被并购挂牌公司长期财富效应之间起中介作用。

12.2.4　并购交易效率中介效应假设

公司财务信息是并购决策的重要依据，对交易价格和进程有重要影响（赵璐、李昕，2018），降低信息不对称，可有效提高企业间交易效率。券商业务广泛，拥有并购经验也熟悉相关法规，可做到降低信息不对称和市场风险。①可有效节约并购信息搜寻和处理成本，提升和延伸交易契约范围，形成对并购契约执行有效保证机制（Hendriks，1999），降低交易价值损耗、机会成本，有效配置资源，影响公司绩效。②目前信息技术高度发达，互联网与交易制度、技术进步等因素，极大提升了金融市场和金融中介的运行效率，同时逐渐弱化金融中介的信息优势。然而，新三板存在信息供给不足、公司质量参差不齐和制度不完善等问题，使得券商中介作用加强，影响公司被并购长期财富效应。

从交易制度看，交易机制影响交易费用，对公司的利润和投融资产生影响，可以有三个方面的解释：①并购的交易规模、范围及竞争机制状态形成的价格制度对交易费用的影响程度。②产品、服务和生产要素的价格及其竞争机制影响市场交易资源的稀缺性，形成市场对稀缺资源的配置制度，影响交易费用大小。③货币制度安排对并购的匹配程度，以货币形态、货币流通等信息的价值差异，产生报酬的变动及市场流动性的强弱。这是并购市场信息内含的价值效应，通过解决多重均衡和降低交易费用来优化企业间资源配置效率，提高公司绩效和市场价值。

券商对并购交易效率影响有三个方面：①以信息资源和经验优势，有效提升交易效率。如券商网络从信息提供与建议、契约的签订与执行等影响到并购交易效率的时间、资金和机会成本，影响到被并购公司的利润和绩效（郭妍，2012），对长期财富效应产生影响。②发挥专业的并购服务特长，提高服务公司的融资效率，会影响公司资源配置。挂牌公司可更快地腾出精力，将重点放在未来计划实施和提高绩效方面。③券商网络可降低交易成本和风险，发挥中介治理的既有约束又有交易担保的作用。对并购交易难度化繁为简、减少摩擦和提高主管部门审批成功率有积极的影响，进而作用到被并购公司长期股东财富效应。基于以上分析，提出假设：

假设 12.4：并购交易效率在券商网络中心度与被并购挂牌公司长期财富效应之间起中介作用。

12.3　研究设计

12.3.1　变量定义与测度

本章采用并购后第一年和第二年末净资产增长率（ΔNEA/2ΔNEA）和净资产收益率变化量（ΔROE/2ΔROE）测度长期财富效应。券商网络中心度为解释变量，并购效率为中介变量（溢价、支付方式和交易效率），工具变量为券商的声誉和分析师数量。控制变量为交易双方公司的财务指标。

1. 被解释变量

（1）净资产增长率（ΔNEA/2ΔNEA）：并购后第一年和第二年末净资产增长率，

$$\Delta NEA = \frac{净资产_{t+1} - 净资产_{t-1}}{净资产_{t-1}}，净资产越多说明公司长期财富增加越多。$$

（2）净资产收益率变化量（ΔROE/2ΔROE）：并购后第一年和第二年末净资产收益率变化量，$\Delta ROE = ROE_{t+1} - ROE_{t-1}$。净资产收益率增加，说明公司绩效提升，盈利水平增加，股利分红和财富值增加。

2. 中介变量

（1）并购溢价（MPR）：并购交易金额减去交易标的净资产（前一年末被并购公司净资产 × 收购股权比例）除以交易标的的净资产。

（2）并购支付方式（MPA）：现金支付方式为 0，混合支付方式为 1。

（3）并购交易效率（MEF）：交易总金额除以并购完成天数（从并购公告开始日至并购完成日的时间差）的自然数对数。

3. 控制变量

挂牌公司控制变量如下：

（1）资产规模增长率（ΔASE/2ΔASE）：并购后第一年和第二年末资产规模相对增

长量。$\Delta ASE = \frac{总资产_{t+1} - 总资产_{t-1}}{总资产_{t-1}}$，代表并购后公司资产变化，对长期财富有影响。

（2）销售净利率变化量（ΔNPR/2ΔNPR）：并购后第一年和第二年末相对销售净利率变化量。$\Delta NPR = \dfrac{净利润_{t+1}}{主营业务收入_{t+1}} - \dfrac{净利润_{t-1}}{主营业务收入_{t-1}}$，依据杜邦算法，销售净利率对长期财富有影响。

（3）资产密集度变化量（ΔCAI/2ΔCAI）：并购后第一年和第二年末相对资产密集度。$\Delta CAI = \dfrac{主营业务收入_{t+1}}{总资产_{t+1}} - \dfrac{主营业务收入_{t-1}}{总资产_{t-1}}$，依据杜邦算法，资产密集度对长期财富有影响。

（4）成长能力（GRA/2GRA）：并购后第一年和第二年主营业务收入与上一年度主营业务收入之差，占上一年度主营业务收入的比重。

（5）资产负债率变化（ΔDAS/2ΔDAS）：并购后第一年末和第二年末相对资产负债变化量。$\Delta DAS = \dfrac{总负债_{t+1}}{总资产_{t-1}} - \dfrac{总负债_{t-1}}{总资产_{t-1}}$，代表在总资产中有多少比例的资金来自债务方面的筹款，反映公司长期财富值变化。

（6）托宾 Q 值变化量（ΔTQ/2ΔTQ）：并购后第一年和第二年末 TQ 值与并购前一年末 TQ 的差值。TQ 值测度公司盈利能力，如果 TQ 值高，市场价值超过其资本重置成本，发行股票对公司有利，公司发行少量的股票即可获得较多的投资品，刺激公司投资支出的增加；反之，则减少投资行为。

（7）公司性质（ENT）：国有公司为 1，民营公司为 0。国有公司与民营公司在治理和经营模式上有较大差异，对公司的绩效和长期财富有影响。

（8）行业（IND）：哑变量，按新三板投资型一级行业，控制行业影响。

（9）时间（YEAR）：哑变量，2010—2017 年，控制年份影响。

上市公司控制变量如下：

（1）股权集中度（AFS）：并购后第一年末第一大股东持股比例。大股东对公司决策有重要影响，影响并购整合及协同效应。而且，大股东影响公司治理，影响对被并购公司的治理溢出效应。

（2）盈利能力（PFO）：并购后第一年末公司的销售净利率，盈利能力强弱对公司的并购溢价和支付方式产生影响。

（3）高管持股比例（MOS）：并购后第一年末高管持股比例总和。代理问题影响高管自利和工作积极性，对被并购公司绩效有影响。

（4）杠杆率（LEV）：并购后第一年末负债率，公司财务风险对子公司和持股公司有影响。

（5）偿债能力（DEA）：并购后第一年末经营净现金流量 / 负债合计。代表公司融资能力和财务风险状况，对持股公司有影响。

（6）成长能力（GWS）：并购后第一年末净利润增长率。

（7）公司性质（EAT）：国有公司为 1，民营公司为 0。

（8）行业（IND）：哑变量，按证监会一级行业，控制行业影响。

（9）时间（YEAR）：哑变量，2010—2017 年，控制年份影响。

12.3.2　计量模型

（1）券商网络中心度对长期财富的影响，分别构建净资产增长率（ΔNEA）模型和净资产收益率变化量（ΔROE）模型来检验假设。

挂牌公司控制变量（被并购方）

$$
\begin{aligned}
\Delta NEA/\Delta ROE = &\ \alpha + \beta_1 \big[Broker（Net\ Centrality/FAM/FAN）\big] + \beta_2（\Delta ASE）\\
&+ \beta_3（\Delta ANPR）+ \beta_4（CAI）+ \beta_5（GAR）+ \beta_6（\Delta DAS）+ \beta_7（\Delta TQ）\\
&+ \beta_8（ENT）+ \sum IND + \sum YEAR + \varepsilon \qquad （12\text{-}1）
\end{aligned}
$$

上市公司控制变量（并购方）

$$
\begin{aligned}
\Delta NEA/\Delta ROE = &\ \alpha + \beta_1 \big[Broker（Net\ Centrality/FAM/FAN）\big] + \beta_2（MOS）\\
&+ \beta_3（AFS）+ \beta_4（PFO）+ \beta_5（GWS）+ \beta_6（LEV）+ \beta_7（DAE）\\
&+ \beta_8（EAT）+ \sum IND + \sum YEAR + \varepsilon \qquad （12\text{-}2）
\end{aligned}
$$

（2）并购效率（溢价、支付方式和交易效率）对券商网络影响长期财富中介效应检验模型。

挂牌公司控制变量（被并购方）

$$
\begin{aligned}
\Delta NEA/\Delta ROE = &\ \alpha + \beta_1 \big[Broker（Net\ Centrality/FAM/FAN）\big] + \beta_2（Efficiency）\\
&+ \beta_3（\Delta ASE）+ \beta_4（\Delta NPR）+ \beta_5（CAI）+ \beta_6（GAR）+ \beta_7（\Delta DAS）\\
&+ \beta_8（\Delta TQ）+ \beta_9（ENT）+ \sum IND + \sum YEAR + \varepsilon \qquad （12\text{-}3）
\end{aligned}
$$

上市公司控制变量（并购方）

$$
\begin{aligned}
\Delta NEA/\Delta ROE = &\ \alpha + \beta_1 \big[Broker（Net\ Centrality/FAM/FAN）\big] + \beta_2（Efficiency）\\
&+ \beta_3（MOS）+ \beta_4（AFS）+ \beta_5（PFO）+ \beta_6（GWS）+ \beta_7（LEV）\\
&+ \beta_8（DAE）+ \beta_9（EAT）+ \sum IND + \sum YEAR + \varepsilon \qquad （12\text{-}4）
\end{aligned}
$$

式中，券商网络中心度 Broker（Net Centrality）代表：DNE、CNE 和 BNE；挂牌公司被并购效率（Efficiency）代表：MPR、MPA 和 MEF。

12.3.3　描述性统计

在 420 个样本基础上，选择 2010—2017 年 353 个样本，观察挂牌公司被并购后第一年的财富变化情况，剔除并购完成后的退市样本[①]89 个，最终样本为 264 个。选择

[①] 剔除并购完成后退市样本，原因在于：①公司相关财务数据无法获得。②挂牌公司退出新三板后与券商的业务关系终止，券商和新三板市场对公司长期财富效应无影响。目前，研究文献对并购长期财富效应的研究时间跨度大多为 1 年到 5 年间，本书选择挂牌公司被并购后 2 年来进行研究。

2010—2016 年 268 个样本，观察挂牌公司被并购后第二年的财富变化情况，剔除在并购完成后的退市样本 46 个，最终样本为 222 个。如表 12-1 所示，净资产增长率（ΔNEA）均值为 0.830，净资产收益率变化量（ΔROE）为 0.127，说明挂牌公司在被上市公司并购后财富呈增长趋势。但在第二年净资产增长率（ΔNEA）均值为 1.307，净资产收益率变化量（ΔROE）为 −0.078，净资产继续增长，但净资产收益率下降，说明企业规模扩大，但盈利能力明显下降。控制变量中，盈利能力（ΔTQ）和成长能力（GRA）在并购后第一年和第二年均值均呈现下降趋势，最大值和最小值均发生较大变化。

表 12-1 描述性统计

变量		样本 / 个	均值	标准差	最小值	中值	最大值
被解释变量	ΔNEA	264	0.830	1.831	−3.810	0.441	6.472
	ΔROE	264	0.127	1.112	−1.993	−0.017	5.796
	2ΔNEA	222	1.307	1.866	−3.121	0.898	5.897
	2ΔROE	222	−0.078	0.809	−3.194	−0.039	2.894
解释变量	DNE	264	0.043	0.049	0.001	0.033	0.297
	BNE	264	0.058	0.094	0.002	0.023	0.534
	CNE	264	44.205	58.433	1.815	19.054	220.292
中介变量	MPR	264	5.206	7.532	−0.998	2.448	39.435
	MPA	256	0.371	0.484	0.000	0.000	1.000
	MEF	250	4.311	1.354	1.315	4.321	7.498
工具变量	FAM	264	25.050	19.112	1.500	19.542	65.000
	FAN	264	12.830	10.978	0.000	10.000	60.000
控制变量挂牌公司（并购后第一年）	ΔCAI	264	−0.107	1.090	−13.576	−0.037	2.832
	ΔNPR	264	0.057	0.413	−1.105	0.020	2.003
	ΔDAS	264	−0.044	0.323	−0.832	−0.048	1.136
	ΔTQ	264	1.361	16.716	−87.556	−0.112	86.266
	ΔASE	264	1.322	3.309	−0.898	0.450	25.115
	GRA	264	3.003	11.534	−2.255	0.300	79.072
控制变量挂牌公司（并购后第二年）	2ΔCAI	222	0.077	0.945	−2.353	−0.037	3.790
	2ΔNPR	222	−0.094	0.993	−4.006	0.007	3.138
	2ΔDAS	222	−0.104	0.304	−0.835	−0.089	1.050
	2ΔTQ	222	−0.090	7.212	−27.771	0.084	34.833
	2ΔASE	222	1.875	4.284	−0.758	0.578	31.662
	2GRA	222	2.753	6.560	−0.994	0.484	36.299

续表

变量		样本/个	均值	标准差	最小值	中值	最大值
控制变量 上市公司	MSO	264	0.209	0.207	0.000	0.134	0.674
	AFS	264	0.303	0.131	0.071	0.274	0.630
	PFO	264	0.072	0.428	−6.169	0.077	1.011
	GWS	264	0.479	3.138	−24.060	0.157	28.418
	LEV	264	0.416	0.203	0.042	0.412	1.548
	DAE	264	0.123	0.360	−1.452	0.066	2.815
	EAT	264	0.159	0.366	0.000	0.000	1.000

变量相关系数检验，如表 12-2 所示。券商网络中心度与净资产收益率变化量和净资产增长率变化之间显著相关，券商声誉、分析师数量与被解释变量之间显著相关。控制变量与净资产收益率变化量和净资产增长率变化之间显著相关，表明控制变量的选择适合回归模型。控制变量之间相关性显著，但系数均在 0.1 到 0.3 之间——低于 0.4 的共线性标准。总体判定控制变量之间不存在共线性问题，相关系数检验符合回归要求。

表 12-2 变量相关系数检验

VAR	DNE	CNE	BNE	FAM	FAN	ΔNEA	ΔROE	ΔCAI	ΔNPR	GRA	ΔTQ	ΔASE
CNE	−0.462***											
BNE	0.774***	−0.366***										
FAM	−0.438***	0.539***	−0.461***									
FAN	0.185**	−0.264***	0.207***	−0.414***								
ΔNEA	0.147**	−0.283***	0.221***	−0.273***	0.158**							
ΔROE	0.201**	−0.208***	0.250***	−0.202***	0.184**	0.444***						
ΔCAI	−0.026	0.017	0.032	−0.019	0.027	0.137**	0.391***					
ΔNPR	0.113*	−0.086	0.142**	−0.114*	0.124**	0.377***	0.502***	0.249***				
GRA	0.067	−0.068	0.080	−0.010	0.048	−0.216***	−0.069	−0.220***	−0.137**			
ΔTQ	0.080	−0.085	0.191**	−0.128**	0.128**	0.422***	0.542***	0.280**	0.276**	−0.012		
ΔASE	0.068	−0.072	0.081	−0.011	0.097	0.099	0.353***	0.228**	0.233**	−0.011	0.217**	
ΔDAS	−0.004	−0.035	0.056	−0.105*	0.088	0.315***	0.212***	−0.095	0.263**	0.130**	0.225**	0.048

注：* 表示 $p < 0.10$，** 表示 $p < 0.05$，*** 表示 $p < 0.01$。

12.4　实证分析

12.4.1　券商网络对长期股东财富效应影响

如表 12-3 所示。券商网络中心度对挂牌公司被并购后第一年和第二年的净资产收益率变化量（ΔROE）和净资产增长率（ΔNEA）有显著正向影响。说明券商网络有效提高挂牌公司长期财富效应，其作用机理可概括为：①挂牌公司受资源限制，为实现股权融资或转让的较高收益，借助券商网络渠道，有效降低交易成本和风险，筛选接受高并购价格的收购方。②提高挂牌公司被并购效率，如支付价格、合理支付方式，以及交易效率改进。这些会激发被并购方公司配合的积极性，提高并购整合绩效与协同效应，降低成本和提高资源配置效率，减少企业内耗，有利于提高公司经营绩效，增加长期财富效应。③作为持续督导人和做市商，券商会在并购后积极配合、督促挂牌公司规章制度的完善和治理结构的改善，改进公司绩效。

挂牌公司的销售净利率变化量（ΔNPR）、成长能力（GRA）对净资产收益率变化量（ΔROE）和净资产增长率（ΔNEA）有显著正向影响。资产密集度变化量（ΔCAI）、托宾 Q 值（ΔTQ）对净资产收益率变化量（ΔROE）有显著正向影响，而对净资产增长率的影响（ΔNEA）不显著。资产负债率变化（ΔDAS）对净资产增长率（ΔNEA）有显著负向影响。公司财务特征回归结论与以往文献研究一致。

如表 12-4 所示。从并购方上市公司来看，选择并购挂牌公司，且愿意支付高溢价，是基于对公司未来前景的评估，认为在并购后可获得收益。上市公司在并购完成后会积极介入挂牌公司的治理与经营，督促提高盈利能力，谋求快速实现投资回报。在上市公司控制变量条件下，程度中心度（DNE）系数并不显著，但都在 P 值在 20% 条件下显著，且中介中心度（BNE）和紧密中心度（CNE）系数显著正相关。上市公司高管持股对净资产收益率变化量（ΔROE）和净资产增长率（ΔNEA）有显著正向影响。股权集中度（AFS）对净资产收益率变化量（ΔROE）显著负相关，而上市公司性质（EAT）对净资产增长率（ΔNEA）显著正相关，说明如果挂牌公司被国有上市公司并购，净资产增长更多。

表 12-3　券商网络与长期股东财富效应回归（挂牌公司控制变量）

VAR	ΔROE				2ΔROE				ΔNEA				2ΔNEA			
	(1)	(2)	(3)	(4)	(5)	(6)	(7)	(8)	(1)	(2)	(3)	(4)	(5)	(6)	(7)	(8)
DNE		3.543** (2.297)				2.092** (2.384)				3.824* (1.697)				4.945** (2.376)		
CNE			−0.003*** (−3.404)				−0.004*** (−3.142)				−0.008*** (−4.175)				−0.003 (−1.378)	
BNE				1.808** (2.284)				1.026** (2.404)				3.027*** (2.868)				2.336** (2.215)
ΔCAI/2ΔCAI	0.248** (2.225)	0.265** (2.416)	0.257** (2.350)	0.263** (2.385)	0.129 (1.597)	0.127 (1.586)	0.148* (1.814)	0.113 (1.436)	−0.160 (−0.662)	−0.141 (−0.592)	−0.133 (−0.555)	−0.135 (−0.570)	−0.269 (−1.369)	−0.275 (−1.436)	−0.254 (−1.284)	−0.305 (−1.635)
ΔNPR/2ΔNPR	0.749*** (3.165)	0.704*** (3.224)	0.724*** (3.070)	0.717*** (3.251)	0.176* (1.994)	0.159* (1.826)	0.142* (1.751)	0.164* (1.883)	0.844*** (2.801)	0.796*** (2.664)	0.774*** (2.666)	0.791*** (2.648)	0.444*** (2.892)	0.405*** (2.702)	0.418*** (2.772)	0.417*** (2.754)
ΔDAS/2ΔDAS	0.052 (0.211)	0.035 (0.146)	0.038 (0.155)	0.016 (0.070)	−0.209 (−0.942)	−0.225 (−1.026)	−0.209 (−0.999)	−0.227 (−1.037)	−1.193*** (−2.711)	−1.211*** (−2.753)	−1.233*** (−2.903)	−1.253*** (−2.916)	−1.392*** (−3.478)	−1.431*** (−3.650)	−1.393*** (−3.520)	−1.435*** (−3.672)
ΔTQ/2ΔTQ	0.011* (1.815)	0.011* (1.831)	0.011* (1.854)	0.011* (1.831)	0.014 (1.619)	0.013 (1.541)	0.012 (1.383)	0.013 (1.531)	−0.000 (−0.054)	−0.001 (−0.074)	−0.001 (−0.095)	−0.001 (−0.116)	0.041* (2.322)	0.038** (2.191)	0.039** (2.185)	0.037** (2.176)
ΔASE/2ΔASE	−0.017 (−0.392)	−0.012 (−0.299)	−0.015 (−0.375)	−0.012 (−0.309)	0.012 (0.720)	0.014 (0.875)	0.013 (0.797)	0.014 (0.858)	0.058 (1.041)	0.063 (1.146)	0.061 (1.175)	0.066 (1.248)	−0.076* (−1.976)	−0.071* (−1.886)	−0.075* (−1.962)	−0.072* (−1.894)
GRA/2GRA	0.032** (2.041)	0.031* (1.938)	0.031* (1.936)	0.029* (1.848)	0.032* (1.978)	0.031* (1.913)	0.029* (1.814)	0.030* (1.882)	0.043** (2.253)	0.041** (2.144)	0.038** (2.020)	0.037* (1.965)	0.054 (1.516)	0.051 (1.460)	0.052 (1.439)	0.050 (1.426)
ENT	0.317 (1.127)	0.318 (1.203)	0.316 (1.172)	0.335 (1.179)	−0.105 (−0.876)	−0.098 (−0.830)	−0.098 (−0.803)	−0.090 (−0.767)	0.028 (0.084)	0.028 (0.082)	0.022 (0.068)	0.057 (0.169)	0.422 (1.337)	0.440 (1.404)	0.428 (1.374)	0.458 (1.404)
IND	Yes															

VAR	ΔROE				2ΔROE				ΔNEA				2ΔNEA			
	(1)	(2)	(3)	(4)	(5)	(6)	(7)	(8)	(1)	(2)	(3)	(4)	(5)	(6)	(7)	(8)
YEAR	Yes															
_Cons	-0.098	-0.370	-0.076	-0.269	0.028	-0.142	0.009	-0.091	0.306	0.013	0.369	0.019	-0.075	-0.479	-0.090	-0.347
	(-0.521)	(-1.524)	(-0.399)	(-1.383)	(0.204)	(-0.823)	(0.070)	(-0.574)	(0.729)	(0.028)	(0.859)	(0.047)	(-0.255)	(-1.602)	(-0.303)	(-1.184)
R^2	0.463	0.482	0.482	0.483	0.359	0.373	0.423	0.372	0.324	0.332	0.379	0.345	0.297	0.312	0.305	0.310
$AdjR^2$	0.430	0.448	0.448	0.449	0.312	0.324	0.378	0.323	0.283	0.289	0.339	0.302	0.246	0.258	0.250	0.256
F	6.370	5.793	6.240	6.778	4.873	5.417	4.885	5.183	4.850	4.959	6.069	6.475	9.552	10.100	9.239	9.798
N	264	264	264	264	222	222	222	222	264	264	264	264	222	222	222	222

注：括号内为 t 值，* 表示 $p < 0.10$，** 表示 $p < 0.05$，*** 表示 $p < 0.01$。

表 12-4　券商网络与长期股东财富效应回归（上市公司控制变量）

VAR	ΔROE				ΔNEA			
	（1）	（2）	（3）	（4）	（5）	（6）	（7）	（8）
DNE		3.774 （1.641）				3.760 （1.289）		
CNE			−0.001*** （−4.363）				−0.002*** （−3.051）	
BNE				2.833** （2.303）				3.810*** （2.656）
MOS	1.565*** （3.517）	1.463*** （3.381）	1.532*** （3.505）	1.508*** （3.603）	1.756*** （2.903）	1.655*** （2.748）	1.693*** （2.865）	1.680*** （2.888）
AFS	−1.483*** （−3.097）	−1.465*** （−3.048）	−1.499*** （−3.169）	−1.505*** （−3.119）	−0.617 （−0.772）	−0.598 （−0.737）	−0.645 （−0.816）	−0.645 （−0.795）
PFO	0.026 （0.309）	0.011 （0.135）	−0.003 （−0.033）	0.019 （0.224）	−0.090 （−0.504）	−0.104 （−0.584）	−0.144 （−0.779）	−0.100 （−0.566）
GWS	0.003 （0.205）	0.007 （0.424）	0.008 （0.529）	0.010 （0.556）	0.005 （0.224）	0.009 （0.368）	0.014 （0.647）	0.013 （0.546）
LEV	−0.100 （−0.230）	−0.036 （−0.086）	−0.058 （−0.135）	0.007 （0.017）	−0.933 （−1.179）	−0.870 （−1.102）	−0.855 （−1.096）	−0.789 （−1.009）
DAE	−0.011 （−0.076）	−0.029 （−0.199）	−0.007 （−0.050）	0.034 （0.254）	−0.310 （−1.004）	−0.329 （−1.056）	−0.304 （−0.974）	−0.250 （−0.815）
EAT	0.200 （1.049）	0.149 （0.771）	0.183 （0.964）	0.153 （0.835）	0.685** （2.548）	0.634** （2.313）	0.652** （2.405）	0.622** （2.303）
IND	Yes							
YEAR	Yes							
_Cons	0.055 （0.183）	−0.129 （−0.421）	0.180 （0.646）	−0.102 （−0.342）	1.476** （2.013）	1.293* （1.789）	1.709** （2.370）	1.265* （1.692）
R^2	0.110	0.135	0.133	0.164	0.085	0.094	0.113	0.120
AdjR^2	0.068	0.090	0.088	0.121	0.041	0.047	0.067	0.075
F	1.638	1.503	2.737	1.555	1.832	1.697	2.447	2.017
N	264	264	264	264	264	264	264	264

注：括号内为 t 值，* 表示 $p < 0.10$，** 表示 $p < 0.05$，*** 表示 $p < 0.01$。

12.4.2　券商网络、并购溢价与长期股东财富效应

如表 12-5 所示，考察并购溢价（MPR）在券商网络与被并购挂牌公司长期财富效应之间的中介作用。并购溢价对资产收益率变化量（ΔROE）和净资产增长率（ΔNEA）

有显著的正向不完全中介效应，在并购后第二年仍有显著的中介作用。

并购溢价与挂牌公司长期财富效应正相关，可解释为四个方面：①如果被并购方有很好的盈利预期和成长能力，未来经营业绩和估值较高，会提高谈判能力，争取更多的被并购收益。②高溢价支付可满足被并购方的利益需求，会积极配合并购交易、整合等，降低摩擦成本，提高绩效。③高溢价使得并购方更关注收购目标的经营，可能会在契约中对被并购方有绩效或营业利润要求，以此获得收益。④券商作为交易的中介，在并购后并未退出与挂牌公司的业务合作，会积极发挥中介治理作用，督促挂牌公司履行约定，披露财务信息和提高绩效。挂牌公司如果积极采取应对被并购的博弈策略，可提高收益。

控制变量回归表明，盈利能力（ΔNPR）和成长能力（ΔGRA）对挂牌公司被并购财富效应有显著正向影响。交易金额作为核心环节，是双方博弈的焦点，溢价水平与被并购公司的盈利能力和业绩正相关，是并购定价效率的主要内容。

如表 12-6 所示，程度中心度（DNE）的 P 值在 15% 内显著，而紧密中心度（CNE）的 P 值在 1% 内显著，中介中心度（BNE）的 P 值在 5% 内显著。回归表明，并购方上市公司高管持股（MSO）对被并购挂牌公司绩效有显著影响，高管股权激励会增加高管经营积极性和责任感，影响持股公司的经营绩效。股权集中度（AFS）对资产收益率变化量（ΔROE）有显著影响，说明股权结构对上市公司的治理水平和绩效有显著影响，作用到挂牌公司的经营决策，这可能与持有挂牌公司股权比例有关系，持股比例越多对公司控制力越强。

表 12-5 券商网络、并购溢价与股东长期财富效应（挂牌公司控制变量）

VAR	ΔROE				2ΔROE				ΔNEA				2ΔNEA			
	(1)	(2)	(3)	(4)	(5)	(6)	(7)	(8)	(1)	(2)	(3)	(4)	(5)	(6)	(7)	(8)
DNE		3.304** (2.140)				1.913** (2.341)				3.225 (1.567)				4.093** (2.299)		
CNE			-0.003*** (-3.103)				-0.003*** (-3.035)				-0.007*** (-3.923)				-0.002 (-0.771)	
BNE				1.685** (2.265)				0.930** (2.365)				2.727*** (2.752)				1.881* (1.865)
MPR	0.022** (2.002)	0.020* (1.871)	0.019* (1.723)	0.020* (1.912)	0.017** (2.178)	0.016** (2.092)	0.013* (1.793)	0.016** (2.109)	0.052** (2.232)	0.051** (2.163)	0.043* (1.868)	0.049** (2.122)	0.076*** (4.036)	0.074*** (3.923)	0.075*** (3.926)	0.074*** (3.890)
ΔCAI/ 2ΔCAI	0.290*** (2.579)	0.302*** (2.716)	0.292*** (2.640)	0.300*** (2.713)	0.144* (1.817)	0.141* (1.790)	0.159** (1.972)	0.129* (1.659)	-0.060 (-0.263)	-0.048 (-0.210)	-0.053 (-0.233)	-0.044 (-0.194)	-0.199 (-1.150)	-0.206 (-1.210)	-0.192 (-1.102)	-0.230 (-1.391)
ΔNPR/ 2ΔNPR	0.715*** (3.050)	0.676*** (3.128)	0.698*** (2.973)	0.688*** (3.139)	0.157* (1.765)	0.143 (1.622)	0.129 (1.575)	0.147* (1.673)	0.763*** (2.648)	0.724** (2.532)	0.713** (2.538)	0.719** (2.512)	0.359** (2.533)	0.329** (2.368)	0.346** (2.447)	0.339** (2.419)
ΔDAS/ 2ΔDAS	0.168 (0.633)	0.143 (0.552)	0.139 (0.529)	0.125 (0.492)	-0.090 (-0.370)	-0.112 (-0.466)	-0.118 (-0.511)	-0.114 (-0.475)	-0.917* (-1.828)	-0.942* (-1.875)	-1.001** (-2.039)	-0.987** (-2.009)	-0.849** (-2.106)	-0.896** (-2.246)	-0.862** (-2.134)	-0.898** (-2.255)
ΔTQ/ 2ΔTQ	0.011* (1.912)	0.011* (1.921)	0.011* (1.934)	0.011* (1.919)	0.015* (1.748)	0.014* (1.674)	0.013 (1.474)	0.014* (1.668)	0.000 (0.004)	-0.000 (-0.016)	-0.000 (-0.045)	-0.000 (-0.058)	0.044** (2.391)	0.041** (2.290)	0.043** (2.319)	0.041** (2.272)
ΔASE/ 2ΔASE	-0.018 (-0.419)	-0.013 (-0.329)	-0.016 (-0.400)	-0.013 (-0.340)	0.011 (0.703)	0.013 (0.848)	0.012 (0.780)	0.013 (0.831)	0.056 (1.013)	0.060 (1.103)	0.059 (1.138)	0.063 (1.200)	-0.079** (-2.182)	-0.074** (-2.106)	-0.079** (-2.167)	-0.075** (-2.110)
GRA/ 2GRA	0.029* (1.741)	0.027 (1.671)	0.028* (1.694)	0.026 (1.594)	0.029* (1.903)	0.028* (1.842)	0.027* (1.742)	0.027* (1.808)	0.034* (1.740)	0.033* (1.670)	0.031 (1.604)	0.030 (1.519)	0.037 (1.203)	0.035 (1.157)	0.036 (1.160)	0.034 (1.124)
ENT	0.353 (1.243)	0.350 (1.314)	0.346 (1.272)	0.366 (1.281)	-0.053 (-0.468)	-0.050 (-0.442)	-0.058 (-0.504)	-0.042 (-0.376)	0.111 (0.365)	0.109 (0.343)	0.092 (0.306)	0.132 (0.429)	0.661** (2.074)	0.669** (2.111)	0.658** (2.080)	0.683** (2.089)
IND	Yes															
YEAR	Yes															

续表

VAR	ΔROE				2ΔROE				ΔNEA				2ΔNEA			
	(1)	(2)	(3)	(4)	(5)	(6)	(7)	(8)	(1)	(2)	(3)	(4)	(5)	(6)	(7)	(8)
_Cons	-0.080 (-0.409)	-0.334 (-1.320)	-0.063 (-0.320)	-0.241 (-1.194)	0.035 (0.282)	-0.122 (-0.772)	0.015 (0.124)	-0.073 (-0.518)	0.350 (0.857)	0.101 (0.227)	0.399 (0.949)	0.089 (0.226)	-0.046 (-0.154)	-0.381 (-1.244)	-0.055 (-0.183)	-0.265 (-0.923)
R^2	0.479	0.495	0.493	0.496	0.378	0.389	0.434	0.388	0.358	0.364	0.402	0.375	0.372	0.382	0.374	0.380
AdjR^2	0.445	0.460	0.458	0.461	0.329	0.338	0.387	0.337	0.316	0.320	0.361	0.331	0.323	0.330	0.322	0.329
F	6.544	6.177	6.471	6.794	6.226	6.421	5.574	6.242	5.379	5.447	6.207	6.612	8.710	9.579	8.316	9.292
N	264	264	264	264	222	222	222	222	264	264	264	264	222	222	222	222

注：括号内为 t 值，* 表示 $p < 0.10$，** 表示 $p < 0.05$，*** 表示 $p < 0.01$。

表 12-6　券商网络、并购溢价与净资产增长率变化量（上市公司控制变量）

VAR	ΔROE				ΔNEA			
	（1）	（2）	（3）	（4）	（5）	（6）	（7）	（8）
DNE		3.317 （1.533）				3.683 （1.445）		
CNE			−0.001*** （−3.526）				−0.002*** （−2.875）	
BNE				2.866** （2.468）				3.342*** （2.737）
MPR	0.037*** （2.724）	0.038*** （2.721）	0.035** （2.498）	0.032** （2.491）	0.100*** （4.149）	0.097*** （4.031）	0.095*** （3.943）	0.093*** （3.883）
MSO	1.556*** （3.601）	1.503*** （3.608）	1.535*** （3.603）	1.492*** （3.685）	1.791*** （3.433）	1.699*** （3.275）	1.754*** （3.425）	1.716*** （3.405）
AFS	−1.280*** （−3.084）	−1.252*** （−2.845）	−1.275*** （−3.129）	−1.315*** （−3.108）	−0.013 （−0.017）	0.029 （0.039）	−0.004 （−0.006）	−0.053 （−0.070）
PFO	0.051 （0.594）	0.082 （0.976）	0.021 （0.244）	0.034 （0.415）	0.041 （0.234）	0.026 （0.153）	−0.011 （−0.062）	0.020 （0.118）
GWS	0.003 （0.191）	0.008 （0.603）	0.007 （0.565）	0.009 （0.655）	0.008 （0.465）	0.012 （0.697）	0.016 （1.007）	0.015 （0.880）
LEV	0.038 （0.089）	0.085 （0.207）	0.074 （0.172）	0.100 （0.243）	−0.558 （−0.739）	−0.521 （−0.692）	−0.497 （−0.669）	−0.486 （−0.651）
DAE	−0.081 （−0.532）	−0.104 （−0.635）	−0.075 （−0.488）	−0.023 （−0.156）	−0.499 （−1.463）	−0.512 （−1.477）	−0.489 （−1.424）	−0.431 （−1.248）
EAT	0.298 （1.474）	0.223 （1.099）	0.287 （1.438）	0.268 （1.381）	0.925*** （3.350）	0.894*** （3.249）	0.905*** （3.310）	0.889*** （3.268）
IND	Yes							
YEAR	Yes							
_Cons	−0.549 （−1.388）	−0.604* （−1.687）	−0.474 （−1.282）	−0.788** （−2.054）	−0.064 （−0.082）	−0.364 （−0.455）	0.064 （0.084）	−0.343 （−0.434）
R^2	0.197	0.198	0.215	0.246	0.271	0.278	0.290	0.295
AdjR^2	0.142	0.153	0.158	0.191	0.220	0.225	0.238	0.243
F	1.606	1.696	2.040	1.592	3.198	3.085	3.630	3.439
N	264	264	264	264	264	264	264	264

注：括号内为 t 值，* 表示 $p < 0.10$，** 表示 $p < 0.05$，*** 表示 $p < 0.01$。

12.4.3　券商网络、并购支付方式与长期股东财富效应

如表 12-7 所示，考察并购支付方式（MPA），在券商网络与被并购方挂牌公司长期财富效应之间的中介作用。支付方式对净资产收益率变化量（ΔROE）和净资产增长率（ΔNEA）有显著的不完全中介作用，在被并购后第二年显著性明显降低。支付方式

选择对长期财富效应有显著影响。可解释为以下五点：

（1）现金支付相对股权支付会对被并购公司的长期财富效应造成明显影响，被并购方一般更倾向现金支付方式。如公司股东的股权转让或二级市场的股票交易，通常现金支付最为卖方接受。

（2）混合支付中现金比例越高，代表挂牌公司谈判能力越强，对未来公司成长与价值预期越高。

（3）双方股权置换的支付方式，会形成交叉持股的复杂情况，交叉持股股东在做投资决策时往往只关心自身资产组合利益最大化，造成财富转移和掏空现象，财富转移过程会对公司决策产生影响，损害其他股东的利益（千敏，2012；林钢，2013）。

（4）支付方式对挂牌公司被并购后第一年的绩效有显著影响，而对被并购后第二年的绩效影响显著性下降，表明支付方式对被并购公司的影响可能是随着时间快速减弱。

（5）挂牌公司的销售净利率变化量（ΔNPR）在第一年和第二年对净资产收益率变化量（ΔROE）和净资产增长率（ΔNEA）有显著正向影响。

如表12-8所示，并购方上市公司的高管持股（MSO）对净资产收益率变化量（ΔROE）和净资产增长率（ΔNEA）有显著正向影响。当公司价值被低估时并购方更愿意选择现金支付，被高估时更愿意倾向股权支付以降低实际支付价值和转移风险。被并购公司的谈判能力和价值会影响并购公司的支付决策。现金支付比例越高代表实际支付价格越高，对被并购挂牌公司发展更有信心。一些文献认为，并购公司会因为宣布并购投资，而导致市场股票收益率为负或不显著为正，造成并购损失。因此，交叉持股股东可能会在并购后试图从被并购公司获得收益，弥补从并购中遭受的损失，这会要求被并购公司提高绩效。

表 12-7　券商网络、支付方式与净资产增长率变化（挂牌公司控制变量）

VAR	ΔROE (1)	(2)	(3)	(4)	2ΔROE (5)	(6)	(7)	(8)	ΔNEA (1)	(2)	(3)	(4)	2ΔNEA (5)	(6)	(7)	(8)
DNE		2.857* (1.871)				1.901** (2.280)				2.682 (1.199)				4.914** (2.289)		
CNE			-0.002** (-2.548)				-0.004*** (-2.818)				-0.007*** (-3.498)				-0.002 (-1.120)	
BNE				1.428* (1.862)				0.925** (2.267)				2.414** (2.390)				2.292** (2.067)
MPA	-0.502*** (-4.730)	-0.461*** (-4.556)	-0.448*** (-4.449)	-0.460*** (-4.746)	-0.206* (-1.733)	-0.186* (-1.688)	-0.097 (-0.820)	-0.188* (-1.693)	-0.807*** (-3.849)	-0.769*** (-3.726)	-0.607*** (-2.916)	-0.737*** (-3.623)	-0.344* (-1.747)	-0.292 (-1.297)	-0.269 (-1.140)	-0.298* (-1.688)
ΔCAI/2ΔCAI	0.263** (2.390)	0.277** (2.539)	0.268** (2.458)	0.275** (2.514)	0.124 (1.512)	0.123 (1.510)	0.146* (1.767)	0.111 (1.376)	-0.130 (-0.557)	-0.117 (-0.503)	-0.111 (-0.473)	-0.110 (-0.478)	-0.277 (-1.422)	-0.280 (-1.477)	-0.262 (-1.332)	-0.310* (-1.670)
ΔNPR/2ΔNPR	0.814*** (3.480)	0.767*** (3.548)	0.785*** (3.314)	0.785*** (3.566)	0.159* (1.805)	0.145* (1.658)	0.134 (1.663)	0.150* (1.714)	0.866*** (2.743)	0.822*** (2.601)	0.756** (2.439)	0.816*** (2.583)	0.417*** (2.763)	0.382*** (2.577)	0.400*** (2.696)	0.394*** (2.639)
ΔDAS/2ΔDAS	0.091 (0.390)	0.073 (0.317)	0.077 (0.332)	0.061 (0.270)	-0.190 (-0.833)	-0.208 (-0.918)	-0.202 (-0.926)	-0.210 (-0.926)	-1.145*** (-2.600)	-1.162*** (-2.617)	-1.196*** (-2.781)	-1.196*** (-2.739)	-1.324*** (-3.243)	-1.372*** (-3.409)	-1.332*** (-3.275)	-1.374*** (-3.427)
ΔTQ/2ΔTQ	0.012** (2.099)	0.011** (2.094)	0.011** (2.104)	0.011** (2.095)	0.013 (1.473)	0.012 (1.398)	0.011 (1.274)	0.012 (1.383)	0.001 (0.117)	0.001 (0.094)	0.000 (0.043)	0.000 (0.057)	0.039** (2.131)	0.036** (2.012)	0.038** (2.036)	0.035** (1.989)
ΔASE/2ΔASE	-0.023 (-0.581)	-0.019 (-0.477)	-0.021 (-0.533)	-0.019 (-0.510)	0.011 (0.636)	0.013 (0.777)	0.012 (0.736)	0.013 (0.760)	0.053 (1.034)	0.058 (1.124)	0.061 (1.233)	0.060 (1.211)	-0.078** (-2.075)	-0.073** (-1.981)	-0.077** (-2.049)	-0.073** (-1.989)
GRA/2GRA	0.030* (1.939)	0.028* (1.842)	0.029* (1.854)	0.027* (1.788)	0.034** (2.120)	0.033** (2.048)	0.030* (1.902)	0.032** (2.022)	0.038** (2.077)	0.036** (1.994)	0.034* (1.859)	0.033* (1.850)	0.057 (1.642)	0.054 (1.571)	0.055 (1.550)	0.052 (1.538)
ENT	0.307 (0.985)	0.318 (1.063)	0.300 (0.984)	0.319 (1.011)	-0.142 (-1.082)	-0.127 (-0.978)	-0.145 (-1.070)	-0.127 (-0.982)	-0.058 (-0.156)	-0.048 (-0.123)	-0.084 (-0.225)	-0.037 (-0.097)	0.415 (1.192)	0.454 (1.328)	0.413 (1.206)	0.453 (1.245)
IND	Yes															

续表

VAR	ΔROE				2ΔROE				ΔNEA				2ΔNEA			
	(1)	(2)	(3)	(4)	(5)	(6)	(7)	(8)	(1)	(2)	(3)	(4)	(5)	(6)	(7)	(8)
YEAR	Yes															
_Cons	0.048	-0.194	0.037	-0.096	0.132	-0.029	0.080	0.017	0.363	0.136	0.324	0.119	0.098	-0.320	0.062	-0.187
	(0.215)	(-0.732)	(0.173)	(-0.449)	(0.842)	(-0.166)	(0.575)	(0.104)	(0.821)	(0.285)	(0.796)	(0.278)	(0.287)	(-0.940)	(0.185)	(-0.553)
R^2	0.484	0.496	0.492	0.497	0.373	0.384	0.428	0.383	0.351	0.354	0.390	0.363	0.303	0.317	0.308	0.315
AdjR^2	0.450	0.461	0.456	0.461	0.322	0.330	0.379	0.329	0.307	0.308	0.346	0.318	0.247	0.258	0.249	0.256
F	4.561	4.636	4.738	4.677	5.042	5.421	4.849	5.184	6.776	6.613	7.144	7.689	8.493	9.291	8.351	8.959
N	256	256	256	256	215	215	215	215	256	256	256	256	215	215	215	215

注：括号内为 t 值，* 表示 $p < 0.10$，** 表示 $p < 0.05$，*** 表示 $p < 0.01$。

表 12-8　券商网络、支付方式与净资产增长率变化量（上市公司控制变量）

VAR	ΔROE				ΔNEA			
	（1）	（2）	（3）	（4）	（5）	（6）	（7）	（8）
DNE		4.757* （1.900）				5.006 （1.602）		
CNE			−0.001*** （−3.450）				−0.002*** （−2.930）	
BNE				2.895** （2.316）				3.882*** （2.789）
MPA	−0.423*** （−3.691）	−0.379*** （−3.513）	−0.355*** （−3.297）	−0.352*** （−3.319）	−0.847*** （−3.925）	−0.801*** （−3.813）	−0.722*** （−3.375）	−0.752*** （−3.581）
MSO	1.446*** （3.308）	1.330*** （3.179）	1.438*** （3.330）	1.384*** （3.387）	1.539*** （2.671）	1.417** （2.484）	1.524*** （2.699）	1.456*** （2.640）
AFS	−1.417*** （−3.127）	−1.359*** （−3.032）	−1.395*** （−3.160）	−1.431*** （−3.149）	−0.383 （−0.493）	−0.322 （−0.407）	−0.343 （−0.447）	−0.402 （−0.509）
PFO	0.016 （0.168）	0.006 （0.071）	−0.012 （−0.121）	0.008 （0.083）	−0.114 （−0.552）	−0.123 （−0.609）	−0.164 （−0.764）	−0.125 （−0.620）
GWS	0.019 （1.128）	0.024 （1.408）	0.023 （1.400）	0.024 （1.382）	0.034 （1.271）	0.038 （1.415）	0.040 （1.561）	0.040 （1.447）
LEV	0.242 （0.550）	0.289 （0.669）	0.279 （0.633）	0.282 （0.661）	−0.451 （−0.563）	−0.401 （−0.503）	−0.382 （−0.484）	−0.397 （−0.502）
DAE	−0.001 （−0.008）	−0.025 （−0.167）	0.001 （0.005）	0.044 （0.335）	−0.302 （−0.992）	−0.327 （−1.060）	−0.299 （−0.967）	−0.242 （−0.801）
EAT	0.228 （1.147）	0.194 （0.975）	0.221 （1.130）	0.195 （1.014）	0.775*** （2.797）	0.740*** （2.671）	0.763*** （2.814）	0.731*** （2.661）
IND	Yes							
YEAR	Yes							
_Cons	−0.206 （−0.562）	−0.634* （−1.707）	−0.169 （−0.488）	−0.514 （−1.468）	0.971 （1.087）	0.520 （0.589）	1.040 （1.171）	0.558 （0.601）
R^2	0.165	0.198	0.185	0.217	0.157	0.170	0.182	0.190
AdjR^2	0.105	0.137	0.124	0.157	0.096	0.107	0.120	0.129
F	1.392	1.368	1.761	1.409	2.484	2.425	2.777	2.697
N	256	256	256	256	256	256	256	256

注：括号内为 t 值，* 表示 $p < 0.10$，** 表示 $p < 0.05$，*** 表示 $p < 0.01$。

12.4.4　券商网络、并购交易效率与长期股东财富效应

如表 12-9 所示，考察并购交易效率（MEF），在券商网络与被并购挂牌公司股东

长期财富效应之间的中介作用。并购交易效率（MEF）对被并购后第一年的净资产收益率变化量（ΔROE）和净资产增长率（ΔNEA）有显著的不完全中介作用，在第二年净资产增长率（ΔNEA）的回归中不显著。可以解释为四点：

（1）并购交易效率提高可有效节省交易成本和时间，对被并购公司的资源配置和决策有影响，进而作用到公司的投资机会和绩效，对长期股东财富效应产生正向显著影响。

（2）券商网络拥有信息资源优势、专业的分析咨询能力，通过并购分工实现降低成本，缩短交易时间和提高交易规模，促进交易效率。

（3）并购交易效率的中介作用，在第二年对净资产增长率（ΔNEA）不显著，对紧密中心度（CNE）与净资产收益率变化量（ΔROE）的中介作用不显著，说明交易效率对被并购公司的绩效影响是随着时间递减的。

（4）券商运用网络资源促进并购发生，影响交易过程，减少并购后整合的风险和摩擦，挂牌公司能快速进入正常经营轨道。

如表 12-10 所示，程度中心度（DNE）不显著为正，但紧密中心度（CNE）和中介中心度（BNE）的系数显著。券商网络对挂牌公司绩效有显著促进作用，并购交易效率（MEF）在并购后第一年有显著的中介作用。

结论支持假设，影响逻辑可概括为：①上市公司会介入挂牌公司的董事会，任命高管，督促和激励高管提升业绩。实现组织文化的融合和协同效应，最终体现在公司绩效和长期财富效应中。②券商不仅有信息桥梁作用，而且产生中介治理效应，督促双方履行契约。提高挂牌公司被并购效率，使股东在并购中获益。③券商网络有助于提高挂牌公司股权融资效率，改进公司绩效。

表 12-9　券商网络、并购交易效率与股东长期财富（挂牌公司控制变量）

VAR	ΔROE				2ΔROE				ΔNEA				2ΔNEA			
	(1)	(2)	(3)	(4)	(5)	(6)	(7)	(8)	(1)	(2)	(3)	(4)	(5)	(6)	(7)	(8)
DNE		2.756* (1.788)				1.682* (1.969)				2.025 (0.904)				3.953* (1.868)		
CNE			-0.002*** (-2.881)				-0.004*** (-3.025)				-0.008*** (-4.114)				-0.002 (-1.044)	
BNE				1.447* (1.910)				0.750* (1.832)				2.169** (2.089)				1.703 (1.611)
MEF	0.101** (2.550)	0.076* (1.919)	0.085** (2.130)	0.076** (2.125)	0.072** (2.532)	0.054** (2.093)	0.042 (1.552)	0.060** (2.220)	0.203*** (2.775)	0.184** (2.431)	0.146** (2.162)	0.164** (2.263)	0.124* (1.849)	0.083 (1.193)	0.107 (1.622)	0.096 (1.414)
ΔCAI/ 2ΔCAI	0.186* (1.689)	0.204* (1.856)	0.197* (1.809)	0.204* (1.827)	0.081 (0.968)	0.081 (0.980)	0.105 (1.259)	0.072 (0.872)	-0.330 (-1.551)	-0.317 (-1.494)	-0.294 (-1.390)	-0.304 (-1.426)	-0.364* (-1.782)	-0.363* (-1.813)	-0.351* (-1.704)	-0.384* (-1.956)
ΔNPR/ 2ΔNPR	0.712*** (2.956)	0.689*** (2.995)	0.696*** (2.880)	0.701*** (3.026)	0.155* (1.772)	0.143 (1.651)	0.124 (1.552)	0.148* (1.704)	0.750** (2.385)	0.734** (2.321)	0.698** (2.295)	0.734** (2.307)	0.404** (2.497)	0.377** (2.374)	0.387** (2.417)	0.387** (2.425)
ΔDAS/ 2ΔDAS	0.061 (0.249)	0.040 (0.166)	0.043 (0.177)	0.028 (0.119)	-0.209 (-0.957)	-0.230 (-1.061)	-0.230 (-1.098)	-0.227 (-1.047)	-1.299*** (-3.226)	-1.314*** (-3.245)	-1.361*** (-3.610)	-1.348*** (-3.386)	-1.383*** (-3.350)	-1.432*** (-3.518)	-1.395*** (-3.392)	-1.424*** (-3.512)
ΔTQ/ 2ΔTQ	0.010* (1.672)	0.010* (1.694)	0.010* (1.719)	0.010* (1.695)	0.009 (0.968)	0.008 (0.908)	0.007 (0.773)	0.008 (0.907)	-0.003 (-0.334)	-0.003 (-0.336)	-0.003 (-0.310)	-0.003 (-0.360)	0.029* (1.654)	0.027 (1.574)	0.028 (1.565)	0.027 (1.575)
ΔASE/ 2ΔASE	-0.026 (-0.631)	-0.022 (-0.549)	-0.025 (-0.612)	-0.022 (-0.558)	0.009 (0.532)	0.010 (0.605)	0.009 (0.534)	0.010 (0.608)	0.030 (0.566)	0.033 (0.625)	0.034 (0.689)	0.037 (0.723)	-0.086** (-2.278)	-0.083** (-2.240)	-0.086** (-2.279)	-0.083** (-2.224)
GRA/ 2GRA	0.037** (2.281)	0.035** (2.155)	0.036** (2.195)	0.034** (2.067)	0.049*** (2.849)	0.048*** (2.786)	0.047*** (2.803)	0.047*** (2.708)	0.060*** (3.891)	0.059*** (3.740)	0.055*** (3.651)	0.055*** (3.473)	0.086** (2.279)	0.084** (2.222)	0.085** (2.222)	0.081** (2.148)
ENT	0.381 (1.325)	0.384 (1.410)	0.360 (1.285)	0.399 (1.384)	-0.108 (-0.878)	-0.102 (-0.844)	-0.134 (-1.073)	-0.095 (-0.798)	0.113 (0.342)	0.116 (0.339)	0.043 (0.126)	0.141 (0.424)	0.514* (1.670)	0.528* (1.707)	0.500 (1.610)	0.543* (1.703)
IND	Yes															

续表

VAR	ΔROE				2ΔROE				ΔNEA				2ΔNEA			
	(1)	(2)	(3)	(4)	(5)	(6)	(7)	(8)	(1)	(2)	(3)	(4)	(5)	(6)	(7)	(8)
YEAR	Yes															
_Cons	-0.507^{**} (-2.061)	-0.623^{**} (-2.281)	-0.422^{*} (-1.756)	-0.547^{**} (-2.216)	-0.208 (-1.167)	-0.289 (-1.443)	-0.123 (-0.700)	-0.256 (-1.347)	-0.597 (-1.302)	-0.682 (-1.427)	-0.313 (-0.692)	-0.656 (-1.435)	-0.496 (-1.366)	-0.687^{*} (-1.943)	-0.448 (-1.234)	-0.605^{*} (-1.725)
R^2	0.495	0.506	0.507	0.507	0.392	0.400	0.456	0.398	0.384	0.386	0.435	0.394	0.325	0.334	0.329	0.332
AdjR²	0.460	0.469	0.471	0.471	0.342	0.348	0.408	0.346	0.342	0.341	0.393	0.350	0.271	0.276	0.271	0.274
F	6.099	5.818	6.140	6.380	6.517	6.581	6.296	6.235	6.766	6.689	8.099	7.950	11.061	10.863	10.493	10.664
N	250	250	250	250	214	214	214	214	250	250	250	250	214	214	214	214

注：括号内为 t 值，* 表示 $p < 0.10$，** 表示 $p < 0.05$，*** 表示 $p < 0.01$。

表 12-10　券商网络、并购交易效率与股东长期财富（上市公司控制变量）

VAR	ΔROE				ΔNEA			
	（1）	（2）	（3）	（4）	（5）	（6）	（7）	（8）
DNE		3.869 （1.570）				3.579 （1.119）		
CNE			−0.001** （−2.590）				−0.002** （−2.484）	
BNE				2.817** （2.351）				3.735*** （2.673）
MEF	0.160*** （2.994）	0.123*** （2.643）	0.142*** （2.660）	0.109*** （2.694）	0.256*** （2.842）	0.222** （2.439）	0.217** （2.439）	0.189** （2.189）
MSO	1.463*** （3.194）	1.385*** （3.109）	1.479*** （3.247）	1.427*** （3.281）	1.709*** （2.838）	1.637*** （2.720）	1.744*** （2.972）	1.661*** （2.856）
AFS	−1.317*** （−2.899）	−1.281*** （−2.808）	−1.339*** （−2.980）	−1.365*** （−2.961）	−0.358 （−0.433）	−0.325 （−0.388）	−0.406 （−0.501）	−0.422 （−0.507）
PFO	0.040 （0.427）	0.023 （0.260）	0.011 （0.116）	0.024 （0.274）	−0.029 （−0.154）	−0.045 （−0.237）	−0.092 （−0.459）	−0.050 （−0.274）
GWS	−0.008 （−0.444）	−0.003 （−0.186）	−0.003 （−0.155）	−0.001 （−0.075）	−0.012 （−0.452）	−0.007 （−0.270）	0.001 （0.025）	−0.002 （−0.090）
LEV	0.021 （0.048）	0.052 （0.119）	0.056 （0.129）	0.078 （0.182）	−0.611 （−0.762）	−0.582 （−0.724）	−0.534 （−0.681）	−0.536 （−0.672）
DAE	0.033 （0.226）	0.002 （0.011）	0.030 （0.202）	0.068 （0.468）	−0.233 （−0.693）	−0.262 （−0.762）	−0.240 （−0.724）	−0.187 （−0.553）
EAT	0.202 （0.992）	0.182 （0.898）	0.213 （1.054）	0.191 （0.973）	0.759*** （2.712）	0.741*** （2.652）	0.784*** （2.859）	0.744*** （2.676）
IND	Yes							
YEAR	Yes							
_Cons	−0.746** （−2.000）	−0.949** （−2.294）	−0.715* （−1.927）	−0.827** （−2.209）	0.012 （0.012）	−0.176 （−0.179）	0.080 （0.081）	−0.096 （−0.096）
R^2	0.170	0.190	0.185	0.217	0.163	0.169	0.188	0.193
AdjR^2	0.109	0.127	0.121	0.155	0.102	0.104	0.124	0.130
F	1.295	1.227	1.355	1.298	2.449	2.309	2.711	2.673
N	250	250	250	250	250	250	250	250

注：括号内为 t 值，* 表示 $p < 0.10$，** 表示 $p < 0.05$，*** 表示 $p < 0.01$。

12.4.5　稳健性与内生性讨论

1. 稳健性检验

采用自助法的 Sobel 中介效应检验作为稳健性检验模型，设定重复抽样次数为 2000次。如表 12-11 所示，程度中心度（DNE）对净资产增长率（ΔNEA）影响时，间接效应 P 值为 0.227，而直接效应 P 值在 10% 以内显著。中介中心度（BNE）对净资产收益率变化量（ΔROE）时，间接效应 P 值为 0.227，而直接效应 P 值在 5% 以内显著。其他的显著性 P 值均在 10% 以内显著，表明并购溢价的不完全中介效应。

表 12-11　券商网络、并购溢价与长期财富效应

效应分析	解释变量	被解释变量	系数	标准差	Z 值	P 值	偏度
间接	DNE	ΔNEA	1.199	0.993	1.21	0.227	0.119
直接			4.252	2.457	1.73	0.084	0.009
间接	CNE		−0.002	0.0001	−2.47	0.014	−0.000
直接			−0.007	0.002	−3.98	0.000	0.000
间接	BNE		0.852	0.600	1.62	0.098	0.101
直接			3.434	1.322	2.60	0.009	0.076
间接	DNE	ΔROE	0.461	0.398	1.68	0.093	0.022
直接			4.063	2.155	1.89	0.059	0.010
间接	CNE		−0.001	0.0003	−1.96	0.050	0.000
直接			−0.003	0.0008	−4.14	0.000	0.000
间接	BNE		0.322	0.258	1.25	0.212	0.064
直接			2.627	1.218	2.16	0.031	0.134
样本量			264				
重复次数			2000				

注：* 表示 $p < 0.10$，** 表示 $p < 0.05$，*** 表示 $p < 0.01$。

如表 12-12 所示，对并购支付方式的中介效应检验，对净资产收益率变化量（ΔROE）和净资产增长率（ΔNEA）的直接和间接效应 P 值均在 10% 内显著，表明支付方式的不完全中介效应。如表 12-13 所示，对并购交易效率的中介效应检验。并购交易效率在程度中心度（DNE）影响净资产收益率变化量（ΔROE）和净资产增长率（ΔNEA）过程中，直接效应 P 值在 10% ~ 20% 显著。其他的显著性 P 值均在 10% 内显著，表明交易效率的不完全中介效应。稳健性检验支持上文的实证结论，有利于己方的并购效率（并购溢价、支付方式和并购交易效率）对被并购企业长期财富效应的提高有显著的不完全中介效果。

表 12-12　券商网络、并购支付方式与长期财富效应

效应分析	解释变量	被解释变量	系数	标准差	Z 值	P 值	偏度
间接	DNE	ΔNEA	1.239	0.608	2.04	0.041	0.048
直接			4.311	3.088	2.10	0.035	0.266
间接	CNE		−0.001	0.000	−2.61	0.009	0.000
直接			−0.007	0.000	−3.53	0.000	0.000
间接	BNE		0.709	0.314	2.26	0.024	0.005
直接			3.465	1.521	2.28	0.023	0.095

续表

效应分析	解释变量	被解释变量	系数	标准差	Z 值	P 值	偏度
间接	DNE		0.548	0.271	2.02	0.044	0.005
直接			4.049	2.292	1.77	0.077	0.001
间接	CNE	ΔROE	−0.001	0.000	−2.48	0.013	0.000
直接			−0.003	0.000	−3.93	0.000	0.000
间接	BNE		0.312	0.142	2.21	0.027	0.003
直接			2.526	1.345	1.88	0.060	0.080
样本量			256				
重复次数			2000				

注：* 表示 p < 0.10，** 表示 p < 0.05，*** 表示 p < 0.01。

表 12-13 券商网络、并购交易效率与长期财富效应

效应分析	解释变量	被解释变量	系数	标准差	Z 值	P 值	偏度
间接	DNE		1.417	0.649	2.18	0.029	0.007
直接			3.823	2.943	1.30	0.194	0.213
间接	CNE	ΔNEA	−0.001	0.001	−1.89	0.059	0.000
直接			−0.009	0.002	−4.39	0.000	0.000
间接	BNE		0.680	0.328	2.07	0.038	0.010
直接			3.543	1.521	2.33	0.020	0.182
间接	DNE		0.830	0.370	2.24	0.025	0.002
直接			3.504	2.223	1.58	0.115	0.014
间接	CNE	ΔROE	−0.001	0.003	−1.99	0.046	0.000
直接			−0.003	0.001	−3.81	0.000	0.000
间接	BNE		0.407	0.170	2.38	0.017	0.004
直接			2.507	1.233	2.03	0.042	0.070
样本量			250				
重复次数			2000				

注：* 表示 $p < 0.10$，** 表示 $p < 0.05$，*** 表示 $p < 0.01$。

2. 内生性问题探讨

内生性问题主要有两方面：①业绩和盈利能力比较好的公司，有能力支付较高中介服务费，会寻求有广泛业务关系的券商来合作，借助其网络资源和服务能力。这会导致公司财务指标与券商网络互相影响，模型产生内生性问题，造成扰动项与解释变量相关。②有可能会存在未挂牌前，公司已与某个券商、上市公司达成私密协议，合谋利用新三板信息供给不足和监管漏洞，通过挂牌新三板对企业包装，达到获得高并购溢价目的，导致上市公司资本向挂牌公司转移，并非真实的公司绩效。本章采用券商的声誉和分析

师数量为工具变量对挂牌公司长期财富效应检验，缓解内生性因素影响。

如表12-14所示，第一阶段对券商网络中心度对券商的声誉和分析师数量进行回归，程度中心度（CNE）和中介中心度（BNE）对券商的声誉（FAM）和分析师数量（FAN）系数显著，紧密中心度（CNE）对分析师数量回归系数正向不显著，P值高于20%区间，券商声誉均在1%显著。第二阶段以并购溢价（MPR）作为中介变量，净资产收益率变化量（ΔROA）为被解释变量。模型弱工具变量和内生性检验值均符合要求，证明工具变量券商的声誉和分析师数量为外生变量，且2SLS和2GMM模型回归系数对比未发生变化，检验结果较为理想。但券商网络紧密中心度（CNE）对分析师数量（FAN）的回归不显著，从相关系数检验（表12-2），结合第10章和第11章的检验结果，分析师数量有工具变量效果，但不如券商声誉（FAM）效果好。

表 12-14　工具变量与内生性检验［中介变量：并购溢价（MPR）］

VAR	(1) 一阶段: Y=DNE	(2) 二阶段: Y=ΔROA	(3) 二阶段: Y=ΔROA	(4) 一阶段: Y=CNE	(5) 二阶段: Y=ΔROA	(6) 二阶段: Y=ΔROA	(7) 一阶段: Y=BNE	(8) 二阶段: Y=ΔROA	(9) 二阶段: Y=ΔROA
FAM	-0.001*** (0.000)			1.571*** (0.206)			-0.002*** (0.000)		
FAN	0.001** (0.000)			-0.201 (0.244)			0.001** (0.001)		
ΔCAI	-0.004 (0.004)	0.310*** (0.108)	0.310*** (0.088)	2.159 (3.569)	0.293*** (0.106)	0.293*** (0.088)	-0.007 (0.012)	0.306*** (0.107)	0.306*** (0.088)
ΔNPR	0.009 (0.009)	0.651*** (0.206)	0.651*** (0.143)	-3.457 (8.280)	0.689*** (0.228)	0.689*** (0.140)	0.010 (0.016)	0.672*** (0.206)	0.672*** (0.141)
ΔDAS	0.002 (0.007)	0.127 (0.239)	0.127 (0.168)	-2.370 (9.590)	0.125 (0.249)	0.125 (0.168)	0.014 (0.014)	0.100 (0.239)	0.100 (0.170)
ΔTQ	0.000 (0.000)	0.011** (0.005)	0.011*** (0.003)	-0.044 (0.110)	0.011** (0.005)	0.011*** (0.003)	0.000 (0.000)	0.011** (0.005)	0.011*** (0.003)
ΔASE	-0.001* (0.001)	-0.011 (0.037)	-0.011 (0.020)	0.522 (0.658)	-0.016 (0.039)	-0.016 (0.019)	-0.003 (0.002)	-0.011 (0.036)	-0.011 (0.020)
ΔGRA	0.000* (0.000)	0.026* (0.016)	0.026*** (0.006)	-0.388* (0.202)	0.027* (0.016)	0.027*** (0.006)	0.002*** (0.001)	0.024 (0.015)	0.024*** (0.007)
ENT	-0.000 (0.011)	0.349 (0.250)	0.349* (0.191)	-2.502 (11.277)	0.343 (0.259)	0.343* (0.190)	-0.010 (0.025)	0.373 (0.279)	0.373* (0.190)
DNE/ CNE/ BNE		5.385** (2.104)	5.385** (2.552)		-0.004*** (0.001)	-0.004** (0.002)		2.669*** (1.021)	2.669** (1.260)
MPR		0.019* (0.010)	0.019** (0.008)		0.017* (0.010)	0.017** (0.008)		0.019* (0.010)	0.019** (0.008)
IND					Yes				
YEAR					Yes				
_Cons	0.084*** (0.017)	-0.495* (0.276)	-0.495 (0.378)	-25.122** (12.682)	-0.055 (0.192)	-0.055 (0.322)	0.110*** (0.034)	-0.335 (0.222)	-0.335 (0.344)
R^2	0.393	0.489	0.489	0.428	0.490	0.490	0.334	0.490	0.490

续表

VAR	(1)一阶段:Y=DNE	(2)二阶段:Y=ΔROA	(3)二阶段:Y=ΔROA	(4)一阶段:Y=CNE	(5)二阶段:Y=ΔROA	(6)二阶段:Y=ΔROA	(7)一阶段:Y=BNE	(8)二阶段:Y=ΔROA	(9)二阶段:Y=ΔROA
F Test of excluded instruments instruments	50.28			41.35			44.09		
F	8.61	6.47	13.80	8.13	6.31	13.86	8.21	7.36	13.84
Under identification		58.137	52.704		48.186	79.760		54.975	53.358
Chi-sq (2) P-val		0.000	0.000		0.000	0.000		0.000	0.000
Weak identification test		44.99	30.56		39.01	53.03		40.34	31.03
Sargan statistic		0.587	0.586		0.132	0.081		0.588	0.473
Chi-sq (2) P-val		0.443	0.483		0.798	0.822		0.443	0.491
N	264	264	264	264	264	264	264	264	264
MODEL	OLS	2SLS	2GMm	OLS	2SLS	2GMm	OLS	2SLS	2GMm

注：括号内为标准差，* 表示 $p < 0.10$，** 表示 $p < 0.05$，*** 表示 $p < 0.01$。

如表 12-15 所示，净资产增长率（ΔNEA）为解释变量的二阶段回归结果表明工具变量选择的有效性。基于此，研究认为券商网络对被并购挂牌公司的长期财富效应有显著正向影响，并购溢价有不完全中介效应。券商的声誉和分析师数量作为工具变量有效缓解模型回归的内生性问题。同样，将并购支付方式（MPA）和并购交易效率（MEF）作为中介变量，券商的声誉和分析师数量为工具变量的内生性检验，检验结果表在附录，附表 3 和附表 4 是对并购后第二年，以并购溢价（MPR）为中介变量的检验；附表 5、附表 6、附表 7 和附表 8 是对并购后第一年和第二年，以并购支付方式（MPA）为中介变量的检验；附表 9、附表 10、附表 11 和附表 12 是对并购后第一年和第二年，以并购交易效率（MEF）为中介变量的检验。结果表明工具变量检验成立，支持前文的研究结论。

表 12-15　工具变量与内生性检验 [中介变量：并购溢价（MPR）]

VAR	(1)一阶段:Y=DNE	(2)二阶段:Y=ΔROA	(3)二阶段:Y=ΔROA	(4)一阶段:Y=CNE	(5)二阶段:Y=ΔROA	(6)二阶段:Y=ΔROA	(7)一阶段:Y=BNE	(8)二阶段:Y=ΔROA	(9)二阶段:Y=ΔROA
FAM	−0.001***(0.000)			1.571***(0.206)			−0.002***(0.000)		
FAN	0.001**(0.000)			−0.201(0.244)			0.001**(0.001)		

续表

VAR	(1) 一阶段：Y=DNE	(2) 二阶段：Y=ΔROA	(3) 二阶段：Y=ΔROA	(4) 一阶段：Y=CNE	(5) 二阶段：Y=ΔROA	(6) 二阶段：Y=ΔROA	(7) 一阶段：Y=BNE	(8) 二阶段：Y=ΔROA	(9) 二阶段：Y=ΔROA
ΔCAI	−0.004 (0.004)	−0.010 (0.220)	−0.010 (0.169)	2.159 (3.569)	−0.052 (0.223)	−0.052 (0.157)	−0.007 (0.012)	−0.021 (0.220)	−0.021 (0.164)
ΔNPR	0.009 (0.009)	0.607** (0.299)	0.607** (0.274)	−3.457 (8.280)	0.700** (0.274)	0.700*** (0.250)	0.010 (0.016)	0.659** (0.291)	0.659** (0.264)
ΔDAS	0.002 (0.007)	−1.017** (0.494)	−1.017*** (0.322)	−2.370 (9.590)	−1.023** (0.475)	−1.023*** (0.300)	0.014 (0.014)	−1.084** (0.476)	−1.084*** (0.318)
ΔTQ	0.000 (0.000)	−0.001 (0.007)	−0.001 (0.006)	−0.044 (0.110)	−0.000 (0.007)	−0.000 (0.006)	0.000 (0.000)	−0.001 (0.007)	−0.001 (0.006)
ΔASE	−0.001* (0.001)	0.073 (0.050)	0.073* (0.038)	0.522 (0.658)	0.060 (0.049)	0.060* (0.035)	−0.003 (0.002)	0.072 (0.049)	0.072** (0.037)
ΔGRA	0.000* (0.000)	0.028 (0.018)	0.028** (0.012)	−0.388* (0.202)	0.031 (0.019)	0.031*** (0.011)	0.002*** (0.001)	0.023 (0.018)	0.023* (0.013)
ENT	−0.000 (0.011)	0.102 (0.369)	0.102 (0.364)	−2.502 (11.277)	0.087 (0.295)	0.087 (0.340)	−0.010 (0.025)	0.162 (0.330)	0.162 (0.356)
DNE/ CNE/ BNE		13.126*** (4.895)	13.126*** (4.881)		−0.009*** (0.003)	−0.009*** (0.003)		6.508*** (2.407)	6.508*** (2.356)
MPR		0.045** (0.022)	0.045*** (0.015)		0.041* (0.023)	0.041*** (0.014)		0.045** (0.022)	0.045*** (0.014)
IND	Yes								
YEAR	Yes								
_Cons	0.084*** (0.017)	−0.495* (0.276)	−0.495 (0.378)	−25.122** (12.682)	−0.055 (0.192)	−0.055 (0.322)	0.110*** (0.034)	−0.335 (0.222)	−0.335 (0.344)
R^2	0.393	0.310	0.310	0.428	0.399	0.399	0.334	0.343	0.343
F Test of excluded instruments instruments	50.28			41.35			44.09		
F	8.61	5.53	7.90	8.13	5.91	9.13	8.21	5.71	8.30
Under identification		58.137	52.704		48.186	79.760		54.975	53.358
Chi−sq（2）P−val		0.000	0.000		0.000	0.000		0.000	0.000
Weak identification test		44.99	30.56		39.01	53.03		40.34	31.03
Sargan statistic		0.999	0.966		0.219	0.159		1.266	0.977
Chi−sq（2）P−val		0.293	0.325		0.639	0.690		0.260	0.323
N	264	264	264	264	264	264	264	264	264

续表

VAR	(1) 一阶段： Y=DNE	(2) 二阶段： Y=ΔROA	(3) 二阶段： Y=ΔROA	(4) 一阶段： Y=CNE	(5) 二阶段： Y=ΔROA	(6) 二阶段： Y=ΔROA	(7) 一阶段： Y=BNE	(8) 二阶段： Y=ΔROA	(9) 二阶段： Y=ΔROA
MODEL	OLS	2SLS	2GMM	OLS	2SLS	2GMM	OLS	2SLS	2GMM

注：括号内为标准差，* 表示 $p < 0.10$，** 表示 $p < 0.05$，*** 表示 $p < 0.01$。

12.5　本章小结

本章选取 264 个样本，检验并购效率在券商网络与挂牌公司被并购长期财富效应之间的中介作用。研究表明，券商网络对并购后第一年和第二年的股东财富效应有正向显著影响，并购效率有不完全中介作用。但并购支付方式和交易效率在第二年的系数显著性下降，说明随着时间推移，并购效率可能对公司长期财富效应的影响减弱，这与以往一些文献的观点吻合。因此，并购对被并购公司的长期绩效提升是有限的，提升绩效的根本途径，还是需要提高治理水平和经营决策能力。

研究结论支持本章假设，厘清了券商影响被并购挂牌公司财富效应机理以及并购效率中介作用。可概括为：①被并购方借助券商网络信息资源，有效提高并购定价效率与交易效率，提高公司长期绩效。②券商网络有效提高并购决策的科学性，及并购整合绩效，对协同效应有促进作用，提升挂牌公司长期财富效应。③券商网络可降低并购交易成本，提高资源配置效率，提升挂牌公司绩效。④上市公司在并购后会积极关注挂牌公司的经营绩效，有治理溢出效应，甚至提供资源，以期获得更高收益。

券商的金融中介职能在新三板得到加强，券商网络与其他社会网络一样，具备信息中介、资源配置和治理的作用。本书的研究不足之处，鉴于样本量，仅对挂牌公司被并购后一年和两年的财富效应做出检验，后续研究需要观察三到五年的情况。

第 13 章　金融中介机构与 OTC 市场

　　金融中介理论是分析和研究金融中介产生和存在的原因和必要性、中介发展与风险管理活动的互动关系、中介与金融市场的相互关系以及对实现金融所起的作用等。金融功能观和金融创新螺旋观，将金融机构的研究拓展到金融机构的功能领域，将长期以来处于争论之中的中介与市场的关系动态化，改变了过去在中介与市场争论中关于谁占主导地位的非此即彼的看法，能够从中介理论对金融体系进行全面解释。

13.1　金融中介的资源配置功能

　　改革开放以来，我国粗放型增长模式带来了高速的经济增长，但随着经济发展步入稳定轨道，问题也越来越明显，地区、行业、部门之间的资源错配，导致要素配置效率低下。近年来，中国经济面临资源、环境等多重约束，增速放缓，产能过剩等结构性问题也日益凸显。党的十九大报告进一步明确强调"以供给侧结构性改革为主线，推动经济发展质量变革、效率变革、动力变革，提高全要素生产率"。金融发展包括以间接融资为主要模式的商业银行金融中介发展和以直接融资模式的金融市场及相关金融机构发展。商业银行在我国金融体系中的主导地位，在政府主导的金融体系下，银行信贷资源配置向国有企业、基础设施建设的过度倾斜，可能会降低资源配置的有效性，加剧资源错配。因此，我们一直在探讨关于中国金融中介发展是促进资源有效配置还是加剧资源错配这个问题。

13.1.1　资源有效配置及其错配

　　关于金融发展在资源配置中的作用研究，主要从两个方面展开：一方面是基于总量生产函数分解出全要素生产率，并进一步研究金融发展与全要素生产率的关系。另一方面是基于 Wurgler（2000）提出的资本配置效率模型测算不同地区、不同行业的资本配置效率，并进一步研究资本配置效率与金融发展之间的关系。资源配置有效性和测度方面，还有一个研究方向：估算资源错配程度，间接评估资源配置有效性。相比前两个研究，这个研究的优点是能够评估劳动、资本配置效率。我国经济体制的明显特征就是从计划经济过渡到市场经济，特点就是资源要素从政府控制配给向市场配置转变，计划经济时代的资源配置扭曲逐步得到纠正，资源配置效率逐步提升的过程。本章从资源错配及其改善的视角出发，来探讨金融中介在资源配置中的作用。

古典经济学的边际生产力分配理论认为，在各种要素充分流动和市场充分竞争的假设下，如果各种要素的边际生产力处于相等的均衡状态，那便是资源的有效配置，可以看出这里主要是以边际均衡来测度；反之则是资源有效配置的偏离，即资源错配。然而，在实际经济运行当中，各种要素集合及要素边际生产力无法达到理想的均衡状态，总有一定程度的偏离和错配。实际上，古典经济学的有效配置是这样一种均衡状态——各种要素将停止流动，但是市场竞争，要素流入及创新会不断地打破这种均衡状态。从动态发展来看，一个成熟市场的资源配置，必然是一个均衡不断被打破、又不断向均衡收敛的动态过程。

我国是处于转型期的发展中国家，政治体制与西方国家有本质区别，其明显特征就是：第一，政府对市场经济的干预较多，要素自由流动的限制较多，资源相对于均衡状态的偏离和错配程度较大。第二，在由计划经济向市场化改革进程中，随着市场化程度的不断提高，要素资源错配的状况不断得到改善，资源配置有效性不断得到提高。改革开放以来，我国成功从计划经济向市场经济转型，但致使资源错配的体制机制依然长期存在。由于制度的原因，要素的自由流动受到限制，导致其在企业之间不能按照市场原则进行有效配置，并最终导致实际产出低于潜在最优产出和全要素生产率的损失。供给侧结构性改革着重纠正经济失衡和资源错配，如结构性供需失衡、服务业与工业发展的失衡、实体经济与虚拟经济的失衡等。充分发挥市场在资源配置中的决定性作用，将有利于我国资源配置向有效配置的均衡状态移动。

13.1.2　金融发展影响资源配置

金融发展的基本功能就是配置资产，提高资源配置效率的作用。从供给端而言，金融发展是通过资源配置与组合效应、人力资本和工作技能提升效应、产业结构转型与升级效应，改善资源错配，提高资源配置效率。从需求端而言，金融发展主要是通过生产要素的数量增加，促进物质资本的积累。金融发展影响资源配置的效应如下：

1. 金融发展的资源配置与组合效应

金融活动的本质是资源的重新组合与配置，以谋求最优的经济效率。金融机构则具有储蓄、贷款的规模效应优势，而且，利用自身的专业和信息优势，将集中起来的大规模资金通过资产组合，实现资金的合理优化配置，有助于降低和化解风险；通过套期保值，实现资金的跨期优化配置，实现金融体系和宏观经济的稳定，最终实现储蓄－资产组合优化配置的良性循环机制。同时，鉴于金融体系强大的资金实力和风控管理专业优势，大力促进企业和微观个体的创新能力和企业间的并购活动与竞争，形成整个社会良好的创新发展氛围。

2. 金融发展的人力资本和工作技能提升效应

在社会活动过程中，稳定优质的金融发展体系能为借贷提供便利，缓解人们的预防性储蓄和流动性约束，从而促进人力资本积累。鉴于人是人力资本的载体，两者不可分割，人力资本的投资存在最低门槛，而金融发展有利于个人突破这一门槛，从而增加人力资本投资。金融发展又促进融资，这为创造财富提供宽松条件，激发个体的技能、创新思维和努力工作的行为。反之，如果金融资源匮乏，特别是银行信贷资源不足，会影响公司对在职培训的投资，在职员工的技能水平提升有限。同样，金融发展能提高教育回报率，而教育回报率的差异对不同教育水平劳动力的转移和配置产生显著的影响。金融发展通过促进资本深化提高了企业对技能劳动的相对需求和技能溢价，推动劳动力流动和配置。总之，金融发展促进人力资本投资，提高劳动者人力资本和工作技能，有利于劳动要素流动和配置，提高资源配置效率。

3. 金融发展的产业结构转型与升级效应

产业结构转型和升级的动态过程，本质上也是资源重新配置的动态过程。金融发展具有重要的产业结构转型和升级效应。不同行业的企业风险性质与大小有差异，融资需求不同，需要多样化的金融机构、金融市场和完善的金融体系，才能满足不同行业的融资需要，这只有通过大力促进多样化、多层次的金融发展来实现。金融市场具有更强的风险分担能力和风险管理能力，更能满足技术研发和产品创新过程中的巨大风险分散需求，有助于新兴产业的发展。而银行则能实施更加有效的资金监督功能和代理监督职能，更能满足低风险产业的融资需求，有助于传统成熟产业的发展。总之，金融发展的产业结构转型和升级效应，引发资源重置，提高资源使用效率。

13.2　金融中介机构的作用

13.2.1　金融中介缓解交易的信息不对称

金融中介机构存在的一个重要原因是减少金融交易费用，而交易费用又主要体现在金融交易双方之间的信息不对称而带来的信息搜集成本上。对资金供需双方来说，往往由于没有合适的信息交流平台或者说信息交流平台的门槛太高而导致成本过高，致使参与者之间无法有效发布信息或者获取信息而导致资金的闲置，或者使用效率不高。

目前，我国的场内资本市场由于企业上市的门槛较高，通过证券交易所来发布资金需求信息的条件严、成本高，致使广大中小型企业被限制在证券交易所外，无法通过证券交易所发布资金需求信息。而对于资金盈余者，由于证券交易所提供的企业信息量低，可供选择的范围较小，不知道到底还有哪些企业可以投资，只好被动地将资金投向证券交易所现有的上市企业，这很容易导致过多的资金追逐过少的股票而引起股市泡沫，特别是在经济领域流动性过剩的情况下，股市产生的泡沫程度就更高。

证券交易所通过不断扩大上市企业数量，包括中小企业的数量，从某种意义上来说就是为了疏通和拓展资金供需双方之间的信息交流渠道，但是这条渠道受到种种条件的制约，扩展的速度很慢，无法满足位于渠道两极——资金需求方和资金供给方日益增长的需要。一方面以广大中小型企业为主的资金需求方数量正在不断扩大，另一方面流动性过剩造成的资金供给数量也在不断增长。这时候，即使再新设一家证券交易所，恐怕也难以有效解决此问题，因此迫切需要打造一种新的信息交流平台，改善信息不对称的状况，降低资金供求双方的交易成本，促进资金在更深更广范围内的流动，而建立场外交易市场就成为必然选择。打个比方：如果将证券交易所看成高档"百货大楼"的话，那么场外交易市场就是"农贸市场"，它们以不同的交易方式满足不同层次参与主体的多样化需求，促进商品和资金在更深更广的范围内流通，实现资源在全社会范围内更有效率地配置和再配置。

国外场外交易市场从基础的功能上来说就是一种信息咨询系统。以美国场外交易市场为例：美国场外交易市场包括 3 个层次：第一层次为纳斯达克市场（NASDAQ），全称为"全美证券交易商自动报价系统"；第二层次为电子公告板市场（OTCBB）；第三层次为美国全国报价局（NQB）下属的两类市场报价系统——Pink-sheet（粉单市场）和 Yellow-sheet（黄单市场）。这三个层次的场外市场构成了一个庞大的、覆盖面很宽的资金供需信息咨询网络，有效满足了不同层次的资金需求方与供给方对于投融资信息的需求。这些场外交易市场采用现代信息技术建立了先进的电子信息发布平台，可以做到实时发布市场信息，大大提高了报价和成交信息的传播速度。除此之外，这些场外交易市场普遍采用了做市商交易制度，这一制度使做市商成为信息生产者的联盟，利用规模优势，专职于场外交易市场中各种信息的生产和传播，大大降低了资金供求双方信息收集的成本，有效缓解了市场信息不对称状况。同时，做市商的代理监督可以减少投资者对于上市企业的监督成本，相应降低投资者从事市场交易的参与成本。可以看出，场外交易市场有信息容纳性更强、交易成本更低的特点，使场外交易市场更充分发挥了金融中介应有的功能和作用，促进了市场参与的广泛性，从而使企业特别是广大中小型企业得以有效通过此平台获得发展所需的资金支持。我国正在实行自主创新型国家的发展战略，一大批中小型民营科技型企业具有极强的创新能力和发展潜力，已经成为推动我国科技创新和发展高新技术产业的重要力量，是建设创新型国家的生力军。但是，这些企业由于规模小、科技开发周期长、风险大而难以获得社会资金的有效支持。如何运用资本市场的机制，发挥资本市场的功能和作用，让更多具有高成长性、科技含量高的企业更为灵活地通过资本市场融资，是摆在我们面前的一个重要问题。建立场外交易市场，构建起多层次资本市场体系，最大限度地发挥资本市场对于国民经济的促进作用，是我国资本市场发展的现实选择，也是大势所趋。

13.2.2　金融市场活动的推动者和组织者

在现代经济社会中，无论是个人或家庭、公司或企业，还是政府的经济行为都与金融活动密切结合在一起。金融活动已经成为国民经济运行以及社会成员日常生活不可或缺的组成部分，而所有金融活动又基本上是通过金融中介来推动、运作和完成的。金融中介在现实金融活动中处于中心环节，金融中介机构发展的深度与广度及其运作效率和安全性对于整个社会经济生活的健康发展起着非常重要的作用。伴随着社会经济的发展，各市场主体的资金占有和分配方式不断发生变化，市场上经常有资金短缺者和资金盈余者，金融市场把那些拥有盈余资金但没有较好投资机会的社会主体的资金通过一定的方式转移到那些需要资金并且能够产生更大价值的社会主体的手中，从而优化资源配置、提高经济效益，促进国民经济发展。但金融市场的功能和作用并不是自动发挥的，它依赖于金融中介机构的业务运作。简言之，金融中介机构是金融市场活动的推动者和组织者。它们通过采取一定的组织模式、设定一定的规则、提供一定的金融工具来确保资金流动的顺畅，服务与满足于不同社会主体对于资金使用的需求。由于社会经济的不断发展，全社会资金融通的规模也随之不断扩大，金融中介机构的重要性日益凸现，并逐渐成为一种产业或行业。

13.3　金融中介与 OTC 市场

场外交易市场（Over-The-Counter，简称 OTC 市场）是相对于场内交易市场而言的一种资本市场证券交易平台。是一个分散的且拥有众多证券种类和证券经营机构的无形市场，以流通未能在证券交易所批准上市的股票和债券为主。有时也被称作柜台交易市场或店头交易市场，它是资本市场的重要部分。场外交易市场是证券交易所的必要补充；是一个"开放"的市场，投资者可以与证券商当面直接成交，不仅交易时间灵活分散，而且交易手续简单方便，价格又可协商。

OTC 市场产生于 20 世纪 70 年代末和 80 年代初，在短短 40 年的时间里，取得了爆炸性的增长。这个市场的飞速发展离不开金融中介的介入，中介理论恰好可以比较完美地解释OTC衍生市场为什么能兴起并取得巨大的成功。OTC衍生市场具有极强的生命力，由于该市场能够根据客户需要，利用金融工具的各类原生金融产品、衍生产品甚至是一些混合证券进行再组合，从而最大程度地满足了客户风险管理方面的需要，这也成为该市场的核心竞争优势。在这中间，中介充分发挥了它们在风险评估方面的技术优势，特别是一些跨国的超大型银行，它们在风险防控技术上积累的经验帮助他们成为了场外市场最主要的交易商。而它们通过金融工具和市场交易千丝万缕的渠道，最终将全球金融市场联系在一起。显然，这种情况也改变了国际金融市场系统性风险的性质，受到了国际金融界的高度关注。

13.3.1　金融中介在金融市场的作用

1. 传统中介理论的一个悖论

近年来，世界经济发达国家的金融体系都经历了剧烈变化，主要表现为金融市场的发展成长与广泛的金融创新，尤其是最近十余年的变化尤为显著，新金融产品，场内、场外的衍生金融工具产品的推广与拓展，以及这些产品的交易量增长呈现出爆炸性的扩张。金融市场的繁荣与创新，是金融中介和企业增加运用这些金融工具的结果，这些直接反映了金融市场规模的增长，以及由最初的个人参与金融市场交易转变为通过各种类型的金融中介参与的过程。但可以看到的是，在这一发展过程中，不同类型的金融中介各自的重要性出现了此消彼长现象，如银行和保险公司的资产份额显著下降，而基金和有价证券的规模则急剧膨胀。对上述现象的发生，我们可以运用交易成本和不对称信息的传统理论来进行部分的解释，其他一些传统中介理论对此的解释的确显得有些苍白。如各种类型基金的经纪费用大幅下降，极大地降低了个人交易成本，加之信息技术革命导致的信息成本和不对称信息的显著减少，都大大提高了客户对中介服务的需求趋势（Allen 和 Santomero，1998）。这对传统中介理论提出巨大挑战，因为传统中介理论的基本假定认为，中介存在的基础是市场的不完善（或市场是有摩擦的），然而目前来看，信息不对称的下降和市场摩擦的减少不仅没有降低客户对中介服务的需求，反而中介有日益兴旺的趋势。

我们可以观察风险管理领域，其反差非常明显。回顾过去 30 年中介开展的风险管理业务转变，其重要性不断增加。然而，市场把所谓的锁定风险看作其可能的广度变化，而其并没有导致先前预料的大量个人或公司的自我管理风险行为；反之，风险管理现在已经成为许多中介的核心业务之一。令人遗憾的是，主流中介理论没有解释为什么风险管理转变为中介的核心业务，对此几乎没有相关的系统论述。一些文献对风险管理的讨论，其主要是对企业层面的决策思考，而对企业套利的投机行为则大多是事后的想法，在分析为什么是中介提供这些服务的原因，以及这些业务是如何实现增值等深刻问题时，原有理论无法提供统一且令人信服的论证。

2. 中介功能观

美国经济学家罗伯特・C.莫顿（Robert Carhart Merton）和兹维・博迪（Zvi Bodie）（Merton，1989，1993；Merton 和 Bodie，1995）对金融中介的研究使用了"功能观"作为分析框架，而不是传统的机构观。功能观是以金融中介的经济功能为主要考察对象，并以此为出发点探寻运作经济功能的最佳机构结构的一种观点。罗伯特将这些金融经济功能总结为六个：一是金融系统的交易支付功能；二是金融系统的融资功能；三是金融系统的资源配置和转移功能；四是金融系统的风险控制功能；五是金融系统的协调和信息聚散功能；六是金融系统的信息传递和激励功能。基于各种原因（如交易的规模、复杂性、技术支持以及政治、文化和历史环境的差异），金融系统功能的发挥与履行的中介机构结构会随着时间而变化，且随区域的划分而有所不同。即便当中介机构的公司身份相同时，它们发挥的功能也常常有很大的差异。相比之下，在经济活动中——空间、时间的差异，并不影响金融系统的基本功能，金融系统的功能相比施展这些功能的组织的身份和结构要稳定得多。

　　基于此，在现代社会的金融环境快速变化的背景下，功能观相比机构观给出了一个更加全面、稳定和持久的参照架构。尤其是在不同政治体制、文化与历史背景的国家之间，在机构之间的差异巨大的情况下，功能观更适合于金融系统的全球实践。在技术创新与发展、经济金融全球化的趋势下，这种方法在预测金融创新、金融市场和中介的变化以及管制的瓶颈等方面是特别有用的。

　　在过去 40 年中，金融系统的功能基本是稳定的，但我们明显感觉到市场、中介和个人在金融交易产品、投资理财以及风险管理的方式方法上都发生了变革。引起变革的原因，一部分是由于新的有价证券产品大量涌现，一部分是由于互联网技术与通信技术的进步使得不同证券大宗交易成为可能，同时伴随着金融理论的创新，这些原因都极大地降低了金融交易成本，进而提高金融市场交易量。据 Ross（1989）的金融机构分类观点，认为金融机构一直存在着一个从不透明机构到透明机构的实际模式，即令人难以理解的所谓金融市场通过"商业化"过程在履行某些功能制度结构方面替代了金融中介。

　　3. 金融创新螺旋

　　纵观金融市场发展史，科技进步和交易成本的持续下降，推动了中介和市场的金融产品创新，同时也逐渐增加了竞争的强度。Finnerty（1988，1992）认为金融产品的创新模式是以最初由中介提供的金融产品而最终走向市场。从时间发展来看，其意味着金融中介在市场中的作用是持续下降的，特别是以非透明类的中介最为显著，如商业银行，它们的这些功能已经正在被金融市场制度替代。值得注意的是，如果只是关注于考察单个产品的时间路径可能会产生预测偏差，因为我们不仅要考虑金融市场与中介之间的总体结构关系，也要注意到中介的重要性在明显下降等因素。

　　一般而言，如果金融产品已具有标准化的程序及制度时，服务于大量客户且其定价技术可以被交易者完全掌握时，金融市场就趋向于或有可能成为中介的有效制度替代。另外，市场实践表明中介更适合从事低交易量产品的交易，因为一些金融产品的交易客户很少，它们大多属于"定制产品"，还有就是其交易的信息不对称。但如果是创新产品——创新成功的产品（在市场保留）很有可能从中介转变为市场交易模式，换句话说，如果这类产品适应了市场，将会被放到有组织的市场上交易。在一个金融创新频出的时期，大量的新产品被发掘被创造，市场参与者则希望这些新的产品能够从中介走向市场。我们以单个产品的发展交易路径进行推断，随着科技的不断进步，市场最终将取代金融中介（有意思的是金融中介也是在不断地依靠金融科技创新而存在）。因而，对于中介总体而言，它们不会消亡，但是那些依附于缺乏创新的某一特殊产品或一组产品的中介消亡的概率要大得多，如大家在谈论的商业银行将消亡。中介不仅为市场提供定制的产品和服务，还承担着创造和验证新产品的潜在功能，这是推动金融创新的重要因素。

　　我们可以回顾一下"金融创新螺旋"理论，比如这种中介与市场之间的动态产品——互动创新，则可以被解释为该理论的一部分，因为它促进金融系统的效率演进。我们进一步理解为，当金融产品（证券、期货、期权及金融衍生产品，现在又流行虚拟金融产品等）逐渐标准化并由中介移向市场时，那么，新的市场在这些金融工具中的增殖可以显著地促进金融产品的创新与创造，进而对"市场的完整性"有正向影响。金融中介为了规避新产品推广的风险，它会亲自参与新市场的交易，并想办法增大交易量，例如我们去银行或者去某个证券机构，理财经理常常会有新的产品推荐给我们，并热情地讲解它的优点。增加新产品的交易量会减少边际交易成本，而促进中介进一步开发更多的新产品及交易策略，这反过来又会导致更大的交易量。如果新的市场和产品的交易成功，则会激励中介创造另外的市场和产品上的投资——即依次循环，螺旋前进，理论上这个螺旋式的演进会朝着边际交易成本为零以及动态的完全市场的极限情况发展。

综上分析来看，中介会创造新产品和开发新的市场，增加市场交易量来促进市场成长。那么市场的作用是什么？一些研究认为，市场会降低金融产品的成本，促进金融中介的产品创新和新市场开拓。当我们审视某一种产品的活动时，中介和市场形成互相竞争的关系，但我们如果以动态发展的视角来看待金融系统的发展时，中介和市场两者又恰恰形成互补性的制度，可以简单地描述为一种循环——即在两者之间来回摆动，导致它们在功能发挥上互相竞争，又互相加强和弥补促进。

13.3.2　资本市场多层次化理论

资本作为最重要的市场生产要素之一，其有效配置可以显著促进经济发展。资本市场就是配置资本的一个场所或者说一种运行机制，那么，资本市场的首要功能就是根据最佳效率原则，把资本从投资者转移到使用者，其中的关键问题是如何将投资者的要求和筹资者的要求很好地匹配。在社会世俗中，投资者和筹资者的需求不尽相同，会导致匹配困难，市场会将这些需求者进行分类，客观上就会出现一个不同层次的资本市场，来满足供需双方不同的需要。从资本供给方来看，供给者会因为对投资收益和风险的偏好、承受能力的不同，以及拥有资本的数量不同，需要一个有不同层次的资本市场。从资本使用方来看，使用方会因为处于不同的发展阶段以及对资本的数量需求差异，也将需要一个多层次的资本市场。供给双方的各自差异，需要一个能提供多层次的金融服务，满足双方的多层次资本融通的要求。资本市场的层次结构是资本市场实践的必然结果。

1. 资本市场多层次化基本理论

资本市场多层次结构的认知，同样存在着一种基于功能观的金融体系改革理论。该观点认为，应将研究视角定位在金融体系的基本功能之上，进而再根据经济功能的差异来建立实现这些功能的最优机构和组织。20 世纪 90 年代，兹维·博迪（Zvi Bodie）和罗伯特·C. 默顿（Robert C. Merton）提出了基于功能观的资本市场结构改革理论，他们认为金融机构和金融组织形式不如金融功能具有稳定性。传统观点认为，资本市场结构的调整是基于现存机构和组织结构既定的前提下进行，而功能观则从资本市场的经济功能差异化视角来进行概括，认为资本市场体系的主要功能是在不确定的环境中对跨区域、跨国别以及跨时间的情况进行配置和使用金融资源。

功能观概括来说可以将资本市场功能分为六个方面：第一，资金融通和股权配置功能。一方面，金融体系可以提供各种机制，聚集资本流向大规模投资项目，另一方面，运用金融工具对企业股权进行细分，配置不同投资者得到机会。第二，风险控制功能。资本市场能够提供应对不确定性和控制风险的手段和方法。第三，清算和支付功能。金融体系可以提供各种劳务、商品和资产交易的结算支付手段。第四，信息聚散功能。资本市场体系通过提供市场价格、数量和质量等信号，来帮助协调不同经济部门的决策。第五，经济资源时空转移功能。资本市场可以帮助解决经济资源跨时间、地域和产业转移问题，提供对应的方法和机制。第六，激励解决功能。资本市场一定程度上可以解决金融交易中的双方不对称信息和代理的激励问题，降低道德风险和逆向选择对交易和事前、事中和事后的不利影响。这些功能反映了市场参与各方的要求，是市场内在规律的体现。资本市场是金融体系的主要组成部分之一，由于其便捷和直接的融资渠道，致使金融风险和收益一定程度上可以弥补其他金融市场的不足。功能观表明，资本市场发展完善离不开以充分发挥上述功能为目标的行为。

2. 多层次资本市场体系的界定

资本配置是资本市场功能的核心表现，即通过资本在供需双方之间的有效、合理流动来实现，资本供给和资本需求的均衡程度与资本市场功能的发挥正相关，可以理解为均衡程度越高，越有利于资本市场功能的发挥。资本供需均衡包括总量平衡和结构平衡。我们依据功能观对资本市场结构改革理论分析发现，所谓的资本供需双方的差异性就是体现在多层次的层级结构上，一方面是体现市场层次的差异性；另一方面则体现产品层次的差异性。如果上述两个市场存在的差异性可以满足不同阶段、层次的企业融资需求，那么这两个市场就是有效且能够成为资本市场的有机组成部分。一般而言，一个成熟的资本市场体系应具有完整的内在层次结构，不同层次的市场服务于不同的企业，满足于不同层次资本的供给与需求。

依据金融功能观理论，我们对资本市场的划分大致为三个板块：①主流和最为重要的——主板市场，即大家经常接触的证券交易所市场（在有组织的交易所进行集中竞价交易的市场，场内资本市场），这里为大型、成熟且财务状况良好的企业进行融资和转让提供服务。②优质创业者——二板市场（又称为创业板市场），这里的称呼是与主板市场相对应而言，为满足创业阶段中后期和产业化阶段初期的中小企业及高科技企业提供资金融通，而建立的在主板之外的场内资本市场，还可以帮助这类企业进行资产价值（包括知识产权）评估，满足风险转移分散以及创业投资的股权交易需求。③中小企业——三板市场（场外资本市场），包括柜台市场和场外交易市场，主要为解决处于初级阶段中后期和幼稚阶段初期的中小企业资金短缺的难题，进行资本性资金筹集以及这些企业的资产价值（包括知识产权）评价、风险分散和风险投资的股权交易问题。

13.3.3 场外资本市场（OTC）

资本市场作为配置社会资本的一个场所、一种运行机制，必须具有这样一种功能：按最佳效率原则，把资本从投资者手中转移到使用者手中，按照投资者的不同需求构建不同层次的资本市场。场外交易市场（OTC 市场）又称柜台交易市场，是指采取不同于证券交易所运行方式的一种资本市场形式。广义的场外交易市场是指除了证券交易所以外的所有证券交易市场。本文如无特指，场外交易市场是指股票的场外交易市场，而不包括其他证券及衍生品的场外交易市场。

1. 场外交易市场简介

纵观全球金融衍生产品市场，按照合约交易的场所，可分为交易所市场和场外市场两类。按照金融衍生产品市场发展，主要分为两类演变方式：市场自发性演进模式和政府主导式演进模式。市场自发性演进模式的代表是美国和英国。美国金融衍生品市场的发展，完全由市场本身的自发需求推动，政府的行政干预滞后于衍生品的发展。英国政府未直接干预衍生品市场结构，而是从服务等方面促进金融市场创新发展。政府主导推动金融衍生品市场建设和发展的成功案例有新加坡和韩国的金融衍生品市场。2008 年金融危机以后，一些国家和地区，尤其是美国、欧洲等发达国家开始加强对场外衍生品市场的监管。改革的方向包括：将一些产品的交易移植到交易所进行；交易后的清算移植到场外结算公司；交易上报；产品交易商需要提高资本准备金等。

场外交易市场是多层次资本市场的重要组成部分。场外交易市场对应的是场内交易市场，本来是指柜台交易市场或店头市场，即证券商之间或他们与客户之间在证券商的柜台完成证券交易，从而区别于证券交易所从委托、公开集中竞价直至结算交割的整个流程。不过，目前的场外交易市场已经发展为一个涵盖极广的概念。但是各个国家的场外交易市场并无统一的发展模式，因为一个国家或地区的模式演变及选择通常是由其历史、社会、经济、文化等多因素综合决定的。场外交易市场在完善资本市场功能方面起到了关键性的作用，表现在以下三个方面：

（1）场外交易市场为中小企业和新兴产业提供融资服务。民营中小企业在经济增长、维持就业等方面有不可替代的重要作用，是国民经济发展的重要支柱，中小企业融资体系的建设是世界各国和金融业关注的焦点。构建多层次资本市场，建立和完善场外交易市场可以满足中小企业融资需求，是解决中小企业融资问题的有效途径。

（2）场外交易市场为风险投资提供退出机制。众所周知，在新兴行业和高新技术产业发展初期，离不开风险投资的支持。应当有风险投资的进入和退出机制，为了使风险资本能够安全地退出创业企业，市场必须有多层次的创业资本退出途径以适合不同风险投资者的选择，规避流动性风险。如果创业资本能够获得高额的回报且安全退出，就是创业资本退出的理想方式。主板市场的门槛过高，创业投资的退出还应有独立于主办市场之外的场外交易市场，以满足不同的创业投资资本退出方式的需求。

（3）场外交易市场能够为不能或不愿在主板上市的股份转让提供渠道。以美国为例，场外交易市场是为依据有关法律、法规不能公开发行或不愿到证券交易所上市交易的证券提供流通转让的场所。其交易品种繁多，主要包括：①不符合证券交易所上市标准的股票。②符合证券交易所上市标准但不愿意在证券交易所上市的股票。③债券和美国存托凭证等。

2. 非银行类金融中介机构的产生

OTC 衍生市场是国际性大金融机构之间普遍建立起借贷关系网，信用链上个别机构的违约可能会威胁到这些重量级机构的流动性——就像传统的银行业一样。此外，对失衡的衍生产品组合进行调整也会造成资产价格的波动，即使现有理论尚无法证明它们的稳定性，但至少是难以预见的。对于监管者而言，他们至今尚未完全理解场外衍生市场究竟是如何改变系统性风险的性质，这使得他们的工作更具挑战性。概括地说，国际性的金融机构利用 OTC 衍生市场提高了获利能力，其他市场参与者也获得了不少好处，结果是该市场在现代金融活动中逐渐占据中心地位，总体上看利大于弊。

这里我们需要介绍非银行类金融中介机构：中间商和做市商。在我国的新三板市场，两者的作用非常明显。中间商是通常说的个人或者机构中介，他们奔走于金融投资者和证券交易所之间，作为客户的代理从事金融业务并赚取服务佣金。他们代替雇主做交易，但一般不会向雇主提供投资建议。全职的中间商提供执行某种使命或任务的服务，同时也常常提供一些投资建议和方案。例如一个典型的中间商——投资银行，投资银行和商业银行的金融功能迥然不同。投资银行中介业务范围很广，主要专注于大规模和复杂的金融交易，例如承保、证券发行、兼并重组等，投资银行周旋于公司和大众投资者之间，并作为中间商为机构客户寻求可以提供金融咨询服务的对象。做市商与中间商最大的差异是前者有自己的生意，包括买卖金融证券，来促进市场流动性，助力于金融市场的长期增长。实际上，也有很多做市商从事中间商的业务，在现代金融市场两者的业务区别已经比较模糊。

一直以来，可能我们对金融中介传导资金存在误解。这个误解源于对资金来源的认知偏差。一些经济学家认为，储蓄者是有盈余的支出者，借款者是赤字的支出者，金融中介是把盈余和赤字勾连起来，成为两者交易的桥梁。此观点的最大问题在于，把本来应该是存量的资金转移看作流量的资金转移。因为，中介所取的资金并不一定是当期的盈余，以往各期的盈余只要还在储蓄者手中，都可以随时拿来用作可贷资金。另一个被我们忽略的事实是只有借款者得到可贷资金，他们才能成为真正的赤字支出者。然而在传统经济学家的推理中，借款者是先赤字，然后才去借款，但真实的逻辑是先借到了钱，然后才能成为赤字者。有趣的是，我们在阅读经济学文献时有时也可以见到这种逻辑倒置的现象。如果真相并非像传统经济学家所描述的那个样子，那么需要深层次地思考，金融中介到底是如何运作的呢？

金融中介通过出售一种自己发行的金融产品，短期和长期证券来获得利率收益，它们的本质就是通过赚差价而获利的——也是其存在的原因。换句话说，它们通过创建短期可贷资金市场和长期可贷资金市场来进行获利经营。我们用可贷资金市场的分析工具来看金融中介为什么会产生。在直接融资的场景中，储蓄者——可贷资金的供给方，投资者——可贷资金的需求方，有供给和需求，这里会产生可贷资金市场的供给曲线和需求曲线，如果两者相交，就会得到均衡的利率和可贷资金流量。金融中介好像只是一个赚差价的"中间商"，但并不是一个双边的"做市商"，因为市场的交易对象没变，买卖都是同样的证券。但事实上金融中介的作用机制远非这么简单。既然金融中介没有出现之前，储蓄者和借款者已经可以按照他们各自的供给需求来进行交易，那又何必杀出一个"中间商"来赚取差价呢？不仅会抢走本来属于他们的利益，而且会降低市场交易的数量，从而产生"无谓损失（福利净损失）"。

3. OTC 市场与中小企业融资

场外交易市场（OTC）是解决我国中小企业融资困难问题的必选项，从某种意义上说，场外交易市场也属于金融中介组织的范畴。而且做市商和中间商对场外资本市场的流动性起很大的作用。在现代金融市场，各类组织通过金融中介融通资金的方式均可分为：直接融资和间接融资两种类型。主要区别在于，负责媒介资金融通的中介机构是否与资金供求双方形成债权债务关系。如企业通过向商业银行贷款获得所需资金，这时企业和商业银行之间就产生一种债权债务关系，商业银行要收取一定的贷款利息作为回报，这样的融资方式称为间接融资。而企业通过证券公司发行股票或债券获得所需资金，这时企业和证券公司之间没有形成债权债务关系，证券公司只是通过提供金融服务获取相应的服务佣金，这样的融资方式称为直接融资。

我国的中小型企业数量巨大，特别是处于创业阶段的中小型企业，由于规模小、风险大而难以获得商业银行的贷款支持。从发行股票或债券的直接融资方式来看，由于我国的资本市场设立初衷就是为了解决国有大中型企业的融资问题，因此能够从资本市场获取资金的企业绝大多数为大中型国有企业。可以看出，无论是以商业银行贷款为主的间接融资方式，还是通过证券交易所发行股票债券的直接融资方式，都无法有效满足我国广大中小型企业的融资需求，因此迫切需要出现一种新的金融中介来解决这个问题，承担起这种功能和作用，这就是建立场外交易市场的目的。

第 14 章　中小企业融资问题的思考

　　中小企业融资问题是世界范围内的难题（Macmillan，1931；Bougheas 和 Mizen，2006；尹志超等，2015；方昕等，2020），一直是学术界关注的焦点。国内研究发现流动性约束（蔡栋梁等，2018）、金融信息资源不足（Beck 和 Pamuk 等，2018）、融资渠道单一（周雨晴等，2020）以及金融知识水平（尹志超等，2015）都是制约我国农户及中小企业创业的主要因素（王子敏等，2017；谢绚丽等，2018）。中小企业由于信息披露不足以及信息不可信问题等（王子敏，2017），信贷担保不足（冯晓菲等，2020；钱水土等，2020），使得中小企业面临融资难和融资贵的问题（林毅夫等，2001；欧阳峣等，2009；刘畅等，2017；梁琦等，2020；王伟同等，2020）。我国的中小企业融资难融资贵问题带有鲜明的中国特色，既有微观运行问题又有宏观经济因素，既有市场机制原因又有体制因素，既存在经济转型中促进优胜劣汰的问题，也有格雷欣法则下逆向选择导致的问题。

　　国外经济实践和中国改革开放 40 多年的经济成果，表明中小企业对国家经济具有重要作用，在 GDP 增长、对就业的拉动和对科技创新的贡献中承担着重要的角色。我国的中小企业融资问题不仅具有世界中小企业普遍存在的问题，还存在融资关系的不可持续性问题。长期以来，我国中小企业融资中存在企业不讲信用，银行对中小企业"惧贷""惜贷"，信息不对称严重，银企关系恶化的现象与问题。政府出台支持政策很多，但融资总是"后继乏力"。日本、德国的中小企业融资难的问题相对中国解决得好。美国有数以万计的社区银行在为中小企业服务，"关系型"贷款的融资模式无论从理论到实践都得到广泛认可。在我国，以国有体制为主的金融体系对大型企业的贷款更为偏好，而对中小企业的贷款则显得并不积极，存在一定程度的贷款偏好问题；加之，有些中小企业自身往往拥有不守信用、逃废银行债务等诸多问题。金融体系与中小企业的合作，似乎更多是"喊喊口号，出工不出力"，现实中双方大多是"零和博弈"的关系。

14.1　中小企业融资综述

14.1.1　中小企业融资理论

1. 中小企业信贷缺口理论

20 世纪 30 年代，英国议员麦克米伦（Macmillan）向英国国会提供的关于中小企业问题的调查报告中提出"金融缺口"问题。英国学者雷（Ray，1983）等认为金融缺口存在的原因主要有两个：一是中小企业实际投资的边际收益大于边际成本，如果资金供给出现中断会导致企业不能继续进行投资，也就是中小企业缺乏雄厚的资金支持投资；二是如果中小企业获得资金的成本很高，大于投资的收益，会使中小企业由于资金成本的负担而难以通过正常投资来实现企业增长。因而，金融缺口可以分为资本缺口和信贷资本缺口，出现金融缺口的根源是中小企业的信息透明度要远低于大企业的透明度，给融资带来风险。虽然金融缺口使得信贷不平衡，但风险投资则是专门针对具有高不确定性，又收益大的项目，这在一定程度上缓解了中小企业的金融缺口。

2. 信贷配给理论

Stiglitz 和 Weiss 的关于信贷配给的经典论述《不完全信息市场中的信贷配给》，描述了不完全信息下中小企业面临的信贷困境——信贷配给。从银行来看，贷款时考虑两个因素：利率和贷款风险，然而银行所收取的利率自身由于两个原因而影响信贷风险：逆向选择和道德风险。这两个原因均来自借贷双方之间的不完美信息。银行的最优利率低于市场出清利率。银行在较低的最优利率上放贷，因而，必然排除一部分银行认为是高风险的合理贷款请求，即便是高利率贷款。而中小企业的财务信息、治理结构、运营情况等比大企业信息的不完全程度更严重，自然成为信贷配给的对象。

威廉姆森提出造成信贷配给形成的原因是监督成本的差异。因为，企业和银行从各自收益出发，两者有着不同的目标函数，银行需要付出相当的精力和监督成本来保证企业对债务契约的履行。这时银行为了节约监督成本，借款者与贷款者双方往往会达成一种最优的合约安排来实现有效的监督。如果利率上升，企业要承担很大的债务还款压力，会提高企业不愿还款意愿和不能还款的风险，即贷款的拖欠概率上升，银行的贷款监督成本也随之上升，这意味着利率与企业还款意愿或能力呈负相关。如果银行要取得一定收入下的成本最小化，则必然会拒绝一部分监督成本高的贷款申请，施行信贷配给策略，这也是难解的中小企业融资困境。霍奇曼（Hodgman）的"拖欠风险模型"表明发生拖欠的概率与利率正相关，这时候，虽然借款者最初愿意承担较高的利率，但银行并不会把利率提高到市场出清的水平，同时会评估贷款风险。因此，银行为了成本最小化和风险最低化，借款者的贷款需求都会被配给，配给的数量低于所需贷款数量，是所谓的"规模配给"。贷款风险的存在以及信息不对称，使得银行无法甄别借款者的风险类型和特征，只能采用统一加上"风险溢价"策略，使一部分借款者退出信贷市场。

3. 代理理论

代理理论（ATF）是指，企业内部管理者和外部投资者之间存在潜在的利益冲突，由此影响企业的最优资本结构安排。Brau（2002）沿用了 Ang（2001）的方法，对代理成本是否在银行提供贷款时作为重要考虑因素进行了实证检验，结果发现银行在向中小企业贷款时，并不关注其代理成本，而是对企业规模、银企关系、企业的年龄和负债水平等影响企业盈利与发展的指标更在意。

　　中小企业所有者往往担心控制权被稀释而排斥外部权益融资。在信息不对称的条件下，中小企业为了向外部展示其透明性和组织结构的科学性，传递有利于企业进一步融资的信号，中小企业又不得不采用公募的方式筹集资金。这样做的目的是可以利用投资银行的声誉及资源为企业的声誉和融资需求起到重要的支持作用（Myers，1998）。然而受自身规模限制，如果公募的发行成本过高，对于中小企业而言很难达到。这时候，私募是一种好的替代方法（CamPbell 和 Kraeaw，1980），但贷款利率要相对高些，国家对私募贷款利率给出了最高限额，民间借贷利率的司法保护上限为 15.4%。

　　4. 小企业融资周期理论

　　金融成长周期理论认为，企业的信誉信息不对称会随着企业所处的成长周期不同而发生变化，而且企业的规模、信息约束条件、资源状况、产品服务的市场占有及企业资金需求是不断变化的。Berger 和 Udell（1998）认为上述指标也是影响企业融资结构变化的基本因素。Diamond（1991），Rajan（1992），Holmostrom 和 Tirole（1997）归纳企业成长与融资对应的三个阶段：第一阶段为初创期，这时的企业特征是规模小、组织结构不健全、缺乏业务记录、财务审计不规范，企业获取外部资源和资本的能力弱小，企业由于信息封闭很难获得外源融资，企业主要依赖内源融资。第二阶段为成长阶段，项目、投资与组织等扩张需求使企业的资金需求猛增。这时的企业规模扩大，有了初步的业务、财务信息记录和可用于抵押的资产，信息透明度也有所提高，可以更多地依赖银行的外源融资。这时企业主要的资金来源是风险资本和债务性融资。第三阶段为成熟阶段，企业的业务记录和财务制度已经趋于完备，具备进入公开市场发行有价证券的条件，如果是上市公司，资本市场的年报和信息披露制度要求更高。随着来自公开市场可持续融资渠道的打通，来自股权融资的比重上升，从而企业融资主要来源于企业留存收益的再投资、非正规金融市场和公开市场的外源股权融资。成长周期理论表明，企业成长不同阶段伴随不同的融资类型，根本原因是经营风险的不同而对应的融资风险具有差异性，意味着在不同的经营风险下对应财务硬约束的存在，企业需要不同的融资渠道和融资结构策略，来进行融资。

　　西方的中小企业融资理论是基于信息不对称、企业自身的发展与结构特别是财务结构。虽然这些都是成熟市场经济中的中小企业特征，都是在具备发达的金融市场作为融资条件下的融资理论，而且上述理论并不能很好和完全地解释中国中小企业融资的特点和环境，但一定程度上恰好对理解国内中小企业获得融资难的原因以及投融资关系发生矛盾的原因，给予了最基本和最普遍相关问题的说明。

14.1.2　融资关系研究

　　1. 关系型贷款与中小银行

　　（1）金融中介与借款者的关系 。

　　依据信息理论，金融中介存在的原因之一便是它们具有信息处理的规模经济优势，或者能够降低双方的信息不对称以及在提供贷款方的信息方面有优势。由于这方面的专业化，银行信贷市场的合同与其他主要债务市场的合同有显著不同。对其的一个解释是商业银行信贷侧重关系型贷款。银行通过控制信贷安排和其他服务，发展与借款人的关系来获取信息，银行可以利用这些信息设计未来的信贷合同。

一些文献对银行与借款人关系和贷款定价之间进行了模型化。Petersen 和 Rajan（1993）对 Diamond（1989）的模型进行扩展，发展了一个关于逆向选择和道德风险两方面的理论模型，在该模型中，银行在第一期提供一个较高的利率，此时借款者的类型不明确，在借款者类型明确的后期里降低利率。Boot 和 Thakor（1994）支持了上述结论，同时发现银行对抵押品的要求与银企关系的长短有关。然而，Greenbaum、Kanatas 和 Venezia（1989），Sharp（1990）的研究结论认为贷款者在借贷关系的早期补贴借款者而在借款关系的后期获得补偿。因此，关于贷款定价和银行与借款者关系长度的命题最终是个实证问题。

银行的信贷线是关系型贷款中一个特别重要的部分，因为它代表了一个提前的承诺来提供在特定条款下的资本融资。James（1987）发现正面的非正常回报同获得银行信贷线的公布相关。Lummer 和 McConnell（1989），Wansley、Elayan 和 Collins（1992）发现 James 对信贷线驱动的研究结果同新发贷款的效应相悖。这个结果同关于借款者的信息是在银行—借款者关系存续期间获得的认识是一致的，并且这个结果反映了信贷安排的连续性。然而，Billett、Matthew 和 Flanner 等（1995）发现新发的和重续的信贷线的公布效应之间没有区别。一个对这些研究结果差异的解释是新发—重续对信贷线的二项分类是对投融资关系强度的一个弱化维度。

对银行—借款者关系的研究有两方面。一是关于"银行独特性"的研究，即银行是否产生关于借款者的有价值私人信息的问题（James，1987；Lummer 和 Mcconnell，1989；Hoshi、Kashyap 和 Scharfstein，1990a，1990b）。从而，银行—借款者关系的存在增加了公司价值的证据。其中的一些研究间接地提供了银行—借款者关系强度的证据。二是关于"关系型"贷款的研究（Petersen 和 Rajan，1993，1994）。这类文献使用了关于银行—借款者关系强度的连续性的维度——关系的持续期来作为研究变量，但他们并没有显著发现银行贷款利率依赖于银行—借款者关系。由于完整的陈述模糊的合同不适用信息非对称条件，金融中介也许通过使用"关系型"贷款来提高效率。特别地，银行能够提供低成本的债务再议价技术：通过封闭和连续的相互作用，企业能够给贷款者提供足够的关于企业事务的信息以降低成本提高信贷可得性（Petersen 和 Rajan，1995）。

（2）关系型贷款与中小企业资金可得性与质量。

一般而言，因为规模经济和信息的持久性，公司和银行之间有着长期和较强的前期关系可能使企业获得较多的资金和较低的融资成本。文献认为，小银行对小企业的贷款多于大银行对小企业的贷款（Berger、Goldberg 和 White，2001；Berger、Kashyap 和 Scalise，1995；Berger 和 Udell，1996），小银行更专注于相对的小额贷款，专业性更强。Petersen 和 Rajan（1994，1995）发现同一个机构贷款者保持关系增加了中小企业融资的可得性，探讨了在信贷关系方面的贷款市场的竞争。因为贷款者对于在一个集中化的银行市场里和小企业保持连续关系更为肯定，贷款者更愿意在集中的市场里提供更多贷款。

Berger 和 Udell（1995，1996）分析了在银行与借款者之间的关系对于扩展对中小企业信贷方面的重要性，发现大银行相比小银行给中小企业提供更少的贷款。大银行提供更少的贷款给"关系型借款者"而非"比率型借款者"，因为大银行能够通过企业的财务比率来判断其信用价值。Cole（1998）发现贷款者同借款者有预先存在的关系时更愿意扩展贷款，这同从这种关系所产生的私有信息是一致的。

（3）中小银行与中小企业的关系。

大量证据表明，小银行相对大银行会贷更多的款给小企业。Meyer（2002）认为商业银行是唯一的、最重要的中小企业外部融资来源。银企关系在解决中小企业信息问题和融资问题中扮演了不可替代的角色。小银行被认为在对中小企业贷款方面是有优势的（Scott 和 Dunkerberg，2009）。Berger、Miller 和 Petersen 等（2002），Cole 等（2004），Scott（2009）发现，小银行比大银行善于处理"软信息"并据此发放贷款，银行对无正规财务记录、信息不透明的企业较不愿意进行信贷，大银行与借款人之间的交往更多地具有非人际关系特征，即小银行比大银行更集中于关系型贷款。社区银行在对中小企业提供贷款、支付服务、消费者信贷方面具有优势（DeYoung，Hunter 和 Udell，2004），这跟我们国家的地方信用合作联社相似。

Cole 等（2004）发现小银行的贷款多集中于关系型，根源在于大银行和小银行在贷款批准过程中的不同，大银行在信贷决策过程中使用标准化的数量尺度，而小银行则严重依赖与借款者之间的人员互动获得的信息。Cole、Goldber 和 White（1993）认为在贷款过程中对财务指标的依赖降低。Berger、Miller 和 Petersen 等（2002）的研究支持了前者的结论，发现小银行在处理"软信息"方面比大银行更擅长，并且能将其用于对小企业的贷款。

（4）关系型贷款与其他金融机构。

Carey、Post 和 Sharpe（1998）发现银行和金融公司对企业的贷款并没有本质的差别，信息不对称同样影响着金融公司贷款，而且金融公司的借款者风险更高，原因是声誉和管制，银行为低风险的借款者所熟知，而金融公司在高杠杆率公司融资方面享有声誉。同时，管制造成银行和金融公司的服务对象不同。结论认为金融公司像银行一样是个关系型贷款提供者。

2. 中小企业贷款的信用处理技术

Petersen 和 Rajan（1994）发现银企关系的时间长短影响贷款的可得性。Boot 和 Thakor（1994）使用借贷双方重复博弈的模型发现当企业关系进展时企业提供较少的抵押品而利率更低。Burger 和 Scott（2005）发现银行更多地依赖外部的评级、信息来对中小企业进行信用评分。Robert、Dennis 和 Peter（2002）基于风险和不确定性建立决策的理论模型，贷款人对于贷款申请有不完美信息并且基于该信息的贷款决策也是不完美的。该模型预示：借贷双方距离与信用评分二者都导致更多的违约风险。借贷双方距离涉及信息收集与贷款管理，信用评分暗示着采用生产效率激励信用评分的贷款者在生产边际上倾向风险更高的贷款。然而，他们也发现信用评分抑制了借贷双方距离的副作用，因为信用评分模型所收集的信息提高了贷款人对违约风险的评估和定价能力。

14.2　中小金融机构：一个理论分析

为什么要把金融机构与中小企业融资作为一节内容呢？因为虽然大企业往往是关注的焦点，但中小企业的重要性不言而喻，这对探索和改进我国金融机构发展路径，完善金融体系和金融市场，创新金融中介在场外市场的职能，对目前我国实施金融创新和改革有重要意义。

14.2.1　融资问题的理论解析

企业成长过程中的资源依赖和资源交换，如资金仅仅靠内部积累是难以满足全部需求的。外部融资与内部融资的根本区别在于资金的所有者（或提供者）并不亲自参加企业的日常管理活动，因而无法监督企业行为。资金的使用者与提供者之间信息的不对称就带来一个激励（委托－代理）问题，这时候会出现前边提到过的逆向选择和道德选择。那么，企业选择何种融资方式，按照这种融资方式能否取得资金，都取决于能否成功地解决信息不对称问题。外部融资分为直接融资和间接融资。

直接融资包括股权融资和企业债券融资两种方式。它是资金使用者与资金提供者直接交易的融资方式。由于交易是直接的，资金提供者必须亲自对资金使用者的状况进行了解和判断，这种过程的成本相对高昂，一般情况下，作为个人的资金提供者是无法完成这一任务的。这就要求资金使用者通过信息披露及公正的会计、审计等第三者监督的方式来提高经营状况的透明度。所以直接融资方式除了要求存在一个比较完善的社会公证机制来实现上述透明度外，还要求资金使用者是规模较大的企业。这是因为，不管企业的规模是大是小，企业为达到较高的透明度所需支付的信息披露、社会公证等费用差别不大，大企业需要的外部融资规模比小企业大，单位外部资金所需要支付的信息披露费用相对较小。因而，相对于大型企业而言，中小企业完全的直接融资成本不仅高昂，而且负担加重。信息不透明程度与让渡资金时所要求的风险成正比，因而所需资金所要让渡的补偿就越高。这种高成本只有那些高收益的中小企业（如高科技企业，往往也是高风险企业）才能支付。我国的要素禀赋特点已经决定了中小企业主要集中在一些技术和市场都比较成熟的劳动密集型行业。这就决定了，高的融资成本必然将国内大多数中小企业筛选出直接融资市场。

间接融资是通过金融媒介进行的融资。在融资过程中，金融媒介事先对资金的使用者进行甄别并通过合同的签订对资金使用者的行为约束，在事后对资金使用者进行监督。金融媒介是上述任务服务的专业化组织，它能够以较低的成本完成任务，这种融资方式对资金使用者信息透明度的要求相对较低。而中小企业经营活动透明度较差，所以间接融资就成为它们主要的外部融资选择。即便如此，金融媒介还是和银行一样会将中小企业与大企业区别对待。这种情况在全世界范围内存在。相对来说，中小金融机构比较愿意为中小企业提供融资服务。这除了因为它们资金少、无力支撑大企业融资服务外，主要是因为中小金融机构在为中小企业提供服务方面拥有信息上的优势。关于这种信息优势，Banerjee 等（1994）提出了两种假说。一是"长期互动"假说，认为中小金融机构以地方性金融机构为主，专门为地方中小企业服务。通过长期的合作关系，中小金融机构对地方中小企业状况更加了解，有助于解决信息不对称问题。另一种假说是"共同监督"，认为即使中小金融机构不能真正了解中小企业的经营状况，但为了大家的共同利益，合作组织中的中小企业之间会实施自我监督。一般来说，这种监督要比金融机构的监督更加有效。

然而，大型金融机构一般不拥有这种信息优势。这是因为：①其地方分支机构的经理人员会经常调换，对地方企业的了解程度不足。②即使地方分支机构的经理人员能够了解地方中小企业的经营状况，他们也很难向其上级机构提供和传递这些信息。因为，中小企业缺乏经营透明度的一个关键特征是其信息不具有"公开性"，很难提供具有说服力的证据。③贷款的总额是有限的，贷款的规模效应使得大型金融机构一般更愿意贷款给贷款规模大的大型企业，所以它们往往会忽视对中小企业的贷款，这就很难与中小企业建立稳定的合作关系，很难解决存在于金融机构与中小企业之间的信息不对称问题。因此，大型金融机构倾向于较少地为中小企业提供融资。

我国政府已经很早布局，大力发展和完善中小金融机构。①由地方政府参与或组织建立专门的中小企业融资机构，如城市农商银行和信用社就是针对中小企业贷款，以及在国有商业银行中设立专门的中小企业贷款部门，督促它们增加对中小企业的贷款；②发展面向中小企业的资本市场，如所谓的场外市场"三板市场和地方区域股权市场"；③建立中小企业商业信誉评估系统，推进信息的搜集和分享。但由于国内地理环境和经济发展不平衡等因素的影响，以及上述措施存在一些缺陷，实施效果并未达到国家预期。

14.2.2　中小企业融资与金融机构

1. 我国金融市场存在的问题

我国虽然已经大力发展中小金融机构，一直努力解决中小企业的融资难融资贵问题，虽有一定的成效，但存在的问题更值得关注。

第一，大银行为中小企业提供融资服务的政策要求，并未起到显著的作用。大银行为中小企业提供融资服务的方案费用较高，如果国家运用政府手段强求大型国有商业银行为中小企业融资，一定程度上是为这些银行施加了一种"政策性负担"，从施行效果来看并不明显，而且会产生新的矛盾和问题。在市场经济条件下，银行在不了解企业信息的情况下，贷款的风险很大，银行贷款部门要平衡贷款失败预期会受到的惩罚与贷款成功获取的利息再做出贷款决定，导致利率浮动的效果会大打折扣。再者，高利率也会导致逆向选择问题变得严重，从而增加银行贷款的风险，使增加的利息收入难以补偿增加风险的损失。

第二，虽然资本市场的体系已经确立，但场外资本市场过于薄弱。现在的沪深市场科创板实际上只能部分地解决高风险、高回报的科技型中小企业的融资问题。但是我国经济的特征恰恰在于它是以传统的劳动密集型中小企业为主的经济，很多中小企业的技术并不高。目前来看，国内的新三板和区域股权交易中心，根本没有发挥其应有的功能，对多数中小企业是没有任何帮助的。

第三，我国虽已度过了市场经济的初级阶段，但市场竞争还不充分，经济中尚存在许多扭曲，各种社会公证机制和信用体系不健全，这些都不利于一个完善的信息生产和传递系统的建立。所以，信息分享方案至少在短期内发挥作用有限。加之，除非贷款担保机构有动力和能力对使用担保的中小企业进行甄别和监督，否则，担保方案没有改变上述信息不对称问题的实质，仅仅是将风险从商业性金融机构转嫁到国家身上，其结果很有可能造成损失和担保方案的失败。这样的例子在金融领域很常见。

第四，中小金融机构发挥作用有限。市场竞争的不完全，中小金融机构过分依赖政府，进而导致中小金融机构很可能成为人浮于事的官僚机构，不仅不能对中小企业有太大帮助，还可能给国家造成新的不良贷款。目前我国已有四家地方银行由于经营不善而倒闭，海南发展银行、河北省肃宁县尚村农村信用社、汕头市商业银行和包商银行。综上所述，只有建立和完善中小金融机构体系才可能从根本上解决或缓解目前我国中小企业的融资难题。

2. 中小金融机构发展存在的问题

目前我国已经拥有一批地方性中小金融机构，但中小企业的融资仍然很困难，就拿这次新冠疫情来说，中小企业首当其冲。我国出台政策对中小企业进行扶持，这也从反面说明中小企业的融资困境问题。为什么我国的中小金融机构没有很好地为中小企业服务？其原因有以下三个方面：

其一，国家对中小金融机构的发展并不重视，支持力度不够，仅仅从"发文"和"政策"要求，很多时候地方也可能有心无力。在国内难以形成一个健全的中小金融机构监督机制，因为资金的所有者与使用者之间信息不对称问题，监督不严造成问题丛生。一个明显的问题是，当政府放手让中小金融机构发展时，中小金融机构的贷款质量经常比大型金融机构还要差，原本很多中小金融机构的抗风险和经营能力相对不高，这就很容易限制中小金融机构发展，甚至造成经营风险。在这种情况下，中小金融机构如何能很好地为中小企业提供服务呢？

其二，中小金融机构以地方国有为主。金融是一个国家的命脉，我国一直对金融市场进入有严格的限制，而且审批也相当慎重，加之，以往计划经济时代的国有经营的体制需求及传统上经营范围条块划分的残余，地方金融机构多为国有，这些金融机构受到地方政策的支持和保护，在当地市场上拥有一定的影响力。这就使中小金融机构失去了改进经营的压力和动力，再加上各级政府对中小金融机构经营上的不恰当干预，使得中小金融机构经营混乱，官僚作风严重，不能很好地为中小企业服务。

其三，贷款市场的高度垄断。国有五大银行占金融体系市场的比重虽然不断下降，从原先 70% 多到现在的 35% 左右，但是这五大银行占公司贷款市场比重仍然相对较高，公司类贷款余额超过 40%。银行业的高度垄断减少了中小金融机构能够获得的金融资源，也限制其为中小企业服务的能力，而大银行又不愿为中小企业提供更多的贷款，这就必然造成中小企业贷款难现象。只有改善中小金融机构的监管制度，加强监督力度，逐步解决贷款市场的垄断问题，允许非国有中小金融机构进入市场参与竞争，同时采取措施对现有中小金融机构进行彻底改造促其转换经营机制，才有可能真正缓解中小企业的融资难题。

在抵御市场风险方面，大型金融机构优于中小金融机构。因为大型金融机构的资产庞大，它就有可能将其资产配置在各个领域，可以分散市场风险。中小金融机构的资产相对较少，经营活动相对集中，这就限制了它分散和化解风险的能力。在道德风险方面，更难说大型金融机构会优于中小金融机构。大型金融机构规模庞大，其经营失败对社会的影响大，这就使得其经理人员相信国家不会听任其倒闭，即使这个金融机构不是国有的，其结果是增加了大型金融机构经营过程中发生道德风险的可能性。如 Boyd 和 Certler（1993）指出美国的大型银行的确比小银行发放了更多的高风险贷款，并由此造成大量损失。此外，多数美国大银行自有资本与资产的比例也小于小银行。Mishikin(1999) 对美国银行合并结果的分析中也提出了同样的担忧。

综上所述，国有企业改革、国有银行改革以及观念转变必须同时进行。这样才能消除发展中小金融机构的所有障碍。然后，我们就可以按照上文所指出的方式大力发展中小金融机构了。这些措施包括：①对非国有金融机构开放市场，支持民营资本参与和组建金融机构，欢迎国外资本适当地参与国内金融机构的经营和投资，以增加金融体系中竞争的程度。②完善中小金融机构的监管法规、制度和监督体系，对中小金融机构加强监管，督促它们改善自己的经营。③对现有中小金融机构进行经营机制转换，引进民间资本，其目的在于消除政府干预，促使金融机构实现真正的商业化经营。④大力发展互联网金融，以金融科技创新支持中小金融机构的发展。

14.3　中国中小企业融资问题的思考

据工信部数据，截至 2019 年底，中国中小企业的数量已经超过了 3000 万家，个体工商户数量超过 7000 万户，贡献了全国 50% 以上的税收，60% 以上的 GDP，70% 以上的技术创新成果和 80% 以上的劳动力就业。然而，中小企业在现实中所获得的金融资源与其在国民经济和社会发展中的地位却极不相称。以银行贷款为例，工业增加值贡献率不到 30% 的国有企业占用了 70% 以上的银行贷款，而创造了 70% 的国内生产总值的其他类型企业只获得不到 30% 的信贷资源，中小企业所占的份额更小。

14.3.1　中小企业融资问题

1. 国内中小企业融资存在的问题

（1）有效供给不足、资金需求难以满足。单个中小企业需求资金的量相比大企业要少得多，但其数量多，因而需求的资金总量非常大。目前我国资金供给的渠道和数量都有限，这就给中小企业融资带来了很大困难。

（2）融资方式单一、融资渠道不畅。由于资本市场的条件限制，沪深上市条件要求高，而场外资本市场融资困难，股权融资和债权融资这类直接融资方式对绝大多数中小企业不可行，而且获得政府直接支持的资金数量也极其有限，其经营所需资金主要依靠企业自身积累即内源性融资方式。由于缺乏直接融资渠道，即使通过外源性融资，一般来说，也主要是依赖于金融机构特别是银行贷款这种间接融资方式。此外，正规融资渠道的不畅通还常常导致很多中小企业不得不选择非正规渠道进行融资，直接或间接地加大了企业融资成本。

（3）缺乏有效的担保和抵押物品。中小企业普遍规模较小，再加上多数企业设备和场地小，可用于抵押担保的资产非常少。在现实中，有不少企业尤其是民营小企业，大多是靠租赁厂房或设备进行经营，根本拿不出符合条件的有效资产做抵押，也很难找到合适的担保单位或个人，所以经常陷入告贷无门的困境。缺乏有效的抵押担保已成为中小企业融资面临的一个难题。

2. 中小企业融资问题产生的原因

（1）企业自身方面的原因。①企业实力弱小、融资能力差。中小企业所从事的大多是竞争充分的劳动密集型行业，对生产技术贷款、知识产权贷款、融资租赁贷款等金融创新产品既不熟悉也很少使用，一旦出现亏损，就有可能资不抵债，因而金融机构一般都不敢轻易进行放贷。即使向银行借贷，有的人也搞不清楚银行贷款的种类及审批流程。再加上融资过程中难以承受的担保费、抵押资产评估费等名目繁多的相关费用，常常使一些中小企业主对外部融资望而却步。这是中小企业外源性融资难的根本原因之一。另外，我国中小企业的自我积累意识也都比较淡薄，在进行利润分配时，往往很少从发展的角度留足备用资金，这也削弱了其内部融资能力。②信用等级偏低、企业形象不佳。企业的信用状况对企业的融资行为具有重要影响。银行的放款对象大多是具有良好的声誉和信誉，而且企业发展趋势较好，或者有潜力的高科技企业，而我国 60% 以上中小企业的信用等级偏低。中小企业信用等级不高的原因主要有：一是中小企业大多是家族式企业，经营管理水平普遍较低。二是不少企业存在着偷税漏税、拖欠货款、逃废银行债务等现象。这些严重影响了中小企业的整体形象，使银行对中小企业产生一定的信用危机，贷款风险增大，从而导致银行对中小企业产生"惜贷"行为。③财务制度不健全、信息透明度差。企业等级评定、贷款审批及银行授信等都主要依据企业财务信息来进行。在我们身边，经常能看到或听到一些中小企业存在会计制度不健全，财务管理水平低，财务报表不能真实反映其财务信息和经营状况。企业信息缺乏透明度，就必然会使银行的监督成本上升，银行不愿与之建立借贷合作关系。

（2）金融机构方面的原因。①信贷利率偏高。贷款利率高是导致中小企业融资难的直接原因之一。例如 2020 年前，我国的民间借贷，其最高利率大概为 18%，个别超过 30%，最低利率为 10%，平均利率为 14%，高出基准利率将近为 10 个百分点。即使向正规金融机构贷款，目前金融机构的一年期最高利率也已达到 10.8%。如果再加上公证费、评估费、担保费及其他相关费用，中小企业融资成本最低也要在 12% 左右。最高人民法院 2020 年 8 月 20 日正式发布新修订的《最高人民法院关于审理民间借贷案件适用法律若干问题的规定》规定民间借贷利率的司法保护上限为 15.4%，相较于过去的24% 和 36% 有较大幅度的下降。但超出了一般中小企业融资能够承受的利率极限。②风险控制行为过度。由于受近些年国际金融危机的影响，为防范金融风险，金融机构加大了信贷的监管力度。不仅强化了银行贷款的风险约束机制，对信贷人员实行了贷款责任追究制度，而且银行普遍上收了信贷审批权，对基层银行的授信权限和额度进行了严格的控制。这种风险控制过度的行为进一步加剧了中小企业获取资金的难度。③服务方向错位。为了支持中小企业的发展，近年来中国人民银行、财政部等多次要求金融机构在信贷政策上对中小企业有所倾斜，但真正落实起来往往是雷声大雨点小。目前，国内大多数国有商业银行以服务大企业、追求规模效益为宗旨，其市场定位往往多是重点行业、重点项目和重点企业。即使本应以服务中小企业为市场定位的股份制商业银行、城市商业银行等区域性中小金融机构，由于利益驱使，也经常表现出重大轻小、厚此薄彼的现象。银行服务方面的这种惯性和偏好也给中小企业的融资带来了困难。④经营成本的制约。中小企业借贷行为的特点是金额小、期限短，而且时效性强、随意性大。商业银行对中小企业贷款从建立信贷关系、调查、审核、发放、贷后检查和贷后管理，常常需花费大量的人力和财力。银行为了盈利考虑，仅从经营成本这点来考虑，也往往倾向于将贷款贷给具有规模效应的大型企业。除非情况特殊，多数银行不愿同中小企业建立信贷合作关系。

（3）企业外部环境方面的原因。①法律法规不健全。我国政府对中小企业融资的支持可谓殚精竭虑，出台了相当多的政策、法律法规，但由于缺乏具体的实施细则与之配套，导致实践中有诸多具体问题难以解决，落实起来难度较大。例如在中小企业范围和归属的界定上，由于不同行业的中小企业在从业人员、资产规模、销售额和利润率等考核指标方面往往存在着较大差异，且每个行业内部的情况也十分复杂，很难机械地用一些固定标准来衡量。这就有可能导致一些本该获得政策支持的企业却不能享受到政策优惠的现象。②中介机构服务不到位。在市场经济条件下，担保公司和资信评级等金融中介服务机构是中小企业不可或缺的融资平台。但目前由于多种原因，我国金融中介服务机构的发展还比较滞后。突出表现为：一是相关部门对中介机构作用的认识不到位，缺乏政策鼓励和支持，使得中介机构的数量不能满足企业融资服务的需求；二是相关法规和制度缺失，监管不到位，使得中介机构比较混乱、执业很不规范。这些不仅没有为企业融资起到很好的桥梁作用，反而加大了中小企业的融资成本。③金融体系架构不完善。完善的金融体系包括直接向中小企业融资的金融机构如政策性中小银行、各种政府基金、民间商业银行、中小企业投资公司以及创业投资公司等，以及能够分担中小企业融资风险的各类信用担保机构及保险机构。我国目前的金融体系是银行业较为发达，而中小企业投资公司、创业投资公司以及各类信用担保机构与保险机构不够健全和完善，导致中小企业融资过分依赖银行贷款的现象。④社会整体信用环境不佳。从某种程度上说，市场经济就是信用经济。尤其是金融行为，更是建立在各方相互履约的诚信基础之上。当前，中小企业的融资难现象与整个社会的信用秩序紊乱有很大关系。从企业自身来看，一些企业抽逃资金、拖欠货款、恶意赖账、偷税漏税等违法现象屡禁不绝；从中介机构方面来看，通过进行虚假宣传、出具假评估报告等方式骗取中介费用等不良行为也屡见不鲜。还有就是，个别地方的政府部门领导也出于局部利益考虑暗中怂恿和支持一些企业借口改制，采取"金蝉脱壳"等手法恶意逃废银行债务。所有这些不诚信现象，都给中小企业融资带来了不良影响。

14.3.2　一些对策和建议

第一，我国中小企业自身建设不足。国家为此出台了很多政策，但为什么我们的中小企业经营者总是喊"融资难、融资贵"。试想一个制度健全、有信誉保证的企业，再加上国家支持，贷款会不会容易很多？所以，我们的中小企业要尽快建立起适应市场经济需要的现代企业制度，增强企业的自我积累能力，拓宽内源性融资渠道。很多中小企业采取家族式经营方式，没有正规的制度支撑，而且，国内一些中小企业存在信誉问题及偷税漏税行为、信息不透明等弊病长久存在。这样的企业即便国家出台政策再好，金融机构贷款也是非常小心谨慎的，还会沦为信贷配给。同时，要强化信用意识，树立良好的企业形象，人无信不立，企业经营是同样的道理。在实际工作中，不仅要严格执行会计制度，加强财务管理，积极提供真实、准确、可靠的财务信息。只有自身优秀，贷款问题就容易得多。美国、日本等国家，中小企业信息披露和信用机制要比中国完善，这也是它们在面临这个问题时，比中国解决得更好的原因。

第二，要大力发展各种中介服务机构。对于建立健全银行的各项机制这个问题，很多学者专家都已经有很好的建议和经验。笔者认为我国的金融中介参与企业经济活动及其治理领域需要加强与创新，同时监管要与之发展同步。金融中介机构在疏通银行与企业关系、拓宽中小企业融资渠道方面发挥着不可替代的作用。大力发展金融中介机构，是解决中小企业融资难题的重要环节。建议做如下方面的工作：首先，在法律法规方面，要适当提高中介机构的准入门槛，鼓励中介机构做大做强，切实执行政策，才能改变目前中介机构良莠不齐的现状。其次，在政策方面，要通过必要的财政支持，提高中介机构的盈利水平，解决中介机构风险与收益不匹配问题，引导更多的民间资本进入金融中介服务行业。最后，在业务开展方面，要促使中介机构改变目前较为单纯的融资担保模式，积极开展履约担保、诉讼保全担保等各种新型业务，努力向合作化、规范化、多元化方面发展。

第三，要充分发挥民间金融的作用。民间金融是我国金融体系的重要补充，我国民间金融的发展潜力巨大。长期以来，对于客观存在的民间融资活动，有关部门只是采取了一味简单地加以禁止这种过度抑制的政策，这严重制约了民间资本在促进经济发展中的积极作用。为此，我们必须尽快改变这一做法。要通过引导和规范，使部分符合条件的民间资本合法化，刺激民间资本活跃起来。这样，不仅可以为中小企业融资提供更多的选择，也有利于促进我国资本市场的完善和民营经济的发展。

第四，大力发展数字金融科技创新。如数字普惠金融对中小企业融资有促进作用。传统金融存在的缺陷在一定程度上阻碍了中小企业创业活动（梁榜等，2019，2020），而依托信息技术、大数据技术、人工智能和云计算等交叉创新的互联网金融，为降低金融活动成本，拓展金融服务空间和深度提供了巨大可能（黄益平，2016；Gomber 和 Koch 等，2017），可更好地激发小型企业创业的效果（谢绚丽等，2018）。数字金融服务的覆盖广度、使用深度和数字化程度是衡量数字普惠金融的三个重要维度（郭峰等，2020）。张勋等（2019）发现数字金融整体水平的提升可改善农村居民及小微企业的创业行为，使得创业机会更加均等化，从而促进中国的包容性增长。数字金融服务的使用，如移动支付显著提高了家庭创业的概率（尹志超等，2019；Beck 和 Pamuk 等，

2018）。相比于银行信贷，网络借贷为个人和企业提供了新型融资渠道，并且网贷产品的期限更加灵活，借贷手续更加快速便捷（廖理等，2018）。而且，数字金融可以通过大数据手段分析企业在互联网上沉淀下来的行为数据来构建企业的信用评估模型（Duarte 和 Siegel，2012），缓解信息不对称和提高用户信用度来帮助中小企业获得融资（李继尊，2015），采用"互联网分析数据 + 线上审批"模式更加有效减少小型企业贷款风险（岳喜优，2018）。

第 15 章　国外 OTC 市场

15.1　美国 OTC 市场

美国作为世界发达国家和超级经济体，其资本市场也是世界上最为发达和完善的，我国资本市场在发展过程中，美国资本市场运行模式对我国是有借鉴作用的。剖析美国场外资本市场的特征，如纳斯达克市场的发展，这对我国场外资本市场的发展和政策制定有着积极的借鉴作用，所谓"他山之石，可以攻玉"。

15.1.1　美国场外资本市场的发展沿革

1. 第一阶段，16 世纪末至 18 世纪末

古往今来，经济与贸易的发展，会自发形成资源的交易市场，早期的"店头市场"是股票交易市场的雏形，但其没有固定的交易场所，这很像早期的集市，比如在街头树下、咖啡馆等方便交流的地方进行，起初这种交易的人群往往规模很小，因此，人们形象地把这些场所称为"店头市场"。从 16 世纪末到 18 世纪，欧洲的主要资本主义国家的一些城市，如比利时的安特卫普、法国的里昂、荷兰的阿姆斯特丹、英国的伦敦等都陆续出现了这种"店头市场"，其中最著名的当属英国伦敦的"新乔纳森咖啡馆"。美国的股票交易出现在 18 世纪末、19 世纪初的纽约，当时形成了多处买卖股票的聚会场所，最大的是在华尔街的"梧桐树下"。

早期的股票交易"店头市场"是场外资本市场的原始雏形，其特点有：第一，股票交易不受时间、地点的限制。这意味着随意性很强，没有正式的规则；第二，股票交易的品种少、数量小，往往是有需要的人群自发组织和交易的；第三，由于交易手段和信息的限制，交易的区域往往比较小，仅限于特定的范围。这一时期的股票交易既可以通过经纪人协调双方的意愿完成，也可以由买卖双方讨价还价协商确认。

2. 第二阶段，18 世纪末至 19 世纪中期

随着股票交易品种与规模的不断扩大，交易的人群规模扩大，早期的一些规模较大的店头市场逐渐演变为证券交易所。证券交易所的出现，克服了早期的交易场地和时间问题，显得更加专业。如 1773 年建立的伦敦证券交易所，其前身是店头市场——伦敦的"新乔纳森咖啡馆"。1863 年正式成立的纽约证券交易所，其前身是华尔街"梧桐树下"的店头市场。股票经纪人在店头市场向证券交易所演变过程中起到了至关重要的作用。比如美国纽约证券交易所，早期的交易中心极不规范，相当多的经纪人为了个人私利，

在获知了股票的最新价格后并没有在拍卖中心交易，而是在拍卖中心外面进行交易并收取更低的佣金，这一行为迫使拍卖中心的经纪人也开始在交易中心外边交易，结果使这个"股票交易所"很快崩溃了。为解决这一问题，1792 年 5 月，24 名有实力的经纪人（包括 21 个经纪商和 3 家经纪公司）在华尔街的梧桐树下签订了著名的"梧桐树协定"（Buttonwood Agreement），协定成立有价证券交易联盟，并选择新的交易地点建立交易所，并将地点选择在"唐提咖啡屋"。1817 年，纽约股票拍卖中心的主要经纪人派人到费城股票交易所进行考察，于 2 月 25 日起草了一份与费城股票交易所章程几乎一模一样的章程，将原先由 28 名经纪人构成的经纪人委员会更名为"纽约股票交易委员会"。同时，新的股票交易委员会将证券交易转移到华尔街 40 号大楼的二层室内，从此纽约有了真正的股票交易所，这便是纽约证券交易所的雏形。

　　虽然早期的证券交易所已经建立，但原先的店头市场依然存在。此时"华尔街的大部分交易活动还是在大街上进行的，许多不能成为交易所会员的经纪人在路灯柱下买卖股票。这里的交易量经常超过证券交易所，而且很多新证券在交易所交易之前，是在承销商的办公室开始交易的"。此外，一些证券经纪人设立固定的柜台，吸引和方便投资者到柜台上买卖股票，这种交易称为柜台交易，柜台交易市场开始形成。至此，股票交易市场开始分为证券交易所场内与店头市场、柜台市场为主要形式的场外交易基本类型。

　　3. 第三阶段，19 世纪中期至 20 世纪中期

　　场外资本市场与证券交易所共存、发展时期，这时期美国新的证券交易所不断涌现。如 1864 年，煤洞（Cole Hole）交易所重组更名为公开经纪人交易所（Open Board of Brokers）；1865 年，石油交易所（Petroleum Board）成立，主要是为交易石油公司股票而设立的；1868 年，国民股票交易所（National Stock Exchange）成立；1869 年，公开经纪人交易所与纽约股票交易所合并，组建了新的纽约股票交易所；1870 年，矿业交易所重新开业，交易对象是矿业公司的股票。这些交易所的不断成立，意味着场内交易市场的时代到来，此时的场外市场依然运转着，并始终是股票交易所的主要竞争者。"事实上很多交易活动并没有发生在纽约股票交易所（指纽约证券交易委员会租用的交易场地）中"。其原因在于：第一，未经过市场检验的有价证券风险较大，证券交易所不接受，但这些证券有着一定的市场，受到经纪人和投机者的青睐，成为场外市场的主要交易对象。第二，成为证券交易所的场内经纪人门槛很高，大批经纪人因条件不足被排斥在外。第三，证券交易所由于经济危机、战争爆发、自然灾害等各种原因闭市时，场外市场就成为股票交易的主要场所。"1856 年，华尔街可交易的股票已达 1420 只，但其中绝大多数并不在纽约股票交易所交易，因此，它的日交易量经常超过 70000 股，远高于纽约股票交易所 6000 股的交易量。1914 年 7 月下旬，第一次世界大战爆发的前夜，华尔街股市开始放量下跌。7 月 31 日，伦敦交易所宣布暂停交易，随后，纽约股票交易所也宣布闭市。与此同时，场外资本市场几乎在一夜之间就活跃起来了，一些场外经

纪人宣布他们愿意买卖纽约交易所的挂牌股票，每天上午 10 点到下午 3 点，100 多名经纪人在紧张地进行交易。"

4. 第四阶段，20 世纪中期至 20 世纪 70 年代

科学技术的发展特别是电子计算机技术的推广为股票交易提供了巨大的便利，传统的场外市场交易方式被打破，随之现代场外交易形式开始出现。从旗语到电报，到股票自动报价器的发明，使市场信息传递更加迅捷，从而将整个股票市场连成一片，拓展了整个股票市场的范围，无论证券交易所还是场外市场都得到了迅速发展，各自的交易规模都在不断扩大。这一时期，场外资本市场的第三市场（The Third Market）和第四市场（The Fourth Market）开始出现。同时，在交易所挂牌上市的股票也时常在场外市场进行交易，例如，一些机构投资者（不需要成为证券交易所的会员）做大宗交易时，若直接在证券交易所进行容易引起股票价格的波动，并且还需缴纳数量不菲的手续费，因此，他们就到场外市场上买卖股票，以获得更好的价格与更低廉的手续费。于是，在场外市场上就形成了一个专门买卖交易所挂牌股票的大宗交易市场——第三市场，其交易的股票品种是证券交易所挂牌交易的股票。第四市场是指交易不需要经纪人中介，不需要支付任何手续费，投资者之间直接进行交易的场外市场。20 世纪 60 年代以后，电子计算机及互联网技术的应用与发展，极大地方便了市场信息的传递，降低了交易成本，提高了交易效率，不仅进一步促进了第三、第四市场的发展，并且催生了全美证券交易商协会自动报价系统，即纳斯达克系统。

纳斯达克，是一个以电子计算机网络为运行基础的场外市场。1939 年，根据《马兰尼法案》（1934 年《证券交易法》第 15 章 A 款），全称为全美证券交易商协会（National Association of Securities Dealers，简称 NASD）在美国证券交易委员会（US. Securities and Exchange Commission，简称 SEC）即美国证监会注册成立。该协会是一个自律性的管理机构，美国的证券交易经纪商大多是它的会员。1968 年，为解决场外市场的市场分割和股票报价信息混乱问题，进一步提高场外市场效率，全美证券交易商协会接受了美国证监会的建议，决定创建"全美证券商协会自动报价系统"，即纳斯达克（NASDAQ）系统。1971 年 2 月 8 日，纳斯达克系统正式启动，这是现代场外资本市场形成的标志。

5. 第五阶段，20 世纪 70 年代至 21 世纪初：场外资本市场飞速发展时期

（1）场外市场架构呈现明显的多层次性。

全美证券交易商协会于 1975 年提出了纳斯达克的股票上市标准，规定只有符合此标准的股票才能在纳斯达克系统进行报价。至此，纳斯达克成为一个独立的、规范的股票上市场所。1992 年，全美证券交易商协会又进一步细分了上市标准，将纳斯达克市场分为纳斯达克全国市场（Nasdaq National Market）和纳斯达克小型资本市场（Nasdaq Small Capital Market）两个子市场。这两个子市场都在一个报价系统中进行报价，都属于全国性市场，只是这两个子市场规定了不同的上市标准，小型资本市场的股票上市标

准明显低于全国市场。纳斯达克的全国市场，其特点是拥有众多规模、市值和潜力大，企业管理规范，且无法在场内市场交易的公司，而其余那些不能满足纳斯达克融资和上市标准的股票形成了另外一个市场，被称为分值股票市场（Penny Stock Market），是一个最底层的市场。数量众多的既不能满足证券交易所上市标准也无法满足纳斯达克市场上市标准的小公司纷纷到分值股票市场上进行融资和交易。1990 年，为进一步规范场外市场，美国证券监管当局将分值股票市场进一步细分为公告板市场（OTCBB，OTCBB只是一个股票报价和成交信息披露的系统平台，投资者无法通过公告板的报价平台买卖股票，只能通过市场中的做市商来买卖股票）与粉单市场（Pink Sheet——原名 National Quotation Bureau，简称 NQB，即全国报价局，在 1913 年成立，为一私人企业，因最初是把报价印刷在粉红色的单子上而得名）两个子市场。美国证券监管当局（包括美国证监会与全美证券交易商协会）对在纳斯达克市场和公告板市场挂牌交易公司的要求较为严格，运作相对规范；对粉单市场要求很低，甚至不要求挂牌公司披露任何信息，或是向监管当局提交任何报告。

（2）不同层次场外资本市场之间流动渠道畅通，交易更便捷。

为满足不同层次企业在市场有价证券交易的需求，对应的场外资本市场也建立了多层次交易平台，企业可根据自身条件选择不同的市场，从而使得场外市场的容纳性更强。除了上述市场外，场外资本市场还包括 PORTALS 市场（Private Offering Resale and Trading through Automated Linkages System）以及地方性柜台交易市场。PORTALS 市场，是指通过自动网络进行的私募发行、转售和交易的市场。这是一个由纳斯达克市场运营的专供合格的机构投资者交易私募股票的市场，其监管主体为全美证券交易商协会。该市场成立于 1990 年，是按照 1988 年美国证监会出台的 144 A 规则设立的一个市场，目的是解决私募股票的交易问题，为外国公司在美国进行私募股票的发行和交易提供有利条件，为美国的资金寻找更多的投资机会。地方性柜台交易市场，是根据美国证监会1982 年出台的《证券法》D 条例中的发行豁免条款所发行的股票提供交易的地方性场外资本市场，交易的股票都是各州所发行的小型公司股票。

美国的整个资本市场体系，在发展过程中逐渐形成了各层次资本市场之间的有效流动渠道，在制度上允许企业根据不同入市门槛进行转板。在纳斯达克全美市场挂牌的股票如果不能满足这个市场的上市标准时，可以转移到小型资本市场或是分值股票市场上进行挂牌交易，反之亦然。这种制度安排使得每一层次的场外资本市场都有源源不断的上市企业资源，促进各层次场外资本市场都能健康发展。

在经济与科技的支撑下，场外市场交易系统更新换代，交易更便捷、成本更低廉、交易规模不断扩大。以纳斯达克市场为例，在 1971—1982 年，场外资本市场的交易系统平台非常简单，只提供两个主要的功能：一是作为连接做市商之间的通信网络平台；二是提供股票报价的信息系统，尚没有建立股票成交信息系统。20 世纪 80 年代后，纳斯达克市场开始逐步提高市场交易自动化程度。1982 年，纳斯达克市场建立了全美市场系统，增加了股票成交实时信息披露功能。1984 年 12 月，纳斯达克市场开始运行小额订单执行系统（Small Order Execution System，简称 SOES），为做市商提供交易撮合服务。2001 年 7 月，超级小额订单执行系统（简称 Super SOES）开始上线运行。2002 年 10 月 14 日，新一代交易系统平台——超级蒙太奇（Super Montage）正式上线运行。场外交易系统不断更新换代，促使交易更便捷、成本更低廉、规模不断扩大。自成立至今，纳斯达克证券市场吸引了美国以及世界各地的公司前来上市融资交易，已成长为仅次于纽约证券交易所的美国第二、同时也是世界第二的证券交易市场。

（3）场外资本市场的交易机制呈现多元化。

20 世纪，纳斯达克采用的是报价驱动型交易模式（Quote Driven）。在该模式下，交易订单按照做市商的买卖报价成交，也称为做市商驱动的市场模式。1997 年以后，纳斯达克开始引入订单驱动型交易模式，也称为价格驱动型模式（Price Driven）。这两种市场模式的核心差别在于：在订单驱动模式下，交易订单按照客户订单上指定的股票价格成交，不再按照做市商的报价成交。如今这两种交易模式并存于纳斯达克市场中。

20 世纪 90 年代末，随着信息技术及互联网的发展，一种新型的市场交易模式——ECN（Electric Communication Network）迅速崛起，其市场交易份额不断攀升，逐渐成为美国证券市场上一个重要组成部分。ECN 市场的出现，弥补了场外资本市场缺乏大规模集中交易撮合功能，找准了市场定位，对于场外资本市场产生了极大的冲击。场外市场交易模式的特点是"统一报价、分散成交"，而 ECN 市场将其进一步优化，把"分散成交"过渡到了"集中成交"，摒弃了做市商作为中间人的交易模式，实现了客户交易订单直接撮合交易，不仅大大节省了交易成本，同时摆脱了做市商对交易的人为干预，使股票交易更加公平、合理。美国证监会为 ECN 市场做出了如下的定义：ECN 是一个电子交易系统，为指定价格的买单和卖单做自动撮合，只有价格相同的买单和卖单才能够成交。ECN 市场的机构投资者、经纪人、做市商可以直接向 ECN 输送交易订单，个人投资者需要通过经纪人输送交易订单。ECN 市场的交易模式非常简单，主要内容是：投资者把买卖股票的定价交易订单提交给经纪人，再由经纪人把收到的客户定价订单提交到 ECN 市场。机构投资者可以直接把交易订单输送到 ECN 市场。ECN 系统按照价格优先、时间优先的原则对接收到的客户定价交易订单进行自动撮合成交。

ECN 市场的出现，使得场外资本市场与交易所市场之间的界限开始模糊。证券交易所实行的是指令型交易模式，由交易所电脑主机对客户交易订单进行自动撮合成交的交易机制。从这点来说，ECN 市场与证券交易所很相似。2000 年 3 月 14 日，美国太平洋交易所（The Pacific Exchange）与群岛公司（Archipelago）宣布在业务上实现合作，太平洋交易所随即关闭了自己的交易大厅，把所有的股票交易业务转移到了群岛公司提供的 ECN 交易平台之上，致使美国的证券市场上出现了第一个采用 ECN 交易模式的证券交易所。虽然交易机制与证券交易所相似，但是 ECN 市场又可以交易场外市场的挂牌股票，因此从市场结构上看，它属于场外市场，但又不是纯粹意义上的场外市场，而是成为证券交易所与场外资本市场中间的一个新型市场。

6. 第六阶段，2002 年至今

随着全世界企业在纳斯达克上市的数量增多，纳斯达克的上市门槛提高，逐渐转型为证券交易所。纳斯达克自成立以来，一直是受全美证券交易商协会监管下的，不以营利为目的的服务性机构。2000 年 6 月份开始，纳斯达克启动了私有化进程，并于 2002 年成功地转变成为一家以营利为目的的股份制私人公司，但仍需接受全美证券交易商协会的监管，并且需要每年向全美证券交易商协缴纳 7000 万美元的市场监管费用。2001 年 3 月，纳斯达克正式向美国证监会提出成为证券交易所的申请，并于 2006 年 1 月 13 日正式获得美国证监会授予的证券交易所牌照。至此，纳斯达克证券市场完全从场外市场中脱离出来，但其由于双轨制、电子交易系统以及做市商制度等特征，又与场内证券市场有着区别，这意味着纳斯达克在电子信息时代的发展模式已经不能用传统的资本市场特征来进行区别。纳斯达克的发展与转型标志着美国场外资本市场格局发生了重大变革。

15.1.2　美国场外资本市场的经验

场外资本市场相对场内资本市场，有着上市门槛相对较低，交易主体种类繁杂等诸多特点，因此市场监管和投资者保护是场外资本市场健康发展所需要解决的两个核心问题，防范交易双方发生道德风险成为市场建设的主要任务。美国场外资本市场的发展给我们提供了以下可供借鉴的成功经验。

1. 美国多层次资本市场体系特征

毋庸置疑，从资本市场的结构和功能等方面来看，目前美国拥有全世界最完善的资本市场体系。美国的资本市场划分有主板市场（纽约证券交易所和美国证券交易所）；地方证券交易所，如芝加哥证券交易所、波士顿证券交易所等；场外资本市场，包括纳斯达克市场、柜台交易、粉单市场等。具体分析美国的多层次资本市场包括：第一，纽约证券交易所和纳斯达克是向大企业提供股权融资的全国性市场。第二，美国证券交易所和纳斯达克小型资本市场构成了向中小企业提供股权融资服务的全国性市场。第三，由波士顿股票交易所、芝加哥股票交易所、太平洋股票交易所等地方性股票交易所构成的区域性交易所市场。第四，由柜台交易板块、粉单板块和灰色 OTC 股票市场构成的向广大中小企业提供股权融资的 OTC 市场。值得一提的是纳斯达克市场，如今已经成为全球最大的股票市场。目前该交易市场没有专门的交易大厅，直接利用电子交易系统进行交易，但却成功地帮几千家高科技企业上市融资并发展壮大，对于美国的经济保持稳定增长功不可没。美国多层次资本市场体系如图 15-1 所示。

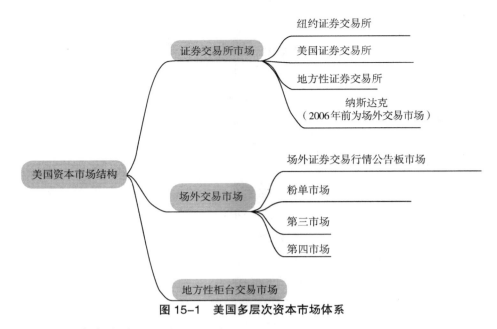

图 15-1　美国多层次资本市场体系

2. 美国场外资本市场结构和功能

从世界范围来看，美国、英国、日本等国家的资本市场最有代表性。其中美国拥有世界上最完善的资本市场，其分层最为复杂，但相对也最为合理。美国资本市场经历了长期发展，形成了集中与分散相统一、区域性相协调、场内交易与场外交易相结合的体系。目前，美国的 OTC 市场是一个通过计算机系统和电话连接的庞大市场，这一市场按层次高低分为柜台交易市场（OTCBB）、粉单市场（Pink Sheet）以及第三市场、第四市场等。纳斯达克原是最大的 OTC 市场，于 2006 年转为场内证券交易市场。美国资本市场的发展对我国目前场外资本市场的建设和完善以及多层次资本市场体系的建设有着非常重要的实践指导意义。

3. 美国场外资本市场的制度特征

（1）监管安排。纳斯达克市场是典型的"自律型"监管模式，这种模式是指由证券行业自律性组织对场外资本市场进行监管和审核。纳斯达克市场的监管包括四个调查与检查单位：市场品质单位、监管与遵循单位、交易与市场做市检查单位以及市场诚信与客户投诉单位。此外还包括四个运作单位，分别是：法律、遵循与训练、商业信息和先进侦查系统、委托核查追踪系统。美国场外资本市场的交易监管作业流程划分为线上监管、离线监管和不法查核三个步骤。

（2）入选企业标准。场外资本市场的交易品种以未能在证券交易所上市的证券为主，主要包括不符合交易所上市标准的证券、符合在证券交易所上市标准但不愿在交易所上市的证券、债券、美国存托凭证等。场外资本市场的服务内容主要是针对新兴的未上市企业的融资和交易。在美国的场外资本市场中，不但按照监管与信息披露严格程度的不同对纳斯达克、柜台交易市场、粉单市场、第三市场、第四市场的入场企业标准进行区分，而且对各个市场的入场企业标准也进行细分，如纳斯达克的全国资本市场与小型资本市场，在企业规模、收入水平和融资规模等方面有很大区别。

（3）信息披露机制。尽管美国的粉单市场没有信息披露要求，但是其他的场外资本市场对信息披露的要求非常严格。在纳斯达克市场，上市企业与交易要按照美国国会颁布的有关法律、美国 SEC 制定的关于证券市场信息披露的各种规则或规定、NASD 和纳斯达克制定的有关市场规则进行三个层次的严格信息披露。在柜台交易市场，做市商所有国内股票发行、加拿大和 ADRs 交易必须在 90 秒内通过 ACTSM 报告，其他交易在 T+1 内报告。所有在柜台交易市场报价的股票发行人应该定期向 SEC 或其他监管机构履行披露职责。发行人应该在生效日前报告公司的重大事项，包括合并、收购、更换名称以及所有重大事项的细节和相关文件。发行人必须提前 10 天向柜台交易市场协调人报送关于股票拆细、并股、分红送股或其他分配信息。

（4）做市商制度。做市商制度主要解决在场外资本市场进行交易的中小企业存在的经营历史短、实物资产少、信息不透明、融资规模较小等问题，这些问题可能会导致中小企业的股票的投资风险相对较高，流动性也较差，股票的交易还特别容易受到人为操纵。做市商的职责包括：第一，保持市场流动性。第二，提高大宗交易的撮合效率。第三，有利于提高市场有效性。

15.2　日本 OTC 市场

日本唯一的场外资本市场亦称二板市场、柜台交易市场等，它是未达到交易所上市标准的中小企业或新兴企业发行证券交易的流通场所。虽在创立之初不如日本国内其他证券交易所，但在 21 世纪的发展中，成长为日本证券市场体系中最具活力的部门。日本的场外资本市场大致可划分为三个阶段，第一是场外资本市场起落徘徊的缓慢发展阶段；第二是场外资本市场逐步复兴阶段；第三是改革发展阶段。20 世纪末至 21 世纪以来，日本场外资本市场加快了改革的步伐，呈现了一定的特点，主要表现在：①推动做市商制度；②进行国际化；③逐渐向证券交易所发展。对比而言，日本 OTC 市场与美国相似，有以下四方面特征：

（1）入市条件宽松。日本 OTC 市场主要面向中小型和成长型公司，特别是高科技风险投资的企业，对上柜公司的准入条件比标准交易所要宽松许多。偏重公司的盈利前景，只需上市前年净利润为正，或经常性收入达到数亿日元，而且如果公司市值规模在亿日元以上的无会计盈利上的要求。市场更看中公司的未来增长潜力以及对所属行业发展的贡献潜力，除了允许公司以市值规模弥补会计盈利不足外，为了鼓励成长性高科技企业上市，还规定了支出的下限。可见宽松的入市条件有效地配合了中小企业的融资需求。

（2）做市商制度。日本 OTC 市场有累积投标询价和竞价拍卖两种方式，但累积投标询价方式逐步取代竞价拍卖的方式。最初市场采取的是连续竞价拍卖的交易制度。但是，由于股票流动性较差，因而引入做市商交易机制，采取混合方式，即一个是由交易者与单一做市商进行撮合，另一个是通过特有的小额交易执行系统自动使买卖指令按照做市商提供的价格中最优水平实现成交。

（3）充分的信息披露和较完善的监管机制。基本上股票的资讯披露程度与上市股票相同。为了充分披露市场登记公司的资讯，还推出了每季度财务报表申报制度和鼓励发行公司参与资讯整合的活动。监管机制一样来自自身的管理机构的内部管理和日本证券交易商协会的监管。

（4）促进未登记的股票的流通。未登记股票是指因发行企业经营管理不善、财务不健全而降级下来的股票。市场自年初开始运营，是不受证券交易法约束的有价证券市场，证券公司在投资人信息披露充分的前提下才接受其买卖该类股票，其中大部分为风险类创业投资企业。虽然搞活市场并不是改革市场的直接手段，但可以通过搞活该市场来扩大市场的挂牌范围。

15.3 欧洲 OTC 市场

欧洲场外电子交易市场可以分为交易商间（inter-dealer）交易系统和交易商 / 客户（dealer-to-customer）交易系统。目前，交易商间电子交易系统主要包括 MTS 系统（包括 EuroMTS 和各国的 MTS 系统）、eSpeed 系统、BrokerTec/ICAP 系统等。以 BrokerTec/ICAP 系统为例，这是一个大交易商间的电子交易系统，其交易产品包括信用、能源、股票、外汇、利率等各类 OTC 金融产品。交易商 / 客户交易系统主要指大的金融机构开发的属于单一或多个做市商特征的交易市场。主要有 Autobahn Electronic Trading（德意志银行开发的报价系统）、Tradeweb、Bloomberg Bond Trader（Bloomber 开发的交易系统）、Bondvision（MTS 集团的子公司）、MarketAxess 等。以 Tradeweb 为例，在这个交易商 / 客户交易系统上，几家大的交易商不断对客户（主要是零售投资者）报出各类金融产品的交易价格，可交易的产品包括欧洲政府债券、美国国库券、欧洲商业票据、欧洲信用票据、信用违约互换、利率互换、资产抵押证券、德国金融抵押债券等。

15.3.1 欧洲 OTC 市场特征

1. 场外市场的清算和结算体系

欧洲场外市场一般采用双边自行清算的方式。但欧洲 OTC 市场的部分交易使用 CCP。OTC 市场的交易最后由 SSS 进行结算。为欧洲金融市场交易提供 CCP 服务的清算所主要有五家：奥地利清算所（CCP.A）、意大利清算所（CC & G）、西班牙清算所（MEFFCLEAR）、德交所清算所（Eurex Clearing AG）、伦敦清算所 Clearnet 公司（LCH. Clearnet SA）。提供证券结算服务的中央证券登记结算机构（CSD）共 18 家。其中欧清

（Euroclear）和明讯（Clearstream）属于跨国证券登记托管机构（ICSD），其他的登记托管机构主要为本国的证券交易提供托管。

2. 欧洲金融市场清算和结算安排的主要特征

欧洲金融市场的清算和结算安排还是呈现国别分割的特点，欧洲金融市场的清算、结算安排呈现了多样化特征。一种类型是全国统一，如德国，明讯为全国的债券市场交易提供结算服务；另一种类型是区域整合，如伦敦清算所 Clearnet 公司（LCH Clearnet）为法国、比利时、荷兰、英国和葡萄牙的 ERUONEXT 交易所集团提供清算服务，欧清（Euroclear）则相应为这些国家提供结算服务；一些国家国内有不止一个清算和托管机构，如西班牙，全国有四个结算机构，为不同区域的交易提供结算服务；还有个别国家将结算服务外包给不同国家的不同机构，如爱尔兰政府债券在欧清公司结算，爱尔兰公司债券在英国 CREST 结算公司结算。

21 世纪，从清算所到结算机构都出现了一系列的横向整合和纵向整合。在清算所领域，原 CLEARNET 清算所与原伦敦清算所 LCH 于 2003 年合并为 LCH CLEARNET 清算所，LCH CLEARNET 的业务范围涵盖了法国、葡萄牙、荷兰、比利时及英国的清算业务。德交所旗下的 Eurex 清算公司为德国和卢森堡两国提供清算服务。在结算领域，欧清公司（为英国、爱尔兰、法国、荷兰、比利时和葡萄牙提供债券结算服务）、明讯公司（涵盖了德国和卢森堡）和 Nordic 公司（涵盖芬兰和瑞典）三分欧洲证券结算市场。

3. 对 OTC 市场的监管与交易所市场的监管趋同

由于交易所对买卖双方提供集中统一结算，交易所以中央对手方身份保证了交易和结算的履行，因此，交易所一般会制定严格的参与者准入标准和持续风险管理要求，监管者对交易所本身的准入也很严格。但是 OTC 市场没有这种履约保障机制，因此，OTC 市场的参与者准入标准不那么严格，OTC 市场本身受到的监管也比较松散。但是，随着科学技术和电子交易系统的发展，交易所市场和 OTC 市场之间的区别在逐渐缩小。比如一些 OTC 市场引入 CCP 制度安排，多边电子交易系统的兴起使得传统分散的 OTC 市场变为集中，交易所也推出了 OTC 交易系统以满足交易所参与者不同层次的交易需求。因此，在监管制度上，对交易所市场和对 OTC 市场本身的监管也在趋同。

4. 推动欧盟区域内技术和监管标准的统一

根据《金融服务行动计划》（Financial Services Action Plan，FSAP）的总体精神，从金融基础设施整合、统一监管标准到监管者间合作，欧盟和各成员国政府采取了许多措施，促进欧洲金融市场一体化。如欧盟金融市场一体化最重要的监管法规指引——金融工具市场指引（Directive on Markets in Financial Instruments，MIFID）、集合工具投资指引（Directive on Undertakings for Collective Investment in Transferable Securities）、抵押品指引（Collateral Directive）等。同时促进区域内清算和结算体系的整合，以及推进各国市场管理标准统一化。

5. 监管体系的总体框架

场外金融市场监管内容主要包括六个方面：第一，适用的法律法规，有些国家对不同行业从事金融市场业务由不同的法律进行规定，有些国家只有一部核心法律对金融业活动进行整体界定。第二，监管主体，有些国家实行统一监管模式，即审慎监管和市场监管由同一机构履行，有些国家有分别的银行和证券监管机构，一些国家的金融市场活动在很大程度上由业内自律监管。第三，OTC 产品准入及 OTC 市场主体准入。大多数国家和地区没有对 OTC 产品实行限制，一些国家对某些行业从事衍生产品交易的对手和规模进行了一定限制。第四，如何对交易所以外的各类交易系统以及本国清算和结算系统进行监管。第五，对市场参与者行为的监管和审慎监管。第六，市场自律管理。

15.3.2　德国 OTC 市场的监管案例：强调立法监管

1. 法律法规

在德国，金融产品的交易主要是在证券法律框架下进行监管。与金融市场活动相关的法律法规包括《证券交易法》《证券和衍生工具交易报告规则》《投资基金法》《银行法》《保险业监管法》《证券交易所法》等。

2. 监管机构

德国金融市场监管体制由三级组成。位于最上层的是联邦金融监管局（BaFin），负责颁布各类法律法规，并负责证券市场的主要执法活动。BaFin 拥有对内幕交易、市场操纵、信息披露、收购行为等一系列调查权和处罚权。

第二层是州政府，负责监管本州辖区内的证券交易所。州政府有权批准建立和撤销当地的证券交易所；批准证券交易所董事会制定的证券交易所条例；监督交易所对有关证券法规和条例的实施；对交易所内的交易行为进行监督管理等。

第三层是证券交易所，交易所的主要职责是实时监控交易和相关活动，发现异常及时向州政府交易所监管机关及联邦金融监管局报告，并协助它们进行调查。

联邦金融监管局和州政府之间在法律地位上各自独立，互不隶属。联邦金融监管局不能对州政府发布命令，而是按照法律规定分工负责，相互合作。

2002 年德国金融监管职责统一到 BaFin 以后，德意志联邦银行（央行）不再对金融市场负有直接监管职责。但是由于联邦银行具有维护金融稳定、保证支付体系稳健高效和货币政策实施职能，BaFin 仍须定期就金融业的重大问题与联邦银行进行讨论。

3. OTC 产品准入及 OTC 市场主体准入

德国对 OTC 市场的准入没有特别的规定。银行、证券、保险、普通公司和个人都可以交易各种类型的金融产品。但是，想要进行"证券"和"衍生产品"相关的"投资服务"（investment services），需要事前向 BaFin 注册成为银行、投资公司（investment firms）或投资基金（investment funds）。

　　德国《证券交易法》对受到监管的"证券"和"衍生产品"相关活动进行了界定。《证券交易法》对"证券"和"衍生产品"本身进行了界定。"证券"包括股票、与股票相类似的权利凭证、债券、可交易的投资基金份额（货币市场工具不包括在证券的范畴之内）。"衍生产品"包括远期、期货、期权和权证合约，合约的标的资产可以是证券价格、货币市场工具的价格、利率、商品或贵金属价格和外汇汇率。银行（信贷机构）、金融服务机构和普通公司想要进行上述产品的代客交易、承销（一级市场业务）和经纪、资产管理业务、投资咨询业务、证券保管和融资融券，需要获得 BaFin 授权。在上述框架下，金融合约的设计可以由市场交易主体自主决定。《证券交易法》规定，只有在特别特殊的情况下，财政部为了保护投资者利益可以禁止或限制某类期货的交易。

　　4. 对交易所、交易系统和结算系统的管理

　　过去，德国对金融市场交易系统的管理只局限在证券交易所，即只有交易所市场需要获得开办授权和持续监管。德国《证券交易法》规定了证券交易所的准入资格和日常行为规则，如证券交易所的参与者准入资格、交易规则、风险管理等。但随着各类场外电子交易系统异军突起，对交易所形成了极大的冲击。交易商间电子交易系统和交易商/客户电子交易系统以灵活的交易机制（一对一询价或是做市商报价）、低准入门槛（通常对参与者没有或只有很低的资本金和风险管理方面的要求）和无国界交易（没有对外国参与者的歧视性要求），获得了场外市场的灵活性优势和交易所市场的流动性优势，市场份额不断提高。

　　根据 MIFID 的框架，2007 年 11 月，德国对《证券交易法》进行修改，将"多边交易系统"和"内化交易系统"纳入监管范畴。多边交易系统和内化交易系统将作为"投资公司"的一类纳入统一的监管标准，需要获得准入授权和接受 BaFin 的持续监管。多边交易系统和内化交易系统受到的监管将与传统交易所受到的监管日渐趋同。

　　对清算、结算机构的监管不因为其为场内、场外市场服务而有区别。德国对结算、清算系统的监管涵盖在《银行法》的范畴下。《银行法》第 24 条规定，从事清算、结算活动的机构应该事前到 BaFin 和德意志联邦银行进行注册，并定期提交清算、结算活动情况、参与者情况和清算、结算系统的管理规则。

　　5. 从业者的市场活动行为准则和审慎监管

　　第一，从业者的市场活动行为准则。《证券交易法》第 31 条规定了从事"投资服务"的机构应当遵守的准则。这些行为规则包括：①基本原则。勤勉、专业、认真、以客户的利益至上，当利益冲突时以客户的利益为优先。不准利用客户的交易活动影响市场价格从而为投资服务机构牟利；不准利用客户交易活动的信息为自己牟利。②客户分类。根据客户的经验、知识和风险承受能力提供相应的投资服务，不准向客户推销不适合他们的产品，向客户提供关于金融产品充分的信息。③内控制度。具有管理投资服务活动、

处理利益冲突的组织结构安排和内控机制安排。④账户记录。保存客户的指令和执行情况、客户经理是谁、投资服务的费用情况、客户接受的投资建议情况至少 6 年。⑤资产分离。如果投资服务公司不是银行，那么必须将客户资产和自有资产有效分离。必须定期通知客户有关资产存管的情况，并与存管银行达成安全存放客户资产的协议。⑥信息披露。投资服务人员在提供金融工具分析报告、向公众发布某项金融产品的信息或推介金融产品时，必须遵守专业、勤勉和认真的原则。必须同时披露发布信息的人员信息，是否存在利益关联的情况。

其他与交易直接相关、但不属于直接提供投资服务的人（如相关的会计、法律人员），也需要定期向 BaFin 提供其从事和投资服务相关的辅助活动的信息，并有效防止利益冲突。

第二，从业者行为的监督机制。德国金融市场监管体系对此有外部检查制度和交易信息报送制度两项制度安排。

外部检查制度　《证券交易法》第 35 条规定，BaFin 具有对从事投资服务的机构和相关人员的活动进行监督检查的权力。实践中，由于 BAFIN 无法对众多投资公司和银行进行检查，因此由外部审计师（Auditor）（包括注册会计师事务所、注册审计师）对投资公司和银行遵守投资行为准则的情况进行年检。外部审计师由投资公司和银行指定，但是必须事前报知 BaFin。如果 BaFin 认为不合适，可以要求更换审计机构。审计机构应当及时将审计结果向 BaFin 和德意志联邦银行报告。在特殊情况下，BaFin 也可以自己亲自或指定某个机构对投资公司进行审计。金融产品的最终用户（一般指自营交易商和个人）不在 BaFin 的检查范围。BaFin 只是通过检查投资公司和银行的合规情况来间接地了解最终用户的情况。

交易信息报送制度　德国建立了非常重要的交易信息报告制度，以便监管者对金融市场的各类交易进行实时监控。《证券和衍生工具交易报告规则》规定，从事投资服务活动的机构必须将所有证券和衍生产品的交易情况每日向 BaFin 的电子报告系统报告。报告的内容包括：每个证券或衍生产品交易的价格、交易时间、交易对手、交易方式、是自营还是代客交易等。交易所和场外市场的数据都会汇集到该系统，BaFin 每天收到大约 250 万个证券和衍生产品的交易报告。BaFin 还专门成立了市场分析部门，负责对这些证券和衍生品交易数据进行分析，调查是否存在内幕交易或是操纵市场等违规现象。

第三，审慎监管。对存款类机构的审慎监管主要是资本充足率监管。《新巴塞尔协议》对银行类金融机构从事各类金融产品交易的风险资本要求做了具体规定。对于非存款类金融机构，比如德国规定投资基金从事 OTC 金融衍生产品交易需要受到一定限制。对其他投资公司（如投资银行、对冲基金）投资于金融产品则一般没有数量和内容上的限制。

6. 市场自律

德国金融市场的发行人和交易商成立了"德意志衍生产品协会"（Deutsche Derivative Institute）和"德国衍生产品论坛"（Germany Derivatives Forum）等组织，对金融产品的创设和交易进行自律管理。但是，德国证券监管体制比较强调行政立法监督管理，证券业者的自律管理居于较次的地位。

15.4　对我国的启发

我国现行的投融资体制一直存在一个突出的问题，一方面是民营企业特别是中小企业资本扩充渠道不畅，融资困难；另一方面是社会巨额储蓄资金因找不到合适的投资渠道而苦恼。如何拓宽中小企业直接融资渠道和激活民间资本投资热情，成为国民经济持续健康发展的关键之一。从国际主要国家和地区场外资本市场演进的历史来看，证券市场体系应包含集中市场和场外资本市场，形成多层次资本市场体系，两者是相辅相成的，满足不同条件和需求的企业进行有价证券交易。

（1）满足民间资本和中小企业的投融资需求。世界资本市场发展历程表明，场外资本市场是一个完整、有效率的资本市场体系不可或缺的层次，我国现有的沪深证券交易所作为主板市场基本上是为大企业或是国有大型企业融资服务的，即便在深圳中小板市场和创业板上市的企业资金也要达到相对高的要求，这个门槛对于大多数属于初创阶段的企业来说，仍旧很高。市场的目标就是要有效改善日益增多的各类公司尤其是成长型中小企业对资本金的需求及早期创业资本的撤出问题。

（2）在上市标准上采取低门槛加保荐人机制。我国的"新三板"和"新四板"市场准入门槛不高，给众多的中小企业上市提供了机会，但是准入的审核制度过于宽松，且无法识别有潜质的中小企业，加之金融中介的保荐人制度多数流于形式，致使市场上所谓的皮包公司和低价值中小公司过多。这很可能会出现诚信危机和道德风险，会给投资者带来评估难题，投资风险加大，所以场外资本市场的流动性很差。因此我们认为进入市场的股票应由公司经纪人推荐，为了保证该股票入市的合法合规，除实行股票的注册登记备案外，每只股票还应有若干个公司经纪人联合推荐。一旦发生被推荐的入市公司信息披露没有达到规定要求，其经纪人就要为其后果承担经济责任。

（3）采取集中监管和自律性监管相结合的监管机制。从各国场外资本市场来看，都采取政府对场外资本市场实行间接管理，自律性组织的证券商协会直接管理的监管机制。为确保市场的正常运行，必须建立一个高效率、低成本的监管体系。这种监管机制既有利于让市场和做市商有较大的灵活性，又可以防止其诚信危机，既能充分调动民间资本广泛参与风险较大的市场的股权投资，又可有效避免因监管过分集中给证监会处理危机事件造成很大的压力。目前国内场外资本市场的核心问题之一就是信息披露不全面和质量不高，致使投资者对挂牌公司信息无法判断，因此，应强化信息披露制度，加大信息披露的范围和深度，对市场违法行为进行严厉处罚，而不是简单地走过场。

（4）具有灵活的升级转板和退市机制。虽然我国的场外市场向场内市场的转板制度已经建立，但是通道并不完善。场外资本市场作为资本市场宽大的底座，它主要是扶持初创后期的中小企业，以及帮助从主板或"二板"市场退市企业缓冲危机的资本市场。在场外市场上市的中小企业成长起来后，只要达到相应的要求可转到"二板"市场或主板市场上市，从技术上看，这种升级转板除了对公司财务审计和集中监管更加严格外，完全可以实现无缝对接。其次，升级转板机制能为技术创新企业提供最优融资渠道。

以美国的多层次资本市场为例，具有灵活的升降互动机制。从交易所退出或者摘牌的股票，可以进入粉单交易系统，反之，如果市场的挂牌公司达到一定标准，可以进入市场进行交易，也可以选择进入交易所市场交易。经过纳斯达克小公司市场培育的公司一旦规模和盈利条件达到标准，就可以在纳斯达克全国市场上交易。这种升降互动机制可以正确区分企业发展各个阶段的投资风险，不但可以为企业各个发展阶段的融资需求寻找到最优的融资渠道，实现资源的有效配置，而且低一级市场还起着为高一级市场培养、推荐企业的作用，能够满足企业各个阶段的融资需求。

当技术创新企业因规模及发展的限制还不可能迈入高一层证券市场的门槛时，低一层证券市场则为它们的融资活动提供了渠道，同时对在该市场交易的企业还起着比较、选择和推荐的作用。只有那些经营业绩突出、市场表现不凡的盈利企业才有可能被推荐到高一层的证券市场。因此，分层次的证券市场结构不仅适应了企业不同成长阶段的融资需要，而且还有利于培育技术创新企业，使技术创新企业不断做大做强。

由此可见，美国的多层次资本市场之所以能够满足技术创新企业的生命周期的不同阶段融资需求，能培育出一大批优秀的技术创新企业，真正原因就在于其完善的升降级转板制度、互补互动的多层次资本市场体系。入市公司退市，既是股市实现优胜劣汰、防范风险的重要机制，也是入市公司调整运作、提高股票价值的重要机制。市场需要建立有效的退市机制，以强化经纪人的推荐责任和入市公司的负责机制。

第16章 结论与展望

本书通过对资本市场层级结构和运作机制梳理观察，结合业界信息，从券商介入及其网络效应来探索挂牌公司被并购的深层机理与逻辑，引入行为金融学、社会网络、信息不对称、金融中介和博弈理论等，分析券商网络对挂牌公司被并购效率及财富效应的影响。在对券商研究的基础上，构建券商网络测度模型，对420个并购样本的并购溢价、支付方式、交易效率及股东财富效应的数据检验，得出研究结论。在新三板制度下，揭示券商参与公司并购决策、谈判，促进双方交易的积极作用，为国家调整和制定新三板相关政策提供建议。

16.1 结论与建议

16.1.1 结论

1. 券商网络对挂牌公司被并购机理的影响

新三板挂牌公司如何获得上市公司青睐和促成并购融资，凭借自身资源来选择上市公司收购方显得力有不逮，但主办券商的天然中介优势，以及在新三板市场的职能，为挂牌公司筛选上市公司收购方搭建"渠道"，提供信息、方案和顾问支持。因此券商参与挂牌公司并购融资，可能会实现"三方"利益需求。结论表明：

（1）券商作为信息聚散结点，会影响到并购双方"关键"信息的获取。对被并购挂牌公司而言，可方便寻找实现融资利益最大的收购方，如要求更高的溢价和选择有利的支付方式，降低交易复杂性，缩短并购完成时间，产生并购溢出效应，使被并购公司尽快得到发展。对并购方上市公司而言，关键信息供给可降低并购风险，而且提供信息的券商凭借优势和条件以及市场信誉，相比其他的信息来源渠道更可靠、更专业，便于选择有发展潜力的挂牌公司，如果目标公司提出更高的溢价和支付价格，上市公司更容易接受。

（2）券商拥有信息资源、经验以及专业的分析师和投融资财务顾问，对国家政策与行业发展趋势有更高层次的理解。挂牌公司资源稀少，公司治理结构、各项组织构架相对不完善，业务关系薄弱，对券商资源的依赖有利于企业发展。在这种条件下，券商会对企业融资拥有资源供给的话语权，挂牌公司需要券商的中介服务。

（3）券商有资源配置、信息媒介、引导投融资和治理功能。券商有能力和动机参与并购，帮助挂牌公司提高并购效率，对并购溢价和支付方式产生影响，降低交易难度和成本，缩短并购时间。券商及分析师在并购前后，会积极传播有利于挂牌公司被并购的信息，引起投资者关注，导致短期财富波动。在并购完成后，券商基于职能、声誉和利益考虑对挂牌公司的持续督导、治理和提供支持，会有效改进公司绩效。

2. 券商网络对挂牌公司被并购效率的影响

借鉴社会网络理论测度券商网络中心度。基本思想是，挂牌公司的主办券商同时又担任多家上市公司的 IPO 主承销商或并购财务顾问，它们之间形成直接联系。而与券商没有直接关系的上市公司则通过其他的联结方式，形成二阶或三阶联系，最终以券商为联结点形成网络。以在当年的资本市场上市公司数量为基数，来计算当年每个券商相对网络中心度。

（1）从并购溢价来看，被并购挂牌公司的高管往往是创业股东，在股权转移时会尽可能地要求超额收益，需要券商运用网络渠道帮助筛选出价意愿高的上市公司收购方。券商网络中心度越高，筛选出支付相对高溢价上市公司的概率越大。

（2）从支付方式来看，券商的信息媒介、顾问和治理职能，可有效降低并购风险，增强上市公司并购信心。一般情况下，在选择支付方式时更倾向采用现金支付；若上市公司对未来估计不足时，但并购投资又是公司战略的重要部分，并购目标公司有较大预期收益时，更倾向采用混合支付方式降低风险。

（3）从交易效率来看，券商的信息聚散、资源配置和风险控制能力，对被并购挂牌公司的决策和行为有一定影响。可有效应对并购中的各种问题和摩擦，协调交易双方的意愿，降低重大并购重组难度和成本，缩短完成时间，提高交易效率。

3. 券商网络对被并购挂牌公司财富效应的影响

券商影响并购财富效应有两个途径：

（1）券商网络影响被并购挂牌公司财富效应。券商有资源配置功能和持续督导职能，并购业绩的好坏会对券商的声誉、未来业务保持及佣金收取等有直接影响，作为并购的促成方，自然希望并购绩效的提高。

（2）券商网络影响到并购效率，作用到被并购挂牌公司财富效应。并购溢价、支付方式对被并购方而言，是公司未来的价值体现，对公司的资本结构、现金流和财务绩效有重要影响，获得收益的高管和股东会积极支持并购，提高协同效应和整合绩效。被并购公司将获得的融资投入发展，可有效提高经营绩效，最终对公司财富效应有明显积极的效果。对并购公司而言，支付高昂的资金，是基于并购收益的良好预期，会促使公司关注和要求被并购挂牌公司提高绩效，以达到资本扩张、业绩提升的目的。而且，上市公司治理水平要高于挂牌公司，会产生治理溢出效应，提高挂牌公司绩效。交易效率的提高，会降低并购成本，缩短交易完成时间，有助于企业将资源投入其他经营项目活动。

券商网络显著提高被并购挂牌公司短期股东财富。市场会根据并购信息来判断交易公司的未来发展，对被并购挂牌公司短期股东财富效应产生影响。随着并购交易日的累积增加，各个观察窗口期不同程度地产生正向影响，在 [-60，45] 和 [-60，30] 窗口期，券商网络中心度对挂牌公司超常累积收益率有显著的积极效果。挂牌公司在被上市公司并购的公告日前后发生股价波动现象，表明存在短期股东财富效应。对并购后第一年和第二年的并购长期财富效应检验，也发现产生正向显著影响，但并购支付方式和交易效率在第二年对财富效应的影响明显下降。

4. 金融中介参与并购的风险控制与治理效应

一般而言，重大并购重组伴随着复杂的交易过程和整合风险，对行业和企业都将产生影响。并购不确定性可能导致失败风险和双方价值损毁，更降低并购市场资源配置效率。公司通常选聘一家金融中介来行使和服务两项甚至多项的中介职能，在信息不确定性持续递减的一般规律下，同一中介服务公司业务程度越高，对并购影响越大。券商的专业和信息优势，可有效地降低并购面临的法律风险、财务风险、信息风险和整合风险等，提高并购成功率和降低成本，优化资本市场结构，实现财富的分配和创造。对公司并购的决策、交易和经济后果产生治理作用。原因可归纳为三个方面：

（1）金融中介参与并购，对公司并购战略与决策的混乱起到防控作用，降低不确定性及抑制盲目并购融资，可防范道德风险和逆向选择等机会主义行为。

（2）金融中介在沟通效率、内部信息占有及并购服务等方面具有优势，能较好地缓解信息沟通不畅、并购后整合不力等难题，发挥中介职能提升绩效。

（3）金融中介与交易公司的关联性越强，越有助于服务质量提高。然而与欧美等国比较，我国金融机构参与并购扮演的角色和作用有明显差异，国内金融机构大多是被动、辅助地参与并购交易，发挥中介治理效应有限。只有在新三板运行制度下，需要券商参与程度更高，中介治理效果才相对更明显。

16.1.2　建议

1. 完善新三板并购政策、提高市场监督与风险防范意识

新三板信息流动性差、供给质量低，各项制度并不完善，市场活跃度较低，导致投资者对并购预期受到券商的影响较大，而不是主要依靠并购双方的信息来做投资决策。本书提出建议：在积极探索和鼓励挂牌公司融资活动的同时，更应该完善监管制度，严防参与并购的上市公司、挂牌公司和金融中介利用市场监管漏洞，合谋利用并购来传播迷惑性信息或操纵股价，进行财富转移和掏空，侵害广大中小投资者利益。监管部门应构建新三板良好秩序，保障投资者的利益，吸引广大投资者积极参与投资，进而培育中小企业成为我国资本市场新的增长领域。

2. 合理运用券商制度激活新三板信息和股票流动性

新三板作为全国性证券交易平台，市场信息质量、股票流动性及公司规范等亟待提高。本书提出建议：完善以券商及分析师为代表的金融中介市场，如做市商和持续督导制度的改进，促进新三板的信息披露和成交机制的做市商转让制度，可降低信息不对称

和市场风险，增强挂牌公司融资能力，提升新三板市场的流动性和效率。国家应该在政策上给予更多的实质性支持，激活和发展中小企业交易平台，鼓励券商借助网络和声誉资源广泛宣传挂牌公司，提高投资者关注度。

3. 完善、修改公司挂牌和投资者准入市场条件

一方面，新三板的准入和挂牌条件过于宽松，优点是为大量急需融资的中小企业提供平台，鼓励挂牌新三板，促进民营经济发展。但缺点也非常明显，导致市场内企业质量参差不齐，严重影响投资者信心，市场交易量、市盈率和换手率相当低，相对沪深证券市场有点"惨不忍睹"，导致新三板虚有其表。另一方面，新三板定位机构投资者和高净值人群，投资者准入门槛过高，致使市场投资者不足。目前这两方面问题凸显，亟待解决。本书提出建议：①要严格企业进入和挂牌新三板的审核制度，防止"皮包公司""造假公司"进入新三板，扰乱市场和侵害投资者利益。②健全退出制度，对两年审核不过关的公司予以公布，对提供虚假信息的公司严厉处罚，不合格的应退出新三板。③资本市场活力来源于大量的中小投资者，降低投资者准入门槛，不仅能带来广大中小投资者及资本，对宣传新三板有积极作用，而且能激活市场，达到政府、公司和投资者共赢的局面。④将国家信用信息监管注入金融中介和新三板平台，保护合法交易，拒绝违法经营。

16.2 启　　示

16.2.1 券商对资本市场的影响

券商有信息聚散效应、中介治理、风险控制和业务顾问职能。信息不对称导致市场摩擦，券商参与可有效降低信息不对称、交易风险和成本，而社会网络作为一种非正式制度，对正式制度的市场资源配置有着补充作用，这种作用在正式制度不完善的经济社会效果更明显。在公司经济活动中，信息资源尤其是异质性信息以及获取信息的难度与成本对公司发展至关重要。券商对新三板的影响表现在促进信息流动、并购融资、专业咨询及监督治理等方面，使得券商作用在新三板显得更加突出。因此，思考和探索完善券商参与新三板机制，对新三板发展有积极作用。

16.2.2 金融中介对并购的影响

本书从理论、案例和实证研究三方面层层深入，发现券商网络对挂牌公司被上市公司并购有显著影响，券商网络对服务的挂牌公司被并购收益有积极作用。然而券商网络是否也对上市公司并购财富效应有影响，并购是否达到了"共赢的局面"？对上市公司而言，并购是财富的创造还是再分配，值得进一步探索。研究带给我们思考，金融中介在资本市场的基本功能和衍生功能以及参与公司并购带来的影响。以往的国内文献，主要集中在对分析师的信息效应探讨，尚未讨论金融中介对公司其他类型网络在特定环境

下，有信息效应及股市流动性的替代效果。金融中介参与并购，是否会对并购双方经营绩效、中小股东权益产生不同的影响。

16.3　未来拓展方向

16.3.1　研究不足

本书虽然通过理论、案例与实证分析，对研究的问题做了一定探索和解释，并形成结论与建议，但仍有很多不足的地方，这些将在未来的研究中逐步完善。

（1）上市公司并购挂牌公司样本数据较少，这是基于客观的新三板发展状况而定，造成研究中一些问题目前无法探索，未来随着时间的推移，上市公司并购挂牌公司的样本量会快速扩大，确保更加全面地分析券商网络对被并购挂牌公司财富效应的影响。

（2）券商网络中心度的计算不够全面。鉴于券商网络复杂性和间接网络数据难以获得，在对以往社会网络中心度定义和模型修正的基础上，以券商作为上市公司 IPO 主承销商的联结关系为研究核心，来计算网络中心度。未来将会对券商网络研究扩大范围，进一步获得相关联结数据，更加全面分析、修正模型，使研究更具科学性。

（3）虽然对挂牌公司被并购效率及财富效应展开研究，但缺乏全面性和系统性，而且研究内容深入阐述分析不够。本书初步分析券商网络的形成和作用机理，但影响并购效应的因素很多，而本书未能对券商网络影响并购进行深入探讨，以致有些方面研究不充分，论证分析不够深入。未来将在研究基础上，更深入全面地以双方为切入点来研究 3～5 年的并购财富效应。

16.3.2　拓展方向

1. 券商对并购的信息博弈研究

并购的信息流动与控制是一个动态博弈过程，交易的各个环节是双方博弈的外在表现。券商介入会影响并购交易双方的博弈均衡，对并购决策、效率和结果产生影响。公司并购是为获得收益，因此双方都希望利益最大化，那么，作为弱势的被并购方挂牌公司，如何能够选择理想的并购方，且在并购博弈中提高谈判议价能力，尽可能争取最大的并购融资。以券商介入视角，来重新审视和研究并购博弈有一定的学术价值和实践意义。

2. 新三板特征及制度的研究

对券商影响挂牌公司被上市公司并购的效率及经济后果论证研究，发现新三板市场存在的问题，以及并购的内在机理、积极因素和存在的隐患。但只是阐述新三板可能出现的漏洞和对未来制度建设的浅显建议，并未就可能出现的问题，进行深入系统的探索研究，未能给出系统性具体操作步骤和建议。因此，从市场制度层面和保护投资者利益视角展开并购研究，探索新三板制度建设、金融中介市场活动规范和实践操作，来完善新三板的各项机制，对我国中小企业的融资与培育有现实意义。

3. 上市公司并购的研究

被并购挂牌公司的券商网络不仅影响到其并购决策和经济后果，而且也为上市公司提供信息，影响到上市公司的投资决策。券商的金融中介职能，使得并购方对其提供的信息认可度相对较高。因此，分析上市公司并购决策及其财富效应变化，探索交易市场讨价还价模型，以及上市公司高管和股东决策影响公司并购收益和股价波动等具有学术价值。

4. 金融中介网络效应的研究

公司获取资源的渠道多种多样。金融中介的信息中介和交易中介职能，均依靠金融中介广泛的业务关系、声誉、专业的分析预测和咨询服务功能等。券商网络是各种关系的复杂交织，因此探索券商网络对资本市场投融资活动及股票市场流动性，完善金融中介各项规章制度，对提高资本市场效率有参考价值。本书提出在制度不健全且"关系型社会"影响下的中国资本市场券商网络关系与挂牌公司并购的潜在研究方向，对国内尚未深入的"金融中介网络与治理职能"研究有借鉴意义。

5. 金融中介参与并购治理的边界思考

金融中介对资本市场经济活动有显著推动作用，在新三板这里作用更加明显。然而，目前我国金融中介往往只提供专业服务和咨询功能，对公司并购缺乏监督和外部角色治理。这种外部中介治理效应，虽然在新三板由于运行制度而显得相对较强，但在沪深证券市场则微弱得多，甚至出现金融中介与上市公司合谋造假的投机行为。目前对金融中介参与并购治理的边界尚不清晰，我们只是清楚金融中介发挥了并购治理效应，而这种治理效应如何分离和界定则缺乏理论思考和实践总结。

参考文献

[1] 安德鲁·坎贝尔,凯瑟琳·萨姆斯·卢克斯.战略协同 [M].北京:机械工业出版社,2000.

[2] 戴维·亨格,托马斯·惠伦.战略管理 [M].11 版.北京:中国人民大学出版社,2009.

[3] 白钦先,谭庆华.论金融功能演进与金融发展 [J].金融研究,2006(7):41-52.

[4] 边燕杰,丘海雄.企业的社会资本及其功效 [J].中国社会科学,2000(2):87-99+207.

[5] 边燕杰,张文宏.经济体制、社会网络与职业流动 [J].中国社会科学,2001(2):77-89+206.

[6] 蔡庆丰,田霖,郭俊峰.民营企业家的影响力与企业的异地并购:基于中小板企业实际控制人政治关联层级的实证发现 [J].中国工业经济,2017(3):156-173.

[7] 蔡庆丰,田霖.产业政策与企业跨行业并购:市场导向还是政策套利 [J].中国工业经济,2019(1):81-99.

[8] 曹玉贵,杨忠直.基于信号博弈的企业并购交易行为分析 [J].南开管理评论,2005(4):22-24.

[9] 曾颖.资产注入:支付手段与市场反应 [J].证券市场导报,2007(10):29-33.

[10] 常建坤,李时椿.对企业并购重组风险的分析与思考 [J].经济问题,2005(11):33-35.

[11] 陈国权,宁南.组织从经验中学习:现状、问题、方向 [J].中国管理科学,2009,17(1):157-168.

[12] 陈辉.金融中介与市场质量:分析师 VS 做市商 [J].山西财经大学学报,2017,39(8):41-55.

[13] 陈梦根,赵雨涵.中国银行业跨境联系的测度与分析:兼论国际银行业网络结构的动态特征 [J].经济研究,2019,54(4):49-66.

[14] 陈绍刚,程艳华.不完全信息下基于双目标的博弈并购决策研究 [J].管理科学,2012,25(6):35-42.

[15] 陈仕华,姜广省,卢昌崇.董事联结、目标公司选择与并购绩效:基于并购双方之间信息不对称的研究视角 [J].管理世界,2013(12):117-132.

[16] 陈仕华,卢昌崇.企业间高管联结与并购溢价决策:基于组织间模仿理论的实证研究 [J].管理世界,2013(5):144-156.

[17] 陈爽英,井润田,龙小宁,等.民营企业家社会关系资本对研发投资决策影响的实证研究 [J].管理世界,2010(1):88-97.

[18] 陈涛,李善民.支付方式与收购公司财富效应 [J].证券市场导报,2011(2):49-53.

[19] 陈庭强,何建敏.基于复杂网络的信用风险传染模型研究 [J].中国管理科学,2014,22(11):1-10.

[20] 陈祥有.主承销商声誉与 IPO 公司持续督导期间信息披露质量:来自深交所的经验证据 [J].经济学家,2009(12):76-83.

[21] 陈鹰.公司并购股东财富效应影响因素分析及启示 [J].重庆工学院学报,2002(4):91-93.

[22] 陈运森,谢德仁.董事网络、独立董事治理与高管激励 [J].金融研究,2012(2):168-182.

[23] 陈运森,谢德仁.网络位置、独立董事治理与投资效率 [J].管理世界,2011(7):113-127.

[24] 陈占夺,齐丽云,牟莉莉.价值网络视角的复杂产品系统企业竞争优势研究:一个双案例的探索性研究 [J].管理世界,2013(10):156-169.

[25] 程聪,钟慧慧,郭元源,等.企业线上/线下创新协同机制研究:网络协同与资源配置的视角 [J].科学学研究,2018,36(4):723-731.

[26] 程恩富,彭文兵.社会关系网络:企业新的资源配置形式 [J].上海行政学院学报,2002(2):79-90.

[27] 程凤朝，刘旭，温馨. 上市公司并购重组标的资产价值评估与交易定价关系研究 [J]. 会计研究，2013(8): 40–46+96.

[28] 程学旗，王元卓，靳小龙. 网络大数据计算技术与应用综述 [J]. 科研信息化技术与应用，2013，4(6): 3–14.

[29] 程展兴，剡亮亮. 非同步交易、信息传导与市场效率：基于我国股指期货与现货的研究 [J]. 金融研究，2013(11): 154–166.

[30] 崔云，董延安. 审计师法律责任风险关注度与会计信息质量 [J]. 中南财经政法大学学报，2018(4): 13–22.

[31] 邓建平，曾勇. 金融关联能否缓解民营企业的融资约束 [J]. 金融研究，2011(8): 78–92.

[32] 邓建平，曾勇. 金融生态环境、银行关联与债务融资：基于我国民营企业的实证研究 [J]. 会计研究，2011(12): 33–40+96–97.

[33] 邓向荣，曹红. 系统性风险、网络传染与金融机构系统重要性评估 [J]. 中央财经大学学报，2016(3): 52–60.

[34] 丁忠明，李诗争，张小雪. 转型期企业成长战略选择：市场导向抑或关系导向：基于复杂网络演化博弈的视角 [J]. 财贸研究，2019, 30(11): 72–82.

[35] 董小君. 一种效率收益大于交易费用的制度安排 [J]. 管理世界，2007(2): 151–153.

[36] 杜厚文，初春莉. 美国次级贷款危机：根源、走势、影响 [J]. 中国人民大学学报，2008(1): 49–57.

[37] 杜勇宏. 上市公司混合并购的财富效应研究 [J]. 首都师范大学学报（社会科学版），2015(3): 74–79.

[38] 段进东，陈海明. 我国新股发行定价的信息效率实证研究 [J]. 金融研究，2004(2): 87–94.

[39] 段志蓉，邱海鹰，朱玉杰. 企业的风险态度对国际化决策的影响 [J]. 清华大学学报（哲学社会科学版），2008(2): 149–158+160.

[40] 方军雄，伍琼，傅颀. 有限注意力、竞争性信息与分析师评级报告市场反应 [J]. 金融研究，2018(7): 193–206.

[41] 费一文. 中国证券市场股权收购绩效实证分析 [J]. 中国软科学，2003(4): 36–41.

[42] 冯根福，吴林江. 我国上市公司并购绩效的实证研究 [J]. 经济研究，2001(1): 54–61+68.

[43] 高帆. 交易效率的测度及其跨国比较：一个指标体系 [J]. 财贸经济，2007(5): 104–110+129.

[44] 葛结根. 并购支付方式与并购绩效的实证研究：以沪深上市公司为收购目标的经验证据 [J]. 会计研究，2015(9): 74–80+97.

[45] 龚建立，金戈，王飞绒. 小型高新技术企业发展的社会支撑体系 [J]. 数量经济技术经济研究，2000(11): 69–71.

[46] 谷留锋. 信息不对称与并购支付方式的理论分析 [J]. 经济问题探索，2011(4): 69–73.

[47] 郭白滢，周任远. 信息互动、投资决策与股票价格：基于机构投资者信息网络的分析 [J]. 金融研究，2019(10): 188–206.

[48] 郭雪萌，梁彭，解子睿. 高管薪酬激励、资本结构动态调整与企业绩效 [J]. 山西财经大学学报，2019, 41(4): 78–91.

[49] 郭妍. 并购效率及其影响因素研究 [J]. 统计与决策，2012(9): 152–155.

[50] 韩洁，田高良，杨宁. 连锁董事与并购目标选择：基于信息传递视角 [J]. 管理科学，2014, 27(2): 15–25.

[51] 韩倩倩，李彬. 会计师事务所选聘与并购风险过滤：基于信息、政策与治理的分析 [J]. 理论学刊，2015(8): 64–70.

[52] 韩松，苏熊. 中国商业银行结构效率研究：基于复杂网络 DEA 模型 [J]. 中国管理科学，2016,

24(8): 1–9.

[53] 韩忠雪，王闪，崔建伟．多元化并购、股权安排与公司长期财富效应 [J]. 山西财经大学学报，2013, 35(9): 94–103.

[54] 何贤杰，孙淑伟，曾庆生．券商背景独立董事与上市公司内幕交易 [J]. 财经研究，2014, 40(8): 67–80.

[55] 何贤杰，孙淑伟，朱红军，等．证券背景独立董事、信息优势与券商持股 [J]. 管理世界，2014(3): 148–162+188.

[56] 贺小刚，张远飞，连燕玲，等．政治关联与企业价值：民营企业与国有企业的比较分析 [J]. 中国工业经济，2013(1): 103–115.

[57] 洪银兴．构建解放、发展和保护生产力的系统性经济学说 [J]. 经济学家，2016(3): 7–9.

[58] 胡峰．跨国公司并购我国上市公司问题研究 [J]. 改革，2002(6): 41–46.

[59] 胡妍，陈辉，莫志锴．新三板挂牌企业退出做市：影响因素与经济后果 [J]. 财经研究，2019, 45(7): 59–70.

[60] 胡志浩，李晓花．复杂金融网络中的风险传染与救助策略：基于中国金融无标度网络上的 SIRS 模型 [J]. 财贸经济，2017, 38(4): 101–114.

[61] 黄灿，李善民．股东关系网络、信息优势与企业绩效 [J]. 南开管理评论，2019, 22(2): 75–88+127.

[62] 黄春铃．证券监管效率和承销商声誉：基于南方证券"麦科特事件"的案例研究 [J]. 管理世界，2005(7): 129–138+171.

[63] 黄俊，郭照蕊．新闻媒体报道与资本市场定价效率：基于股价同步性的分析 [J]. 管理世界，2014(5): 121–130.

[64] 贾豪毅．我国上市公司并购溢价影响因素综述 [J]. 纳税，2018(14): 150–151.

[65] 姜超．证券分析师、内幕消息与资本市场效率：基于中国 A 股股价中公司特质信息含量的经验证据 [J]. 经济学（季刊），2013, 12(2): 429–452.

[66] 蒋春燕，赵曙明．社会资本和公司企业家精神与绩效的关系：组织学习的中介作用：江苏与广东新兴企业的实证研究 [J]. 管理世界，2006(10): 90–99+171–172.

[67] 蒋顺才，胡国柳，胡琦．主承销商声誉与 IPO 抑价率：基于中国 A 股市场的证据 [J]. 海南大学学报（人文社会科学版），2006(2): 259–264.

[68] 孔东民，庞立让．资本市场信息效率：评述、前沿与展望 [J]. 华中科技大学学报（社会科学版），2014, 28(2): 60–67.

[69] 雷光勇，曹雅丽，刘茉．风险资本、信息披露质量与审计师报告稳健性 [J]. 审计研究，2016(5): 44–52.

[70] 雷卫，何杰．资本结构选择、内部控制与企业并购绩效：基于 A 股上市公司的经验研究 [J]. 经济经纬，2018, 35(1): 108–114.

[71] 李彬，潘爱玲．会计师事务所特征与公司并购绩效反应：来自中国上市公司的经验证据 [J]. 审计与经济研究，2016, 31(1): 46–54.

[72] 李彬．公司并购中的中介治理效应：基于风险过滤视角的实证分析 [J]. 兰州学刊，2015(8): 174–186.

[73] 李金发．企业并购交易定价博弈分析 [J]. 中央财经大学学报，2007(12): 39–43.

[74] 李井林．目标资本结构、市场错误定价与并购融资方式选择 [J]. 山西财经大学学报，2017, 39(4): 1–13.

[75] 李明辉，吴小伟，周斌泉．公司并购支付方式与股票市场反应：来自中国上市公司的证据 [J]. 华东师范大学学报（哲学社会科学版），2018, 50(5): 152–161+177.

[76] 李强，李克．全球化条件下基于交易费用的企业制度效率以及企业家精神的一般均衡分析 [J]．财经研究，2015, 41(9): 4–17.

[77] 李沁洋，刘强，杨华领．有"关系的"财务顾问能提高并购效率吗 [J]．财贸经济，2017, 38(11): 99–114.

[78] 李善民，陈玉罡．上市公司兼并与收购的财富效应 [J]．经济研究，2002(11): 27–35+93.

[79] 李善民，黄灿，史欣向．信息优势对企业并购的影响：基于社会网络的视角 [J]．中国工业经济，2015(11): 141–155.

[80] 李善民，王彩萍，曾昭灶，等．中国上市公司资产重组长期绩效研究 [J]．管理世界，2004(9): 131–136.

[81] 李善民，朱滔，陈玉罡，等．收购公司与目标公司配对组合绩效的实证分析 [J]．经济研究，2004(6): 96–104.

[82] 李善民，朱滔．多元化并购能给股东创造价值吗：兼论影响多元化并购长期绩效的因素 [J]．管理世界，2006(3): 129–137.

[83] 李万福，林斌，宋璐．内部控制在公司投资中的角色效率促进还是抑制 [J]．管理世界，2011(2): 81–99.

[84] 李维安．中国投资者支付了公司治理溢价 [J]．南开管理评论，2006(3): 1.

[85] 李新春．企业家过程与国有企业的准企业家模型 [J]．经济研究，2000(6): 51–57.

[86] 李志生，陈晨，林秉旋．卖空机制提高了中国股票市场的定价效率吗：基于自然实验的证据 [J]．经济研究，2015, 50(4): 165–177.

[87] 廖士光．中国股票市场定价效率研究：基于个股特有信息含量的视角 [J]．财经研究，2010, 36(8): 68–77.

[88] 刘斌，黄坤，酒莉莉．独立董事连锁能够提高会计信息可比性吗 [J]．会计研究，2019(4): 36–42.

[89] 刘畅，刘冲，马光荣．中小金融机构与中小企业贷款 [J]．经济研究，2017, 52(8): 65–77.

[90] 刘娥平，关静怡．股价高估、定增并购价格偏离与市场绩效 [J]．中央财经大学学报，2018(8): 62–75.

[91] 刘峰，钟瑞庆，金天．弱法律风险下的上市公司控制权转移与"抢劫"：三利化工掏空通化金马案例分析 [J]．管理世界，2007(12): 106–116+135.

[92] 刘寒星，李芮．中国股票市场有效性研究 [EB/OL].(2017–06–19)[2017–06–19].Http//mini. Eastday.com/mobile/170619140624451.html.

[93] 刘建国，任卓明，郭强，等．复杂网络中节点重要性排序的研究进展 [J]．物理学报，2013, 62(17): 9–18.

[94] 刘军．社会网络模型研究论析 [J]．社会学研究，2004(1): 1–12.

[95] 刘军．整体网分析讲义：UCINET 软件使用指南 [M]．上海：格致出版社，2009.

[96] 刘文楷，潘爱玲，邱金龙．企业生命周期、企业家社会资本与多元化并购 [J]．经济经纬，2017, 34(6): 111–116.

[97] 柳建华，孙亮，卢锐．券商声誉、制度环境与 IPO 公司盈余管理 [J]．管理科学学报，2017, 20(7): 24–42.

[98] 罗家德，曾丰又．基于复杂系统视角的组织研究 [J]．外国经济与管理，2019, 41(12): 112–134.

[99] 罗家德，张田，任兵．基于"布局"理论视角的企业间社会网络结构与复杂适应 [J]．管理学报，2014, 11(9): 1253–1264.

[100] 马光荣，杨恩艳．社会网络、非正规金融与创业 [J]．经济研究，2011, 46(3): 83–94.

[101] 马慧．共同分析师与公司并购：基于券商上市的准自然实验证据 [J]．财经研究，2019, 45(2): 113–125.

[102] 马骏，唐方成，郭菊娥，等．复杂网络理论在组织网络研究中的应用 [J]．科学研究，2005(2)：173–178.

[103] 马榕，石晓军．中国债券信用评级结果具有甄别能力吗：基于盈余管理敏感性的视角 [J]．经济学（季刊），2016, 15(1)：197–216.

[104] 马榕，叶建华．信息不对称、股票流动性与并购支付方式 [J]．郑州航空工业管理学院学报，2019, 37(1)：102–112.

[105] 毛新述，王斌，林长泉，等．信息发布者与资本市场效率 [J]．经济研究，2013, 48(10)：69–81.

[106] 米增渝，林雅婷．公司治理、股票流动性与公司价值：以我国新三板市场创新层为例 [J]．投资研究，2018, 37(2)：147–156.

[107] 闵剑，叶贝．管理层能力、政治关联与跨国并购绩效 [J]．财会通讯，2019(6)：40–43+48.

[108] 牛冬梅，刘庆岩．机构持股、投资决策与高管薪酬：基于经理人职业声誉模型的理论分析 [J]．西安交通大学学报（社会科学版），2015, 35(3)：59–64.

[109] 欧阳红兵，刘晓东．中国金融机构的系统重要性及系统性风险传染机制分析：基于复杂网络的视角 [J]．中国管理科学，2015, 23(10)：30–37.

[110] 潘爱玲，刘文楷，王雪．管理者过度自信、债务容量与并购溢价 [J]．南开管理评论，2018, 21(3)：35–45.

[111] 彭正银，廖天野．连锁董事治理效应的实证分析：基于内在机理视角的探讨 [J]．南开管理评论，2008(1)：99–105.

[112] 齐杏发．新三板的发展瓶颈与对策研究 [J]．管理世界，2017(10)：180–181.

[113] 祁继鹏，何晓明．高管团队的社会资本能否改变企业并购绩效 [J]．财经问题研究，2015(12)：111–118.

[114] 秦凤鸣，李明明．信用评级与企业并购支付方式：基于上市公司的实证研究 [J]．金融论坛，2016, 21(2)：71–80.

[115] 冉龙，陈劲，董富全．企业网络能力、创新结构与复杂产品系统创新关系研究 [J]．科研管理，2013, 34(8)：1–8.

[116] 邵华明，马永谈，朱涛．股票市场稳定性测度及其作用机制：基于复杂网络模型视角的分析 [J]．财经科学，2017(5)：54–66.

[117] 沈红波，寇宏，张川．金融发展、融资约束与企业投资的实证研究 [J]．中国工业经济，2010(6)：55–64.

[118] 施锡铨，周侃．信息不完全情况下新股发行定价的选择及效率 [J]．统计研究，2000(11)：34–38.

[119] 帅萍，孟宪忠．不完全契约理论下企业间的交易效率 [J]．财经科学，2007(3)：82–89.

[120] 宋贺，段军山．财务顾问与企业并购绩效 [J]．中国工业经济，2019(5)：155–173.

[121] 宋华，卢强．什么样的中小企业能够从供应链金融中获益：基于网络和能力的视角 [J]．管理世界，2017(6)：104–121.

[122] 宋华，杨璇．中小企业竞争力与网络嵌入性对供应链金融绩效的影响研究 [J]．管理学报，2018, 15(4)：616–624.

[123] 宋鹏，田丽丽，李常洪．交叉持股网络与企业风险承担 [J]．经济问题，2019(6)：83–89.

[124] 宋清华，李帅．上市公司并购挂牌公司的财富效应研究 [J]．证券市场导报，2018(3)：23–33.

[125] 苏文兵，李心合，李运．公司控制权、信息不对称与并购支付方式 [J]．财经论丛，2009(5)：67–73.

[126] 孙林．信息披露最优化与交易效率：一个弱势个体与强势个体交换的例证 [J]．中国管理科学，2015, 23(9)：71–79.

[127] 孙轶，武常岐．企业并购中的风险控制：专业咨询机构的作用 [J]．南开管理评论，2012, 15(4)：

4-14+65.

[128] 唐清泉, 巫岑. 基于协同效应的企业内外部 R&D 与创新绩效研究 [J]. 管理科学, 2014, 27(5): 12-23.

[129] 陶宝山, 李亚萍. 政治关联、所得税税收优惠与经营绩效: 基于深市民营上市公司的经验证据 [J]. 财政监督, 2012(8): 40-42.

[130] 陶启智, 夏显莲, 徐阳. 交叉持股与公司并购的股价效应: 基于交易双方前十大股东的证据 [J]. 金融论坛, 2016, 21(6): 73-80.

[131] 万良勇, 胡璟. 网络位置、独立董事治理与公司并购: 来自中国上市公司的经验证据 [J]. 南开管理评论, 2014, 17(2): 64-73.

[132] 汪国银, 江慧, 刘芳. 企业家社会资本与企业并购的关系研究 [J]. 经济与管理, 2012, 26(10): 77-81.

[133] 汪立鑫, 伍柏麟. 论社会经济制度演进的实现动力: 基于利益主体博弈均衡的视角 [J]. 复旦学报 (社会科学版), 2015, 57(3): 122-131.

[134] 汪洋. 地理距离、主办券商与做市交易股票流动性: 基于 "新三板" 市场的实证研究 [J]. 财贸研究, 2017, 28(12): 15-28.

[135] 王成军, 刘茹玥, 孙笑明, 等. 并购企业关键研发者合作网络变化及影响因素研究 [J]. 科技进步与对策, 2019, 36(10): 66-75.

[136] 王春超, 周先波. 社会资本能影响农民工收入吗: 基于有序响应收入模型的估计和检验 [J]. 管理世界, 2013(9): 55-68+101+187.

[137] 王凤荣, 慕庆宇. 政府干预异质性、中小银行发展与中小企业融资约束: 结合经济换挡背景的分析 [J]. 经济与管理研究, 2019, 40(5): 47-60.

[138] 王菁, 田满文. 上市公司并购整合效率的影响因素新探 [J]. 四川大学学报 (哲学社会科学版), 2010(1): 101-112.

[139] 王克达, 庞晓波, 王姗姗. 金融危机对全球股票市场的传染研究: 基于复杂网络分析方法 [J]. 世界经济研究, 2018(4): 28-39+135.

[140] 王小荣, 陈慧娴. 企业并购重组中评估定价与成交价, 谁被资本市场接受: 来自 2007—2011 年中国上市公司的经验数据 [J]. 中央财经大学学报, 2015(9): 55-62.

[141] 王砚羽, 谢伟, 乔元波, 等. 隐形的手: 政治基因对企业并购控制倾向的影响: 基于中国上市公司数据的实证分析 [J]. 管理世界, 2014(8): 102-114+133.

[142] 王艳, 李善民. 社会信任是否会提升企业并购绩效 [J]. 管理世界, 2017(12): 125-140.

[143] 王咏梅, 王亚平. 机构投资者如何影响市场的信息效率: 来自中国的经验证据 [J]. 金融研究, 2011(10): 112-126.

[144] 王玉春, 梁洪基, 秦云. 政治关联对中小企业并购绩效的影响: 基于产权性质与制度环境的视角 [J]. 世界经济与政治论坛, 2014(6): 66-83.

[145] 王致远. 并购中目标公司的财富效应: 海信并购科龙个案实证分析 [J]. 财会研究, 2007(1): 47-49.

[146] 王中美. 从中长期目标失败谈中国海外并购战略的优化升级 [J]. 世界经济研究, 2012(10): 68-74+89.

[147] 危启才. 不完全信息下拍卖市场的结构与交易效率 [J]. 数量经济技术经济研究, 2005(10): 142-150.

[148] 魏明海, 赖婧, 张皓. 隐性担保、金融中介治理与公司债券市场信息效率 [J]. 南开管理评论, 2017, 20(1): 30-42.

[149] 温日光. 风险观念、并购溢价与并购完成率 [J]. 金融研究, 2015(8): 191-206.

[150] 巫岑，唐清泉.关联并购具有信息传递效应吗：基于企业社会资本的视角[J].审计与经济研究，2016，31(2)：81-90.

[151] 巫景飞，何大军，王云，等.高层管理者政治网络与企业多元化战略：社会资本视角：基于我国上市公司面板数据的实证分析[J].管理世界，2008(8)：107-118.

[152] 吴昉，顾锋，张佳懿.上市公司财务绩效影响因素[J].系统管理学报，2013，22(5)：715-719.

[153] 吴敬琏.我国市场化改革仍处于"进行时"阶段[EB/OL].(2011-12-05)[2016-09-29].http://www.chinareform.net/index.php?m=content&c=index&a=show&catid=193&id=16080.

[154] 吴俊杰，盛亚，姜文杰.企业家社会网络、双元性创新与技术创新绩效研究[J].科研管理，2014，35(2)：43-53.

[155] 吴偎立，张峥，彭伊立.分析师特征、市场状态与股价信息含量[J].经济与管理评论，2015，31(4)：135-147.

[156] 吴偎立，张峥，乔坤元.信息质量、市场评价与激励有效性：基于《新财富》最佳分析师评选的证据[J].经济学(季刊)，2016，15(2)：723-744.

[157] 吴旭云，贺小刚，郝影利.创业导向、网络嵌入与创业型企业成长关系研究[J].科技进步与对策，2013，30(5)：78-84.

[158] 武恒光，郑方松.审计质量、社会信任和并购支付方式[J].审计研究，2017(3)：82-89.

[159] 夏新平，宋光耀.企业并购中协同效应的计算[J].华中理工大学学报，1999(3)：35-37.

[160] 谢德仁，陈运森.董事网络：定义、特征和计量[J].会计研究，2012(3)：44-51+95.

[161] 谢惠贞.我国企业选择并购支付方式的因素分析[J].集团研究，2007(31)：36-37.

[162] 谢纪刚，张秋生.股份支付、交易制度与商誉高估：基于中小板公司并购的数据分析[J].会计研究，2013(12)：47-52+97.

[163] 徐妙妙，陶启智，朱翔龙.中国上市公司控制权被收购的影响因素[J].金融论坛，2015，20(12)：68-78.

[164] 徐振宇.社会网络分析在经济学领域的应用进展[J].经济学动态，2013(10)：61-72.

[165] 许罡.高管投行背景、政策机会与公司金融投资偏好[J].中南财经政法大学学报，2018(1)：33-41.

[166] 许荣，蒋庆欣，李星汉.信息不对称程度增加是否有助于投行声誉功能发挥：基于中国创业板制度实施的证据[J].金融研究，2013(7)：166-179.

[167] 杨艳，邓乐，陈收.企业生命周期、政治关联与并购策略[J].管理评论，2014，26(10)：152-159.

[168] 杨玉龙，吴文，高永靖，等.新闻媒体、资讯特征与资本市场信息效率[J].财经研究，2018，44(6)：109-125.

[169] 姚海鑫，于健.外资并购国有股权溢价的影响因素分析：基于2002—2007年沪深A股上市公司的实证研究[J].东北大学学报(社会科学版)，2010，12(3)：204-210.

[170] 叶建华.公司不确定性、非效率投资与资产定价[J].科研管理，2017，38(10)：119-127.

[171] 伊志宏，杨圣之，陈钦源.分析师能降低股价同步性吗：基于研究报告文本分析的实证研究[J].中国工业经济，2019(1)：156-173.

[172] 游家兴，刘淳.嵌入性视角下的企业家社会资本与权益资本成本：来自我国民营上市公司的经验证据[J].中国工业经济，2011(6)：109-119.

[173] 于成永，于金金.上市公司业绩承诺、公司治理质量与并购溢价[J].中国资产评估，2017(1)：39-44.

[174] 于健.产权性质、公司价值与外资并购溢价：基于2002—2009年外资并购上市公司股权的实证研究[J].辽宁大学学报(哲学社会科学版)，2010，38(5)：29-36.

[175] 余光，杨荣.企业购并股价效应的理论分析和实证分析[J].当代财经，2000(7)：70-74.

[176] 俞鸿琳 . 关系网络、商业信用融资与民营企业成长 [J]. 经济科学 , 2013(4):116-128.

[177] 张敦力 , 李四海 . 社会信任、政治关系与民营企业银行贷款 [J]. 会计研究 , 2012(8): 17-24+96.

[178] 张桂涛 , 胡劲松 , 孙浩 , 等 . 具有缺陷产品的双渠道闭环供应链网络均衡 [J]. 中国管理科学 , 2013, 21(5): 68-79.

[179] 张桂涛 , 胡劲松 , 王磊 , 等 . 考虑消费者渠道偏好的多期闭环供应链网络均衡 [J]. 系统工程理论与实践 , 2016, 36(2): 347-362.

[180] 张建红 , 卫新江 , 海柯·艾伯斯 . 决定中国企业海外收购成败的因素分析 [J]. 管理世界 , 2010(3): 97-107.

[181] 张敏 , 童丽静 , 许浩然 . 社会网络与企业风险承担 : 基于我国上市公司的经验证据 [J]. 管理世界 , 2015(11): 161-175.

[182] 张秋生 , 周琳 . 企业并购协同效应的研究与发展 [J]. 会计研究 , 2003(6): 44-47.

[183] 张秋生 . 并购整合研究综述 [J]. 商业研究 , 2005(9): 112-113.

[184] 张然 , 朱炜 , 陆正飞 . 中介机构信息有效性、投资策略与资源合理配置 : 以经济观察研究院 "信任度指数" 为例 [J]. 会计研究 , 2007(4): 61-68+96.

[185] 张雯 , 张胜 , 李百兴 . 政治关联、企业并购特征与并购绩效 [J]. 南开管理评论 , 2013, 16(2): 64-74.

[186] 张小星 . 上市公司并购新三板企业中中小股东权益保护研究 [J]. 长春工程学院学报 (社会科学版), 2017, 18(3): 38-42.

[187] 张新 . 并购重组是否创造价值 : 中国证券市场的理论与实证研究 [J]. 经济研究 , 2003(6): 20-29+93.

[188] 张学勇 , 廖理 , 罗远航 . 券商背景风险投资与公司 IPO 抑价 : 基于信息不对称的视角 [J]. 中国工业经济 , 2014(11): 90-101.

[189] 张亚斌 , 易先忠 . 交易效率、专业化分工与跨国并购理论探讨 [J]. 孝感学院学报 , 2004(2): 38-41.

[190] 张毅 , 陈雪梅 . 分工演进、社会资本与产业集群 : 对产业集群的形成与发展机理的一个解释 [J]. 当代经济科学 , 2005(3): 58-61+110.

[191] 张玉利 , 杨俊 , 任兵 . 社会资本、先前经验与创业机会 : 一个交互效应模型及其启示 [J]. 管理世界 , 2008(7): 91-102.

[192] 章卫东 . 定向增发新股、整体上市与股票价格短期市场表现的实证研究 [J]. 会计研究 , 2007(12): 63-68+97.

[193] 赵剑治 , 陆铭 . 关系对农村收入差距的贡献及其地区差异 : 一项基于回归的分解分析 [J]. 经济学 (季刊), 2010, 9(1): 363-390.

[194] 赵璐 , 李昕 . 目标方信息质量、并购溢价与交易终止 [J]. 当代经济研究 , 2018(11): 81-88.

[195] 赵宇翔 . 基于收购溢价方法的并购财富效应研究 [D]. 南京 : 东南大学 ,2004.

[196] 郑建明 , 李金甜 , 刘琳 . 新三板做市交易提高流动性了吗 : 基于 "流动性悖论" 的视角 [J]. 金融研究 , 2018(4): 190-206.

[197] 钟子英 , 邓可斌 . 顺水巧推舟 : 顶级财务顾问专业能力的并购市场证据 [J]. 管理评论 , 2019, 31(5): 213-230.

[198] 周国林 , 李耀尧 , 周建波 . 中小企业、科技管理与创新经济发展 : 基于中国国家高新区科技型中小企业成长的经验分析 [J]. 管理世界 , 2018, 34(11): 188-189.

[199] 周隆斌 . 企业并购中的财富效应分析 [J]. 财经科学 , 2001(5): 21-25.

[200] 朱宝宪 , 王怡凯 .1998 年中国上市公司并购实践的效应分析 [J]. 经济研究 , 2002(11): 20-26+92.

[201] 朱峰，曾五一. 上市公司控股权溢价研究 [J]. 东南学术，2002(5): 89–97.

[202] 朱海就，张友福. 分工、交易效率与我国中小企业发展 [J]. 浙江大学学报 (人文社会科学版)，2000(6): 136–141.

[203] 朱红军，钱友文. 中国 IPO 高抑价之谜："定价效率观"还是"租金分配观" [J]. 管理世界，2010(6): 28–40.

[204] 朱红军，汪辉. 并购的长期财富效应：经验分析结果与协同效应解释 [J]. 财经研究，2005(9): 102–113.

[205] 朱华桂，庄晨. 基于协同效应的企业技术并购绩效研究：以上市公司为例 [J]. 软科学，2016, 30(7): 58–61+69.

[206] 庄贵军，席酉民. 关系营销在中国的文化基础 [J]. 管理世界，2003(10): 98–109+156.

[207] 庄新田，张鼎，苑莹，等. 中国股市复杂网络中的分形特征 [J]. 系统工程理论与实践，2015, 35(2): 273–282.

[208] 左晓宇，孙谦. 董事网络、公司中心度与并购 [J]. 投资研究，2017, 36(2): 4–16.

[209] ACEMOGLU D, OZDAGLAR A, TAHBAZ–SALEHI A. Systemic risk and stability in financial networks [J]. the american economic review, 2015, 105(2): 564–608.

[210] AGRAWAL A, COOPER T, LIAN Q. Common advisers in mergers and acquisitions: determinants and consequences [J]. the Journal of law and economics, 2013, 56(3): 691–740.

[211] AGRAWAL A, JAFFE J F, MANDELKER G N. The Post–merger performance of acquiring firms: a re–examination of an Anomaly[J]. Journal of finance,1992,4: 1605–1621.

[212] Aguilera R V, Dencker J C,Escandell X. Left at the Altar? A Relational View of Merger and Acquisition Announcements in the 1990s[J]. Working Papers, 2005, 14(5–0111):348–352.

[213] AHUJA G,SODA G, ZAHEER A. The Genesis and Dynamics of Organizational Networks [J]. Organization Science, 2012, 23(2): 434–448.

[214] ALEXANDRIDIS G, ANTONIOU A, ZHAO H N. Belief asymmetry and Gains From Acquisitions[J]. Journal of Multinational Financial Management, 2007,18 (5): 443–460.

[215] ALIBERTI V, GREEN M B. A Spatio–temporal Examination of Canada's Domestic Merger Activity, 1971—1991[J]. Cahiers de Géographie du Québec,1999, 43(119): 239–250.

[216] ALMEIDA H, PARK S Y, MARTI G S, et al. The Structure and Formation of Business Groups: Evidence from Korean chaebols[J].Journal of Financial Economics, 2010 ,99 (2): 447–475.

[217] AMARAL L A N, UZZI B. Complex Systems–A New Paradigm for the Integrative Study of Management, Physical, and Technological Systems[J]. Management Science, 2007, 53(7): 1033–1035.

[218] ARIKAN A M, CAPRON L. Do Newly Public Acquirers Benefit or Suffer From Their Pre–IPO Affiliations with Underwriters and VCs [J]. Strategic management Journal, 2010,31(12): 1257–1289.

[219] ASQUITH J P, BRUNER R F. The Gains to Bidding Firms From Merger [J]. Journal of Financial Economics,1983(11): 121–139.

[220] AYERS B C, LEFANOWICZ C E, ROBINSON J R. The Effect of Shareholder–Level Capital Gains Taxes on Acquisition Structure [J]. The Accounting Review, 2004, 79 (4): 859–887.

[221] BARGERON L L, LEHN K, MOELLER S B, et al. Disagreement and the Informativeness of Stock Returns: The Case of Acquisition Announcements[J]. Journal of Corporate Finance,2014,25:155–172.

[222] BARGERON L L, SCHLINGEMANN F P, STULZ R M,et al. Why Do Private Acquirers Pay So Little Compared to Public Acquirers? [J].Journal of Financial Economics, Elsevier, 2008, 89(3): 375–390.

[223] BAEKEMA H G, SCHIJVEN M. How Do Firms Learn to Make Acquisitions: A Review of Past Research and An Agenda for the Future [J].Journal of Management, 2008, 34(3): 594–634.

[224] BARNER J B. Firm Resources and Sustained Competitive Advantage[J]. Journal of Management, 1991, 17: 99-120.

[225] BARRON O E, BYARD D, KIM O. Changes in Analysts' Information Around Earnings Announcements [J]. The Accounting Review, 2002, 77(4): 821-846.

[226] BASOLE R, BELLAMY M. The Influence of Supply Network Structure on Firm Innovation [J]. Journal of Operations Management, 2014, 32 (6): 357-373.

[227] BASU N, CHEVERIER M. Distance,Information Asymmetry, and Mergers: Evidence From Canadian Firms[J]. Managerial Finance, 2011, 37 (1): 21-33.

[228] BAYAR O, CHEMMANUR T J, LIU M H A. Theory of Capital Structure,Price Impact, and Long-run Stock Returns under Heterogeneous Beliefs [J]. Review of Corporate Finance Studies, 2015, 4(2): 258-320.

[229] BECHER D A, COHN J B, JUERGENS J L. Do Stock Analysts Influence Merger Completion？ An Examination of Post-Merger Announcement Recommendations[J]. Management Science, 2015, 61(10): 2430-2448.

[230] BECKMAN C M, HAUNSCHILD P R. Network Learning: The Effects of Partners' Heterogeneity of Experience on Corporate Acquisitions[J]. Administrative Science Quarterly, 2002, 47(1): 92-124.

[231] BELLAMY D E, LEWIN W M. Corporate Takeovers,Method of Payment and Bidding Firm's Shareholder Returns: Australian Evidence[J]. Asia Pacific Journal of Management, 1992, 9(2): 137-149.

[232] BERKOVITCH E, NARAYANAN M P. Timing of Investment and Financing Decisions in Imperfectly Competitive Financial Markets [J]. Journal of Business , 1993, 66: 219-248.

[233] BERKOVITCH E, NARAYANAN M P. Competition and The Medium of Exchange in Takeovers[J]. Review of Financial Studies,1990, 3(2): 153-174.

[234] BERTRAND O, ZITOUNA H. Domestic Versus Cross-border Acquisitions: Which Impact on the Target Firms' Performance?[J]. Applied Economics, 2008, 40(17): 2221-2238.

[235] BERTRAND M, MULLAINATHAN S. Enjoying the Quiet Life? Corporate Governance and Managerial Preferences[J].Journal of Political Economy, 2003, 111: 1043-1075.

[236] BILLETT M T, RYNGAERT M. Capital Structure, Asset Structure and Equity Takeover Premiums in Cash Tender Offers[J].Journal of Corporate Finance, 1997, 3(2): 141-165.

[237] BOONE A L, LIE E, LIU Y X. Time Trends and Determinants of The Method of Payment in M&A [J]. Journal of Corporate Finance, 2014, 27(1): 296-304.

[238] BOONE A L, MULHERIN H J. How Are Firms Sold? [J]. The Journal of Finance, 2007, 62 (2): 847-875.

[239] BORGATTI S P, MEHRA A, BRASS D J,et al. Network Analysis in the Social Sciences [J]. Science, 2009, 323: 892-895.

[240] BRADLEY M , DESAI A , KIM E H . Synergistic Gains From Corporate Acquisitions and Their Division Between the Stockholders of Target and Acquiring Firms [J]. Journal of Financial Economics , 1988, 21(1): 3-40.

[241] BRADSHAW M. Analysts Forecasts: What Do We Know after Decades of Work[EB/OL].(2011-06-30) [2011-06-30].https://ssrn.com/abstract=1880339.

[242] BRAGGION F. Managers and (Secret) Social Networks: The Influence of the Free-masonry on Firm Performance [J]. Journal of the European Economic Association, 2011,9(6): 1053-1081.

[243] BRASS D J , BURKHARDT M E . Potential Power and Power Use: An Investigation of Structure and Behavior [J]. Academy of Management Journal , 1993,36(3),441-470.

[244] BROWN L D, CALL R C, CLEMENT M B, et al. Inside the "Black Box" of Sell-Side Financial

Analysts[J]. Journal of Accounting Research,2015,53 (1): 1–47.

[245] BROWN S J, WARNER J B. Using Daily Stock Returns: The Case of Event Studies [J]. Journal of Financial Economics,1985,14(1): 3–31.

[246] BRUNER R F. Where M&A Pays and Where It Strays: A Survey of the Research [J]. Journal of Applied Corporate Finance,2004,16 (4): 63–76.

[247] BRUSLERIE H D L. Corporate Acquisition Process: Is There an Optimal Cash–equity Payment Mix [J]. International Review of Law and Economics, 2012, 32(1): 83–94.

[248] BUGEJA M, WALTER T. An Empirical Analysis of Some Determinants of the Target Shareholder Premium in Takeovers[J]. Accounting and Finance, 1995, 35(2): 33–60.

[249] BURT R S. Structural Holes: The Social Structure of Competition[M]. Cambridge: Harvard University Press, 1992.

[250] CAI Y, KIM Y, PARK J C. Common Auditors in M&A Transactions[J]. Journal of Accounting and Economics, 2016, 61(1): 77–99.

[251] CAI Y, SEVILIR M. Board Connections and M&A Transactions[J]. Journal of Financial Economics,2012, 103 (2): 327–349.

[252] CAINELLI G, MANCINELLI S, MAZZANTI M. Social Capital and innovation dynamics in district based local systems[J]. The Journal of Socio–Economics, 2007, 36(6): 932–948.

[253] CAMPELLO M, CHEN L. Are Financial Constraints Priced? Evidence from Firm Fundamentals and Stock Returns[J]. Journal of Money,Credit and Banking, 2010, 42 (6): 1185–1198.

[254] CHAHINE S, ISMAIL A. Premium Merger Fees and the Choice of Investment Banks: A Simultaneous Analysis [J]. The Quarterly Review of Economics and Finance, 2009, 49(2): 155–177.

[255] CHANG S, MAIS E. Managerial Motives and Merger Financing [J]. Financial Review, 2000, 35: 139–152.

[256] CHAEME D, LARRY L, MALATESTA P H,el at. Earnings management, stock issues, and shareholder lawsuits[J]. Journal of Financial Economics, 2004, 71(1): 27–49.

[257] CHEMMANUR T J, PAEGLIS I, SIMONYAN K. Management Quality, Financial and Investment Policies, and Asymmetric Information [J]. The Journal of Financial and Quantitative Analysis, 2009, 44(5): 1045–1079.

[258] CHEMMANUR T J, FULGHIERI P. Investment Bank Reputation, Information Production, and Financial Intermediation[J]. Journal of Finance, 1994, 49: 57–79.

[259] CHEMMANUR T J, PAEGLIS I, SIMONYAN K. Management Quality, Financial and Investment Policies,and Asymmetric Information[J]. The Journal of Financial and Quantitative Analysis, 2009, 44(5): 1045–1079.

[260] CHEN T, HARFORD J, LIN C. Do Analysts Matter for Governance Evidence from natural experiments[J]. Journal of Financial Economics, 2015, 115(2): 383–410.

[261] CHORDIA T, ROLL R, SUBRAHMANYAM A. Liquidity and Market Efficiency [J]. Journal of Financial Economics, 2008, 87: 249–268.

[262] CHULUUN T, PREVOST A, UPADHYAY A. Firm Network Structure and Innovation[J]. Journal of Corporate Finance, 2017, 44(3): 193–214.

[263] CHUNG D Y, HRAZDIL K. Liquidity and Market Efficiency: Analysis of NASDAQ Firms[J].Global Finance Journal, 2010, 21(3): 262–274.

[264] CHUNG K H, MCINISH T H, WOOD R A,et al. Production of Information, Information Asymmetry, and the Bid–ask Spread: Empirical evidence from analysts' forecasts[J]. Journal of Banking & Finance, 1995,

19(6): 1025–1046.

[265] CLARK K, ELI O. Mergers as a Means of Restructuring Distressed Firms: An Empirical Investigation[J]. The Journal of Financial and Quantitative Analysis, 1994, 29(4): 541–565.

[266] CLAUDIA M B, IRIS K, ALEXANDER L,et al. Financial Constraints and Foreign Direct Investment: Firm–level Evidence[J]. Review of World Economics, 2014, 150(2): 393–420.

[267] COHEN L, FRAZZINI A, MALLOY C. Sell–Side School Ties[J]. The Journal of Finance, 2010, 65(4): 1409–1437.

[268] COHEN L, FRAZZINI A, MALLOY C. The Small World of Investing: Board Connections and Mutual Fund Returns[J]. Journal of Political Economics, 2008, 116(5): 951–979.

[269] COHEN W M, LEVINTHAL D A. Absorptive Capacity:A New Perspective on Learning and Innovation [J]. Administrative Science Quarterly, 1990, 35: 128–152.

[270] COLEMAN J S. Social capital in the creation of human capital[J]. American Journal of Sociology, 1988, 94: 95–120.

[271] COMMENT R G, SCHWERT G W. Poison or Placebo? Evidence Wealth Effects Modern Antitakeover Measures[J]. Journal Financial Economics, 1995, 39(1): 3–43.

[272] CORNETT M M, HASSAN T. Changes in Corporate Performance Associated with Bank Acquisitions[J]. Journal of Financial Economics, 1992, 31(2): 211–234.

[273] COTTER J F, SHIVDASANI A, ZENNER M. Do Independent Directors Enhance Target Shareholder Wealth During Tender Offers[J]. Journal Financial Economics, 1997, 43:195–218.

[274] DAHL M, PEDERSEN C. Social Networks in the R&D Process: The case of the Wireless Communication Industry around Aalborg Denmark[J]. Journal of Engineering and Technology Management, 2005, 22(1): 75–92.

[275] DAVIES M. Pick a Winner: How to Select the Right Acquisition Target[J].CMA Magazine, 2011, 85(4): 18–19.

[276] DEPAMOHILIS D M.Mergers, Acquisitions, and Other Restructuring Activities [M].Utah:Academic Press,2014.

[277] DIAZ B D, AZOFRA S S. Determinants of premiums paid in European banking mergers and acquisitions[J]. International Journal of Banking, Accounting and Finance, 2009, 1(4): 358–380.

[278] DIESTRE L, RAJAGOPALAN N, DUTTA S. Constraints in Acquiring and Utilizing Directors' Experience: An Empirical Study of New Market Entry in the Pharmaceutical Industry[J]. Strategic Management Journal, 2015, 36(3): 339–359.

[279] DIKOVA D, SAHIB P R,WITTELOOSTUIJN A V. Cross–Border Acquisition Abandonment and Completion: The Effect of Institutional Differences and Organizational Learning in the International Business Service Industry, 1981—2001[J]. Journal of International Business Studies, 2010, 41 (2): 223–245.

[280] DONG M, HIRSHLEIFER D, RICHARDSON S. Does Investor Misvaluation Drive the Takeover Market[J]. The Journal of Finance, 2006, 61(2): 725–762.

[281] DUBE S, GLASCOCK J L. Effects of the Method of Payment and the Mode of Acquisition on Performance and Risk Metrics[J]. International Journal of Managerial Finance, 2006, 2 (3): 176–195.

[282] ECKBO B E, GIAMMARINO R M, HEINKEL R L. Asymmetric Information and the Medium of Exchange in Takeovers: Theory and Tests[J]. The Review of Financial Studies, 1990, 3 (4): 651–675.

[283] EDWARD J S H, MARK M J W. A Complex Network Approach to Supply Chain Network Theory [J]. International Journal of Operations & Production Management, 2013, 33(4): 442–469.

[284] ELKHATIB R, FOGEL K, JANDIK T. CEO Network Centrality and Merger Performance [J]. Journal of

Financial Economics, 2015, 116(2): 349–382.

[285] ELLISON G, FUDENBERG D. Word-of-mouth Communication and Social Learning [J]. Quarterly Journal of Economics,1995,110(1): 93–125.

[286] FACCIO M, MASULIS R W. The Choice of Payment Method in European Mergers and Acquisitions [J]. The Journal of Finance, 2005, 60(3): 1345–1388.

[287] FANG L H, YASUDA A. Are Stars' Opinions Worth More? The Relation Between Analyst Reputation and Recommendation Values[J]. Journal of Financial Services Research,2014, 46(3): 235–269.

[288] FERGUSON M F. Ownership Structure,Potential Competition, and the Free Rider Problem Intender Offers[J]. Journal of Law Economics & Organization, 1994, 10(1): 35–62.

[289] FERRARY M, GRANOVETTER M. The Role of Venture Capital Firms in Silicon Valley's Complex Innovation Network [J]. Economy and Society, 2009, 38(2): 326–359.

[290] FERRIS K, MELNIK A, RAPPAPORT A. Cash Tender Offer Pricing: An Empirical Analysis [J]. Mergers and Acquisitions, 1977(12): 9–14.

[291] FERRIS S, KUMAR R, NORONHA G,et al. Long Term Performance Following the Issuance of New Equity: Evidence from Japan[J].Advances in Financial Economics, 2000, 5: 105–138.

[292] FISHMAN M. Preemptive Bidding and the Role of the Medium of Exchange in Acquisitions[J]. Journal of Finance, 1989, 44(1): 41–57.

[293] FRANKS J, HARRIS R, TITMAN S. The Post-merger Share Price Performance of Acquiring Firms[J]. Journal of Financial Economics, 1991, 29(1): 81–96.

[294] FREEMAN R E. Strategic management: A stakeholder approach[M]. Boston : Pitman Press, 1984.

[295] FREEMAN L C. Centrality in Social Networks Conceptual Clarification[J]. Social Networks,1979, 1(3): 215–239.

[296] FREEMAN L C. A Set of Measures of Centrality Based on betweenness [J]. Sociometry, 1977, 40(1):35–41.

[297] FUJIWARA I, HIROSE Y, SHINTANI M. Can News Be a Major Source of Aggregate Fluctuations? A Bayesian DSGE Approach[J].Journal of Money,Credit and Banking, 2011, 43(1): 1–29.

[298] FULLER K, NETTER J, STEGEMOLLER M. What do Returns to Acquiring Firms tell Us? Evidence from firms that make many acquisitions [J].The Journal of Finance, 2002, 57 (4): 1763–1793.

[299] GHOSH A, JAIN P C. Financial Leverage Changes Associated With Corporate Mergers[J]. Journal of Corporate Finance, 2000, 6(4): 377–402.

[300] GHOSH A, RULAND W. Managerial Ownership, the Method of Payment for Acquisitions, and Executive Job Retention[J].The Journal of Finance,1998(2): 785–798.

[301] GOMES A R, GOPALAN R, LEARY M T,et al. Analyst coverage networks and corporate financial policies[J]. Electronic Journal, 2017, 9:1–59.

[302] GONDHALEKAR V B, SANT R R, FERRIS S P. The Price of Corporate Acquisition: Determinants of Cash Takeover Premia[J]. Applied Economics Letters, 2004, 11(12): 735–739.

[303] GRANOVETTER M. The Impact of Social Structure on Economic Outcomes[J]. Journal of Economic Perspectives, 2005, 19: 3–50.

[304] GRULLON G, MICHAELY R, SWARY I. Capital Adequacy, Bank Mergers, and the Medium of Payment[J]. Journal of Business Finance & Accounting, 1997, 24(1): 97–124.

[305] GUISO L, SAPIENZA P, ZINGALES L. Cultural Biases in Economic Exchange[J]. Quarterly Journal of Economics, 2009, 124(3): 1095–1131.

[306] GUISO L, SAPIENZA P, ZINGALES L. Trusting the Stock Market[J]. Journal of Finance, 2008, 63:

2557-2600.

[307] HALEBLIAN J, DEVERS C E, MCNAMRA G,et al. Taking Stock of What We Know About Mergers and Acquisitions: A Review and Research Agenda [J]. Journal of Management, 2009, 35: 469-502.

[308] HALEBLIAN J, FINKELSTEIN S. The Influence of Organizational Acquisition Experience on Acquisition Performance: a behavioral learning perspective [J]. Administrative Science Quarterly, 1999, 44: 29-56.

[309] HAN B, YANG L. Social Networks, Information Acquisition and Asset Prices [J]. Management Science, 2013, 59(6): 1444-1457.

[310] HANSEN R G. A Theory for the Choice of Exchange Medium in Mergers and Acquisitions[J]. Journal of Business, 1987, 60(1): 75-95.

[311] HARFORD J, JENTER D, LI K. Institutional Cross Holdings and Their Effect on Acquisition Decisions[J]. Journal of Financial Economics, 2011, 99(1): 27-39.

[312] HARFORD J, KLASA S, WALCOTT N. Do firms have leverage targets? Evidence from acquisitions[J]. Journal of Financial Economics, 2008, l93 (1): 1-14.

[313] HARTZELL J C, OFEK E, YERMACK D. What's In It for Me? CEOs Whose Firms Are Acquired[J]. The Review of Financial Studies, 2004, 17(1): 37-61.

[314] HAUNSCHILD P R, BECKMAN C M. When Do Interlocks Matter: Alternate Sources of Information and Interlock Influence[J]. Administrative Science Quarterly, 1998, 43(4): 815-844.

[315] HAUNSCHILD P R. How Much is That Company Worth: Interorganizational Relationships, Uncertainty,and Acquisition Premiums [J]. Administrative Science Quarterly, 1994, 39: 391-411.

[316] HAYEARD M. When do Firms Learn from Their Acquisition Experience? Evidence from 1990—1995 [J]. Strategic Management Journal,2002,23 (1): 21-39.

[317] HEALY P M, PALEPU K G, RUBACK R S. Does Corporate Performance Improve After Mergers [J]. Journal of Financial Economics, 1992, 31(2): 135-175.

[318] HEALY P M, PALEPU K G. Information Asymmetry,Corporate Disclosure,and the Capital Markets: A Review of the Empirical Disclosure Literature[J]. Journal of Accounting and Economics,2001,31: 405-440.

[319] HENDRIK P. Vertical Integration and Horizontal Mergers and Acquisitions: Newspapers: A Lost Cause[M].Springer: Dordrecht,1999: 95-124.

[320] HITT M A, DACIN M T, LEVITAS E. Partner Selection in Emerging and Developed Market Contexts: Resource-Based and Organizational Learning Perspectives [J].The Academy of Management Journal, 2000, 43(3): 449-467.

[321] HITT M A, HARRISON J S, IRELAND R D. Mergers And Acquisitions: A Guide To Creating Value For Stakeholders[M]. New York:Oxford University Press, 2001.

[322] HOFFMEISTER J R, DYL E A. Predicting Outcomes of Cash Tender Offers [J]. Financial Management, 1981, 10(5): 50-58.

[323] HOMBERG F, ROST K, OSTERLOH M. Do Synergies Exist in Related Acquisitions? A meta-analysis of Acquisition Studies[J]. Review of Managerial Science, 2009(3): 75-116.

[324] HORTON J, MILLO Y, SERAFEIM G. Resources or Power? Implications of Social Networks on Compensation and Firm Performance [J]. Journal of Business, Finance and Accounting, 2012, 39(3): 399-426.

[325] HUTTON A P, LEE L F, SHU S Z. Do Managers Always Know Better? Relative Accuracy of Management and Analyst Forecasts [J]. Journal of Accounting Research, 2012(50): 1217-1244.

[326] HUTTON A P, MARCUS A J, TEHRANIAN H. Opaque Financial Reports,R2,and Crash Risk[J]. Journal of Financial Economics, 2009, 94: 67-86.

[327] ISMAIL A, KRAUSE A. Determinants of the Method of Payment in Mergers and Acquisitions [J]. Quarterly Review of Economics and Finance, 2010, 50 (4): 471–484.

[328] JAHAN–PARVAR M R, GEORGE A W. Equity price bubbles in the Middle Eastern and North African Financial markets[J]. Emerging Markets Review, 2009, 1: 39–48.

[329] JARRELL G A, BRICKLEY J A, NETTER J M. The Market for Corporate Control: The Empirical Evidence Since 1980[J]. The Journal of Economic Perspectives, 1988, 2(1): 49–68.

[330] JARRELL G A, POULSEN A B. The Returns to Acquiring Firms in Tender Offers[J]. Financial Management, 1989, 18(3): 12–19.

[331] JENSEN M C, RUBACK R S. The Market for Corporate Control[J]. Journal of Financial Economics,1983,11(1): 5–49.

[332] JOHNSON S, LA–PORTA R, FlORENCIO L,et al. Tunneling [J]. American Economic Review, 2000, 90 (2): 22–27.

[333] JUNG B, SIVARAMAKRISHNAN K, SODERSTROM N. When do stock analysts find bond rating changes informative? [J]. Accounting and Business Research, 2015, 46(1): 1–28.

[334] JUNG K, KIM Y C, STULZ R M. Timing,investment opportunities Managerial discretion, and the security Issue decision[J]. Journal of Financial Economics, 1996, 42 (2): 159–186.

[335] JUNG M J, NAUGHTON J P, TAHOUN A. Do Firms Strategically Disseminate? Evidence from Corporate Use of Social Media[J].The Accounting Review, 2018, 93 (4):225–252.

[336] KANG E, TAN B R. Accounting Choices and Director Interlocks: A Social Network Approach to the Voluntary Expensing of Stock Option Grants [J].Journal of Business Finance & Accounting, 2008, 35(9): 1079–1102.

[337] KAPLAN R S, NORTON D P. The Balanced Scorecard:Measures That Drive Performance[J]. Harvard Business Review, 1992, 70(1): 71–79.

[338] KASA K, WALKER T B, WHITEMAN C H. Heterogeneous beLIEfs and tests of present value models[J]. Review of Economic Studies, 2014, 81(3): 1137–1163.

[339] KLEIN B, CRAWFORD R G, ALCHIAN A A. Vertical Integration, Appropriable Rents,and the Competitive Contracting Process[J]. The Journal of Law & Economics, 1978, 21(2): 297–326.

[340] LAMANEN T. On the Role of Acquisition Premium in Acquisition Research [J]. Strategic Management Journal, 2007, 28(13): 1359–1369.

[341] LAM F Y, ERIC C, WEI K C,et al. Limits–to–arbitrage, Investment Frictions, and the Asset Growth Anomaly [J]. Journal of Financial Economics, 2011,102(1): 127–149.

[342] LANG J R, LOCKHART D E. Increased Environmental Uncertainty and Changes in Board Linkage Patterns[J]. The Academy of Management Journal,1990,33(1): 106–128.

[343] LEMMON M L, ZENDER J F. Debt Capacity and Tests of Capital Structure Theories[J]. Journal of financial and Quantitive Analysis, 2010,45: 1161–1187.

[344] LEÓN C, MACHADO C, SARMIENTO M. Identifying Central Bank Liquidity Super Spreaders in Interbank Funds Networks[J]. Journal of Financial Stability, 2018, 35: 75–92.

[345] LEVINTHAL D A, MARCH J G. The Myopia of Learning [J]. Strategic Management Journal, 1993, 14: 95–112.

[346] LEVITT B, MARCH J G. Organizational Learning [J]. Annual Review of Sociology, 1988, 14: 319–340.

[347] LIE E, LIE H J, MCCONNELL J J. Debt reducing Exchange Offers [J]. Journal of Corporate Finance, 2001, 7(2): 179–207.

[348] LIN N. Social Networks and Status Attainment[J].Annual Review of Sociology, 1999, 25: 467–487.

[349] LINN S C, SWITZER J A. Are cash acquisitions associated with better post-combination operating performance than stock acquisitions? [J]. Journal of Banking & Finance, 2001, 25(6): 1113-1138.

[350] LOUGHRAN T, VIJH A. Do Long-term Shareholders Benefit from Corporate Acquisitions[J]. Journal of Finance, 1997, 52(5): 1765-1790.

[351] LUBATKIN M. Merger Strategies and Stockholder Value[J]. Strategic Management Journal, 1987, 8(1): 39-53.

[352] MARTIN K J. The Method of Payment in Corporate Acquisitions, Investment Ownership [J]. Journal of Finance, 1996, 51: 1227-1246.

[353] MCEVILY B, MARCUS A. Embedded Ties and the Acquisition of Competitive Capabilities[J]. Strategic Management Journal, 2005, 26(11): 1033-1055.

[354] MERKLE C, WEBER M. True Overconfidence: The Inability of Rational Information Processing to Account for Apparent Overconfidence [J]. Organizational Behavior and Human Decision Processes, 2011,116(2): 262-271.

[355] MINER A S, MEZIAS S J. Ugly Duckling No More:Pasts and Futures of Organizational Learning Research [J].Organization Science, 1996, 7: 88-99.

[356] MIZRUCHI M S, STEARNS L B. A Longitudinal Study of the Formation of Interlocking Directorates [J]. Administrative Science Quarterly, 1988, 33: 194-210.

[357] MOELLER T. Let's make a Deal! How Shareholder Control Impacts Merger Pay-offs [J]. Journal of Financial Economics, 2005, 76(1): 167-190.

[358] MONTGOMERY C A, SINGH H. Diversification Strategy and Systematic Risk[J]. Strategic Management Journal, 1984, 5 (2): 181-191.

[359] MORAN P. Structural vs Relational Embeddedness: Social Capital and Managerial Performance [J]. Strategic Management Journal, 2005, 26(12): 1129-1151.

[360] MUELLER D C, SIROWER M L. The Causes of Mergers: Tests Based on the Gains to Acquiring Firms' Shareholders and the Size of Premia [J]. Managerial and Decision Economics, 2003, 24(5): 373-391.

[361] MYERS S C, MAJLUF N S. Corporate Financing and Investment Decisions When Firms Have Information that Investors do Not Have[J]. Journal of Financial Economics, 1984, 13(2): 187-221.

[362] NAHAPIET J, GHOSHAL S. Social Capital,Intellectual Capital,and the Organizational Advantage[J]. Academy of Management Review, 1998, 23(2): 242-266.

[363] NAMKI A, SHIRAZI A H, RARI R,et al. Network Analysis of a Financial Market Based on Genuine Correlation and Threshold Method[J]. Physica A: Statistical Mechanics and its Applications, 2011, 390(21-22): 3835-3841.

[364] NIESSEN A, RUENZI S. Political Connectedness and Firm Performance: Evidence from Germany [J]. German Economic Review, 2010, 11(11): 441-464.

[365] NIKOLAOS K, DIMITRIS P, NICKOLAOS T G. Credit Ratings and the Choice of Payment Method in Mergers and Acquisitions[J]. Journal of Corporate Finance, 2014, 25(c): 474-493.

[366] OFFICER M S, POULSEN A B, STEGEMOLLER M. Target-firm Information Asymmetry and Acquirer Returns [J]. Review of Finance, 2009, 13(3): 467-493.

[367] OFFICER M S. Termination Fees in Mergers and Acquisitions [J].Journal of Financial Economics,2003,69(3): 431-467.

[368] PALMER D, FRIEDLAND R, SINGH J V. The Ties that Bind:Organizational and Class Bases of Stability in a Corporate Interlock Network [J].American Sociological Review,1986,51(6): 781-796.

[369] PARK J H, LEE J K, YOO J S. A Framework for Designing the Balanced Supply Chain Scorecard[J].

European Journal of Information Systems, 2005, 14(4): 335–346.

[370] PAYNE A, FROW P.A strategic framework for customer relationship management [J]. Journal of Marketing, 2005, 69(10): 169–176.

[371] PENG M W, LUO Y. Managerial Ties and Firm Performance in a Transition Economy: The Nature of a Micro–Macro Link [J]. Academy of Management Journal, 2000,43:486–501.

[372] PERSEN W, LESSIG V. Evaluating the Financial Performance of Overseas Operations: A Research Study and Report Prepared for the Financial Executives Research Foundation[M]. New York:The Eclipse Foundation, 1979:48–77.

[373] PORTER C M, EUN W S. Untangling the Networking Phenomenon: A Dynamic Psychological Perspective on How and Why People Network [J].Journal of Management, 2015, 41(5): 1477–1500.

[374] PUTNAM R D. Social capital: Measurement and Consequences [J]. Canadian Journal of Policy Research, 2001, 2: 41–51.

[375] QIU B, TRAPKOV S, YAKOUB F. Do Target CEOs Trade Premiums for Personal Benefits? [J]. Journal of Banking & Finance, 2014, 42(1): 23–41.

[376] RAUH J D, SUFI A. Capital Structure and Debt Structure Review of Financial Studies[J]. Review of Financial Studies, 2010, 23(12): 4242–4280.

[377] REZA Y, MONA Y, STUART L,et al. Mergers and Acquisitions: A review, Part 1[J]. Studies in Economics and Finance, 2016, 33(1): 147–188.

[378] RHODES–KROPF M, ROBINSON D T. The Market for Mergers and the Boundaries of the Firm[J]. Journal of Finance, 2008, 113: 1169–1211.

[379] RHODES–KROPF M, VISWANATHAN S, ROBINSON D T. Valuation Waves and Merger Activity: The Empirical Evidence[J]. Journal of Financial Economics, 2005, 77(3): 561–603.

[380] RICE E, YOSHIOKA–MAXWELL A. Social Network Analysis as a Toolkit for the Science of Social Work[J]. Journal of the Society for Social Work and Research, 2015, 6(3): 369–383.

[381] ROBERTS M R. The Role of Dynamic Renegotiation and Asymmetric Information in Financial Contracting [J]. Journal of Financial Economics, 2015, 116(1): 61–81.

[382] SARKAR M, BUTLER B, STEINFIELD C. Cybermediaries in Electronic Market space: Toward Theory Building[J]. Journal of Business Research,1998,41 (3): 215–221.

[383] JIN Y, XU M, WANG W,et al. Venture Capital network and the M&A Performance of Listed Companies[J]. China Finance Review International, 2020,11(1): 92–123.

[384] SAVASKAN R C, WASSENHOVE L N V. Reverse Channel Design: the Case of Competing Retailers[J]. Management Science, 2006, 52(1): 1–14.

[385] SCHOENBERG R, THORNTON D. The Impact of Bid Defences in Hostile Acquisitions [J]. European Management Journal, 2006, 24 (2–3): 142–150.

[386] SCHWEIGER D M, VERY P. Creating Value Through Merger and Acquisition Integration[J]. Advances in Mergers and Acquisitions,2003,2: 1–26.

[387] SCHWERT G W. Mark up Pricing in Mergers and Acquisitions[J]. Journal of Financial Economics, 1996, 41 (2): 153–192.

[388] SCOTT J. Social Networks Analysis, A Handbook[M]. London: Sage Publications, 2000.

[389] SINGH P V,SCHONLAU R.The wealth of networks:Board networks and merger performance[EB/OL]. (2008–03–19)[2008–03–19].https://ssrn.com/abstract=1109022.

[390] SIROWER M. The Synergy Trap: How Companies Lose Acquisition Game[M]. New York:Free Press, 1997.

[391] SLOVIN M B, SUSHKA M E, PLILNCHEK J A. Methods of Payment in Asset Sales: Contracting with Equity versus Cash[J]. The Journal of Finance,2005, 60(5): 2385–2407.

[392] SLUSKY A R, CAVES R E. Synergy, Agency,and the Determinants of Premia Paid in Mergers[J].The Journal of Industrial Economics, 1991: 277–296.

[393] SOKOLYK T. The Effects of Anti–takeover Provisions on Acquisition Targets[J]. Journal of Corporate Finance, 2011, 17(3): 612–627.

[394] SOLTES E F. Private Interaction Between Firm Management and Sell–Side Analysts [J]. Journal of accounting research, 2014, 52: 245–272.

[395] SONG W H, WEI J, ZHOU L. The Value of "Boutique" Financial Advisors in Mergers and Acquisitions[J]. Journal of Corporate Finance, 2013, 20(1): 94–114.

[396] SONG M H, WALKLING R A. The Impact of Managerial Ownership on Acquisition Attempts and Target Shareholder Wealth[J].The Journal of Finance, 1993, 28(4): 439–457.

[397] STEFAN F M, ATMAN A P F. Is There any Connection Between the Network Morphology and the Fluctuations of the Stock Market Index[J]. Physical A Statistical Mechanics and its Applications, 2015, 419: 630–641.

[398] TAN J, LITSCHERT R J. Environment–Strategy Relationship and its Performance Implications: An Empirical Study of Chinese Electronics Industry[J]. Strategic Management Journal, 1994, 15(1): 1–20.

[399] TESSEMA A. A Stock Market Game in Teaching Investments[J]. Journal of Financial Education, 1989, 18: 33–37.

[400] TRAVLOS N G. Corporate Takeover Bids Method of payment, and Bidding Firms' Stock Returns[J]. Journal of Finance, 1987, 42: 943–963.

[401] TUGI C, PREVOST A, UPADHYAY A. Firm Network Structure And Innovation[J]. Journal of Corporate Finance, 2017, 44: 193–214.

[402] UYSAL V B. Deviation from The Target Capital Structure and Acquisition Choices [J]. Journal of Financial Economics, 2011, 102(3): 602–620.

[403] VARAIYA N P. Determinants of Premiums in Acquisition Transactions [J].Managerial and Decision Economics, 1987, 8: 175–184.

[404] VILLALONGA B, MCGAHAN A M. The Choice among Acquisitions, Alliances, and Divestitures[J]. Strategic Management Journal, 2005, 26(13): 1183–1208.

[405] WALKING R A. Predicting Tender Offer Success: A Logistic Analysis [J]. Journal of Financial and Quantitative Analysis, 1985, 20: 461–478.

[406] WANG C, XIE F. Corporate Governance Transfer and Synergistic Gains From Mergers and Acquisitions[J]. The Review of Financial Studies, 2009, 22(2): 829–858.

[407] WANG W, MAN H, LIU Y. A Framework for Intrusion Detection Systems by Social Network Analysis Methods in ad hoc Networks[J]. Security and Communication Networks, 2009, 2 (6): 669–685.

[408] WANG Z Q. A Study on Classification of Enterprises Based on the Structure of Stakeholders[EB/OL]. (2009–09–05)[2009–09–05].https://www.scholarmate.com/S/XBXo6X.

[409] WASSERMAN S, FAUST K. Social Network Analysis: Methods and Applications [M]. Cambridge:University Press, 1994.

[410] YU Y, HAN X, HU G. Optimal Production for Manufacturers Considering Consumer Environmental Awareness and Green Subsidies[J]. International Journal of Production Economics, 2016(182): 397–408.

[411] ZAHRA S A, GEORGE G. Absorptive Capacity: A review, Conceptualization and Extension[J]. Academy of Management Review, 2002, 27: 85–203.

[412] ZHANG P S. What Really Determines the Payment Methods in M&A Deals[EB/OL].(2001−09−27) [2001−09−27].https://ssrn.com/abstract=284770.

[413] ZOLLO M, SINGH H. Deliberate Learning in Corporate Acquisitions: Post−Acquisition Strategies and Integration Capability in US Bank Mergers [J]. Strategic Management Journal, 2004, 25(13): 1233−1256.

[414] ZOLLO M, WINTER S G. Deliberate Learning and the Evolution of Dynamic Capabilities [J]. Organization Science, 2002, 13(3): 339−351.

附　　录

附表 1　内生性与工具变量检验 [中介变量：并购溢价（MPR）]

VAR	(1) 一阶段：DNE	(2) 二阶段：[-60,45]	(3) 二阶段：[-60,45]	(4) 一阶段：CNE	(5) 二阶段：[-60,45]	(6) 二阶段：[-60,45]	(7) 一阶段：BNE	(8) 二阶段：[-60,45]	(9) 二阶段：[-60,45]
FAM	-0.000*** (0.000)			1.470*** (0.200)			-0.001*** (0.000)		
FAN	0.000** (0.000)			-0.264 (0.194)			0.001*** (0.000)		
MRO	-0.003 (0.005)	0.072*** (0.018)	0.072*** (0.018)	-2.414 (11.581)	0.067*** (0.018)	0.067*** (0.017)	-0.005 (0.010)	0.071*** (0.019)	0.071*** (0.018)
AFN	-0.012** (0.005)	-0.046** (0.021)	-0.046** (0.021)	10.794 (14.469)	-0.055*** (0.019)	-0.055*** (0.019)	-0.012 (0.010)	-0.053** (0.021)	-0.053** (0.021)
RAT	0.003 (0.004)	0.011 (0.016)	0.011 (0.019)	4.078 (9.909)	0.017 (0.015)	0.017 (0.017)	0.026*** (0.010)	0.002 (0.017)	0.002 (0.019)
TAD	-0.001 (0.002)	0.011 (0.010)	0.011 (0.009)	-4.475 (6.705)	0.008 (0.009)	0.008 (0.009)	-0.008* (0.004)	0.014 (0.010)	0.014 (0.010)
DAQ	0.001 (0.003)	-0.017 (0.012)	-0.017 (0.011)	0.231 (5.943)	-0.015 (0.011)	-0.015 (0.011)	-0.006 (0.010)	-0.012 (0.015)	-0.012 (0.011)
NPO	-0.007 (0.006)	0.043*** (0.016)	0.043** (0.019)	-4.058 (17.064)	0.034*** (0.013)	0.034* (0.018)	-0.002 (0.008)	0.036** (0.015)	0.036* (0.020)
TQ	0.000 (0.000)	0.001* (0.001)	0.001*** (0.000)	-0.261 (0.171)	0.001* (0.001)	0.001*** (0.000)	0.000 (0.000)	0.001* (0.001)	0.001*** (0.000)
ENT	0.008 (0.015)	-0.009 (0.040)	-0.009 (0.026)	-9.578 (17.038)	-0.002 (0.031)	-0.002 (0.024)	-0.013 (0.009)	0.007 (0.031)	0.007 (0.026)
DNE/ CNE/BNE		1.105*** (0.390)	1.105*** (0.358)		-0.000*** (0.000)	-0.000*** (0.000)		0.500*** (0.185)	0.500*** (0.163)
MPR		0.002** (0.001)	0.002** (0.001)		0.002** (0.001)	0.002** (0.001)		0.002** (0.001)	0.002** (0.001)
IND	Yes								

续表

VAR	(1) 一阶段：DNE	(2) 二阶段：[-60,45]	(3) 二阶段：[-60,45]	(4) 一阶段：CNE	(5) 二阶段：[-60,45]	(6) 二阶段：[-60,45]	(7) 一阶段：BNE	(8) 二阶段：[-60,45]	(9) 二阶段：[-60,45]
YEAR					Yes				
_Cons	0.032*** (0.011)	0.051 (0.044)	0.051 (0.043)	48.709* (29.299)	0.115*** (0.041)	0.115*** (0.040)	0.085*** (0.024)	0.045 (0.046)	0.045 (0.044)
R^2	0.442	0.363	0.363	0.481	0.447	0.447	0.452	0.360	0.360
F Test of excluded instruments	85.02			41.12			61.35		
F	18.78	6.72	7.60	11.49	7.98	8.93	8.85	6.77	7.61
Under identification		75.249	72.924		50.122	73.098		60.402	78.035
Chi-sq (2) P-val		0.000	0.000		0.000	0.000		0.000	0.000
Weak identification test		81.73	50.11		45.12	50.29		57.25	55.59
Sargan statistic		0.152	0.122		1.415	1.185		0.007	0.174
Chi-sq (2) P-val		0.697	0.726		0.234	0.276		0.671	0.676
N	217	217	217	217	217	217	217	217	217
MODEL	OLS	2SLS	2GMM	OLS	2SLS	2GMM	OLS	2SLS	2GMM

注：括号内为标准差，* 表示 $p < 0.10$，** 表示 $p < 0.05$，*** 表示 $p < 0.01$。

附表 2 内生性与工具变量检验 [中介变量：并购溢价（MPR）]

VAR	(1) 一阶段：Y=DNE	(2) 二阶段：Y=MPR	(3) 二阶段：Y=MPR	(4) 一阶段：Y=CNE	(5) 二阶段：Y=MPR	(6) 二阶段：Y=MPR	(7) 一阶段：Y=BNE	(8) 二阶段：Y=MPR	(9) 二阶段：Y=MPR
FAM	-0.000*** (0.000)			1.470*** (0.200)			-0.001*** (0.000)		

续表

VAR	(1) 一阶段: Y=DNE	(2) 二阶段: Y=MPR	(3) 二阶段: Y=MPR	(4) 一阶段: Y=CNE	(5) 二阶段: Y=MPR	(6) 二阶段: Y=MPR	(7) 一阶段: Y=BNE	(8) 二阶段: Y=MPR	(9) 二阶段: Y=MPR
FAN	0.000** (0.000)			-0.264 (0.194)			0.001*** (0.000)		
MRO	-0.003 (0.005)	0.069** (0.017)	0.069*** (0.018)	-2.414 (11.581)	0.066*** (0.016)	0.066*** (0.016)	-0.005 (0.010)	0.070*** (0.018)	0.070*** (0.017)
AFN	-0.012** (0.005)	-0.055*** (0.019)	-0.055** (0.020)	10.794 (14.469)	-0.061*** (0.018)	-0.061*** (0.019)	-0.012 (0.010)	-0.058*** (0.019)	-0.058*** (0.020)
RAT	0.003 (0.004)	0.011 (0.016)	0.011 (0.017)	4.078 (9.909)	0.015 (0.015)	0.015 (0.017)	0.026*** (0.010)	0.005 (0.016)	0.005 (0.017)
TAD	-0.001 (0.002)	0.018** (0.008)	0.018* (0.009)	-4.475 (6.705)	0.014* (0.008)	0.014 (0.009)	-0.008* (0.004)	0.021*** (0.008)	0.021** (0.009)
DAQ	0.001 (0.003)	-0.005 (0.011)	-0.005 (0.010)	0.231 (5.943)	-0.004 (0.011)	-0.004 (0.009)	-0.006 (0.010)	-0.002 (0.013)	-0.002 (0.010)
NPO	-0.007 (0.006)	0.034** (0.016)	0.034* (0.018)	-4.058 (17.064)	0.028** (0.013)	0.028 (0.017)	-0.002 (0.008)	0.029** (0.015)	0.029* (0.018)
TQ	0.000 (0.000)	0.002** (0.001)	0.002*** (0.000)	-0.261 (0.171)	0.002* (0.001)	0.002*** (0.000)	0.000 (0.000)	0.002** (0.001)	0.002*** (0.000)
ENT	0.008 (0.015)	-0.022 (0.046)	-0.022 (0.026)	-9.578 (17.038)	-0.011 (0.036)	-0.011 (0.024)	-0.013 (0.009)	-0.009 (0.036)	-0.009 (0.025)
DNE/ CNE/BNE		0.817** (0.394)	0.817** (0.374)		-0.000** (0.000)	-0.000** (0.000)		0.339** (0.167)	0.339** (0.156)
MPR		-0.021** (0.009)	-0.021* (0.011)		-0.018** (0.009)	-0.018* (0.010)		-0.023** (0.009)	-0.023** (0.010)
IND					Yes				
YEAR					Yes				

续表

VAR	(1) 一阶段：Y=DNE	(2) 二阶段：Y=2ΔROA	(3) 二阶段：Y=MPR	(4) 一阶段：Y=CNE	(5) 二阶段：Y=MPR	(6) 二阶段：Y=MPR	(7) 一阶段：Y=BNE	(8) 二阶段：Y=MPR	(9) 二阶段：Y=MPR
_Cons	0.032*** (0.011)	0.042 (0.039)	0.042 (0.040)	48.709* (29.299)	0.096** (0.040)	0.096** (0.040)	0.085*** (0.024)	0.040 (0.039)	0.040 (0.040)
R^2	0.442	0.406	0.406	0.481	0.470	0.470	0.452	0.423	0.423
F Test of excluded instruments	85.02			41.12			61.35		
F	18.78	7.06	8.08	11.49	7.95	9.31	8.85	7.11	8.39
Under identification		59.945	59.985		47.444	55.578		54.768	71.205
Chi-sq(2) P-val		0.000	0.000		0.000	0.000		0.000	0.000
Weak identification test		60.06	38.59		38.17	34.68		53.96	49.71
Sargan statistic		0.323	0.214		0.132	0.001		0.528	0.373
Chi-sq(2) P-val		0.569	0.643		0.962	0.971		0.467	0.541
N	217	203	203	217	203	203	217	203	203

注：括号内为标准差，* 表示 $p < 0.10$，** 表示 $p < 0.05$，*** 表示 $p < 0.01$。

附表 3　工具变量与内生性检验 [中介变量：并购溢价（MPR）]

VAR	(1) 一阶段：Y=DNE	(2) 二阶段：Y=2ΔROA	(3) 二阶段：Y=2ΔROA	(4) 一阶段：Y=CNE	(5) 二阶段：Y=2ΔROA	(6) 二阶段：Y=2ΔROA	(7) 一阶段：Y=BNE	(8) 二阶段：Y=2ΔROA	(9) 二阶段：Y=2ΔROA
MODEL									
FAM	-0.001*** (0.000)			1.571*** (0.206)			-0.002*** (0.000)		

续表

VAR	(1) 一阶段：Y=DNE	(2) 二阶段：Y=2ΔROA	(3) 二阶段：Y=2ΔROA	(4) 一阶段：Y=CNE	(5) 二阶段：Y=2ΔROA	(6) 二阶段：Y=2ΔROA	(7) 一阶段：Y=BNE	(8) 二阶段：Y=2ΔROA	(9) 二阶段：Y=2ΔROA
FAN	0.001** (0.000)			-0.201 (0.244)			0.001** (0.001)		
2ΔCAI	-0.004 (0.004)	0.310*** (0.108)	0.310*** (0.088)	2.159 (3.569)	0.293*** (0.106)	0.293*** (0.088)	-0.007 (0.012)	0.306*** (0.107)	0.306*** (0.088)
2ΔNPR	0.009 (0.009)	0.651*** (0.206)	0.651*** (0.143)	-3.457 (8.280)	0.689*** (0.228)	0.689*** (0.140)	0.010 (0.016)	0.672*** (0.206)	0.672*** (0.141)
2ΔDAS	0.002 (0.007)	0.127 (0.239)	0.127 (0.168)	-2.370 (9.590)	0.125 (0.249)	0.125 (0.168)	0.014 (0.014)	0.100 (0.239)	0.100 (0.170)
2ΔTQ	0.000 (0.000)	0.011** (0.005)	0.011*** (0.003)	-0.044 (0.110)	0.011** (0.005)	0.011*** (0.003)	0.000 (0.000)	0.011** (0.005)	0.011*** (0.003)
2ΔASE	-0.001* (0.001)	-0.011 (0.037)	-0.011 (0.020)	0.522 (0.658)	-0.016 (0.039)	-0.016 (0.019)	-0.003 (0.002)	-0.011 (0.036)	-0.011 (0.020)
2GRA	0.000* (0.000)	0.026* (0.016)	0.026*** (0.006)	-0.388* (0.202)	0.027* (0.016)	0.027*** (0.006)	0.002*** (0.001)	0.024 (0.015)	0.024*** (0.007)
ENT	-0.000 (0.011)	0.349 (0.250)	0.349* (0.191)	-2.502 (11.277)	0.343 (0.259)	0.343* (0.190)	-0.010 (0.025)	0.373 (0.279)	0.373* (0.190)
DNE/ CNE/BNE		5.385** (2.104)	5.385** (2.552)	-25.122** (12.682)	-0.004*** (0.001)	-0.004** (0.002)		2.669*** (1.021)	2.669** (1.260)
MPR		0.019* (0.010)	0.019** (0.008)		0.017* (0.010)	0.017** (0.008)		0.019* (0.010)	0.019** (0.008)
IND					Yes				
YEAR					Yes				
_Cons	0.084*** (0.017)	-0.495* (0.276)	-0.495 (0.378)		-0.055 (0.192)	-0.055 (0.322)	0.110*** (0.034)	-0.335 (0.222)	-0.335 (0.344)

续表

VAR	(1) 一阶段：Y=DNE	(2) 二阶段：Y=2ΔROA	(3) 二阶段：Y=2ΔROA	(4) 一阶段：Y=CNE	(5) 二阶段：Y=2ΔROA	(6) 二阶段：Y=2ΔROA	(7) 一阶段：Y=BNE	(8) 二阶段：Y=2ΔROA	(9) 二阶段：Y=2ΔROA
R^2	0.393	0.489	0.489	0.428	0.490	0.490	0.334	0.490	0.490
F	8.61	6.47	13.80	8.13	6.31	13.86	8.21	7.36	13.84
F Test of excluded instruments	41.07			38.92			32.99		
Under identification		58.137	52.704		48.186	79.760		54.975	53.358
Chi-sq (2) P-val		0.000	0.000		0.000	0.000		0.000	0.000
Weak identification test		44.99	30.56		39.01	53.03		40.34	31.03
Sargan statistic		0.587	0.586		0.132	0.081		0.588	0.473
Chi-sq (2) P-val		0.443	0.483		0.798	0.822		0.443	0.491
N	222	222	222	222	222	222	222	222	222
MODEL	OLS	2SLS	2GMM	OLS	2SLS	2GMM	OLS	2SLS	2GMM

注：括号内为标准差，* 表示 $p < 0.10$，** 表示 $p < 0.05$，*** 表示 $p < 0.01$。

附表 4 工具变量与内生性检验［中介变量：并购溢价（MPR）］

VAR	(1) 一阶段：Y=DNE	(2) 二阶段：Y=2ΔNEA	(3) 二阶段：Y=2ΔNEA	(4) 一阶段：Y=CNE	(5) 二阶段：Y=2ΔNEA	(6) 二阶段：Y=2ΔNEA	(7) 一阶段：Y=BNE	(8) 二阶段：Y=2ΔNEA	(9) 二阶段：Y=2ΔNEA
FAM	-0.001*** (0.000)			1.639*** (0.223)			-0.002*** (0.000)		
FAN	0.001* (0.000)			-0.464 (0.363)			0.001* (0.001)		

续表

VAR	(1) 一阶段：Y=DNE	(2) 二阶段：Y=2ΔNEA	(3) 二阶段：Y=2ΔNEA	(4) 一阶段：Y=CNE	(5) 二阶段：Y=2ΔNEA	(6) 二阶段：Y=2ΔNEA	(7) 一阶段：Y=BNE	(8) 二阶段：Y=2ΔNEA	(9) 二阶段：Y=2ΔNEA
2ΔCAI	0.001 (0.003)	0.136* (0.074)	0.136** (0.061)	4.384 (3.827)	0.157** (0.078)	0.157*** (0.057)	0.015 (0.011)	0.103 (0.075)	0.103 (0.063)
2ΔNPR	0.004* (0.002)	0.122 (0.078)	0.122** (0.051)	-3.519 (4.318)	0.133* (0.075)	0.133*** (0.047)	0.004 (0.004)	0.131* (0.079)	0.131*** (0.050)
2ΔDAS	0.005 (0.008)	-0.147 (0.228)	-0.147 (0.165)	2.895 (11.853)	-0.115 (0.220)	-0.115 (0.154)	0.012 (0.019)	-0.155 (0.228)	-0.155 (0.166)
2ΔTQ	0.000 (0.001)	0.012 (0.008)	0.012* (0.007)	-0.375 (0.514)	0.013 (0.008)	0.013* (0.007)	0.001 (0.001)	0.011 (0.008)	0.011 (0.007)
2ΔASE	-0.001** (0.001)	0.017 (0.016)	0.017 (0.012)	0.305 (0.622)	0.012 (0.015)	0.012 (0.011)	-0.002** (0.001)	0.016 (0.016)	0.016 (0.012)
2GRA	0.000 (0.000)	0.027* (0.015)	0.027*** (0.010)	-0.298 (0.550)	0.027* (0.015)	0.027*** (0.009)	0.001 (0.001)	0.024* (0.015)	0.024** (0.010)
ENT	-0.002 (0.011)	-0.044 (0.115)	-0.044 (0.157)	-1.104 (11.110)	-0.058 (0.110)	-0.058 (0.148)	-0.014 (0.026)	-0.023 (0.120)	-0.023 (0.158)
DNE/ CNE/BNE		4.906* (2.715)	4.906** (2.160)		-0.003* (0.002)	-0.003** (0.001)		2.495* (1.365)	2.495** (1.099)
MPR		0.014** (0.007)	0.014** (0.007)		0.013* (0.007)	0.013** (0.006)		0.014** (0.007)	0.014** (0.007)
IND					Yes				
YEAR					Yes				
_Cons	0.089*** (0.019)	-0.366 (0.275)	-0.366 (0.367)	-26.242* (15.172)	0.018 (0.121)	0.018 (0.303)	0.122*** (0.040)	-0.256 (0.222)	-0.256 (0.346)
R²	0.413	0.361	0.361	0.458	0.433	0.433	0.375	0.359	0.359
F Test of excluded instruments	41.07			38.92			32.99		

续表

VAR	(1) 一阶段： Y=DNE	(2) 二阶段： Y=2ΔNEA	(3) 二阶段： Y=2ΔNEA	(4) 一阶段： Y=CNE	(5) 二阶段： Y=2ΔNEA	(6) 二阶段： Y=2ΔNEA	(7) 一阶段： Y=BNE	(8) 二阶段： Y=2ΔNEA	(9) 二阶段： Y=2ΔNEA
F	6.88	6.73	7.38	8.27	5.52	8.31	7.40	6.44	7.35
Under identification		47.923	43.999		41.914	74.043		43.308	44.266
Chi-sq（2） P-val		0.000	0.000		0.000	0.000		0.000	0.000
Weak identification test		36.34	25.09		37.54	50.79		30.94	25.28
Sargan statistic		0.035	0.020		0.249	0.141		0.001	0.002
Chi-sq（2） P-val		0.851	0.887		0.617	0.707		0.989	0.971
N	222	222	222	222	222	222	222	222	222
MODEL	OLS	2SLS	2GMM	OLS	2SLS	2GMM	OLS	2SLS	2GMM

注：括号内为标准差，* 表示 $p < 0.10$，** 表示 $p < 0.05$，*** 表示 $p < 0.01$。

附表 5　内生性与工具变量检验 [中介变量：并购支付方式（MPA）]

VAR	(1) 一阶段： Y=DNE	(2) 二阶段： Y=ΔROA	(3) 二阶段： Y=ΔROA	(4) 一阶段： Y=CNE	(5) 二阶段： Y=ΔROA	(6) 二阶段： Y=ΔROA	(7) 一阶段： Y=BNE	(8) 二阶段： Y=ΔROA	(9) 二阶段： Y=ΔROA
FAM	-0.001*** （0.000）			1.571*** （0.206）			-0.002*** （0.000）		
FAN	0.001** （0.000）			-0.201 （0.244）			0.001** （0.001）		
ΔCAI	-0.004 （0.004）	0.310*** （0.108）	0.310*** （0.088）	2.159 （3.569）	0.293*** （0.106）	0.293*** （0.088）	-0.007 （0.012）	0.306*** （0.107）	0.306*** （0.088）
ΔNPR	0.009 （0.009）	0.651*** （0.206）	0.651*** （0.143）	-3.457 （8.280）	0.689*** （0.228）	0.689*** （0.140）	0.010 （0.016）	0.672*** （0.206）	0.672*** （0.141）

续表

VAR	(1) 一阶段: Y=DNE	(2) 二阶段: Y=ΔROA	(3) 二阶段: Y=ΔROA	(4) 一阶段: Y=CNE	(5) 二阶段: Y=ΔROA	(6) 二阶段: Y=ΔROA	(7) 一阶段: Y=BNE	(8) 二阶段: Y=ΔROA	(9) 二阶段: Y=ΔROA
ΔDAS	0.002 (0.007)	0.127 (0.239)	0.127 (0.168)	-2.370 (9.590)	0.125 (0.249)	0.125 (0.168)	0.014 (0.014)	0.100 (0.239)	0.100 (0.170)
ΔTQ	0.000 (0.000)	0.011** (0.005)	0.011*** (0.003)	-0.044 (0.110)	0.011** (0.005)	0.011*** (0.003)	0.000 (0.000)	0.011** (0.005)	0.011*** (0.003)
ΔASE	-0.001* (0.001)	-0.011 (0.037)	-0.011 (0.020)	0.522 (0.658)	-0.016 (0.039)	-0.016 (0.019)	-0.003 (0.002)	-0.011 (0.036)	-0.011 (0.020)
GRA	0.000* (0.000)	0.026* (0.016)	0.026*** (0.006)	-0.388* (0.202)	0.027* (0.016)	0.027*** (0.006)	0.002** (0.001)	0.024 (0.015)	0.024*** (0.007)
ENT	-0.000 (0.011)	0.349 (0.250)	0.349* (0.191)	-2.502 (11.277)	0.343 (0.259)	0.343* (0.190)	-0.010 (0.025)	0.373 (0.279)	0.373* (0.190)
DNE/CNE/BNE		5.385** (2.104)	5.385** (2.552)		-0.004*** (0.001)	-0.004** (0.002)		2.669*** (1.021)	2.669** (1.260)
MPA		0.019* (0.010)	0.019** (0.008)		0.017* (0.010)	0.017** (0.008)		0.019* (0.010)	0.019** (0.008)
IND	Yes								
YEAR	Yes								
_Cons	0.084*** (0.017)	-0.495* (0.276)	-0.495 (0.378)	-25.122** (12.682)	-0.055 (0.192)	-0.055 (0.322)	0.110*** (0.034)	-0.335 (0.222)	-0.335 (0.344)
R^2	0.393	0.489	0.489	0.428	0.490	0.490	0.334	0.490	0.490
F Test of excluded instruments	50.28			41.35			44.09		
F	8.61	5.02	13.46	8.13	4.65	13.42	8.21	5.04	13.47
Under identification		58.137	52.704		48.186	79.760		54.975	53.358
Chi-sq (2) P-val		0.000	0.000		0.000	0.000		0.000	0.000

续表

VAR	(1) 一阶段: Y=DNE	(2) 二阶段: Y=ΔROA	(3) 二阶段: Y=ΔROA	(4) 一阶段: Y=CNE	(5) 二阶段: Y=ΔROA	(6) 二阶段: Y=ΔROA	(7) 一阶段: Y=BNE	(8) 二阶段: Y=ΔROA	(9) 二阶段: Y=ΔROA
Weak identification test		44.99	30.56		39.01	53.03		40.34	31.03
Sargan statistic		0.587	0.586		0.132	0.081		0.588	0.473
Chi-sq（2）P-val		0.443	0.483		0.798	0.822		0.4431	0.4914
N	264	264	264	264	264	264	264	264	264
MODEL	OLS	2SLS	2GMM	OLS	2SLS	2GMM	OLS	2SLS	2GMM

注：括号内为标准差，* 表示 $p < 0.10$，** 表示 $p < 0.05$，*** 表示 $p < 0.01$。

附表 6　内生性与工具变量检验 [中介变量：并购支付方式（MPA）]

VAR	(1) 一阶段: Y=DNE	(2) 二阶段: Y=ΔNEA	(3) 二阶段: Y=ΔNEA	(4) 一阶段: Y=CNE	(5) 二阶段: Y=ΔNEA	(6) 二阶段: Y=ΔNEA	(7) 一阶段: Y=BNE	(8) 二阶段: Y=ΔNEA	(9) 二阶段: Y=ΔNEA
FAM	-0.001*** (0.000)			1.571*** (0.206)			-0.002*** (0.000)		
FAN	0.001** (0.000)			-0.201 (0.244)			0.001** (0.001)		
ΔCAI	-0.004 (0.004)	-0.010 (0.220)	-0.010 (0.169)	2.159 (3.569)	-0.052 (0.223)	-0.052 (0.157)	-0.007 (0.012)	-0.021 (0.220)	-0.021 (0.164)
ΔNPR	0.009 (0.009)	0.607** (0.299)	0.607** (0.274)	-3.457 (8.280)	0.700** (0.274)	0.700*** (0.250)	0.010 (0.016)	0.659** (0.291)	0.659** (0.264)
ΔDAS	0.002 (0.007)	-1.017** (0.494)	-1.017*** (0.322)	-2.370 (9.590)	-1.023** (0.475)	-1.023*** (0.300)	0.014 (0.014)	-1.084** (0.476)	-1.084*** (0.318)
ΔTQ	0.000 (0.000)	-0.001 (0.007)	-0.001 (0.006)	-0.044 (0.110)	-0.000 (0.007)	-0.000 (0.006)	0.000 (0.000)	-0.001 (0.007)	-0.001 (0.006)

续表

VAR	(1) 一阶段： Y=DNE	(2) 二阶段： Y=ΔNEA	(3) 二阶段： Y=ΔNEA	(4) 一阶段： Y=CNE	(5) 二阶段： Y=ΔNEA	(6) 二阶段： Y=ΔNEA	(7) 一阶段： Y=BNE	(8) 二阶段： Y=ΔNEA	(9) 二阶段： Y=ΔNEA
ΔASE	-0.001* (0.001)	0.073 (0.050)	0.073* (0.038)	0.522 (0.658)	0.060 (0.049)	0.060* (0.035)	-0.003 (0.002)	0.072 (0.049)	0.072** (0.037)
GRA	0.000* (0.000)	0.028 (0.018)	0.028** (0.012)	-0.388* (0.202)	0.031 (0.019)	0.031*** (0.011)	0.002*** (0.001)	0.023 (0.018)	0.023* (0.013)
ENT	-0.000 (0.011)	0.102 (0.369)	0.102 (0.364)	-2.502 (11.277)	0.087 (0.295)	0.087 (0.340)	-0.010 (0.025)	0.162 (0.330)	0.162 (0.356)
DNE/CNE/BNE		13.126*** (4.895)	13.126*** (4.881)		-0.009*** (0.003)	-0.009*** (0.003)		6.508*** (2.407)	6.508*** (2.356)
MPA		0.045** (0.022)	0.045*** (0.015)		0.041* (0.023)	0.041*** (0.014)		0.045** (0.022)	0.045*** (0.014)
IND					Yes				
YEAR					Yes				
_Cons	0.084*** (0.017)	-0.495* (0.276)	-0.495 (0.378)	-25.122** (12.682)	-0.055 (0.192)	-0.055 (0.322)	0.110*** (0.034)	-0.335 (0.222)	-0.335 (0.344)
R^2	0.393	0.310	0.310	0.428	0.399	0.399	0.334	0.343	0.343
F	8.61	6.73	7.23	8.13	7.03	8.50	8.21	6.90	7.59
F Test of excluded instruments	50.28			41.35			44.09		
Under identification		58.137	52.704		48.186	79.760		54.975	53.358
Chi-sq (2) P-val		0.000	0.000		0.000	0.000		0.000	0.000
Weak identification test		44.99	30.56		39.01	53.03		40.34	31.03
Sargan statistic		1.104	0.966		0.219	0.159		1.266	0.977
Chi-sq (2) P-val		0.293	0.325		0.639	0.690		0.260	0.323
N	264	264	264	264	264	264	264	264	264

续表

VAR	(1) 一阶段： Y=DNE	(2) 二阶段： Y=ΔNEA	(3) 二阶段： Y=ΔNEA	(4) 一阶段： Y=CNE	(5) 二阶段： Y=ΔNEA	(6) 二阶段： Y=ΔNEA	(7) 一阶段： Y=BNE	(8) 二阶段： Y=ΔNEA	(9) 二阶段： Y=ΔNEA
MODEL	OLS	2SLS	2GMM	OLS	2SLS	2GMM	OLS	2SLS	2GMM

注：括号内为标准差，* 表示 $p < 0.10$，** 表示 $p < 0.05$，*** 表示 $p < 0.01$。

附表 7　内生性与工具变量检验［中介变量：并购支付方式（MPA）］

VAR	(1) 一阶段： Y=DNE OLS	(2) 二阶段： Y=2ΔROA 2SLS	(3) 二阶段： Y=2ΔROA 2GMM	(4) 一阶段： Y=CNE OLS	(5) 二阶段： Y=2ΔROA 2SLS	(6) 二阶段： Y=2ΔROA 2GMM	(7) 一阶段： Y=BNE OLS	(8) 二阶段： Y=2ΔROA 2SLS	(9) 二阶段： Y=2ΔROA 2GMM
FAM	-0.001*** (0.000)			1.639*** (0.223)			-0.002*** (0.000)		
FAN	0.001* (0.000)			-0.464 (0.363)			0.001* (0.001)		
2ΔCAI	0.001 (0.003)	0.120 (0.077)	0.120* (0.063)	4.384 (3.827)	0.145* (0.081)	0.145** (0.059)	0.015 (0.011)	0.082 (0.078)	0.082 (0.065)
2ΔNPR	0.004* (0.002)	0.118 (0.078)	0.118** (0.054)	-3.519 (4.318)	0.135* (0.074)	0.135*** (0.048)	0.004 (0.004)	0.129* (0.078)	0.129** (0.052)
2ΔDAS	0.005 (0.008)	-0.246 (0.215)	-0.246 (0.165)	2.895 (11.853)	-0.202 (0.207)	-0.202 (0.152)	0.012 (0.019)	-0.254 (0.217)	-0.254 (0.166)
2ΔTQ	0.000 (0.001)	0.010 (0.009)	0.010 (0.008)	-0.375 (0.514)	0.011 (0.009)	0.011 (0.007)	0.001 (0.001)	0.009 (0.008)	0.009 (0.008)
2ΔASE	-0.001** (0.001)	0.018 (0.016)	0.018 (0.012)	0.305 (0.622)	0.012 (0.016)	0.012 (0.011)	-0.002** (0.001)	0.017 (0.016)	0.017 (0.012)
2GRA	0.000 (0.000)	0.030* (0.016)	0.030*** (0.010)	-0.298 (0.550)	0.031* (0.016)	0.031*** (0.010)	0.001 (0.001)	0.028* (0.015)	0.028*** (0.011)

续表

VAR	(1) 一阶段: Y=DNE	(2) 二阶段: Y=2ΔROA	(3) 二阶段: Y=2ΔROA	(4) 一阶段: Y=CNE	(5) 二阶段: Y=2ΔROA	(6) 二阶段: Y=2ΔROA	(7) 一阶段: Y=BNE	(8) 二阶段: Y=2ΔROA	(9) 二阶段: Y=2ΔROA
ENT	-0.002 (0.011)	-0.096 (0.138)	-0.096 (0.174)	-1.104 (11.110)	-0.144 (0.129)	-0.144 (0.161)	-0.014 (0.026)	-0.094 (0.145)	-0.094 (0.174)
DNE/ CNE/BNE		5.758** (2.923)	5.758** (2.301)		-0.004** (0.002)	-0.004*** (0.001)		2.944** (1.485)	2.944** (1.175)
MPA		-0.146 (0.110)	-0.146 (0.104)		-0.100 (0.101)	-0.100 (0.102)		-0.147 (0.110)	-0.147 (0.104)
IND					Yes				
YEAR					Yes				
_Cons	0.089*** (0.019)	-0.357 (0.302)	-0.357 (0.390)	-26.242* (15.172)	0.081 (0.138)	0.081 (0.314)	0.122*** (0.040)	-0.234 (0.255)	-0.234 (0.368)
R^2	0.413	0.339	0.339	0.458	0.428	0.428	0.375	0.335	0.335
F Test of excluded instruments	41.07			38.92			32.99		
F	6.88	5.65	6.87	8.27	4.65	7.93	7.40	5.47	6.84
Under identification		45.881	41.428		42.312	76.478		39.789	41.427
Chi-sq（2）P-val		0.000	0.000		0.000	0.000		0.000	0.000
Weak identification test		35.79	23.39		41.95	54.11		27.93	23.39
Sargan statistic		0.088	0.054		0.431	0.266		0.014	0.008
Chi-sq（2）P-val		0.766	0.817		0.511	0.606		0.906	0.926
N	222	215	215	222	215	215	222	215	215
MODEL	OLS	2SLS	2GMM	OLS	2SLS	2GMM	OLS	2SLS	2GMM

注：括号内为标准差，* 表示 $p < 0.10$，** 表示 $p < 0.05$，*** 表示 $p < 0.01$。

附表 8　内生性与工具变量检验 [中介变量：并购支付方式（MPA）]

VAR	(1) 一阶段：Y=DNE	(2) 二阶段：Y=2ΔNEA	(3) 二阶段：Y=2ΔNEA	(4) 一阶段：Y=CNE	(5) 二阶段：Y=2ΔNEA	(6) 二阶段：Y=2ΔNEA	(7) 一阶段：Y=BNE	(8) 二阶段：Y=2ΔNEA	(9) 二阶段：Y=2ΔNEA
FAM	-0.001*** (0.000)			1.639*** (0.223)			-0.002*** (0.000)		
FAN	0.001* (0.000)			-0.464 (0.363)			0.001* (0.001)		
2ΔCAI	0.001 (0.003)	-0.290* (0.176)	-0.290* (0.155)	4.384 (3.827)	-0.213 (0.200)	-0.213 (0.154)	0.015 (0.011)	-0.402** (0.183)	-0.402** (0.161)
2ΔNPR	0.004* (0.002)	0.296** (0.133)	0.296** (0.132)	-3.519 (4.318)	0.344*** (0.131)	0.344*** (0.126)	0.004 (0.004)	0.331* (0.138)	0.331** (0.130)
2ΔDAS	0.005 (0.008)	-1.489*** (0.384)	-1.489*** (0.409)	2.895 (11.853)	-1.359*** (0.394)	-1.359*** (0.399)	0.012 (0.019)	-1.512*** (0.387)	-1.512*** (0.411)
2ΔTQ	0.000 (0.001)	0.030 (0.019)	0.030 (0.019)	-0.375 (0.514)	0.034* (0.019)	0.034* (0.018)	0.001 (0.001)	0.026 (0.019)	0.026 (0.019)
2ΔASE	-0.001** (0.001)	-0.058* (0.034)	-0.058* (0.030)	0.305 (0.622)	-0.074* (0.036)	-0.074** (0.029)	-0.002** (0.001)	-0.060* (0.034)	-0.060** (0.030)
2GRA	0.000 (0.000)	0.047 (0.033)	0.047* (0.026)	-0.298 (0.550)	0.047 (0.036)	0.047* (0.025)	0.001 (0.001)	0.039 (0.031)	0.039 (0.026)
ENT	-0.002 (0.011)	0.549 (0.365)	0.549 (0.429)	-1.104 (11.110)	0.407 (0.320)	0.407 (0.421)	-0.014 (0.026)	0.556 (0.445)	0.556 (0.431)
DNE/ CNE/BNE		17.066*** (5.433)	17.066*** (5.687)		-0.011*** (0.004)	-0.011*** (0.003)		8.647*** (2.759)	8.647*** (2.910)
MPA		-0.164 (0.234)	-0.164 (0.257)		-0.023 (0.249)	-0.023 (0.268)		-0.171 (0.238)	-0.171 (0.258)
IND					Yes				
YEAR					Yes				

续表

VAR	（1）一阶段：Y=DNE	（2）二阶段：Y=2ΔNEA	（3）二阶段：Y=2ΔNEA	（4）一阶段：Y=CNE	（5）二阶段：Y=2ΔNEA	（6）二阶段：Y=2ΔNEA	（7）一阶段：Y=BNE	（8）二阶段：Y=2ΔNEA	（9）二阶段：Y=2ΔNEA
_Cons	0.089*** (0.019)	-1.354** (0.560)	-1.354 (0.963)	-26.242* (15.172)	-0.056 (0.326)	-0.056 (0.822)	0.122*** (0.040)	-0.978** (0.466)	-0.978 (0.911)
R^2	0.413	0.233	0.233	0.458	0.255	0.255	0.375	0.226	0.226
F Test of excluded instruments	41.07			38.92			32.99		
F	6.88	7.77	5.07	8.27	8.55	5.22	7.40	7.62	7.59
Under identification		45.881	41.428		42.312	76.478		39.789	41.427
Chi-sq（2）P-val		0.000	0.000		0.000	0.000		0.000	0.000
Weak identification test		35.79	23.39		41.95	54.11		27.93	23.39
Sargan statistic		0.046	0.040		0.013	0.011		0.178	0.132
Chi-sq（2）P-val		0.829	0.842		0.908	0.918		0.673	0.716
N	222	215	215	222	215	215	222	215	215
MODEL	OLS	2SLS	2GMM	OLS	2SLS	2GMM	OLS	2SLS	2GMM

注：括号内为标准差，* 表示 $p < 0.10$，** 表示 $p < 0.05$，*** 表示 $p < 0.01$。

附表 9　内生性与工具变量检验 [中介变量：并购交易效率 (MEF)]

VAR	（1）一阶段：Y=DNE	（2）二阶段：Y=ΔROA	（3）二阶段：Y=ΔROA	（4）一阶段：Y=CNE	（5）二阶段：Y=ΔROA	（6）二阶段：Y=ΔROA	（7）一阶段：Y=BNE	（8）二阶段：Y=ΔROA	（9）二阶段：Y=ΔROA
FAM	-0.001*** (0.000)			1.571*** (0.206)			-0.002*** (0.000)		

VAR	(1) 一阶段：Y=DNE	(2) 二阶段：Y=ΔROA	(3) 二阶段：Y=ΔROA	(4) 一阶段：Y=CNE	(5) 二阶段：Y=ΔROA	(6) 二阶段：Y=ΔROA	(7) 一阶段：Y=BNE	(8) 二阶段：Y=ΔROA	(9) 二阶段：Y=ΔROA
FAN	0.001** (0.000)			-0.201 (0.244)			0.001** (0.001)		
ΔCAI	-0.004 (0.004)	0.289*** (0.106)	0.289*** (0.087)	2.159 (3.569)	0.273*** (0.104)	0.273*** (0.087)	-0.007 (0.012)	0.284*** (0.106)	0.284*** (0.087)
ΔNPR	0.009 (0.009)	0.730*** (0.209)	0.730*** (0.149)	-3.457 (8.280)	0.758*** (0.234)	0.758*** (0.146)	0.010 (0.016)	0.761*** (0.206)	0.761*** (0.145)
ΔDAS	0.002 (0.007)	0.059 (0.214)	0.059 (0.163)	-2.370 (9.590)	0.065 (0.220)	0.065 (0.163)	0.014 (0.014)	0.037 (0.210)	0.037 (0.164)
ΔTQ	0.000 (0.000)	0.011** (0.005)	0.011*** (0.003)	-0.044 (0.110)	0.011** (0.005)	0.011*** (0.003)	0.000 (0.000)	0.011** (0.005)	0.011*** (0.003)
ΔASE	-0.001* (0.001)	-0.015 (0.036)	-0.015 (0.020)	0.522 (0.658)	-0.020 (0.038)	-0.020 (0.020)	-0.003 (0.002)	-0.016 (0.035)	-0.016 (0.020)
GRA	0.000* (0.000)	0.027* (0.015)	0.027*** (0.006)	-0.388* (0.202)	0.028* (0.015)	0.028*** (0.006)	0.002*** (0.001)	0.025* (0.015)	0.025*** (0.007)
ENT	-0.000 (0.011)	0.326 (0.277)	0.326 (0.203)	-2.502 (11.277)	0.294 (0.290)	0.294 (0.203)	-0.010 (0.025)	0.329 (0.312)	0.329 (0.203)
DNE/CNE/BNE		5.127** (2.091)	5.127* (2.655)		-0.004*** (0.001)	-0.004** (0.002)		2.556** (1.017)	2.556* (1.310)
MEF		-0.429*** (0.089)	-0.429*** (0.113)		-0.401*** (0.091)	-0.401*** (0.118)		-0.428*** (0.087)	-0.428*** (0.113)
IND					Yes				
YEAR					Yes				
_Cons	0.084*** (0.017)	-0.386 (0.282)	-0.386 (0.405)	-25.122** (12.682)	0.028 (0.201)	0.028 (0.338)	0.110*** (0.034)	-0.210 (0.227)	-0.210 (0.362)

续表

VAR	（1）一阶段：Y=DNE	（2）二阶段：Y=ΔROA	（3）二阶段：Y=ΔROA	（4）一阶段：Y=CNE	（5）二阶段：Y=ΔROA	（6）二阶段：Y=ΔROA	（7）一阶段：Y=BNE	（8）二阶段：Y=ΔROA	（9）二阶段：Y=ΔROA
R^2	0.393	0.489	0.489	0.428	0.486	0.486	0.334	0.489	0.489
F Test of excluded instruments	50.28			41.35			44.09		
F	8.61	6.23	13.45	8.13	6.13	13.83	8.21	7.33	13.55
Under identification		51.070	48.247		48.027	79.367		50.069	49.058
Chi-sq（2）P-val		0.000	0.000		0.000	0.000		0.000	0.000
Weak identification test		40.75	27.52		41.92	53.25		36.63	28.09
Sargan statistic		0.851	0.661		0.164	0.114		0.588	0.588
Chi-sq（2）P-val		0.356	0.416		0.685	0.735		0.375	0.443
N	264	264	264	264	264	264	264	264	264
MODEL	OLS	2SLS	2GMM	OLS	2SLS	2GMM	OLS	2SLS	2GMM

注：括号内为标准差，* 表示 $p < 0.10$，** 表示 $p < 0.05$，*** 表示 $p < 0.01$。

附表 10　内生性与工具变量检验 [中介变量：并购交易效率（MEF）]

VAR	（1）一阶段：Y=DNE	（2）二阶段：Y=ΔNEA	（3）二阶段：Y=ΔNEA	（4）一阶段：Y=CNE	（5）二阶段：Y=ΔNEA	（6）二阶段：Y=ΔNEA	（7）一阶段：Y=BNE	（8）二阶段：Y=ΔNEA	（9）二阶段：Y=ΔNEA
FAM	-0.001*** (0.000)			1.571*** (0.206)			-0.002*** (0.000)		
FAN	0.001** (0.000)			-0.201 (0.244)			0.001** (0.001)		

续表

VAR	(1) 一阶段: Y=DNE	(2) 二阶段: Y=ΔNEA	(3) 二阶段: Y=ΔNEA	(4) 一阶段: Y=CNE	(5) 二阶段: Y=ΔNEA	(6) 二阶段: Y=ΔNEA	(7) 一阶段: Y=BNE	(8) 二阶段: Y=ΔNEA	(9) 二阶段: Y=ΔNEA
ΔCAI	-0.004 (0.004)	0.289*** (0.106)	0.289* (0.087)	2.159 (3.569)	0.273*** (0.104)	0.273*** (0.087)	-0.007 (0.012)	0.284*** (0.106)	0.284*** (0.087)
ΔNPR	0.009 (0.009)	0.730*** (0.209)	0.730* (0.149)	-3.457 (8.280)	0.758*** (0.234)	0.758*** (0.146)	0.010 (0.016)	0.761*** (0.206)	0.761*** (0.145)
ΔDAS	0.002 (0.007)	0.059 (0.214)	0.059 (0.163)	-2.370 (9.590)	0.065 (0.220)	0.065 (0.163)	0.014 (0.014)	0.037 (0.210)	0.037 (0.164)
ΔTQ	0.000 (0.000)	0.011** (0.005)	0.011*** (0.003)	-0.044 (0.110)	0.011** (0.005)	0.011*** (0.003)	0.000 (0.000)	0.011* (0.005)	0.011*** (0.003)
ΔASE	-0.001* (0.001)	-0.015 (0.036)	-0.015 (0.020)	0.522 (0.658)	-0.020 (0.038)	-0.020 (0.020)	-0.003 (0.002)	-0.016 (0.035)	-0.016 (0.020)
GRA	0.000* (0.000)	0.027* (0.015)	0.027* (0.006)	-0.388* (0.202)	0.028* (0.015)	0.028*** (0.006)	0.002* (0.001)	0.025* (0.015)	0.025*** (0.007)
ENT	-0.000 (0.011)	0.326 (0.277)	0.326 (0.203)	-2.502 (11.277)	0.294 (0.290)	0.294 (0.203)	-0.010 (0.025)	0.329 (0.312)	0.329 (0.203)
DNE/CNE/BNE		5.127** (2.091)	5.127* (2.655)		-0.004*** (0.001)	-0.004** (0.002)		2.556** (1.017)	2.556* (1.310)
MEF		-0.429*** (0.089)	-0.429*** (0.113)		-0.401*** (0.091)	-0.401*** (0.118)		-0.428*** (0.087)	-0.428*** (0.113)
IND					Yes				
YEAR					Yes				
_Cons	0.084*** (0.017)	-0.386 (0.282)	-0.386 (0.405)	-25.122** (12.682)	0.028 (0.201)	0.028 (0.338)	0.110*** (0.034)	-0.210 (0.227)	-0.210 (0.362)
R²	0.393	0.489	0.489	0.428	0.486	0.486	0.334	0.489	0.489

续表

VAR	（1）一阶段：Y=DNE	（2）二阶段：Y=ΔNEA	（3）二阶段：Y=ΔROA	（4）一阶段：Y=CNE	（5）二阶段：Y=ΔNEA	（6）二阶段：Y=ΔNEA	（7）一阶段：Y=BNE	（8）二阶段：Y=ΔNEA	（9）二阶段：Y=ΔNEA
F Test of excluded instruments	50.28			41.35			44.09		
F	8.61	6.62	7.76	8.13	7.73	9.81	8.21	7.08	8.25
Under identification		51.070	48.247		48.027	79.367		50.069	49.058
Chi-sq（2）P-val		0.000	0.000		0.000	0.000		0.000	0.000
Weak identification test		40.75	27.52		41.92	53.25		36.63	28.09
Sargan statistic		0.851	0.661		0.164	0.114		0.588	0.588
Chi-sq（2）P-val		0.356	0.416		0.685	0.735		0.375	0.443
N	264	264	264	264	264	264	264	264	264
MODEL	OLS	2SLS	2GMM	OLS	2SLS	2GMM	OLS	2SLS	2GMM

注：括号内为组内标准差，* 表示 $p < 0.10$，** 表示 $p < 0.05$，*** 表示 $p < 0.01$。

附表 11　内生性与工具变量检验 [中介变量：并购交易效率（MEF）]

VAR	（1）一阶段：Y=DNE	（2）二阶段：Y=2ΔROA	（3）二阶段：Y=2ΔROA	（4）一阶段：Y=CNE	（5）二阶段：Y=2ΔROA	（6）二阶段：Y=2ΔROA	（7）一阶段：Y=BNE	（8）二阶段：Y=2ΔROA	（9）二阶段：Y=2ΔROA
FAM	-0.001*** (0.000)			1.639*** (0.223)			-0.002*** (0.000)		
FAN	0.001* (0.000)			-0.464 (0.363)			0.001* (0.001)		
2ΔCAI	0.001 (0.003)	0.082 (0.079)	0.082 (0.066)	4.384 (3.827)	0.104 (0.082)	0.104* (0.060)	0.015 (0.011)	0.044 (0.084)	0.044 (0.067)

VAR	(1) 一阶段：Y=DNE	(2) 二阶段：Y=2ΔROA	(3) 二阶段：Y=2ΔROA	(4) 一阶段：Y=CNE	(5) 二阶段：Y=2ΔROA	(6) 二阶段：Y=2ΔROA	(7) 一阶段：Y=BNE	(8) 二阶段：Y=2ΔROA	(9) 二阶段：Y=2ΔROA
2ΔNPR	0.004* (0.002)	0.110 (0.076)	0.110** (0.054)	−3.519 (4.318)	0.126* (0.073)	0.126*** (0.047)	0.004 (0.004)	0.125 (0.078)	0.125** (0.052)
2ΔDAS	0.005 (0.008)	−0.290 (0.206)	−0.290* (0.168)	2.895 (11.853)	−0.229 (0.198)	−0.229 (0.148)	0.012 (0.019)	−0.285 (0.209)	−0.285* (0.167)
2ΔTQ	0.000 (0.001)	0.006 (0.009)	0.006 (0.008)	−0.375 (0.514)	0.007 (0.008)	0.007 (0.007)	0.001 (0.001)	0.006 (0.009)	0.006 (0.008)
2ΔASE	−0.001* (0.001)	0.014 (0.017)	0.014 (0.012)	0.305 (0.622)	0.009 (0.016)	0.009 (0.011)	−0.002** (0.001)	0.014 (0.017)	0.014 (0.012)
2GRA	0.000 (0.000)	0.045*** (0.017)	0.045*** (0.012)	−0.298 (0.550)	0.047*** (0.016)	0.047*** (0.011)	0.001 (0.001)	0.040** (0.018)	0.040*** (0.012)
ENT	−0.002 (0.011)	−0.085 (0.133)	−0.085 (0.167)	−1.104 (11.110)	−0.133 (0.120)	−0.133 (0.150)	−0.014 (0.026)	−0.055 (0.135)	−0.055 (0.167)
DNE/CNE/BNE		6.625* (3.409)	6.625** (2.653)		−0.004** (0.002)	−0.004*** (0.001)		3.177** (1.602)	3.177** (1.252)
MEF		0.004 (0.041)	0.004 (0.045)		0.043* (0.025)	0.043 (0.034)		0.021 (0.034)	0.021 (0.042)
IND					Yes				
YEAR					Yes				
_Cons	0.089*** (0.019)	−0.527* (0.282)	−0.527 (0.378)	−26.242* (15.172)	−0.127 (0.159)	−0.127 (0.321)	0.122*** (0.040)	−0.412* (0.240)	−0.412 (0.364)
R^2	0.413	0.329	0.329	0.458	0.456	0.456	0.375	0.331	0.331
F Test of excluded instruments	41.07			38.92			32.99		
F	6.88	6.50	7.07	8.27	6.18	8.70	7.40	5.83	7.10

续表

VAR	(1) 一阶段：Y=DNE	(2) 二阶段：Y=2ΔROA	(3) 二阶段：Y=2ΔROA	(4) 一阶段：Y=CNE	(5) 二阶段：Y=2ΔROA	(6) 二阶段：Y=2ΔROA	(7) 一阶段：Y=BNE	(8) 二阶段：Y=2ΔROA	(9) 二阶段：Y=2ΔROA
Under identification		47.030	33.058		39.596	70.696		44.500	37.342
Chi-sq (2) P-val		0.000	0.000		0.000	0.000		0.000	0.000
Weak identification test		36.74	17.81		31.39	48.10		33.25	20.61
Sargan statistic		0.549	0.329		1.060	0.617		0.220	0.135
Chi-sq (2) P-val		0.458	0.566		0.303	0.432		0.639	0.713
N	222	214	214	222	214	214	222	214	214
MODEL	OLS	2SLS	2GMM	OLS	2SLS	2GMM	OLS	2SLS	2GMM

注：括号内为标准差，* 表示 $p < 0.10$，** 表示 $p < 0.05$，*** 表示 $p < 0.01$。

附表 12 内生性与工具变量检验 [中介变量：并购交易效率（MEF）]

VAR	(1) 一阶段：Y=DNE	(2) 二阶段：Y=2ΔNEA	(3) 二阶段：Y=2ΔNEA	(4) 一阶段：Y=CNE	(5) 二阶段：Y=2ΔNEA	(6) 二阶段：Y=2ΔNEA	(7) 一阶段：Y=BNE	(8) 二阶段：Y=2ΔNEA	(9) 二阶段：Y=2ΔNEA
FAM	-0.001*** (0.000)			1.639*** (0.223)			-0.002*** (0.000)		
FAN	0.001* (0.000)			-0.464 (0.363)			0.001* (0.001)		
2ΔCAI	0.001 (0.003)	-0.360* (0.184)	-0.360** (0.160)	4.384 (3.827)	-0.304 (0.206)	-0.304* (0.157)	0.015 (0.011)	-0.458** (0.188)	-0.458*** (0.164)
2ΔNPR	0.004* (0.002)	0.289** (0.141)	0.289* (0.131)	-3.519 (4.318)	0.328** (0.141)	0.328*** (0.123)	0.004 (0.004)	0.328** (0.145)	0.328*** (0.126)

续表

VAR	(1) 一阶段：Y=DNE	(2) 二阶段：Y=2ΔNEA	(3) 二阶段：Y=2ΔNEA	(4) 一阶段：Y=CNE	(5) 二阶段：Y=2ΔNEA	(6) 二阶段：Y=2ΔNEA	(7) 一阶段：Y=BNE	(8) 二阶段：Y=2ΔNEA	(9) 二阶段：Y=2ΔNEA
2ΔDAS	0.005 (0.008)	-1.592*** (0.384)	-1.592*** (0.408)	2.895 (11.853)	-1.434*** (0.394)	-1.434*** (0.389)	0.012 (0.019)	-1.573*** (0.383)	-1.573*** (0.405)
2ΔTQ	0.000 (0.001)	0.022 (0.018)	0.022 (0.019)	-0.375 (0.514)	0.024 (0.019)	0.024 (0.018)	0.001 (0.001)	0.021 (0.018)	0.021 (0.019)
2ΔASE	-0.001** (0.001)	-0.073** (0.035)	-0.073** (0.030)	0.305 (0.622)	-0.085** (0.036)	-0.085*** (0.029)	-0.002** (0.001)	-0.072** (0.035)	-0.072** (0.030)
2GRA	0.000 (0.000)	0.075** (0.037)	0.075** (0.029)	-0.298 (0.550)	0.081** (0.038)	0.081*** (0.028)	0.001 (0.001)	0.064* (0.037)	0.064** (0.030)
ENT	-0.002 (0.011)	0.573 (0.359)	0.573 (0.405)	-1.104 (11.110)	0.449 (0.312)	0.449 (0.393)	-0.014 (0.026)	0.648* (0.392)	0.648 (0.406)
DNE/ CNE/BNE		17.100*** (5.802)	17.100*** (6.455)		-0.010*** (0.004)	-0.010*** (0.004)		7.988*** (2.714)	7.988*** (3.035)
MEF		-0.051 (0.092)	-0.051 (0.111)		0.050 (0.070)	0.050 (0.090)		-0.004 (0.076)	-0.004 (0.101)
IND					Yes				
YEAR					Yes				
_Cons	0.089*** (0.019)	-1.321*** (0.493)	-1.321 (0.919)	-26.242* (15.172)	-0.285 (0.374)	-0.285 (0.842)	0.122*** (0.040)	-1.010** (0.414)	-1.010 (0.882)
R²	0.413	0.238	0.238	0.458	0.283	0.283	0.375	0.245	0.245
F	6.88	8.20	5.30	8.27	10.13	5.64	7.40	8.26	5.34
F Test of excluded instruments	41.07			38.92			32.99		
F	6.88								
Under identification		47.030	33.058		39.596	70.696		44.500	37.342
Chi-sq (2) P-val		0.000	0.000		0.000	0.000		0.000	0.000

续表

VAR	(1) 一阶段: Y=DNE	(2) 二阶段: Y=2ΔNEA	(3) 二阶段: Y=2ΔNEA	(4) 一阶段: Y=CNE	(5) 二阶段: Y=2ΔNEA	(6) 二阶段: Y=2ΔNEA	(7) 一阶段: Y=BNE	(8) 二阶段: Y=2ΔNEA	(9) 二阶段: Y=2ΔNEA
Weak identification test		36.74	17.81		31.39	48.10		33.25	20.61
Sargan statistic		0.070	0.057		0.012	0.009		0.297	0.208
Chi-sq(2) P-val		0.790	0.812		0.914	0.922		0.585	0.648
N	222	214	214	222	214	214	222	214	214
MODEL	OLS	2SLS	2GMM	OLS	2SLS	2GMM	OLS	2SLS	2GMM

注：括号内为标准差，* 表示 $p < 0.10$，** 表示 $p < 0.05$，*** 表示 $p < 0.01$。